3/6 207.-

Dr. James Dobson
DER CHRISTLICHE FAMILIEN-RATGEBER

W0383886

Dr. James Dobson

Der christliche Familien-Ratgeber

Projektion J Buch- und Musikverlag GmbH
Wiesbaden

3. Auflage 1995

Titel der Originalausgabe: Dr. Dobson Answers Your Questions

© 1982 by James C. Dobson
Published by Tyndale House Publishers, Inc.,
Wheaton, Illinois, USA

© der deutschen Ausgabe 1990
by Projektion J Buch- und Musikverlag GmbH,
Rheingaustraße 132, 65203 Wiesbaden

ISBN 3-925352-34-1

Übersetzung: Stefan M. Schwarz
Umschlaggestaltung:
Büro für Kommunikationsdesign Heidenreich, Haltern am See
Gesamtherstellung: Schönbach-Druck GmbH, Erzhausen

INHALT

VORWORT

Wer ist dieser Psychologe und Familientherapeut Dr. James Dobson?

Bevor irgendeine deutsche Übersetzung von James Dobson verfügbar war, stieß ich Ende der 70er Jahre, auf der Suche nach fundierter, christlich-psychologischer Literatur zum Ehe- und Familienleben, auf einige seiner Bücher: »Dare to Discipline« (deutsch: Unsere Kinder sind unmöglich), »What Wives Wish Their Husband Knew about Women« (Das solltest du über mich wissen . . .) und »The Strong Willed Child« (Das eigenwillige Kind).

Ohne viel über diesen Mann zu wissen, war ich zutiefst beeindruckt von dem gradlinigen, christlichen Stil und der wissenschaftlichen Ausgewogenheit seiner Ratschläge, die er humorvoll darzulegen verstand.

Zwei erste Leseeindrücke habe ich bis heute nicht vergessen können: Erstens die schlichte Bemerkung, daß er pro Woche einen Tag festgesetzt habe, an dem er insbesondere für das geistliche Wohl seiner zwei Kinder bete und faste, und zweitens eine Frage: »Worauf wollen Sie zurückschauen, wenn Sie einmal alt geworden sind?«

Allein diese beiden Aussagen beschreiben treffend die Persönlichkeit von James Dobson, der mittlerweile zu einer Berühmtheit geworden ist. Er theoretisiert nicht, sondern praktiziert selbst, was er sagt und schreibt. Mich beeindruckt, daß er trotz seines ausgezeichneten wissenschaftlichen Verständnisses bekennt, die Aufgabe seiner Vaterschaft nicht ohne die Hilfe und Führung Gottes bewältigen zu können und für seine Kinder regelmäßig betet und fastet. Es berührt mich, wie er die Wichtigkeit guter Familienbeziehungen betont. Deswegen seine Frage nach den Lebenszielen, nach den Dingen, für die es sich lohnt zu kämpfen, zu arbeiten, seine Zeit und seine

Gesundheit aufs Spiel zu setzen. Seine Antwort ist klar und unmißverständlich: Es sind die kostbaren Beziehungen zwischen den Familienmitgliedern, die einen von der Geburt bis zum Totenbett begleiten.

Mit diesen Gedanken muß er die Sehnsucht von Millionen von Menschen ausgesprochen haben. Wie sollte man sonst seinen Erfolg deuten?

Ich will ihn selbst zu Worte kommen lassen: »Der Leitgedanke, der mich antreibt, ist, die Familie der 90er Jahre mit der Weisheit der jüdisch-christlichen Ethik bekannt zu machen — mit einer Weisheit, die wir schon seit Tausenden von Jahren kennen. Deren Prinzipien haben sich nicht geändert, sie funktionieren immer noch. Ich meine Begriffe wie Disziplin, Liebe, Selbstwertgefühl, Treue und Reinheit zwischen den Ehepartnern sowie Hingabe in der Familie. Das sind ja keine neuen Ideen; ich habe niemals behauptet, ich hätte etwas Neues erfunden. Deswegen bin ich mit meinen Ratschlägen auch so zuversichtlich, weil sie nicht meine Erfindung sind — es hatte sie schon lange gegeben, bevor ich geboren wurde. Alles, was ich versuche, ist, die biblischen Weisheiten, die uns schon Tausende von Jahren begleiten, zu nehmen und sie in eine Verpackung zu stecken, die Leute heute verstehen und verwirklichen können. Für viele wird es eine Bestätigung dessen sein, was sie schon immer für richtig gehalten haben.«

In den letzten 12 Jahren — damals ist von James Dobson die Organisation »Focus on the Family« (Brennpunkt Familie) gegründet worden — ist sein Bekanntheitsgrad und Einfluß nahezu unglaublich gewachsen. Jedes seiner elf Bücher zu verschiedenen Familienthemen ist ein Bestseller gewesen; insgesamt sind über sechs Millionen Exemplare verkauft worden. Mehr als zwei Millionen Haushalte empfangen die monatliche Zeitschrift von »Focus on the Family«. Seine Ansprachen werden inzwischen von 1425 Radiostationen in 25 Bundesländer der USA gesendet — das ergibt eine tägliche Zuhörerschaft von mehr als drei Millionen. Die Filme mit seinen Vorträgen sind von über einhundert Millionen (!) Menschen gesehen worden. Das sind Zahlen, die für deutsche beziehungsweise europäische Begriffe schwer vorstellbar sind. Drei US-Präsi-

denten (Jimmy Carter, Ronald Reagan und George Bush) haben seinen Rat und seine Unterstützung in ihrer Familienpolitik gesucht.

Dabei ist James Dobson kein bequemer Zeitgenosse. Unbeeinflußt von gesellschaftlichen Modeströmungen verkündigt er die traditionellen, biblischen Werte: In den 60er Jahren riet er nachlässigen und gleichgültigen Eltern, ihre Kinder zu disziplinieren. In den 70er Jahren, als sich die »wilde Ehe« immer stärker durchsetzte, trat er für die traditionellen Familienwerte ein. In den 80ern kämpfte er für die, die es selbst nicht vermochten: die mißhandelten Ehefrauen, die Alleinerziehenden, die Opfer der Pornographie. So ist er nach drei Jahrzehnten der Anwalt für Amerikas Familien geworden!

In Deutschland haben wir in den letzten Jahrzehnten eine ähnliche Entwicklung durchlitten wie in den USA: die Auflösung der traditionellen Ehe- und Familienwerte, Unsicherheit mit Erziehungskonzepten und die stark wachsende Zahl von Alleinerziehenden und Scheidungswaisen. Man könnte annehmen, daß die herkömmliche Familie in einer tiefen Krise stecke und von anderen Formen des Zusammenlebens abgelöst werde. Das trifft nicht zu. Die überwältigende Mehrheit unserer Bevölkerung ist überzeugt, daß man eine Familie braucht, um glücklich leben zu können. Nur ein Prozent meint, ein Leben ohne Familie habe bessere Chancen zu gelingen (Institut für Demoskopie Allensbach).

Warum aber ist es so schwer, ein harmonisches Familienleben zu verwirklichen? Sehnsüchte oder Wünsche reichen nicht aus. Eine in Ehe- und Familienfragen verunsicherte Gesellschaft benötigt Konzepte, nach denen sie dauerhafte Beziehungen liebevoll aufbauen kann. Deswegen brauchen wir auch in Deutschland diesen »Christlichen Familien-Ratgeber« eines erfahrenen und populären christlichen Psychologen wie James Dobson, auch wenn er Amerikaner ist und die spezifischen Probleme seiner Nation verständlicherweise als erstes anspricht. Ich wünsche mir, er würde in unserem Land genauso zu einem Anwalt für Familien wie in den USA!

In dem vorliegenden Familienratgeber geht es nicht um die großen Krisen des Lebens, sondern um die alltäglichen Fra-

gen zu Ehe und Elternschaft. Der Frage-Antwort-Stil dieses Nachschlagewerkes ist kein rhetorischer Kunstgriff, sondern beruht auf wahren Begegnungen mit Eltern, die sich vor allem in Briefform bei Dr. Dobson Rat geholt haben. Das macht das Buch aktuell und lebensnah. Auch Sie werden Ihre Fragen beantwortet finden! Nicht alles Material ist neu. Einiges aus früheren Büchern ist mit eingearbeitet worden, so daß Sie eine gute Zusammenfassung zu den wichtigsten Problemen des Familienalltags vorfinden.

Eberhard Mühlan

Leben in der Familie

Ich befürchte, daß ich noch nicht in der Lage bin, das Baby aufzuziehen, das ich letzten Monat zur Welt gebracht habe. Ich weiß zwar, wie ich es füttern, baden und wickeln muß. Aber ich mache mir Sorgen über die Zukunft. Wie sollte meine Beziehung zu dem Kind aussehen? Können Sie mir irgendwelche Prinzipien nennen, auf die ich meine Erziehung während der ersten vier Lebensjahre aufbauen kann?

Zwei Botschaften müssen jedem Kind während seiner ersten 48 Lebensmonate vermittelt werden. Sie lauten:

1. »Ich liebe dich mehr, als du es dir irgendwie vorstellen kannst. Du bist mir wertvoll, und ich danke Gott jeden Tag dafür, daß er mir die Möglichkeit gibt, dich aufzuziehen.«
2. »Weil ich dich liebe, muß ich dir beibringen, mir zu gehorchen. Das ist der einzige Weg, dich vor Dingen zu bewahren, die dich verletzen könnten. Die Bibel sagt: ›Ihr Kinder, seid gehorsam euren Eltern in dem Herrn; denn das ist recht‹ (Eph. 6,1).«

Dies ist eine verkürzte Antwort auf eine wichtige und umfassende Frage, aber vielleicht stellt sie für Sie einen Punkt dar, von dem aus Sie Ihre eigene Anschauung über Elternschaft entwickeln können.

Können Sie uns Richtlinien nennen, wieviel Arbeit man Kindern zu tun geben sollte?

Es sollte ein gesundes Gleichgewicht zwischen Arbeit und Spiel herrschen. In der Vergangenheit hatten viele Bauernkinder tägliche Hausarbeit zu leisten, die das Leben erheblich erschwerte. Früh am Morgen und direkt nach der Schule mußten sie die Schweine füttern, die Eier einsammeln, die Kühe melken und das Holz holen. Es gab kaum Zeit zum Spielen, und die Kindheit blieb eine ziemlich düstere Erfahrung. Dies war eine extreme Situation, und ich bin froh, daß sie weitgehend der Vergangenheit angehört.

Vergleichen Sie diese Auffassung aber einmal mit dem, was heute von einigen Verhaltensforschern vertreten wird: Sie empfehlen, daß wir unsere Kinder nicht einmal bitten sollten, den Rasen zu sprengen oder die Katze hinauszulassen. Nach dieser Empfehlung sollte man den Kindern erlauben, auf ihrem vollgestopften Bauch sechs bis acht Stunden vor dem Fernseher zu liegen, während ihre Hausaufgaben unerledigt in der Ecke verstauben.

Beide Extreme sind für das Kind schädlich. Der logische Mittelweg besteht darin, dem Kind einerseits Arbeit und Verantwortungen zu übertragen und ihm andererseits auch Zeit für Spiel und Spaß zu geben. Der Zeitanteil, der für die verschiedenen Aktivitäten benötigt wird, sollte sich mit dem Alter des Kindes verändern, d.h. mit zunehmendem Alter sollte der Anteil der Arbeit gesteigert werden.

Sollten Eltern ihr Kind zum Essen zwingen?

Nein. Ich bin kein Ernährungsexperte, aber ich gehe davon aus, daß der Appetit eines normalen Kindes die Menge der Nahrung bestimmt, die es benötigt. Es wird hungrig werden, wenn es Nahrung braucht.

Allerdings meine ich, daß Eltern diesen Appetit ein wenig steuern sollten, indem sie sicherstellen, daß das Kind ihn mit der Art von Nahrung stillt, die für den Körper wichtig ist. Einige Süßigkeiten am Nachmittag können genügen, um die Lust auf das Abendessen zu verderben. Oder das Kind setzt sich vielleicht an den Tisch und füllt den Magen nur mit Saft oder einem einzigen Nahrungsmittel. Deshalb kann es notwendig sein, dem Kind zunächst eine bestimmte Nahrung zu geben, wie etwa eisenreiches Fleisch oder andere Proteine, und erst anschließend weniger wichtige Nahrungsmittel. Ist Ihr Kind einmal satt, sehe ich keinen Sinn darin, es zum Weiteressen zu zwingen.

Übrigens sollten Eltern wissen, daß der Appetit des Kindes zwischen dem zweiten und dritten Lebensjahr oft rapide abfällt. Dies geschieht, weil die Zeit seines schnellsten Wachstums nun vorbei ist und sein Bedarf an Nahrung sich ganz natürlich verringert.

Würden Sie so weit gehen, sich bei Ihren Kindern zu entschuldigen, wenn Sie meinen, Sie hätten etwas falsch gemacht?

Das würde ich ganz sicher tun — und tatsächlich ist es auch schon wiederholt vorgekommen. Vor einigen Jahren hatte ich sehr viel zu tun, was mich müde und gereizt machte. An einem Abend war ich besonders mürrisch gegenüber meiner zehnjährigen Tochter. Ich wußte, daß ich ihr gegenüber nicht gerecht war, aber ich war einfach zu müde, um mein Verhalten zu korrigieren. Im Verlauf des Abends beschuldigte ich Danae für Dinge, die nicht ihre Schuld waren, und verletzte sie damit grundlos. Nachdem ich zu Bett gegangen war, schämte ich mich für mein Verhalten und beschloß, mich am nächsten Morgen zu entschuldigen.

Nach einer geruhsamen Nacht und einem guten Frühstück war ich dem Leben gegenüber wieder viel positiver eingestellt. Ich ging auf meine Tochter zu und sagte: »Danae, du weißt sicher, daß Väter keine vollkommenen Menschen sind. Wir werden müde und gereizt, genau wie andere Menschen auch, und es gibt Momente, wo wir nicht stolz darauf sein können, wie wir uns benehmen. Ich weiß, daß ich gestern abend nicht fair zu dir war. Ich war furchtbar mürrisch, und ich möchte, daß du mir verzeihst.«

Danae legte ihre Arme um mich, und ihre Reaktion beschämte mich. Sie sagte: »Ich wußte, daß du dich bei mir entschuldigen würdest, Papa, und es ist in Ordnung; ich verzeihe dir.«

Ich bin sehr enttäuscht, wie sich mein Vierjähriger entwickelt. Wenn die momentanen Tendenzen anhalten, wird er später ein Versager. Ist es möglich, die zukünftigen Charakter- und Persönlichkeitszüge in diesem frühen Alter vorherzusehen?

Wahrscheinlich nicht. Rene Voeltzel sagte: »Wir dürfen nicht zu früh im Kind nach der Person suchen, die es später wird.« Dem stimme ich zu. Es ist ungerecht und schädlich, das Kind zu früh zu beurteilen. Seien Sie geduldig und geben Sie ihm Zeit, sich zu entwickeln. Arbeiten Sie sanft an den Charakterzügen, die Ihnen die größten Schwierigkeiten bereiten, aber gestatten Sie ihm bei alldem das Vorrecht, ein Kind zu sein. Er wird es ohnehin nur für eine kurze Zeit sein.

Wie denken Sie über eine Familienversammlung, wo jedes Mitglied der Familie eine gleichberechtigte Stimme im Blick auf Entscheidungen hat, die die ganze Familie betreffen?

Es steckt eine gute Idee dahinter, jedes Familienmitglied wissen zu lassen, daß die anderen seine Meinung und seinen Standpunkt schätzen. Die wichtigsten Entscheidungen sollten in der Gruppe getroffen werden, weil dies ein hervorragender Weg ist, Vertrauen und Familienloyalität zu schaffen. Die Forderung einer gleichberechtigten Stimme jedoch führt dieses Konzept zu weit: Ein Achtjähriger sollte nicht denselben Einfluß auf Entscheidungen nehmen können wie seine Mutter und sein Vater.

Sollte ich meinen Sohn für das Bettnässen bestrafen?

Auf keinen Fall! Jemanden für etwas zu bestrafen, was er einfach nicht verhindern kann, verursacht ernsthafte psychische Probleme. Wenn Sie indessen einen Grund haben anzunehmen, daß Ihr Sohn wach im Bett liegt und einfach nur deshalb uriniert, weil er zu faul ist, aufzustehen und ins Bad zu gehen, sieht die Sache anders aus. Echtes Bettnässen jedoch ist völlig ungewollt.

Können Sie einen Rat geben, wie man mit einem sechsjährigen Jungen umgeht, der wiederholt bettnäßt?

Bettnässen kann bei einem älteren Kind emotionale und soziale Störungen hervorrufen. Daher ist es ratsam, das Problem so früh wie möglich anzugehen. Ich würde den Einsatz einer Summer-Anlage empfehlen, die ein lautes Geräusch auslöst, sobald ihr Sohn nachts uriniert.

Bettnässen tritt in den meisten Fällen inmitten einer sehr tiefen Schlafphase auf, was es für das Kind schwierig, wenn nicht sogar unmöglich macht, zu lernen, nachts sich selber unter Kontrolle zu halten. Sein Bewußtsein reagiert nicht auf das auslösende Signal, das einen leichteren Schläfer normalerweise weckt. Glücklicherweise kann eine solche Reflexhandlung antrainiert oder konditioniert werden, um auch einen tiefen Schläfer in den meisten Fällen zu wecken.

Meine Frau und ich sind in der momentanen Phase unseres Lebens sehr beschäftigt. Durch meine Arbeit bin ich mehrere Tage in der Woche unterwegs, und meine Frau ist erfolgreich als Wohnungsmaklerin tätig. Offen gesagt, es ist uns nicht möglich, viel Zeit mit unseren drei Kindern zu verbringen, aber wir schenken ihnen unsere ungeteilte Aufmerksamkeit, wann immer wir zusammen sind. Meine Frau und ich wünschten, wir hätten mehr Zeit für die Familie, aber der Gedanke beruhigt uns, daß es nicht die Quantität an Zeit zwischen Eltern und Kindern ist, die zählt, sondern daß es auf die Qualität ankommt. Sehen Sie das auch so?

Ich bin mit Ihnen einig, daß es kein Vorteil ist, sieben Tage in der Woche mit den Kindern zusammen zu sein, wenn wir ärgerlich, lieblos und launisch mit ihnen umgehen. Aber von diesem Punkt aus führt die Qualität-gegen-Quantität-Argumentation in die Irre. Einfacher ausgedrückt: *Eine solche Zwiespältigkeit würden wir in keinem anderen Bereich unseres Lebens tolerieren; warum wenden wir sie dann auf unsere Kinder an?* Lassen Sie mich ein Beispiel erzählen.

Angenommen, Sie sind sehr hungrig und haben den ganzen Tag über nichts gegessen. Sie suchen sich das beste Restaurant der Stadt aus und fragen den Ober nach dem besten Steak auf der Karte. Er antwortet, daß das Filet Mignon das beliebteste des Hauses sei, und Sie bestellen es, halb durch und auf Holzkohle gegrillt. Der Ober kommt zwanzig Minuten später mit der Mahlzeit und stellt sie vor Ihnen auf den

Tisch. In der Mitte eines großen Tellers liegt ein einsames Stückchen Fleisch, drei Quadratzentimeter groß, flankiert von einem einzigen Stück Kartoffel.

Entrüstet beschweren Sie sich beim Ober: »Nennen Sie das etwa ein Abendessen?«

Dieser antwortet: »Mein Herr, wie können Sie uns kritisieren, bevor Sie dieses Fleisch auch nur probiert haben? Ich habe Ihnen ein Stück von dem feinsten Steak gebracht, das man für Geld kaufen kann. Es ist perfekt gebraten, mit Fingerspitzengefühl gesalzen und heiß serviert worden. Ich bezweifle, daß Sie irgendwo in der Stadt ein besseres Stück Fleisch bekommen. Ich gebe zu, daß die Portion klein ist, aber trotz allem, mein Herr, jeder weiß, daß nicht die Quantität zählt; es ist die Qualität, auf die es bei einem Steak ankommt.«

»Unsinn!« antworten Sie, und ich gebe Ihnen recht. Sie sehen, die Spitzfindigkeit Ihrer Frage liegt darin, daß sie zwei notwendige Eigenschaften gegeneinander ausspielt. Wenn Quantität *und* Qualität wichtige Bestandteile der Familienbeziehungen sind, warum geben wir unseren Kindern dann nicht *beides*? Es genügt nicht, unseren »hungrigen« Kindern gelegentlich einen Bissen Steak hinzuwerfen, selbst wenn es ein erstklassiges Filet Mignon sein mag.

Ohne Ihre Motivation anzweifeln zu wollen, mache ich mir Sorgen, daß dieses Qualität-gegen-Quantität-Klischee eine Begründung dafür geworden ist, unseren Kindern *keins* von beidem zu geben! Diese Argumentation wird von überbeschäftigten Eltern, die sich schuldig fühlen, daß sie nur so wenig Zeit für ihre Kinder haben, allzuoft mißbraucht. Ihre Jungen und Mädchen werden tagsüber in Kindertagesstätten abgestellt und nachts von Babysittern versorgt, so daß kaum Zeit für den Aufbau einer echten Beziehung zwischen Eltern und Kindern bleibt. Und um mit ihrem schlechten Gewissen fertig zu werden, halten sich Mama und Papa an diese Phrase, die die Situation als völlig in Ordnung darstellt: »Es ist nicht die *Quantität* an Zeit, die zählt, es ist die *Qualität* unseres Zusammenseins, auf die es ankommt.« Ich bleibe dabei, daß diese populäre Verallgemeinerung einfach nicht wasserdicht ist.

Leben in der Familie

Wenn es möglich wäre, unseren Lebensstil mit Hilfe eines Geschwindigkeitsmessers zu überprüfen, würde unsere Familie wahrscheinlich andauernd die Schallmauer durchbrechen. Wir sind alle derartig beschäftigt, daß wir kaum so etwas wie ein Familienleben haben. Was für Auswirkungen hat so ein Lebensstil auf die Familie, besonders auf die Kinder?

Der unübersehbare Verlierer dieses Lebens auf der Schnellstraße ist der kleine Bursche, der mit den Händen in den Taschen an der Mauer gelehnt steht. Er vermißt seinen Vater während der langen Tage und läuft ihm abends hinterher und sagt: »Spiel mit mir Ball, Papa!« Aber Papa ist erschöpft. Außerdem hat er noch einen Aktenkoffer voll Arbeit, die erledigt werden muß. Mama hatte ihm versprochen, am Nachmittag mit ihm in den Park zu gehen, aber dann mußte sie in letzter Minute zum Frauentreffen. Der Junge versteht diese Botschaft — die Leute sind wieder einmal beschäftigt. Also landet er im Wohnzimmer und sieht sich zwei Stunden lang sinnlose Trickfilme und Wiederholungen im Fernsehen an.

Kinder passen nicht so einfach auf eine »To-do-Liste«. Man benötigt Zeit, um ein effektiver Vater oder eine effektive Mutter zu sein, wenn die Kinder klein sind. Man braucht Zeit, ihnen gute Bücher vorzulesen. Man braucht Zeit, Drachen steigen zu lassen, Ball zu spielen und Puzzles zusammenzusetzen. Man braucht Zeit, sich zum wiederholten Male die Geschichte mit dem Kratzer am Knie anzuhören und über den Vogel mit dem gebrochenen Flügel zu sprechen. Hektisches Leben erzeugt Müdigkeit — und Müdigkeit erzeugt Gereiztheit — und Gereiztheit erzeugt Gleichgültigkeit — und Gleichgültigkeit wird vom Kind als fehlende Zuneigung wahrgenommen. Das zerstört seine Selbstachtung.

Wir müssen es lernen, unser Tempo zu drosseln. Was bringt die Eile überhaupt? Wissen Sie nicht, daß Ihr Kind ohnehin schneller, als Sie denken, fort sein wird und Sie nichts als verblaßte Erinnerungen an diese Jahre haben werden, als die Kinder Sie brauchten?

Ich weiß, daß ich mich um meiner Ehe und Familie willen nicht anderweitig verplanen sollte. Aber wie kann ich mit meinen Schuldgefühlen umgehen, die ich regelmäßig bekomme, wenn ich wichtige Verpflichtungen, insbesondere meine Aufgaben in der Gemeinde, nicht wahrnehme?

Gott will, daß wir unseren gesunden Menschenverstand bei der Planung unserer Tätigkeiten einsetzen. Es ist zwangsläufig, daß wir nicht alle möglichen Verpflichtungen annehmen können, wenn wir ein Gleichgewicht zwischen Arbeit, Erholung, Familienaktivitäten, gemeindlichem Engagement, Hobbys usw. erreichen wollen. Wenn Sie zu viele wichtige Aufgaben übernehmen, müssen Sie dafür andere gute Ziele opfern. Das hat den gleichen Effekt, als wenn ein Rasensprenger im Garten mit zu vielen Öffnungen versehen ist. In diesem Fall wird *nichts* richtig bewässert.

Vor einiger Zeit hörte ich, daß Weinbauern nicht nur tote Zweige von den Weinstöcken entfernen, sondern auch eine gewisse Anzahl von früchtetragenden. Mit anderen Worten, sie opfern einen Teil der Ernte, damit die Frucht, die übrigbleibt, besser wird. Sehen Sie den Bezug zu unserem Leben heute?

Jesus sagt in Johannes 15,1-2: »Ich bin der wahre Weinstock, und mein Vater der Weingärtner. Eine jede Rebe an mir, die keine Frucht bringt, wird er wegnehmen; und eine jede, die Frucht bringt, wird er reinigen, daß sie mehr Frucht bringe.«

Es ist im christlichen Leben notwendig, einige gute Dinge aus unseren Planungen zu entfernen, damit andere Aufgaben um so besser ausgeführt werden können. Dies ist der einzige Weg, in den verbleibenden Tätigkeiten die beste Qualität zu erzielen. Aber lassen Sie mich noch als Warnung hinzufügen: Diese Sichtweise kann schnell als Selbstrechtfertigung von Leuten benutzt werden, die keine Verantwortung in der Gemeinde oder im Dienst an anderen Menschen übernehmen wollen. Eine solche Einstellung soll damit natürlich nicht gerechtfertigt werden.

Wir sind finanziell nicht in der Lage, weite Autoreisen zu unternehmen oder teure Hobbys zu pflegen. Können

Sie uns einige einfache Bräuche vorschlagen, die kleinen Kindern gefallen?

Sie brauchen durchaus nicht viel Geld auszugeben, um Ihr Familienleben interessant und erfüllend zu gestalten. Kinder lieben die einfachsten täglichen Routinetätigkeiten. Sie haben Spaß daran, tausendmal dieselbe Geschichte erzählt zu bekommen, und sie lachen auch dann noch über dieselben Witze, wenn Sie schon vor lauter Wiederholungen an die Decke gehen könnten. Sie können die Routinearbeiten des täglichen Lebens in Zeiten der Wärme und Nähe verwandeln, wenn Sie sich ein wenig Gedanken darüber machen. Der Schlüssel dazu ist *Wiederholung*, denn dadurch entstehen Traditionen. Als meine Familie noch jünger war, versuchte ich so oft wie möglich die Kinder abends ins Bett zu bringen. Zu dieser Abendstunde war meine Frau schon völlig erschöpft und nahm meine Hilfe gerne an. Diese Aufgabe garantierte mir außerdem 15 bis 20 Minuten mit den Kindern — unabhängig davon, wie beschäftigt ich tagsüber gewesen war.

Die Aufgabe umfaßte auch das Wickeln von Ryan während seiner drei ersten Lebensjahre. Ich funktionierte diese Tätigkeit zu etwas um, was uns beiden Spaß machte. So spielten wir jeden Abend ein kleines Spiel. Ich unterhielt mich mit den Sicherheitsnadeln, während ich meinen Sohn wickelte. Ich sagte zum Beispiel: »Ihr Nadeln, stecht ihn nicht. Schaut, er liegt ganz ruhig; er strampelt nicht herum. Heute müßt ihr ihn nicht stechen; vielleicht morgen, aber stecht ihn nicht heute nacht!« Ryan liebte dieses Spiel! Er hörte still zu, und seine Augen waren groß wie Wagenräder. Wenn er zu sehr strampelte und mich davon abhielt, ihm die Windeln anzulegen, kratzte ich mit der Nadelspitze sanft über sein Bein — zwar nicht so fest, daß es ihn verletzte, aber fest genug, daß er es spürte. Er schaute mich dann an und sagte: »Diese gemeinen alten Nadeln haben mich gestochen, Papa!« Wir lachten dann beide. Und jeden Abend sagte Ryan: »Rede mit den Nadeln, Papa!« Es war eine richtige Tradition, die sowohl dem Vater als auch dem Kind gefiel.

Es ist auch eine schöne Tradition, einen Abend pro Woche als Vorleseabend mit der ganzen Familie freizuhalten.

Manchmal ist das schwierig zu erreichen, wenn die Kinder unterschiedlich alt sind, aber wenn Ihre Söhne und Töchter altersmäßig nahe beieinander liegen, ist es meiner Meinung nach eine großartige Erfahrung. Sie können *Tom Sawyer* und andere seit Generationen populäre Bücher vorlesen. Der Kerngedanke ist, als Familie *gemeinsam* zu lesen.

Kurz: Ich glaube, daß viele von uns den Wert von Aktivitäten, die die Familie einzigartig und anders machen, vergessen haben.

Lassen sich auf diese Weise auch geistliche Werte vermitteln?

Natürlich. Die schönsten Traditionen sind solche, die helfen, unseren Kindern christliche Anschauungen zu vermitteln. Wenn Sie mich heute bitten würden zu sagen, *wer ich bin*, würde meine Antwort christliche Werte und Lehren reflektieren, die ich als Kind gelernt habe. Dieses Verständnis begann bereits, bevor ich sprechen konnte.

Das Bewußtsein meiner wahren Identität ist ein wichtiger Nebeneffekt des Christseins. Jedem Kind kann bewußt gemacht werden, daß es eine persönliche Schöpfung Gottes ist. Es sollte wissen, daß der Schöpfer einen Plan für sein Leben hat, und daß Jesus für das Kind gestorben ist. Dieses Verständnis beantwortet die wichtigsten Lebensfragen, wie »Wer bin ich?«, »Wer liebt mich?«, »Wohin gehe ich?« und »Was ist der Sinn meines Lebens?« Nur Christus kann Antworten auf diese Fragen geben, die dem irdischen Dasein Sinn verleihen.

Was würden Sie tun, wenn Ihr 18jähriger Sohn beschlösse, ein Aussteiger zu werden und von zu Hause fortliefe?

Es ist für jeden von uns schwierig zu wissen, wie er einer Krise begegnen würde, aber ich kann Ihnen sagen, was ich unter diesen Umständen für die beste Reaktion halte. Ohne Vorwürfe und Klagen würde ich hoffen, den Jungen beeinflussen zu können, so daß er seine Meinung ändert, bevor er einen Fehler macht. Falls es ihm allerdings nicht ausgeredet werden kann, würde ich ihn ziehen lassen. Es ist nicht klug, wenn Eltern zu fordernd und autoritär mit einem älteren Teenager umgehen; unter Umständen drängen sie ihn dann dazu, ihre Autorität abzulehnen, nur um auf diese Weise Unabhängigkeit und Erwachsensein zu beweisen. Wenn die Eltern zu starke Gefühle für ihn empfinden, kann er davon ausgehen, daß sie ihn aus allen möglichen Schwierigkeiten, die er sich selbst einbrockt, wieder herausholen werden.

Es ist viel klüger, einen älteren Jugendlichen wie einen Erwachsenen zu behandeln; er wird sich eher wie einer benehmen, wenn ihm andere Erwachsene diesen Status anbieten. Die angemessene Reaktion der Eltern wäre: »John, du weißt, daß du eine Entscheidung triffst, die dich viele Jahre prägen wird. Ich möchte, daß du dich mit mir zusammensetzt und wir die Vor- und Nachteile genau durchgehen; dann liegt die endgültige Entscheidung bei dir. Ich werde dir nicht im Weg stehen.« John weiß, daß die Verantwortung auf seinen Schultern lastet. Eltern sollten dem Jugendlichen jedes Jahr mehr Verantwortungen übertragen, so daß er irgendwann nicht länger auf sie angewiesen ist.

Das Evangelium des Lukas erzählt die verblüffend zeitgemäße Geschichte eines Aussteigers. Sie ist allgemein als das Gleichnis vom verlorenen Sohn bekannt. Lesen Sie die Geschichte in Lukas 15 und achten Sie darauf, daß sie einige wichtige Botschaften enthält, die einen starken Bezug zu unserer Zeit haben.

Erstens versuchte der Vater nicht, seinen Sohn aufzuspüren und ihn zur Heimkehr zu drängen. Der Junge war offenbar alt genug, seine eigenen Entscheidungen zu treffen, und der Vater gestattete ihm das Vorrecht, seinen eigenen Weg zu gehen.

Zweitens kam der Vater ihm während der folgenden finanziellen Probleme nicht zur Hilfe. Er schickte ihm kein Geld. Es gab keine wohlwollenden Gemeindegruppen, die seine Dummheiten unterstützten. Beachten Sie die Verse 16 und 17: »Niemand gab ihm etwas . . . Da ging er in sich.« Vielleicht halten wir unsere Kinder manchmal dadurch ab, sich zu besinnen, daß wir sie davor bewahren, die Konsequenzen ihrer Fehler zu spüren. Wenn ein Teenager einen Bußgeldbescheid für zu schnelles Autofahren bekommt, sollte *er* es bezahlen. Wenn er sein Auto zu Schrott fährt, sollte *er* für den Schaden aufkommen. Wenn er von der Schule verwiesen wird, sollte *er* die Konsequenzen tragen, ohne daß seine Eltern für ihn bei der Schule Protest einlegen. Er wird aus diesen Unannehmlichkeiten lernen. Eltern, die zu schnell versuchen, ihr Kind aus Schwierigkeiten herauszuboxen, tun ihm damit wahrscheinlich keinen Gefallen.

Drittens empfing der Vater seinen Sohn, ohne ihn zu erniedrigen oder Wiedergutmachung zu verlangen. Er sagte nicht: »Ich habe dir ja gleich gesagt, daß du auf dem falschen Weg bist!« Statt dessen zeigte er die Tiefe seiner Liebe, indem er sagte: »Er war verloren und ist wiedergefunden!«

Ich möchte Ihnen eine sehr persönliche Frage stellen. Ihre Bücher beschäftigen sich mit praktischen Aspekten des täglichen Lebens. Sie machen Vorschläge für den Umgang mit typischen Enttäuschungen im Ehe- und Familienleben. Geht es bei Ihnen zu Hause eigentlich immer reibungslos zu? Fühlen Sie sich nie als Versager in Ihrer Rolle als Vater?

Mir ist diese Frage oft gestellt worden, obwohl die Antwort niemanden überraschen sollte. Shirley und ich erleben dieselben Frustrationen und Zweifel wie andere auch. Unser Verhalten ist nicht immer vorbildlich, genausowenig wie das unserer Kinder. Und in unserem Haus kann es schon mal sehr hektisch zugehen.

Vielleicht sollte ich als Illustration einen Tag beschreiben, den wir nur noch als den »schwarzen Sonntag« kennen. Aus verschiedenen Gründen kann der Sonntag einer der frustrierendsten Tage der Woche für uns sein. Ich habe festgestellt, daß auch andere Eltern während der Zeit, in der sie die Kinder für den Gottesdienst fertig machen, Konflikte erleben. Aber der schwarze Sonntag war besonders chaotisch. Wir begannen den Tag, indem wir zu spät aufstanden, weshalb jeder sich enorm beeilen mußte, wenn wir pünktlich zur Kirche kommen wollten. Das verursachte besonders bei Shirley und mir einen emotionalen Druck. Dann war da die Geschichte mit der verschütteten Milch beim Frühstück und der schwarzen Schuhcreme auf dem Boden. Ryan wurde als erster angezogen, woraufhin er zur Hintertür hinausrannte und sich von oben bis unten beschmutzte. Wir mußten ihn wieder komplett ausziehen und ihm neue Kleidung geben. Statt mit diesen Störungen gelassen umzugehen, begannen wir uns gegenseitig zu kritisieren und Vorwürfe zu machen. Zumindest eine Tracht Prügel wurde verabreicht und — wenn ich mich recht erinnere — weitere drei bis vier angedroht. Ja, es war ein denkwürdiger (oder vielmehr vergessenswürdiger) Tag. Schließlich schafften es vier aufgebrachte Personen, in die Kirche zu stolpern, bereit für eine große geistliche Segnung. Es gibt keinen Pastor der Welt, der uns an diesen Morgen hätte aufrütteln können!

Ich fühlte mich den ganzen Tag über schuldig für den schneidenden Ton, der zu Hause geherrscht hatte. Sicher, unsere Kinder traf auch Schuld, aber sie hatten lediglich auf unsere schlechte Organisation reagiert. Shirley und ich hatten verschlafen, und daher rührte der Konflikt.

Nach dem Abendgottesdienst rief ich die ganze Familie am Küchentisch zusammen. Ich begann damit, den Tag zu beschreiben, den wir gemeinsam erlebt hatten, und bat jede Person, mir für meinen Teil zu vergeben. Darüber hinaus sagte ich, daß ich es gut fände, wenn jedes Familienmitglied jetzt die Gelegenheit bekäme zu sagen, was in ihm vorging.

Ryan hatte den ersten »Schuß« und feuerte ihn auf seine Mutter ab. »Du bist heute ein richtiger Miesepeter gewesen, Mama!« sagte er aus tiefster Seele. »Du hast mich heute den ganzen Tag beschimpft.«

Danach ließ Danae ihre Frustrationen heraus. Schließlich bekamen Shirley und ich die Möglichkeit, die Spannungen zu erklären, die zu unserer Überreaktion geführt hatten.

Es war eine wertvolle Zeit des Gesprächs, die uns wieder zusammenführte. Dann betete die Familie gemeinsam, und wir baten den Herrn, uns zu helfen, in Liebe und Harmonie zu leben und zu arbeiten.

Was ich sagen will, ist dies: *Jede* Familie erlebt Momente, wo sie gegen alle Regeln verstößt — und sich sogar von den christlichen Prinzipien, nach denen sie leben will, entfernt. Selbst einfache Erschöpfung kann all die hohen Ideale zerstören, die Eltern in Seminaren, Büchern und Predigten ans Herz gelegt worden sind. Die wichtige Frage ist: Wie schaffen Mütter und Väter wieder ein Klima der Freundschaft in der Familie, wenn der Sturm vorübergezogen ist? Offene Gespräche sind die Lösung!

Ein Psychologe kann genausowenig alle emotionalen Probleme von seiner Familie fernhalten, wie ein Arzt seine Familie vor allen Krankheiten bewahren kann. Wir leben in einer unvollkommenen Welt, die uns allen Auseinandersetzungen beschert. Dennoch bieten biblische Prinzipien die beste Basis für den Umgang mit solchen Problemen — und sie helfen uns sogar, Belastungen in Chancen zu verwandeln.

Wenn man überlegt, wie schwierig es ist, gute Eltern zu sein, warum sollte dann überhaupt jemand ein Kind haben wollen?

Elternschaft ist wirklich keine leichte Aufgabe. Aber eine Familie, die Kinder liebt und ein begeisterndes Familienleben erfahren will, sollte sich von der Herausforderung der Elternschaft nicht abschrecken lassen. Für mich als Vater gab es keinen größeren Moment in meinem Leben als den, als ich in die Augen meiner neugeborenen Tochter und — fünf Jahre später — in die meines Sohnes blicken konnte. Was könnte aufregender sein als zu sehen, wie diese winzigen Menschenwesen zu wachsen und zu lernen und zu lieben beginnen? Und welche Belohnung könnte bedeutungsvoller sein, als wenn mein kleiner Junge oder mein Mädchen auf meinen Schoß klettert, während ich am Kamin sitze, die Arme um meinen Hals legt und sagt: »Ich liebe dich, Papa!«

Teil 2

Geistliches Training für Kleinkinder

Sollte man einem Kind nicht erlauben, im Blick auf religiöse Fragen selbst zu entscheiden? Zwingen wir ihm nicht unsere Religion auf, wenn wir ihm sagen, es *müsse* glauben?

Lassen Sie mich mit einem Beispiel aus der Natur antworten. Eine junge Gans hat eine seltsame Angewohnheit, die im Blick auf unsere Frage von Bedeutung ist. Kurz nachdem das Küken geschlüpft ist, wird es dem ersten Objekt folgen, das sich in seiner Nähe bewegt. Von diesem Augenblick an wird es diesem Objekt stets nachlaufen. Normalerweise wird es auf die Mutter geprägt. Wenn diese jedoch beim Schlüpfen der Küken nicht anwesend ist, wird sich das Gänseküken irgendeinem sich bewegenden Ersatz zuwenden, ob dieser lebendig ist oder nicht. Es würde sich sogar an einen blauen Ball hängen, der an einem Band vorbeigezogen wird. Eine Woche später würde es immer noch hinter dem Ball herlaufen, wenn er an ihm vorbeisaust. *Die Zeit* ist der entscheidende Faktor in diesem Prozeß. Das Gänseküken ist für die Prägung nur einige Sekunden nach dem Schlüpfen empfänglich. Mit anderen Worten: Es gibt nur eine entscheidende kurze Zeitspanne im Leben eines Gänsekükens, in der diese Art von instinktivem Lernen möglich ist.

Genauso gibt es eine entscheidende Phase im Leben eines Kindes, in der bestimmte Arten der Erziehung möglich sind. Obwohl Menschen keine Instinkte haben (nur Triebe, Reflexe, Zwänge usw.), gibt es eine kurze Zeitspanne, in der Kinder für die Vermittlung religiöser Inhalte besonders empfänglich sind. Ihre Vorstellungen von Recht und Unrecht, die Sigmund Freud als Über-Ich bezeichnet hat, werden in dieser Zeit entwickelt, und ihr Bild von Gott beginnt sich zu festigen.

Führer der katholischen Kirche sind mit folgendem Satz zitiert worden: »Gebt uns ein Kind bis zu seinem siebten Lebensjahr, und wir werden es sein ganzes Leben lang gewonnen haben.« Diese These ist nicht von der Hand zu weisen, da während dieser ersten sieben empfindsamen Jahre bleibende Einstellungen geprägt werden. Unglücklicherweise ist aber auch das Gegenteil der Fall. Das Fehlen oder die falsche Anwendung von Instruktionen in dieser primären Phase kann die spätere Hinwendung des Kindes zu Gott negativ beeinflussen. Wenn Eltern sagen, daß sie eine Indoktrinierung von ihrem Kind fernhalten wollen und ihm erlauben, »allein zu entscheiden«, stellen sie damit fast unter Garantie sicher, daß es sich schließlich *dagegen* »entscheiden« wird. Wenn Eltern wollen, daß ihr Kind einen sinnvollen Glauben hat, müssen sie alle fehlgeleiteten Bemühungen um »Objektivität« aufgeben. Das Kind beobachtet sehr genau, wieviel seine Eltern von dem, was sie predigen, selber glauben; jede Unentschlossenheit oder ethische Verwirrung der Eltern wird sich wahrscheinlich im Kind niederschlagen.

Meine Frau und ich beten mit unserem Sohn jeden Abend, und er geht jede Woche zur Sonntagsschule und zur Kirche. Ich glaube aber nicht, daß dies ausreicht. Was kann ich sonst noch tun, um sein geistliches Wachstum zu unterstützen?

Die Antwort darauf hat Mose gegeben, als er vor mehr als 4000 Jahren schrieb: »Und diese Worte ... sollst du zu Herzen nehmem ... und sie deinen Kindern einschärfen und davon reden, wenn du in deinem Hause sitzt oder unterwegs bist, wenn du dich niederlegst oder aufstehst. Und du sollst sie binden zum Zeichen auf deine Hand, und sie sollen dir ein Merkzeichen zwischen deinen Augen sein, und du sollst sie schreiben auf die Pfosten deines Hauses und an deine Tore« (5. Mose 6,7-9).

Mit anderen Worten: Wir können religiöse Einstellungen nicht während eines kurzen Abendgebets oder während formeller Übungsstunden vermitteln. Wir müssen sie von morgens bis abends leben. Sie müssen während unserer alltäglichen Gespräche zum Ausdruck kommen, wobei sie durch Beispiele, Anleitungen, Komplimente und Strafen unterstrichen werden sollten. Diese Erziehungsaufgabe ist meiner Meinung nach *die* wichtigste Aufgabe, die Gott uns als Eltern gegeben hat.

Uns fällt es schwer, ein christliches Familienleben zu führen, weil unsere kleinen Kinder gelangweilt und desinteressiert auf geistliche Dinge reagieren. Sie gähnen und kichern, wenn wir aus der Bibel vorlesen. Auf der anderen Seite fühlen wir natürlich, daß es wichtig ist, ihnen beizubringen, wie man betet und Gottes Wort studiert. Können Sie uns helfen, mit diesem Dilemma fertig zu werden?

Das Schlüsselwort für Ihre Situation heißt *Kürze*. Man kann von Kindern nicht erwarten, daß sie ausführliche geistliche Tätigkeiten von Erwachsenen verstehen und schätzen. Vier oder fünf Minuten, in denen Sie sich mit einem oder zwei Bibelversen beschäftigen, gefolgt von einem kurzen Gebet, sind in der Regel die Grenze für die Aufmerksamkeit bei Kindern im Vorschulalter. Der Versuch, kleinen Kindern ewige Wahrheiten in ewig langen Übungen zu vermitteln, kann ewigen Schaden verursachen.

Wie entwickelt sich die Vorstellung von Gott bei einem Kind?

Es ist allgemein bekannt, daß ein Kind seine Eltern mit Gott identifiziert, ob den Erwachsenen diese Rolle nun lieb sein mag oder nicht. Während es sich ihrer liebenden Autorität unterstellt, lernt das Kind, sich der wohlwollenden Autorität Gottes selbst zu unterwerfen.

Wir haben die Pflicht, unseren Kindern *beide* Aspekte der göttlichen Natur zu vermitteln. Erstens ist unser himmlischer Vater ein Gott von *grenzenloser Liebe*, und unsere Kinder müssen durch unsere eigene Liebe zu ihnen mit seiner Gnade vertraut gemacht werden. Aber damit keine Mißverständnisse entstehen: Unser Herr hat auch *majestätische Autorität!* Das Universum wird von einem höchsten Herrn gelenkt, der von seinen Kindern Gehorsam erwartet und uns gewarnt hat, daß »der Sünde Lohn der Tod« ist. Es wäre genauso falsch, unseren Kindern Liebe ohne Autorität entgegenzubringen, wie es verfehlt wäre, ihnen gegenüber Autorität ohne Liebe zu zeigen.

Was ist für die geistliche Erziehung von kleinen Kindern die wichtigste Zeitspanne?

Das fünfte Lebensjahr eines Kindes ist das entscheidendste. Bis zu diesem Zeitpunkt hat es an Gott geglaubt, weil die Eltern es ihm gesagt haben. Mit etwa fünf oder sechs Jahren kommt es an eine Weggabelung; entweder beginnt es die Vorstellung von Gott als seine eigene anzunehmen, oder es tut dies nicht.

Ich will damit keinesfalls sagen, daß Eltern mit der geistlichen Erziehung warten sollten, bis das Kind fünf oder sechs Jahre alt ist. Genausowenig sind die nachfolgenden Jahre unwichtig. Aber ich bin sicher, daß unsere gewissenhaftesten Bemühungen zu Hause und in der Gemeinde dem Kind im Alter von fünf oder sechs Jahren gewidmet werden sollten.

Viele Leute glauben, daß Kinder von Natur aus »gut« sind und daß sie Schlechtes nur von ihren Eltern und ihrer Umwelt lernen. Stimmen Sie dem zu?

Wenn damit gemeint sein soll, daß alle Kinder es wert sind, unsere Liebe und unseren Respekt zu verdienen, stimme ich sicherlich zu. Aber wenn Leute glauben, daß Kinder von Natur aus uneigennützig, hingebungsvoll und ohne Sünde vor Gott sind, muß ich widersprechen. Ich wünschte, diese Einschätzung der menschlichen Natur wäre wahr, aber sie widerspricht dem Verständnis der Bibel. Jeremia schrieb: »Es ist das Herz ein trotzig und verzagt Ding; wer kann es ergründen?« (Jeremia 17,9).

Jeremias inspirierte Einsicht in die menschliche Natur wird durch die Geschichte der Menschheit bestätigt. Der Weg der Zivilisation ist von der Zeit Adams an befleckt von Mord, Krieg, Vergewaltigung und Plünderung. Diese Statistik der Sünde macht es schwer, an der Sichtweise festzuhalten, daß Kinder bei der Geburt rein und heilig seien und nur von ihren fehlgeleiteten Eltern lernen, Schlechtes zu tun. Sicherlich hätte es während der letzten 6000 Jahre zumindest eine Generation von Menschen geben müssen, bei denen die Eltern richtig gehandelt haben. Dennoch sind wir alle durch Gier, Lüsternheit und Eigennützigkeit geprägt.

Eltern, die meinen, ihre Kleinkinder seien in Güte und Sonnenschein gebadet, dürfen ihnen natürlich nicht im Weg stehen und müssen sie ihre reizende Natur ungehindert entfalten lassen. Eltern, die andererseits den unvermeidlichen inneren Kampf zwischen Gut und Böse erkennen, werden ihr Bestes geben, die Entscheidungen ihres Kindes zum Guten hin zu beeinflussen. Diese Eltern erkennen die Gefahren des Widerstandes gegen Erwachsene, von dem in 1. Samuel 15,23 gesprochen wird: »Denn Ungehorsam ist Sünde wie Zauberei, und Widerstreben ist wie Abgötterei und Götzendienst.«

Wenn die ersten sieben Jahre die wesentliche Phase für die Vermittlung geistlicher Werte ist, was soll dann in dieser Zeitspanne gelehrt werden? Welche Werte sollte man betonen?

Ich bin zutiefst davon überzeugt, daß ein Kind ein sorgfältig ausgearbeitetes, systematisches Programm religiöser Lehre braucht. Leider sind wir in diesem Bereich viel zu nachlässig. Vielleicht würden wir das Ziel öfter treffen, wenn wir es klarer sähen.

Ich habe in meiner Arbeit gute Erfahrungen mit der folgenden Checkliste gemacht. Sie enthält eine Reihe von Zielen, die man anvisieren sollte. Viele der Punkte erfordern eine Reife, die Kindern noch fehlt, und wir sollten nicht versuchen, aus unseren unreifen Kindern erwachsene Christen zu machen. Aber wir können sie während der empfänglichen Jahre der Kindheit sanft zu diesen Zielen hinbewegen.

KONZEPT 1: »Du sollst den Herrn, deinen Gott, lieben von ganzem Herzen« (Markus 12,30).

1. Lernt Ihr Kind die Liebe Gottes durch die Liebe, Fürsorge und Gnade seiner Eltern kennen? (Dieser Punkt ist der wichtigste!)

2. Lernt es, über den Herrn zu reden und ihn in seine Pläne und Gedanken einzubeziehen?
3. Lernt es, sich an Jesus um Hilfe zu wenden, wann immer es erschreckt, ängstlich oder einsam ist?
4. Lernt es, die Bibel zu lesen?
5. Lernt es, zu beten?
6. Lernt es die Bedeutung von Glauben und Vertrauen?
7. Lernt es die Freude einer christlichen Lebenseinstellung kennen?
8. Lernt es das Wunder von Jesu Geburt und Tod kennen?

KONZEPT 2: »Du sollst deinen Nächsten lieben wie dich selbst« (Markus 12,31).

1. Lernt Ihr Kind, die Gefühle anderer zu verstehen und mitzufühlen?
2. Lernt es, nicht egoistisch und fordernd zu sein?
3. Lernt es zu teilen?
4. Lernt es, keine Gerüchte zu verbreiten und nicht andere zu kritisieren?
5. Lernt es, sich selbst anzunehmen?

KONZEPT 3: »Lehre mich tun nach deinem Wohlgefallen, denn du bist mein Gott« (Psalm 143,10).

1. Lernt Ihr Kind, den Eltern zu gehorchen als Vorbereitung auf seinen späteren Gehorsam gegenüber Gott? (Dies ist der wichtigste Punkt!)
2. Lernt es, sich in der Kirche — Gottes Haus — ordentlich zu benehmen?
3. Lernt es beide Aspekte von Gottes Natur kennen: Liebe und Gerechtigkeit?
4. Lernt es, daß es viele Formen von gütiger Autorität gibt, denen es sich beugen muß?
5. Lernt es die Bedeutung der Sünde und ihrer unvermeidlichen Konsequenzen?

KONZEPT 4: »Fürchte Gott und halte seine Gebote; denn das gilt für alle Menschen« (Prediger 12,13).

1. Lernt es, wahrheitsliebend und ehrlich zu sein?
2. Lernt es, den Sonntag zu heiligen?

3. Lernt es die relative Unwichtigkeit des Materialismus?
4. Lernt es die Bedeutung der christlichen Familie kennen und das Vertrauen zu ihr, das Gott wünscht?
5. Lernt es, auf sein eigenes Gewissen zu hören und ihm zu folgen?

KONZEPT 5: »Die Frucht aber des Geistes ist . . . Selbstdisziplin« (Galater 5,22-23).

1. Lernt Ihr Kind, einen Teil seines Taschengeldes (und anderes Geld) für Gott zu geben?
2. Lernt es, seine Impulse zu kontrollieren?
3. Lernt es zu arbeiten und Verantwortung zu tragen?
4. Lernt es den großen Unterschied zwischen Selbstwert und eigensüchtigem Stolz?
5. Lernt es, sich in Ehrerbietung vor dem Gott des Universums zu verneigen?

Um es zusammenzufassen: Die ersten sieben Jahre sollten Ihr Kind darauf vorbereiten, daß es eines Tages sagen kann: »Hier bin ich, Herr, sende mich!«

Meine vierjährige Tochter kommt oft weinend nach Hause gelaufen, weil eine ihrer kleinen Freundinnen sie geschlagen hat. Ich habe ihr beigebracht, daß es nicht richtig ist, andere zu schlagen, aber jetzt machen die Freundinnen ihr das Leben zur Hölle. Was sollte ich ihr als christliche Mutter über Selbstverteidigung sagen?

Sie haben richtig gehandelt, Ihrer Tochter beizubringen, andere nicht zu schlagen und zu verletzen. Aber Selbstverteidigung ist ein ganz anderes Thema. Kinder können gnadenlos sein, wenn sie ein wehrloses Kind quälen. Wenn Kinder zusammen spielen, wollen sie alle das beste Spielzeug haben und setzen die Regeln zu ihrem eigenen Vorteil fest. Wenn sie feststellen, daß sie den anderen überlegen sein können, indem sie eine gut gezielte Faust im Gesicht ihrer Spielkameraden landen lassen, ist es sehr wahrscheinlich, daß sie es auch tun und jemand anders darunter zu leiden hat. Ich bin sicher, daß einige Christen in diesem Punkt nicht mit mir übereinstimmen werden, aber ich glaube, Sie sollten Ihrer Tochter beibringen, sich zur Wehr zu setzen, wenn sie angegriffen wird. Später kann ihr beigebracht werden, »auch die andere Wange hinzuhalten«, was selbst reifen Erwachsenen schwerfällt.

Ich beriet kürzlich eine Mutter, die um die Unfähigkeit ihrer Tochter besorgt war, sich gegen Aggressionen anderer zu schützen. Es gab ein Kind in der Nachbarschaft, das der dreijährigen Ann bei der geringsten Provokation ins Gesicht schlug. Diese Schlägerin namens Joan war sehr klein, aber sie bekam zu keiner Zeit auch nur einen Hauch von Vergeltung zu spüren, weil Ann gelernt hatte, nicht zurückzuschlagen. Ich empfahl Anns Mutter, ihr zu sagen, sie solle zurückschlagen, wenn Joan sie zuerst schlug. Einige Tage später hörte Anns Mutter draußen eine heftige Auseinandersetzung, gefolgt von einem kurzen Handgemenge. Dann begann Joan zu weinen und lief nach Hause. Ann kam lässig mit den Händen in den Taschen ins Haus und erklärte: »Joan hat mich geboxt, und ich mußte ihr helfen, sich daran zu erinnern, das nicht mehr zu tun.« Ann hatte wirksam Auge um Auge, Zahn um Zahn zurückgezahlt. Sie und Joan spielten seit dieser Zeit viel friedlicher miteinander.

Glauben Sie, daß es Kindern zwischen fünf und zehn Jahren erlaubt sein sollte, Rockmusik im Radio zu hören?

Nein. Rockmusik ist eine Ausdrucksform der Jugendkultur. Die Texte von Teenagersongs handeln von gebrochenen Herzen, Drogen und Liebe — Liebe — Liebe. Dies ist genau das, worüber Ihr Siebenjähriger nicht nachdenken sollte. Statt dessen sollte seine Welt von Abenteuerbüchern und Familienaktivitäten wie Camping, Angeln, Sport, Spielen usw. bestehen.

Auf der anderen Seite ist es unklug, in solchen Fällen diktatorisch zu erscheinen. Ich würde vorschlagen, daß Sie Ihr Kind so mit Aktivitäten beschäftigt halten, daß es es nicht nötig hat, von anderen Dingen zu träumen.

Wie kann ich meinem Kind helfen, sich richtig zu entwickeln, so daß es Menschen anderer Rasse und Kultur akzeptiert?

Es gibt keinen Ersatz für die elterliche Prägung der von Ihnen gewünschten Eigenschaften. Jemand schrieb: »Die Fußspuren, denen ein Kind folgt, sind meist diejenigen, von denen die Eltern dachten, sie hätten sie verwischt.« Diese Aussage stimmt. Unsere Kinder beobachten uns sehr genau, und sie imitieren instinktiv unser Verhalten. Daher können wir kaum von ihnen erwarten, zu allen Kindern Gottes nett zu sein, wenn wir selber mit Vorurteilen beladen und ablehnend sind. Wir werden unfähig sein, unseren Kindern Dankbarkeit beizubringen, wenn wir zu Hause und außerhalb der Familie niemals »Bitte« oder »Danke« sagen. Wir werden keine ehrlichen Kinder heranziehen können, wenn wir ihnen beibringen zu lügen, indem sie am Telefon dem Mann vom Finanzamt sagen: »Papa ist nicht zu Hause!« Durch solche Vorkommnisse erkennen unsere Kinder die Kluft zwischen dem, was wir sagen, und dem, was wir tun. Vor die Wahl zwischen beiden Dingen gestellt, identifizieren sie sich normalerweise mit unserem Verhalten und kümmern sich nicht um unsere Proklamationen.

Mein Mann und ich sind Missionare, und uns ist kürzlich ein entferntes Missionsgebiet in Kolumbien zugewiesen worden. Unseren Dienst werden wir in einer indianischen Kultur ausüben, in einer Gegend, die man nur zu Fuß oder mit dem Pferd erreichen kann. Meine Sorgen gelten unseren Kindern, sieben und neun Jahre alt, und ihrer zukünftigen Ausbildung. Es gibt in der Nähe unserer neuen Heimat natürlich keine Schulen, und der nächste Ort, der ein Internat hat, ist mehr als 200 Meilen entfernt. Wegen der hohen Reisekosten wäre es uns nur während des Sommers und vielleicht ein weiteres Mal im Jahr möglich, unsere Kinder zu sehen. Obwohl ich sie auch selbst unterrichten könnte, brauchen sie doch offensichtlich den Kontakt zu Gleichaltrigen, und wir wollen sie nicht dieser Erfahrungen berauben. Würden Sie uns empfehlen, die Kinder bei uns zu behalten oder sie zur Schule fortzuschicken?

»Was werden wir mit unseren Kindern machen?« Das ist oft die schwierigste Frage, die Missionare beantworten müssen. Ich will nicht so tun, als hätte ich fertige Lösungen für dieses schwierige Problem. Aber ich habe einige Orientierungspunkte. In den letzten Jahren hatte ich immer wieder mit Missionarskindern zu tun, von denen viele wegen der Entbehrungen, die von ihnen erwartet wurden, verbittert geworden waren. Sie waren in einem entscheidenden Stadium ihrer Entwicklung eines sicheren Zuhauses beraubt worden und erfuhren in diesem Prozeß tiefe seelische Verletzungen. Folglich gab es unter diesen zornigen jungen Menschen, die ihre Eltern und den Gott, der sie in die Ferne schickte, ablehnten, viele jugendliche Rebellen.

Aufgrund dieser Beobachtungen bin ich zu dem Schluß gekommen, daß — wenn irgend möglich — die familiäre Einheit von Missionarsfamilien erhalten bleiben sollte. Ich kann die Wichtigkeit der elterlichen Unterstützung und Liebe während der prägenden Lebensjahre nicht genug betonen. Das Gefühl eines Kindes, sicher und geborgen zu sein, wurzelt in erster Linie in der Stabilität seines Zuhauses und der Familie. Jedes Kind wird durch eine Trennung von seinen Eltern, seinen Freunden und der gewohnten Umgebung erschüttert. Es findet sich auf einmal einsam in einem Wohnheim in einem fremden Land wieder, wo es womöglich noch auf Ablehnung stößt. Ich kann mir keine bessere Methode vorstellen, um emotionale und geistliche Probleme in einem empfindsamen Kind zu erzeugen!

Mein Freund Dr. Paul Cunningham vertrat während einer Konferenz zu Fragen des Familienlebens eine ähnliche Ansicht. Er sagte:

»Ich bin mit der Tochter eines Missionars verheiratet, die im Alter von fünfeinhalb Jahren in ein Internat in Afrika geschickt wurde, wo sie ihre Eltern etwa dreimal pro Jahr sah. Meine Frau wurde in der Schule wegen der dort herrschenden antiamerikanischen Gesinnung benachteiligt. Sie war die einzige Amerikanerin in der Schule. Wir sprechen hier nicht von einem zehn- oder zwölfjährigen Kind, sondern einer Sechsjährigen. Alles in allem hat diese Erfahrung aus ihr eine ungeheuer starke Person gemacht, und ich bezweifle, daß sie heute genau das wäre, was sie für mich und unsere Kinder darstellt, wenn sie nicht diese schweren Erlebnisse gehabt hätte. Allerdings: Wäre sie nicht — von ihrer englischen Herkunft her — mit derartig vielen Gaben und einem ungeheuer stark entwickelten Gefühl für Anstand ausgerüstet gewesen — ich weiß nicht . . . vielleicht hätte sie es nicht überlebt.

Ich glaube nicht, daß es auf dem Missionsfeld die beste Lösung ist, schutzbedürftige kleine Kinder von ihren Eltern zu trennen. Ich weiß zum Beispiel von einer Situation, wo die Kinder eine lange Fahrt auf einem Flußschiff unternehmen müssen, um ihre Eltern zu sehen. Die Reise zu dem Missionslager dauert mehrere Stunden. Ihre Mutter sagt ihnen im Herbst auf Wiedersehen und sieht sie — wegen der enormen Reisekosten — viele Monate nicht mehr. Sie könnten mit dem Hubschrauber statt mit dem Boot gebracht werden, aber dazu fehlt das Geld. Wir müssen etwas unternehmen, um diesen Menschen zu helfen, was immer es auch kosten mag.«

Dr. Cunningham und ich stimmen überein, daß das wahre Problem tatsächlich das der Prioritäten ist. Eine intakte Familie spielt in meinen Augen eine wichtigere Rolle als die Frage der Ausbildung. Darüber hinaus ist der Kontakt zu den Eltern in den frühen Jahren auf jeden Fall wichtiger als der Kontakt zu Gleichaltrigen. Und schließlich müssen auch Missionare (die zu einem Leben der Opfer und des Dienstes aufgerufen sind) einen Teil ihrer Kraft für die eigene Familie reservieren. Sonst könnte sich ein »erfolgreiches« Leben in der Mission als Bumerang für diejenigen erweisen, die ihre eigenen Kinder dabei verlieren.

Meine Frau und ich sind uns uneinig über die Bedeutung von materiellen Dingen im Leben unserer Kinder. Sie meint, wir sollten ihnen all das Spielzeug geben, das wir als Kinder nie haben konnten. Zu Weihnachten stapeln sich Geschenke kniehoch um den Weihnachtsbaum. Das ganze Jahr über überschütten die Großeltern die Kinder mit Geschenken. Ich glaube, daß das ein Fehler ist, selbst wenn wir es uns leisten könnten, so zu leben. Wie stehen Sie dazu?

Auch ich habe Bedenken, Kindern zuviel zu geben. Oft reflektiert das nur unsere Unfähigkeit, auch einmal »Nein« zu sagen. Während der großen Wirtschaftskrise in den dreißiger Jahren war es sehr viel einfacher für Eltern, Kindern zu sagen, daß sie ihnen nicht alles kaufen könnten, was sie haben wollten; Vater konnte kaum genug Geld für das tägliche Brot verdienen. Aber in verschwenderischen Zeiten wird die elterliche Aufgabe schwieriger. Es erfordert erheblich mehr Mut zu sagen: »Nein, ich werde dir die neue Puppe nicht kaufen«, als es erforderte, dem Kind zu sagen: »Es tut mir leid, aber du weißt, daß wir uns nicht leisten können, diese Puppe zu kaufen.«

Die Versessenheit von Kindern auf teures Spielzeug wird von den Spielzeugherstellern künstlich erzeugt. Sie investieren Millionen in Fernsehwerbung. Die Werbung ist hervorragend gemacht und läßt die Spielsachen wie originalgroße Duplikate ihrer realen Gegenstücke erscheinen: Flugzeuge, Robotermonster und automatische Gewehre. Der kleine Konsument sitzt mit offenem Mund in völliger Faszination vor dem Fernsehapparat. Fünf Minuten später beginnt er einen Feldzug, der seinen Vater am Ende 14,95 Dollar plus Batterien kosten wird. Das Problem ist, daß Papa es sich wahrscheinlich leisten kann, das neue Spielzeug zu kaufen; wenn nicht bar, dann doch mit seiner magischen Kreditkarte. Und wenn die drei anderen Kinder in der Nachbarschaft die begehrten Spielsachen bekommen, beginnen Mama und Papa den Druck und sogar die Schuldgefühle zu spüren. Sie empfinden sich als egoistisch, weil sie sich selber ähnliche Luxusgegenstände geleistet haben.

Nehmen wir einmal an, die Eltern sind couragiert genug, dem Quengeln des Kindes zu widerstehen — schon sind die Großeltern zur Stelle. Selbst wenn ein Kind keinen Erfolg damit hat, seine Eltern oder Großeltern zum Kauf zu überreden, gibt es eine jährliche narrensichere Quelle: den Weihnachtsmann! Wenn der Kleine den Weihnachtsmann bittet, ihm etwas zu bringen, sind seine Eltern in einer unentrinnbaren Falle. Sollen sie sagen: »Der Weihnachtsmann kann sich das nicht leisten?« Nein, das Spielzeug wird auf seinem Schlitten liegen!

Vielleicht fragt jemand: »Warum nicht? Warum sollen wir unsere Kinder nicht an den Früchten unserer Wohlstandsgesellschaft Anteil haben lassen?« Sicher würde ich einem Kind nicht grundsätzlich die Dinge verwehren, die es sich wünscht. Aber viele amerikanische Kinder werden derartig mit materiellen Dingen überschwemmt, daß es zu ihrem Schaden ist. Man sagt, der Wohlstand stelle eine größere Prüfung für den Charakter dar als die Armut, und dem würde ich zustimmen. Es gibt nur wenige Umstände, die ein Gefühl der Wertschätzung effektiver verhindern, als wenn ein Kind glaubt, es sei berechtigt, alles zu haben, was es will und wann immer es will.

Es gibt einen weiteren Grund, warum einem Kind einige Dinge, von denen es glaubt, es brauche sie unbedingt, verwehrt bleiben sollen. Obwohl es sich paradox anhört: Sie betrügen es um die Freude, wenn Sie ihm zuviel geben. Dieses Übersättigungsprinzip kann jedes Jahr in der Vorweihnachtszeit bei uns zu Hause studiert werden. Unsere Familie ist mit einigen der großartigsten Köchinnen gesegnet. Das traditionelle amerikanische Erntedank-Essen besteht aus Truthahn, Dressing, Cranbeeren, Kartoffelpüree, süßen Kartoffeln, Erbsen, zwei Sorten Salat und sechs oder acht anderen Beilagen. Jeder ißt, bis ihm schlecht wird, ohne Platz für den Nachtisch zu lassen. Dann werden der Apfelkuchen, der Obstkuchen und frischer Fruchtsalat aufgetragen. Es scheint einfach unmöglich, noch einen Bissen herunterzubekommen, aber irgendwie schaffen wir es doch noch. Schließlich beginnen die Familienmitglieder sich schwankend von ihren Tellern zu entfernen, wobei sie nach einem Platz Ausschau halten, an dem sie sich fallenlassen können. Später, gegen drei Uhr nachmittags, läßt das Völlegefühl nach, und jemand reicht die Süßigkeiten herum. Wenn die normale Zeit für das Abendessen kommt, ist keiner hungrig, aber schließlich sind wir ja an drei Mahlzeiten pro Tag gewöhnt. Truthahn und Sandwiches werden zubereitet und gegessen, daraufhin gibt es eine weitere Portion Kuchen. Zu diesem Zeitpunkt ißt jeder mit einem leicht gläsernen Blick etwas, was er weder will noch genießt. Dieses seltsame Ritual setzt sich noch zwei oder drei Tage fort, bis uns schon beim Gedanken ans Essen übel wird. Während das Essen normalerweise eine der größten Freuden des Lebens darstellt, verliert es seinen Reiz, wenn der Appetit gestillt ist.

Genuß stellt sich dann ein, wenn ein starkes Bedürfnis befriedigt wird. Wenn kein Bedürfnis besteht, gibt es auch keinen Genuß. Ein Glas Wasser ist für einen Verdurstenden mehr wert als Gold. Die Analogie zu Kindern sollte offensichtlich sein. Wenn Sie nie einem Kind die Gelegenheit geben, etwas zu ersehnen, wird es niemals den Genuß erleben, es dann auch zu bekommen. Wenn Sie ihm ein Dreirad kaufen, bevor es laufen kann, und ein Fahrrad, bevor es radfahren kann, und ein Auto, bevor es einen Führerschein hat, und einen Diamantring, bevor es den Wert von Geld kennt, nimmt es diese Geschenke mit geringer Freude und noch geringerer Wertschätzung entgegen. Wie bedauerlich ist es, daß solch ein Kind nie die Chance hatte, sich etwas zu wünschen, nachts davon zu träumen und tagsüber Pläne zu schmieden, um es zu bekommen. Derselbe Besitz, der ein Gähnen auslöste, hätte eine Trophäe und ein Schatz sein können. Ich schlage vor, daß Sie und Ihre Frau Ihrem Kind die Aufregung zeitweiliger Entbehrung gönnen; es bringt mehr Freude und ist weniger kostspielig.

Wie kann ich meine Kinder zu einer christlichen Einstellung gegenüber Eigentum und Geld erziehen?

Dies kann man nicht allein mit Worten erreichen. Eine solche Einstellung wird vielmehr durch die Art und Weise, wie Sie mit Ihren eigenen finanziellen Mitteln umgehen, geprägt.

Ich finde interessant, daß Jesus in der Bibel mehr über Geld zu sagen hat als über irgendein anderes Thema. Er machte deutlich, daß es eine direkte Beziehung zwischen großen Reichtümern und geistlicher Armut gibt, wie wir sie heutzutage in der westlichen Welt beobachten können. Daher glaube ich, daß es unseren Söhnen und Töchtern enormen geistlichen Schaden zufügen kann, wenn wir Eltern praktizierende Materialisten sind. Wenn sie sehen, daß wir uns mehr

Sorgen um Gegenstände als um Menschen machen ... wenn sie durchschauen, daß wir versucht haben, ihre Liebe zu erkaufen, um unsere Schuldgefühle zu reduzieren ... das Resultat ist dann oft Zynismus und Unglaube. Und was noch wichtiger ist: Wenn sie sehen, wie ihr Vater 15 Stunden am Tag arbeitet, um sich immer mehr weltliche Güter leisten zu können, dann wissen sie, wo sein Schatz ist. Sehen heißt Glauben.

Wir haben viel über Kriegsspielzeug gehört. Glauben Sie, daß es Kindern schadet?

Kinder haben Cowboy und Indianer und andere Kampfspiele seit Hunderten von Jahren gespielt, und ich vermute, daß die momentane Beunruhigung übertrieben ist. Besonders kleine Jungen leben in einer weiblichen Welt; sie sind weitaus mehr mit ihrer Mutter zusammen als mit ihrem Vater. Die Verantwortlichen im Kindergarten und die Lehrer der Grundschule sind zum größten Teil Frauen. Vielleicht sind auch ihre Sonntagsschullehrer weiblich. In einer so geprägten Welt glaube ich, daß es für Jungen gut ist, sich mit maskulinen Vorbildern zu identifizieren, selbst wenn das das Nachspielen von Kampf einschließt. Zwei Jungen können sich ohne Gefühlserregung »erschießen«. »Peng! Peng! Du bist tot!« schreien sie.

Auf der anderen Seite sollten die Eltern das Ausmaß an Gewalt und Mord, das Kindern über Fernsehen und Kino vermittelt wird, begrenzen. Die Technologie von audiovisuellen Geräten ist ungeheuer perfekt geworden und kann weitaus stimulierender und schädlicher als herkömmliche Spielzeugwaffen sein. Meßbare körperliche Veränderungen treten auf, während ein Kind einen gewalttätigen Film sieht; die Pulsfrequenz steigt an, die Augen weiten sich, die Hände werden feucht, der Mund wird trocken, der Atem beschleunigt. Es sollte klar sein, welch fatale emotionale Auswirkungen solche Erlebnisse haben können.

Mein Mann und ich sind besorgt, weil unsere jugendliche Tochter den christlichen Glauben abzulehnen

scheint. Sie kam früh zum Glauben und hat bis vor einiger Zeit wahre Liebe zum Herrn gezeigt. Ich bin versucht, in Panik auszubrechen, aber vielleicht können Sie aus Ihrer Erfahrung ja etwas Ermutigendes sagen.

Einem kleinen Kind wird während der prägenden Jahre gesagt, was es denken soll. Es wird mit allen Einstellungen, Urteilen und dem Glauben seiner Eltern konfrontiert, was durchaus richtig und in Ordnung ist. Sie erfüllen ihre gottgegebene Verantwortung, das Kind zu leiten und zu lehren. Dennoch muß ein Augenblick kommen, wenn alle Anschauungen vom Heranwachsenden selbst untersucht und entweder als wahr angenommen oder als falsch abgelehnt werden. Wenn diese persönliche Beurteilung nie stattfindet, dann schafft es der Jugendliche nicht, eine Brücke zwischen dem »Was mir gesagt wurde« und dem »Was ich glaube« zu schlagen. Dies ist eine der wichtigsten Brücken, die von der Jugend zum Erwachsensein führt.

In solchen Zeiten ist es für einen Teenager normal, die Wahrheit der Lehren, die ihm vermittelt wurden, in Frage zu stellen. Er mag sich fragen: »Gibt es wirklich einen Gott? Kennt er mich? Glaube ich an die Werte, die meine Eltern mir beigebracht haben? Will ich dasselbe, was sie für mein Leben wollen? Haben sie mich auf irgendeine Art irregeführt? Widerspricht meine Erfahrung dem, was mir beigebracht wurde?« Einige Jahre lang wird diese intensive Selbstuntersuchung vorgenommen.

Dieser Vorgang ist besorgniserregend für Eltern, die dabei zuschauen müssen, wie alles, was sie gelehrt haben, geprüft und in Frage gestellt wird. Es wird jedoch weniger schmerzlich sein, wenn beide Generationen erkennen, daß diese Phase ein normaler, notwendiger Teil des Heranwachsens ist.

In welchem Alter sollte ein Kind eine größere Entscheidungsfreiheit im Blick auf religiöse Überzeugungen und Handlungen erhalten?

Ab dem Alter von 13 bis 16 Jahren lehnen es einige Kinder ab, immer noch gesagt zu bekommen, was sie glauben sollen; sie wollen nicht, daß ihnen die Religion »eingetrichtert« wird, und ihnen sollte daher mehr und mehr Autonomie gegeben werden. Aber wenn die Auseinandersetzung mit Glaubensfragen in der Kindheit gut geführt wurde, werden sie eine innere Stütze haben, die sie festigt. Die frühe Vermittlung von Glaubensinhalten ist daher der Schlüssel zu den geistlichen Einstellungen, die sie in das Erwachsensein mit übernehmen.

Trotzdem ist es auch in dieser Phase wichtig, im Familienleben christliche Maßstäbe anzulegen und durchzusetzen. Zum Beispiel würde ich von meinem 17jährigen Sohn verlangen, mit der Familie zum Gottesdienst zu gehen. Ihm sollte gesagt werden: »Ich kann nicht bestimmen, was du denkst. Das ist deine Angelegenheit. Aber ich habe dem Herrn versprochen, daß wir ihn in diesem Haus ehren, und das beinhaltet, daß wir den Sonntag heiligen.«

Ich habe davon gehört, daß während der letzten 18 Monate Ihre Familie von sieben Todesfällen heimgesucht wurde. Auch wir hatten in den letzten Jahren einige tragische Verluste in unserer Familie. Meine Frau starb, als unsere Kinder fünf, acht und neun waren. Ich hatte Schwierigkeiten, ihnen den Tod zu erklären. Können Sie einige Richtlinien aufzeigen, wie die Eltern dem Kind helfen können, mit der Realität des Todes umzugehen — besonders, wenn dieser im unmittelbaren Familienkreis auftritt?

Ich habe an dieser Stelle viel von John McKinley gelernt. In einer Broschüre hat er folgende Richtlinien zusammengestellt, über die wir als Eltern nachdenken sollten:

— Wenn ein Kind, wie jedes andere menschliche Wesen, einen tief schmerzenden Verlust erfährt, sollte ihm nicht nur erlaubt sein zu weinen; es sollte sogar dazu ermutigt werden. Die Worte »Weine nicht« sollten aus unserer Sprache gestrichen werden.

— Die Notwendigkeit zu weinen kann einige Tage lang immer wieder auftreten, oder — in größeren Abständen — auch mehrere Monate lang; in diesen Phasen sollten die Tränen nicht unterdrückt werden. Statt dessen sollte man dem Kind deutlich machen, daß es gut ist zu weinen, und nicht »kindisch« oder »weichlich« oder etwas, wofür man sich schämen müßte.

— Zu manchen Zeiten kann es vorkommen, daß das Kind mit seiner Trauer allein sein will, und wenn dieses Gefühl kommt, sollte es respektiert werden. Ansonsten wird der körperliche Kontakt und Schutz aber genauso heilsam sein wie die Tränen.

— Dem Kind sollte die Wahrheit gesagt werden: daß der Tod endgültig ist. »Mama ist im Urlaub« oder »Papa ist verreist« steigert nur die Verwirrung und zögert das Unvermeidbare hinaus. Kinder — besonders kleine Kinder — haben ein sehr unausgeprägtes Zeitgefühl. Wenn »Mama verreist ist«, erwarten sie sie am Nachmittag oder am nächsten Tag zurück. Und wenn ein Tag nach dem anderen vergeht, ohne daß sie zurückkehrt, wird nicht nur der Schmerz endlos wiederholt, sondern das Kind wird auch das Vertrauen zu dem überlebenden Elternteil verlieren. Es fällt schwer, »Nie« zu sagen, wenn man weiß, daß die Tränen stärker fließen werden, aber es ist letztlich das barmherzigste Wort.

— Es ist nicht nötig, den Tod einem kleinen Kind zu erklären. Es kann sogar schädlich sein, das zu versuchen. Für einen Fünfjährigen ist Tod Fortsein, und Erklärungen könnten ihn nur verwirren. Wenn er schon einmal einen toten Vogel oder ein totes Haustier gesehen hat, kann es hilfreich sein, einen Vergleich zu ziehen, aber die wichtige Tatsache, die ein Kind akzeptieren muß, ist die Abwesenheit. Wenn ihm geholfen werden kann zu akzeptieren, daß Mutter oder Vater oder der Bruder oder die Schwester gegangen sind und nie wiederkommen werden, dann wird es durch Fragen und Beobachtungen langsam sein eigenes Bild vom »Tod« und seiner Bedeutung aufbauen.

— Ein Kind sollte nicht unnötig von der physischen Erscheinung und der Tatsache des Todes abgeschirmt werden. Wenn ein Vater stirbt, sollte dem Kind erlaubt werden, den Körper zu sehen, so daß es mit eigenen Augen die Veränderungen, die Regungslosigkeit, den Unterschied zwischen der lebendigen Stärke, die »Papa« war, und der bewegungslosen Maske, die ganz und gar nicht »Papa« ist, sieht. Es mit eigenen Augen zu sehen, wird dem Kind helfen.

— Ein Kind sollte jedoch geschützt werden vor jeglicher Massendemonstration von Trauer, wie etwa einer großen Gruppe von Klagenden auf der Beerdigung. Statt dessen sollte das Kind die Gelegenheit erhalten, vor der Beerdigung persönlich »Auf Wiedersehen« zu sagen.

— Wenn das Kind sehr klein ist — sagen wir zwei bis fünf —, sollte große Vorsicht geboten sein, den Tod mit Begriffen zu erklären, die Erwachsene verstehen, die aber für Kinder sehr verwirrend sind. Es kann zum Beispiel gegenüber einem Fünfjährigen verfehlt sein, zu sagen: »Mutti ist in den Himmel gegangen.« Dieser Satz läßt ihn womöglich mit der Frage zurück, wieso seine Mutter ihn im Stich gelassen hat. Für das Kind ist der »Himmel« einfach ein weit entfernter Ort, und es wird nicht fähig sein zu verstehen, wieso seine Mutter dort bleibt, anstatt heimzukommen und sich um die Familie zu kümmern.

— Es ist durchaus möglich, daß das Kind eine gewisse Zeitlang starke Abneigung, vielleicht sogar Zorn gegenüber dem toten Elternteil oder dem Bruder oder der Schwester, die »gegangen« sind, entwickelt. Dieses Gefühl ist die Folge der Überzeugung des Kindes, daß es im Stich gelassen wurde. Wenn dieses Gefühl entsteht, sollte dem Kind erlaubt werden, es frei zu äußern.

— Häufiger — und für ein Kind oft weitaus beunruhigender — sind seine Schuldgefühle, wenn ein Familienmitglied stirbt. Wenn es mit seiner Schwester Streit hatte und die Schwester stirbt, glaubt es leicht, daß es sein Fehler war, daß sein Zorn sie getötet hätte. Oder wenn seine Mutter stirbt und es ihm nicht ehrlich und einfach gesagt wird, kann es leicht glauben, daß seine Unartigkeit sie fortgetrieben habe. Solche Schuldgefühle bei kleinen Kindern können zu neurotischen Verhaltensmustern führen, die das Leben lang bleiben. Aber wenn ein Kind ermutigt wird zu weinen, bis die Notwendigkeit für Tränen vorbei ist; wenn es genug getröstet wird; wenn ihm die einfache Wahrheit gesagt wird; wenn ihm erlaubt wird, selbst den Unterschied zwischen Leben und Tod zu sehen; wenn mit seinem Unwillen oder seiner Schuld genauso wie mit den Tränen umgegangen wird — dann wird sein Gefühl des Verlustes zwar immer noch groß sein, aber es wird es überwinden.

John McKinleys Ratschläge sind hervorragend. Sie beinhalten jedoch keinen Bezug zur christlichen Botschaft, die die einzige befriedigende Antwort auf den Tod ist. Offen gesagt, ich möchte McKinleys Bedenken im Blick auf den Himmel widersprechen. Wir können sagen: »Deine Mutter ist jetzt fort, aber, Gott sei Dank, werden wir eines Tages auf der anderen Seite wieder vereinigt sein!« Wie beruhigend ist es für ein trauerndes Kind, zu wissen, daß eine Wiedervereinigung der Familie eines Tages kommen wird, von der es nie wieder eine Trennung gibt! Ich empfehle, daß christliche Eltern anfangen, ihre Kinder mit dem Geschenk des ewigen Lebens vertraut zu machen, lange bevor die Notwendigkeit besteht, es zu begreifen.

Kinder in der Schule

Ich habe gelesen, daß es möglich sei, vierjährigen Kindern das Lesen beizubringen. Sollte ich mit meinem Kind daran arbeiten?

Wenn ein Vorschulkind besonders intelligent ist und es lesen lernen möchte, ohne dabei ein Gefühl von übermäßigem Druck zu empfinden, kann es ein Vorteil sein, ihm diese Fähigkeit beizubringen. Dieses »Wenn« ist jedoch entscheidend. Nur wenige Eltern können mit ihren eigenen Kindern arbeiten, ohne ihre Enttäuschungen über natürliches Versagen zu zeigen. Außerdem sollte das Lernen in einem Alter begonnen werden, wenn es wirklich benötigt wird. Warum unendliche Bemühungen investieren, seinem Kind das Lesen beizubringen, wenn es bis jetzt noch nicht gelernt hat, die Straße sicher zu überqueren, seine Schuhe zu binden, bis zehn zu zählen oder ans Telefon zu gehen? Der beste Weg ist, Ihrem Kind viele interessante Bücher und andere Materialien zu geben, sie vorzulesen und seine Fragen zu beantworten — und dann der Natur ihren unbeeinflußbaren Lauf zu lassen.

Einige Erzieher sagen, wir sollten auf Schulzeugnisse und Noten verzichten. Denken Sie, daß diese Idee gut ist?

Nein, Schulnoten sind wertvoll für Schüler ab der dritten Klasse. Sie dienen als eine Form der Bestätigung — als Belohnung für die Kinder, die in der Schule etwas geleistet haben, und als Anstoß für diejenigen, die es nicht geschafft haben. Dabei ist es aber wichtig, daß Noten vernünftig eingesetzt werden; sie haben die Macht, Motivation zu erzeugen oder zu zerstören. Während der Grundschuljahre sollte die Benotung eines Kindes davon abhängen, was es aus den Fähigkeiten macht, die es besitzt. Ein langsameres Kind sollte die Möglichkeit haben, genauso selbstverständlich Erfolg in der

Schule zu haben wie ein Begabteres. Wenn es kämpfen und schwitzen muß, um Erfolg zu haben, sollte es mit einem Symbol der Anerkennung belohnt werden, selbst wenn seine Leistung, an einem absoluten Maßstab gemessen, nicht mithalten kann. Aus dem gleichen Grund sollte man begabten Kindern keine »1« geben, nur weil sie intelligent genug sind, ohne Anstrengungen andere zu übertreffen.

Auf der anderen Seite müssen Kurse, die die Jugendlichen während ihrer Oberschulzeit auf die Universität vorbereiten sollen, anhand eines absoluten Maßstabs benotet werden. Eine »1« in Chemie oder Latein wird von Ausschüssen, die sich mit den Zulassungen für die Universität auseinandersetzen, als Zeichen außerordentlicher Leistung angesehen. Aber der langsame Joe und seine Freunde müssen dann auch nicht an diesen schwierigen Kursen teilnehmen.

Würden Sie es als sinnvoll ansehen, in gewissen Situationen ein Kind von einer Schule zu nehmen und in eine andere zu schicken?

Ja, es gibt Situationen, in denen ein Schulwechsel — oder auch nur ein Lehrerwechsel innerhalb derselben Schule — im Interesse des Kindes liegen kann. Zu einem solchen Wechsel besteht zum Beispiel Anlaß, wenn ein junger Schüler in soziale Probleme gerät, die am besten gelöst werden können, wenn man ihm irgendwo anders einen neuen Start ermöglicht.

Darüber hinaus unterscheiden sich Schulen erheblich in ihren Ansprüchen an die Schüler. Einige liegen in wohlhabenderen Gebieten, wo die Mehrheit der Kinder höhere Leistungen bringt, als es vom Durchschnitt erwartet werden kann. Der durchschnittliche IQ an Schulen dieser Art mag zwischen 115 und 120 liegen. Was passiert aber dann mit einem Kind, das in einem solchen Umfeld mit sehr viel geringeren Fähigkeiten zurechtkommen muß? Obwohl es vielleicht in einer normalen Schule erfolgreich mithalten könnte, befindet es sich auf der »Albert-Einstein-Schule« unter den letzten 15 Prozent.

Erfolg ist nicht absolut, sondern relativ. Ein Kind fragt nicht: »Wie gut bin ich?«, sondern vielmehr: »Wie gut bin ich im Vergleich zu allen anderen?« Der kleine Johnny wächst vielleicht mit dem Gefühl auf, ein Dummkopf zu sein, während er in einem weniger fordernden Umfeld ein intellektueller Spitzenreiter hätte sein können.

Ich habe festgestellt, daß Schüler der Grund- und auch der Oberschule dazu neigen, die strengen Lehrer zu bewundern. Woher kommt das?

Die Lehrer, die die Ordnung erhalten, *sind* oft die respektiertesten Mitglieder des Lehrkörpers, vorausgesetzt, sie sind nicht ungerecht und gereizt. Eine Lehrerin, die die Klasse kontrollieren kann, ohne unterdrückend zu sein, wird fast immer von ihren Schülern geliebt. Ein Grund liegt darin, daß in der Ordnung Sicherheit besteht. Wenn eine Klasse, besonders in der Grundschule, außer Kontrolle gerät, haben die Kinder Angst voreinander. Wenn eine Lehrerin es nicht schafft, daß die Schüler sich benehmen, wie kann sie dann einen Raufbold davon abhalten, auf andere loszugehen? Wie kann sie die Schüler davon abhalten, einen ihrer weniger begabten Mitschüler bloßzustellen? Kinder sind nicht sehr fair und verständnisvoll zueinander, und sie schätzen es, einen Lehrer zu haben, der es ist.

Zweitens lieben Kinder Gerechtigkeit. Wenn jemand eine Regel verletzt hat, wollen sie eine sofortige Wiedergutmachung. Sie bewundern den Lehrer, der ein ausgewogenes Rechtssystem durchsetzen kann, und sie finden eine große Sicherheit in sinnvollen sozialen Regeln.

Drittens bewundern Kinder strenge Lehrer, weil das Chaos die Nerven strapaziert. Schreien und Schlagen mag zehn Minuten lang Spaß machen; dann wird das Durcheinander ermüdend.

Ich bin Lehrer in einer wilden fünften Klasse. In ihr sind zwei oder drei Kinder, die mich wirklich wahnsinnig machen. Können Sie einige Tips geben, die mir helfen, Kontrolle über sie zu bekommen?

Entscheiden Sie zuerst, wodurch das störende Verhalten motiviert ist. Man braucht kein großer Sozialwissenschaftler zu sein, um zu erkennen, daß laute Kinder normalerweise die Aufmerksamkeit der Gruppe suchen. Für sie ist Anonymität die schmerzhafteste Erfahrung, die sie sich vorstellen können. Es geht also darum, ihr aufmersamkeiterregendes Verhalten auszuschalten und dann ihrem Bedürfnis nach Akzeptanz durch weniger lautstarke Mittel zu begegnen.

Ich habe mit einem wilden kleinen Sechstklässler namens Larry gearbeitet, der seinen Mund nie geschlossen halten konnte. Er störte ununterbrochen den Unterricht, indem er einen pausenlosen Schwall von Unfug von sich gab. Sein Lehrer und ich bauten einen isolierten Platz in einer Ecke des Klassenraums auf; von diesem Platz aus konnte er außer seinen Lehrer und die Frontwand der Klasse nichts sehen. Danach wurde Larry mit einer Woche in der Isolierecke bestraft, wodurch die Verstärkung seiner Störungen durch die Klassenkameraden effektiv ausgeschlossen wurde. Er konnte sich hinter dem Schutzschirm zwar immer noch albern benehmen, aber er konnte nicht mehr den Erfolg sehen, den er damit bei seinen Klassenkameraden erzielte. Außerdem verlängerte jeder erneute Ausbruch seine Isolation. Larry verbrachte fast einen ganzen Monat in dieser relativen Einsamkeit, bevor sich sein Verhalten änderte. Als er wieder der Klassengemeinschaft beitrat, begann der Lehrer sofort damit, ihn für seine Kooperation zu belohnen. Ihm wurden Pflichten von hohem Status anvertraut, und er wurde für seine Besserungen gelobt. Die Ergebnisse waren bemerkenswert.

Ich habe gehört, daß wir 80 Prozent von allem, was wir lernen, innerhalb von drei Monaten vergessen, und daß ein noch größerer Anteil mit zunehmender Zeit verlorengeht. Warum sollten wir dann unsere Kinder der Qual des Lernens aussetzen?

Ihre Frage reflektiert den Standpunkt der progressiven Lerntheoretiker alter Schule. Sie wollten von dem Lehrplan nicht mehr, als daß er »Lebensanpassung« sei. Sie legten — aus den von Ihnen erwähnten Gründen — wenig Wert auf intellektuelle Erziehung. Ich widerspreche dieser Einstellung auf das Heftigste. Es gibt mindestens fünf Gründe, warum

Lernen wichtig ist, selbst wenn ein Großteil vergessen wird oder das Lehrmaterial sich verändert, aufgrund neuester Erkenntnisse:

1. Die vielleicht wichtigste Funktion der Schule, neben dem Vermitteln der grundlegenden Fähigkeiten im Schreiben und der Mathematik, ist die Stärkung der Selbstdisziplin und der Selbstkontrolle. Der Schüler lernt, viele Stunden still zu sitzen, Pflichten zu erfüllen und seine geistigen Möglichkeiten zu kanalisieren. Hausaufgaben sind als Werkzeug zum Lernen bestimmter Inhalte nicht allzu effektiv, aber sie sind wertvoll als ein Instrument der Disziplinierung. Da das Erwachsenenleben oft Selbstaufopferung und Hingabe erfordert, sollte die Schule die Kinder darauf vorbereiten. Allerdings ist das Spielen im Leben eines Kindes ebenfalls wichtig. Es sollte nicht die ganze Zeit arbeiten müssen; das Zuhause und die Schule müssen ein vernünftiges Gleichgewicht zwischen Spiel und Disziplin bieten.
2. Lernen ist wichtig, weil wir durch das, was wir lernen, verändert werden, selbst wenn die Fakten später vergessen werden. Kein Universitätsabgänger kann sich an alles erinnern, was er gelernt hat, aber trotzdem ist er durch die Universität ein anderer Mensch geworden. Lernen bewirkt Veränderungen in Wertvorstellungen, Ansichten und gedanklichen Konzepten, die auch dann noch bleiben, wenn viele Inhalte längst vergessen sein mögen.
3. Selbst wenn man sich an das Gelernte nicht erinnert, weiß der Schüler, daß diese Tatsachen existieren und wo er sie nachschlagen kann.
4. Wir vergessen nicht 100 Prozent von dem, was wir lernen. Die wichtigsten Tatsachen setzen sich in unserer permanenten Erinnerung für den zukünftigen Gebrauch fest. Das menschliche Gehirn ist fähig, zwei Milliarden Teilinformationen während eines Lebens zu speichern; der Schulunterricht soll diese Datenbank mit relevanten Informationen füllen.
5. Altes Lernen macht neues Lernen leichter. Jede geistige Aufgabe liefert uns mehr assoziative Verbindungen, mit denen wir zukünftige Gedanken und Konzepte verbinden können.

Teil 3

Kinder in der Schule

Ich wünschte, es gäbe einen einfacheren, erfolgreicheren Prozeß, den menschlichen Geist zu formen, als die langsame, schmerzhafte Erfahrung der Schulausbildung. Ich fürchte, wir werden uns auf diese altmodische Einrichtung verlassen müssen, bis die »Lernpille« erfunden wird.

Teil 4

Lernprobleme in der Kindheit

Wir haben eine einjährige Tochter, und wir wollen sie richtig erziehen. Ich habe gehört, daß Eltern die geistigen Fähigkeiten ihrer Kinder steigern können, wenn sie sie während der frühen Jahre richtig anregen. Stimmt das? Und wenn es so ist: Wie kann ich das bei meinem Baby erreichen?

Untersuchungen zeigen, daß Eltern tatsächlich die intellektuelle Aufnahmefähigkeit ihrer Kinder steigern können. Das war eine der wichtigsten Entdeckungen, die eine zehnjährige Studie von Kindern im Alter von acht bis 18 Monaten zum Vorschein brachte. Diese Untersuchung wurde von Dr. Burton White und einem Team von 15 Forschern der Harvard University zwischen 1965 und 1975 durchgeführt. Sie untersuchten in dieser Zeitspanne kleine Kinder und hofften herauszufinden, welche Erfahrungen in den frühen Lebensjahren zur Entwicklung eines gesunden, intelligenten Menschen beitragen. Die Folgerungen aus dieser ausführlichen Untersuchung sind hochinteressant:

1. Es wurde deutlich, daß die menschliche Intelligenz besonders in der entscheidenden Entwicklungsphase zwischen dem achten und 18. Lebensmonat geprägt wird. Die Erfahrungen des Kindes während dieser wenigen Monate beeinflussen die weitere intellektuelle Entwicklung mehr als jede andere Zeit davor und danach.
2. Der für sich genommen wichtigste Umweltfaktor im Leben des Kindes ist seine Mutter. Sie übt mehr Einfluß auf die Entwicklung ihres Kindes aus als irgendeine andere Person oder irgendwelche Umstände.
3. Der Anteil an lebendiger Sprache, die an das Kind gerichtet ist (nicht zu verwechseln mit Fernsehen, Radio oder Ge-

sprächen im Hintergrund), ist von grundlegender Bedeutung für die Entwicklung von sprachlichen, intellektuellen und sozialen Fähigkeiten. Die Forscher folgerten: »Ein lebendiges Sozialleben ist für ein 12 bis 15 Monate altes Kind das Beste, was Sie ihm bieten können, um ihm bei der Entwicklung von Intelligenz zu helfen.«

4. Diejenigen Kinder, die in ihrem Zuhause große Bewegungsfreiheit hatten, entwickelten sich wesentlich schneller als diejenigen, deren Bewegungsfreiraum eingeschränkt war.
5. Die Kernfamilie ist das wichtigste Lehrvermittlungssystem. Wenn wir aufnahmefähige, gesunde Kinder wollen, dann geschieht das am besten durch eine Verstärkung der Interaktionen, die innerhalb der Kernfamilie stattfinden.
6. Die besten Eltern waren diejenigen, die viel Wert auf Disziplin legten, während sie gleichzeitig große Zuneigung zu ihren Kindern zeigten.

Ich finde diese sechs Ergebnisse deshalb so interessant, weil ich in ihnen eine Bestätigung der biblischen Grundsätze finde, denen ich mein ganzes berufliches Leben gewidmet habe: Disziplin mit Liebe; Hingabe der Mütter in den ersten Lebensjahren ihres Kindes; die Stabilität der Familie, usw.

Mein sechsjähriger Sohn ist immer schon ein energiegeladenes Kind mit einigen Symptomen von Hyperaktivität gewesen. Er hat eine sehr kurze Aufmerksamkeitsspanne und flitzt von einer Aktivität zur nächsten. Ich habe ihn zu einem Kinderarzt gebracht, der sagte, er sei — im medizinischen Sinne — nicht wirklich hyperaktiv und sollte keine Medikamente erhalten. Dennoch fängt er jetzt an, Lernprobleme in der Schule zu bekommen, weil er nicht auf seinem Platz bleiben und sich auf den Unterricht konzentrieren kann. Was soll ich tun?

Es scheint mir, als sei Ihr Sohn ein Kind, das wir traditionell als »Spätentwickler« bezeichnen würden. Wenn das so ist, könnte er von einer Zurückversetzung in die erste Klasse im nächsten Jahr profitieren. Einen unreifen Jungen während seiner frühen Schullaufbahn zurückzustufen, kann ihm während der verbleibenden Grundschulzeit einen großen sozialen und schulischen Vorteil bieten. Er sollte jedoch, wenn möglich, die Schule für mindestens ein Jahr wechseln, um peinliche Fragen und Bloßstellungen von seinen früheren Klassenkameraden zu vermeiden.

Lassen Sie mich meine Empfehlung für andere Eltern von Vorschulkindern ausweiten. Das Alter des Kindes ist das verkehrteste Kriterium, auf das man seine Entscheidung, wann eine Einschulung stattzufinden hat, aufbauen sollte. Diese Entscheidung sollte aufgrund von spezifischen neurologischen, sozialen, psychologischen und physischen Komponenten erfolgen.

In ihrem hervorragenden Buch *Home Grown Kids* bieten Dr. Raymond Moore und Dr. Dorothy Moore unwiderlegbare Beweise, die zeigen, daß Kinder, die bis zum achten oder neunten Lebensjahr zu Hause verbracht haben, nach ihrer Einschulung innerhalb weniger Monate ihre Altersgenossen einholten und sogar überflügelten. Darüber hinaus sind sie weniger verletzlich im Blick auf Launen der Gruppe und zeigen Langzeit-Qualitäten von Unabhängigkeit und Führungskraft. Es scheint mir die Zeit gekommen zu sein, gründlich darüber nachzudenken, ob nicht generell eine spätere Einschulung sinnvoll ist.

Kann vom Spätentwickler, der nicht zurückgestuft oder aus der Schule genommen wird, erwartet werden, daß er mit seinen Klassenkameraden schulisch mithalten kann, nachdem er körperlich gereift ist?

Normalerweise nicht. Wenn das Problem ein rein physisches Phänomen wäre, könnte man bei dem langsamer reifenden Kind annehmen, daß es einmal zu seinen sich früher entwickelnden Kameraden aufschließt. Es spielen bei diesem Problem jedoch auch emotionale Faktoren eine Rolle. Das Selbstbewußtsein eines Kindes kann sehr schnell zerstört werden, und es ist ungemein schwierig, es wieder aufzubauen. Wenn ein Kind erst einmal glaubt, es sei dumm, kann dieses Bewußtsein nicht so leicht korrigiert werden.

Wenn das Alter ein so unsicherer Faktor ist, um die Schulreife festzustellen, warum wird dann dieses Kriterium von allen Schulen angewandt?

Weil es so schön bequem ist. Eltern können für den Schulbeginn vorausplanen, wenn ihr Kind sechs Jahre alt geworden ist. Die Schulverwaltung kann den Stadtteil überblicken und wissen, wie viele Erstklässler sie im folgenden Jahr zu erwarten hat. Wenn ein Achtjähriger im Oktober in den Stadtteil zieht, weiß die Schulbehörde mit Sicherheit, daß das Kind in die zweite Klasse gehört, usw. Das Benutzen des Lebensalters als Einschulungskriterium ist für alle großartig — außer für den Spätentwickler.

Wir haben einen sechsjährigen Sohn, der auch ein Spätentwickler ist, und er hat Probleme, lesen zu lernen. Können Sie den Zusammenhang zwischen seiner Unreife und seinem Lernproblem erklären?

Es ist wahrscheinlich, daß Ihr Spätentwickler einen wichtigen neurologischen Prozeß noch nicht beendet hat, bei dem die organische Substanz Myelin beteiligt ist. Ein Neugeborenes ist unfähig, den Arm auszustrecken und ein Objekt zu greifen. Der elektrische Befehl oder Impuls geht auf seiner Reise vom Gehirn zur Hand verloren. Langsam beginnt eine weißliche Substanz, das Myelin, die Nervenfasern zu umgeben, womit kontrollierte Muskelbewegungen möglich werden. Die Myelinisierung schreitet normalerweise vom Kopf aus nach unten und vom Körperzentrum nach außen voran. Mit anderen Worten: Ein Kind kann die Bewegungen seines Kopfes und Halses eher als die der anderen Körperteile kontrollieren. Die Kontrolle über die Schulter folgt vor der des Ellenbogens, diese vor der des Handgelenks, diese vor der der großen Handmuskeln, welche der Koordination der kleinen Muskeln der Finger vorausgeht.

Weil der visuelle Apparat im Menschen normalerweise der letzte Teil ist, der myelinisiert wird, kann es sein, daß Ihr unreifes Kind diesen notwendigen Entwicklungsprozeß in seinem Alter von sechs Jahren noch nicht vollzogen hat. Deshalb ist das Kind neurologisch noch nicht auf die intellektuellen Aufgaben des Lesens und Schreibens vorbereitet. Besonders das Lesen ist ein hochkomplexer neurologischer Vorgang. Der visuelle Reiz muß ohne Unterbrechung zum Gehirn transportiert werden, wo er interpretiert und dem Gedächtnis eingeprägt wird. Nicht alle Sechsjährigen sind schon so ausgestattet, daß sie diese Aufgabe erfüllen können. Leider jedoch erlaubt unsere Kultur kaum Ausnahmen oder Abweichungen von der festgesetzten Zeittafel. Ein Sechsjähriger muß lesen lernen, oder er wird die emotionalen Konsequenzen des Versagens zu spüren bekommen.

Mein Kind hat dieses Jahr wieder große Probleme in der Schule. Der Psychologe sagt, er ist ein »langsamer Lerner« und wird wahrscheinlich immer schulische Probleme behalten. Bitte sagen Sie mir, was ein »langsamer Lerner« ist.

Ein langsamer Lerner ist ein Kind, das Schwierigkeiten hat, in der Schule zu lernen, und normalerweise zwischen 70 und 90 Punkten bei einem Intelligenztest erreicht. Diese Personengruppe macht mehr als 20 Prozent der Gesamtbevölkerung aus. Von besonderem Interesse sind diejenigen mit IQs im niedrigeren Bereich der Klassifizierung für langsame Lerner (70 bis 80), die geradezu vorbestimmt sind, Probleme in der Schule zu bekommen. Für sie gibt es in den meisten Schulen keinen besonderen Unterricht, obwohl sie sich nicht nennenswert von den Schülern, die auf der anderen Seite des Grenzranges stehen, unterscheiden. Ein »lernbehindertes« Kind mit einem IQ von 70 würde sich wahrscheinlich für das hochspezialisierte und teure Lernprogramm einer Sonderschule qualifizieren, welches eine kleinere Klasse, einen speziell geschulten Lehrer, audio-visuelle Hilfsmittel und eine »Es gibt kein Versagen«-Einstellung beinhaltet. Im Gegensatz dazu würde ein langsam lernendes Kind mit einem IQ von 80 in der Regel keinen dieser Vorteile erhalten. Es muß sich in regulären Klassen mit einem Haufen von Schülern messen, die allesamt fähiger sind. Das Konzept des gegenseitigen Wettbewerbs beinhaltet Gewinner und Verlierer; es ist der langsame Lerner, der normalerweise verliert.

Was sind die hauptsächlichen Schwierigkeiten, mit denen ein langsam lernendes Kind in der Schule zu kämpfen hat?

Es wird kaum, wenn überhaupt jemals, die Aufregung erleben, hundert Punkte bei einem Buchstabiertest zu erzielen. Es ist das letzte Kind, das bei einem schulischen Wettbewerb von seinen Kameraden gewählt wird. Es bekommt oft die geringste Sympathie von seinen Lehrern. Es ist bei sozialen Aktivitäten nicht erfolgreicher als in seinen schulischen Bemühungen, und die anderen Kinder lehnen es oftmals offen ab. So entsteht häufig ein zerrüttetes Selbstbild.

Ein Kollege von mir hörte zufällig ein Gespräch zwischen zwei lernbehinderten Schülern, die über ihre Aussichten bei Mädchen sprachen. Einer sagte: »Es läuft alles gut, bis sie herausfinden, daß ich zurückgeblieben bin.« Offensichtlich war sich dieser Schüler seines erniedrigten Status deutlich bewußt. Was für einen besseren Weg gibt es, das Selbstvertrauen in unseren Kindern zu zerstören, als 20 Prozent von ihnen einer Situation auszusetzen, in der für sie eine hervorragende Leistung unmöglich zu erreichen ist?

Was kann für langsame Lerner konkret getan werden?

Lassen Sie mich drei Vorschläge machen, die Kindern mit Lernproblemen helfen werden:

1. *Bringen Sie ihm das Lesen bei, selbst wenn dafür ein Privatlehrer benötigt wird* (und das wird eventuell der Fall sein). Fast jedes Kind kann lesen lernen, aber viele Jungen und Mädchen haben Schwierigkeiten, wenn sie in großen Gruppen unterrichtet werden. Sie sind in Gedanken woanders und stellen nicht so bereitwillig Fragen. Diese Unterstützung sollte nicht bis zur vierten oder fünften Klasse hinausgeschoben werden. Zu diesem späten Zeitpunkt hat das Kind bereits die Demütigungen des Versagens erlebt.

Viele Schulen in Amerika haben kreative Programme eingeführt, die sich auf Leseschwächen konzentrieren. Eins dieser Programme, die »stufenlose Elementarstufe«, macht keine Unterscheidung zwischen Schülern der ersten drei Klassen.

Anstatt Kinder ihrem Alter nach in Gruppen zusammenzufassen, werden sie nach ihren Lesefähigkeiten einander zugeordnet. Gute Leser der ersten, zweiten und dritten Klasse können in derselben Gruppe sein. Auch schlechtere Leser werden in Gruppen zusammengefaßt. Dieses Verfahren nimmt der Lernbehinderung den Stachel und erlaubt den Kindern, von den Vorteilen einer homogenen Gruppe zu profitieren.

Bei einer anderen Methode kommt die bessere Hälfte der Leser morgens eine halbe Stunde früher zur Schule, um lesen zu lernen. Die schwächere Gruppe bleibt aus demselben Grund am Nachmittag eine halbe Stunde länger. Es gibt viele solcher Programme, die entwickelt wurden, um das Lesen effektiver beizubringen.

Lassen Sie es mich noch einmal deutlicher ausdrücken: *Es ist für das Selbstverständnis Ihres Kindes absolut entscheidend, daß es früh in seiner Schullaufbahn lesen lernt, und wenn professionelle Lehrer diese Aufgabe nicht erfüllen können, muß es jemand anders tun*!

2. *Denken Sie daran, daß Erfolg neuen Erfolg hervorbringt.* Die beste Motivation für einen langsamen Lerner ist es, zu wissen, daß er Erfolg hat. Wenn die Erwachsenen, die er kennt, Glauben an ihn zeigen, wird er wahrscheinlich eher Vertrauen zu sich selbst gewinnen. Wir neigen dazu, uns so zu verhalten, wie wir denken, daß andere uns »sehen«.

3. Zu guter Letzt braucht der langsame Lerner individuelle Zuwendung bei allen seinen schulischen Arbeiten, was nur bei Lehrern gewährleistet ist, die relativ kleine Klassen haben. Er benötigt außerdem audio-visuelle Hilfsmittel.

Mein Sohn hat eine visuelle Aufnahmestörung, die es ihm schwer macht zu lesen. Ich verstehe seine Schwierigkeiten, aber er bringt in den meisten Fächern Fünfen und Sechsen nach Hause. Mir ist klar, daß das seine Chancen im Leben reduziert. Wie sollte die Einstellung von Eltern zu einem Kind sein, das Jahr für Jahr versagt?

Es sollte Hilfe durch speziellen Unterricht geboten werden, wenn dies möglich ist. Darüber hinaus jedoch würde ich sehr empfehlen, daß schulische Erfolge zu Hause eine weniger große Rolle spielen.

Von einem visuell behinderten Kind oder einem langsam lernenden Kind zu verlangen, in der Schule gut mitzuhalten, ist wie einen Menschen mit Kinderlähmung zu zwingen, an einem Hundert-Meter-Lauf teilzunehmen. Stellen Sie sich eine Mutter oder einen Vater vor, die kopfschüttelnd am Ende der Rennstrecke stehen und ihr behindertes Kind beschimpfen, als es als Letztes über die Ziellinie humpelt. Aber wer würde von einem körperlich behinderten Menschen erwarten, daß er ein Rennen gegen seine gesunden Kameraden gewinnt? Keiner würde das tun, einfach deshalb, weil das Handicap offensichtlich ist. Jeder kann es sehen.

Unglücklicherweise wird das Kind mit einem Lerndefizit nicht so gut verstanden. Sein schulisches Versagen ist viel schwieriger zu verstehen und kann Faulheit, Bosheit oder bewußtem Trotz zugeschrieben werden. Folglich spürt es, daß man von ihm verlangt, das Unmögliche zu erreichen. Und eine der ernsthaftesten Bedrohungen der emotionalen Gesundheit tritt dann auf, wenn das Kind sich Anforderungen gegenübersieht, die es nicht erfüllen kann.

Lassen Sie mich das Gesagte in prägnanter Weise zusammenfassen: Ich habe keinen Zweifel an der Wichtigkeit schulischer Leistung. Ich möchte jedes Gramm des intellektuellen Potentials, das ein Kind besitzt, maximieren. Aber auf der anderen Seite sind manche Dinge im Leben wichtiger als schulische Leistung, und das Selbstwertgefühl ist eines davon. Ein Kind kann überleben, ohne ein Substantiv von einem Adjektiv unterscheiden zu können. Aber wenn es kein Selbstvertrauen hat, wird es keine Chance im Leben haben. Ich möchte hier ganz klar zum Ausdruck bringen, daß das Kind, das im traditionellen Lernsystem schlecht abschneidet, seinen Kameraden keineswegs unterlegen sein muß. Es besitzt dasselbe Maß an menschlichem Wert und an Würde wie der intellektuelle Superstar.

Teil 5

Sexualerziehung zu Hause und in der Schule

Wann beginnen Kinder, sexuelle Gefühle zu entwickeln? Geschieht das plötzlich während der Pubertät?

Nein, es geschieht lange vor der Pubertät. Die vielleicht wichtigste wissenschaftliche Tatsache, die Freud entdeckte, war die Feststellung, daß Kinder nicht asexuell sind. Er behauptete, daß sexuelle Befriedigung in der Wiege beginnt und zuerst mit dem Füttern in Verbindung steht. Das kindliche Verhalten wird zu einem großen Teil von sexueller Neugierde beeinflußt. Es ist für einen Vierjährigen nicht ungewöhnlich, von der Nacktheit und den Genitalien bei Jungen und Mädchen fasziniert zu sein. Dies ist eine wichtige Phase für die Prägung der sexuellen Einstellung: Eltern sollten deshalb vorsichtig sein, deutliches Mißfallen den Kindern gegenüber zu zeigen. Sie sind aber natürlich aufgerufen, offene sexuelle Aktivitäten zwischen Kindern zu verhindern. Man glaubt, daß viele Sexualprobleme als Resultat unangemessener Erziehung während der frühen Kindheit entstehen.

Wer sollte den Kindern etwas über Sexualität beibringen, und wann sollte diese Einführung beginnen?

Die Verantwortung für die Sexualerziehung sollte bei den Eltern liegen. Es gibt einen zunehmenden Trend in allen Bereichen der Erziehung, den Eltern die Verantwortung abzunehmen. Das ist unklug. Gerade bei der Sexualaufklärung ist es am besten, bereits in der frühen Kindheit zu beginnen und sie in den folgenden Jahren immer mehr auszuweiten, wobei Offenheit, Ehrlichkeit und Tabulosigkeit den Prozeß prägen sollten. Nur Eltern haben die Möglichkeit zu dieser kontinuierlichen Schulung. Die Bedürfnisse des Kindes nach Information und Führung können wohl kaum in einem einzigen langen Gespräch erfüllt werden, das widerwillige Eltern anbieten, wenn ihr Kind sich der Jugend nähert. Noch bietet ein konzentriertes formelles Lehrprogramm außerhalb des Elternhauses dieselben Vorteile, die eine *schrittweise* Aufklärung mit sich bringt, die während des dritten oder vierten Lebensjahres beginnt und kurz vor der Pubertät abgeschlossen wird.

Weder mein Mann noch ich fühlen uns wohl, mit unseren Kindern über Sexualität zu sprechen. Mein Mann meint, die Schule sollte die Informationen bieten, die die Kinder brauchen, aber ich glaube, daß die Verantwortung bei uns liegt. Muß ich mich dazu zwingen, über dieses schwierige Thema zu sprechen?

Obwohl es wünschenswert ist, daß die Sexualerziehung in den Händen sensibler und umsichtiger Eltern liegt, müssen wir doch erkennen, daß viele Familien so empfinden, wie Sie es tun. Sie geben offen zu, daß sie ungern und wahrscheinlich auch unqualifiziert diese Aufgabe wahrnehmen. Ihre eigenen sexuellen Hemmungen machen es sehr schwer für sie, die Aufgabe mit Fingerspitzengefühl und Sachverstand zu handhaben. Für Familien wie Ihre, die ihren Kindern nicht die Einzelheiten der menschlichen Fortpflanzung erklären können, muß es auswärtige Quellen geben, die ihnen bei dieser wichtigen Aufgabe helfen können. Es ist meine feste Überzeugung, daß die christliche Kirche in der besten Position ist, um ihren Mitgliedern diese Unterstützung zu bieten, weil sie die Möglichkeit hat, nicht nur die Anatomie und Physiologie der menschlichen Fortpflanzung zu lehren, sondern auch die *Moral und die Verantwortung* im Umgang mit der Sexualität. Unglücklicherweise lehnen es die meisten Kirchen ab, diese Verantwortung zu tragen, so daß nur die öffentlichen Schulen als Informationsquelle übrig bleiben.

Wie stehen Sie zu der weit verbreiteten Ansicht, daß von Mädchen erwartet wird, daß sie bis zur Ehe Jungfrauen bleiben, während es Jungen freigestellt ist, sexuell zu experimentieren?

Ich lehne diese Vorstellung entschieden ab. In der Bibel, die der Maßstab für Moral sein muß, läßt sich keine solche Unterscheidung finden. Sünde ist Sünde, ob sie von Männern oder von Frauen begangen wird.

Unsere Tochter ist schon elf, und wir haben mit ihr bis jetzt noch keine spezifischen Gespräche über Sexualität geführt. Ist es jetzt zu spät, oder bleibt uns noch Zeit, sie auf die Jugend vorzubereiten?

Ihre Situation ist natürlich nicht ideal, aber Sie sollten Ihr Bestes tun, um Ihrer Tochter verstehen zu helfen, was die nächsten Jahre bringen werden. Eltern sollten normalerweise planen, die Aufklärung vor der Pubertät abzuschließen. Die Pubertät beginnt in der Regel zwischen dem 10. und 12. Lebensjahr bei Mädchen und dem 12. und 14. Lebensjahr bei Jungen. Hat diese Entwicklungsphase erst einmal begonnen, schämen sich viele Teenager, mit ihren Eltern Gespräche über Sexualität zu führen. Jugendliche lehnen normalerweise während dieser Phase die Einmischung durch Erwachsene ab und sind froh, wenn das Thema Sex zu Hause nicht erwähnt wird. Wir sollten ihre Wünsche respektieren. Uns ist nur ein Jahrzehnt gegeben, um bei ihnen ein vernünftiges Verständnis von Sexualität zu entwickeln; nachdem diese Grundlage geschaffen ist, können wir nur noch Ratschläge geben, wenn das Kind von selber auf uns zukommt.

Worüber soll ich sprechen, wenn ich mit meinem Sohn über Sex rede?

Bei Ihrer Vorbereitung auf solche Gespräche kann es hilfreich sein, einen Blick auf folgende Checkliste zu werfen. Sie sollten genau wissen, was Sie zu jedem dieser zehn Themen sagen wollen:

1. Die Rolle des Geschlechtsverkehrs in der Ehe
2. Männliche und weibliche Anatomie und Physiologie
3. Schwangerschaft und Geburtsvorgang
4. Nächtliche Ergüsse (»Feuchte Träume«)
5. Masturbation

6. Schuldgefühle und sexuelle Phantasie
7. Menstruation
8. Moral und Verantwortung im Sex
9. Geschlechtskrankheiten
10. Sekundäre Geschlechtsmerkmale, die durch Drüsenveränderungen entstehen: Schamhaar, generelle sexuelle Entwicklung, zunehmendes Interesse an der Sexualität, usw.

Wie denken Sie über Sexualkundeunterricht an öffentlichen Schulen, wie er normalerweise praktiziert wird?

Für Kinder christlicher Eltern muß ein akzeptabler Sexualkundeunterricht aus zwei Elementen bestehen. Erstens sollte die Anatomie und die Physiologie der Fortpflanzung gelehrt werden. Zweitens müssen moralische Einstellungen und Verantwortungen im Blick auf Sexualität besprochen werden. *Diese Komponenten sollten niemals voneinander getrennt werden, solange die Moral als wichtiges Thema angesehen wird!* Sexueller Intellektualismus ohne sexuelle Verantwortung führt ins sexuelle Desaster!

Trotz des Wunsches, dem Thema der Moral auszuweichen, ist es Sexualkundelehrern meistens unmöglich, bei dem Thema neutral zu bleiben. Schüler werden ihnen nicht erlauben, ihre Ansichten zu verbergen. »Aber was denken Sie über vorehelichen Geschlechtsverkehr, Mr. Burgess?« Wenn Mr. Burgess sich weigert, diese Frage zu beantworten, hat er damit indirekt den Schülern gesagt, daß es kein definitives Richtig oder Falsch gibt. Indem er über die Moral schweigt, hat er die Promiskuität gebilligt. Das Thema erscheint seinen Schülern zweifelhaft, und sie interpretieren es so für sich, daß ihr starkes biologisches Verlangen auf jeden Fall zum Zug kommt.

Ich möchte betonen, daß ich nichts gegen Sexualerziehung in Schulen habe, vorausgesetzt, beide Elemente des Themas werden richtig zur Sprache gebracht. Aber ich will nicht, daß meine Kinder Sexualtechnologie von einem Lehrer vermittelt bekommen, der entweder neutral oder falsch informiert. Ich würde es lieber sehen, daß mein Kind seine Informationen auf der Straße bekommt, statt sie von einem Lehrer zu hören, der die ganze Würde und Autorität der Schule repräsentiert und der dann seinen leicht zu beeinflussenden Schülern mitteilt, daß die traditionelle Moral überflüssig oder ungesund ist. Bis die Schulen bereit sind, eine eindeutige Position für die sexuelle Verantwortung zu beziehen (wovon sie allerdings das gesellschaftliche Klima abhalten wird), sollten einige andere Stellen besorgte Eltern bei der Sexualerziehung unterstützen.

In einem neueren Buch für Eltern stand, daß mehr Informationen über Sexualität und Promiskuität sexuelle Verantwortungslosigkeit unter Teenagern vermindern würde. Stimmen Sie dem zu?

Nein. Teenager sind heutzutage über Sexualität besser informiert als jemals zuvor in der Menschheitsgeschichte, während gleichzeitig das traditionelle Junge-Mädchen-Spiel so populär wie immer erscheint. Die Annahme, daß Kenntnisse über die Physiologie die sexuelle Aktivität unterbindet, ist genauso falsch, wie anzunehmen, daß einem Übergewichtigen dadurch geholfen werden kann, daß er den Verdauungsprozeß versteht. Ich halte eine gute Sexualerziehung aus anderen Gründen für sinnvoll — aber ich habe nicht die Illusion, als würde durch sie Verantwortung in Jugendlichen erweckt. Moral muß direkt vermittelt werden, nicht durch die Hintertüren von Anatomie und Physiologie. Die beste Demonstration von Moral in all ihren Auswirkungen erfolgt durch Eltern, deren eigenes Leben das Vertrauen und die Verbindung zueinander und zu Jesus zeigt.

Erziehung von Säuglingen und Kleinkindern

Einige Psychologen, besonders die Behavioristen, glauben, daß Kinder als »unbeschriebene Blätter« geboren werden, die keine Persönlichkeit besitzen, bis sie in Interaktion mit ihrer Umwelt treten. Stimmen Sie dem zu?

Nein. Ich bin mir inzwischen sicher, daß sich die Persönlichkeiten von Neugeborenen gewaltig voneinander unterscheiden, noch bevor Eltern oder die Umwelt Einfluß auf sie ausüben. Jede Mutter von zwei oder mehr Kindern wird bestätigen, daß jedes ihrer Kinder eine andere Persönlichkeit hatte, und zwar bereits vom ersten Moment an. Zahllose Autoritäten auf dem Gebiet der Kinderentwicklung stimmen heute darin überein, daß diese komplexen kleinen Kreaturen, die Babys genannt werden, weit davon entfernt sind, unbeschriebene Blätter zu sein, wenn sie auf die Welt kommen. Eine wichtige Studie von Chess, Thomas und Birch enthüllte neun Verhaltensweisen, in denen sich Babys voneinander unterscheiden. Diese Unterschiede bleiben normalerweise das ganze Leben hindurch bestehen und beinhalten unter anderem die Ebenen der Aktivität, der Reaktion, der Reizbarkeit und der Launenhaftigkeit.

Eine weitere Charakteristik von Neugeborenen (die nicht von Chess erwähnt wird) finde ich am interessantesten: Sie bezieht sich auf eine Eigenschaft, die man »Willensstärke« nennen kann. Einige Kinder scheinen mit einer unbekümmert-willfährigen Einstellung gegenüber ihren Eltern geboren zu sein. Als Kleinkinder weinen sie nicht sehr oft, schlafen von der zweiten Woche an die ganze Nacht durch, brabbeln fröhlich mit den Großeltern, lächeln, wenn sie gewickelt werden, und sind sehr geduldig, wenn das Essen überfällig ist. Während der späteren Kindheit lieben sie es, ihr Zimmer aufgeräumt zu halten, sie mögen es ganz besonders, ihre Hausaufgaben zu erledigen und können sich stundenlang selbst beschäftigen. Es gibt nicht viele dieser überaus gutmütigen Kinder, aber man hört, daß sie in manchen Familien tatsächlich existieren sollen (nicht in meiner eigenen).

Genauso selbstverständlich, wie einige Kinder von Natur aus friedlich sind, gibt es andere, die mit dem Verlassen des Bauches ihrer Mutter feindselig zu sein scheinen. Sie schreien wegen der Temperatur im Kreißsaal und der Inkompetenz der Hebamme. Sie verlangen die Mahlzeiten im selben Moment, in dem sie bestellt werden, und nehmen jede Sekunde von Mutters Zeit in Anspruch. Im Laufe der nächsten Monate wird ihr Ausdruck von Willensstärke noch deutlicher.

Dieser Unterschied ist nur ein Beispiel dafür, wie sich Kinder von Geburt an voneinander unterscheiden. Wenn Gott jede Schneeflocke einzigartig machen kann, und jedes Sandkorn am Strand sich von seinem Gegenstück unterscheidet, würde dann der Schöpfer Kinder in einer Weise fertigen, als wären sie von Henry Ford am Fließband produziert? Wohl kaum! Jedes von uns menschlichen Wesen ist dem Schöpfer als ein Original bekannt, das sich von jedem anderen Mensch auf der Erde unterscheidet. Und ich bin dankbar dafür, daß wir so unterschiedlich sind.

Wenn Kinder sich bereits zum Zeitpunkt ihrer Geburt in ihrem Temperament unterscheiden, kann man dann davon ausgehen, daß es manche Babys gibt, die einfach wesentlich schwieriger sind als andere?

Es gibt problemlose Babys und es gibt schwierige Babys! Einige scheinen vorherbestimmt zu sein, ihr Zuhause, in das sie hineingeboren werden, auf den Kopf zu stellen: Sie schlafen den ganzen Tag über ruhig und kreischen dann aus Protest die ganze Nacht hindurch; sie bekommen Koliken und spucken das furchtbarste Zeug auf ihre Bekleidung (normalerweise auf dem Weg zur Kirche); sie halten ihre Verdauung zurück, bis Sie sie Freunden zum Aufpassen abgeben, und dann lassen sie sie los. Statt sich in die Arme zu kuscheln, wenn sie auf dem Arm gehalten werden, machen sie sich im Bemühen, freizukommen, völlig steif.

Einer Mutter, die sich morgens um 3.00 Uhr übermüdet über das wackelnde Kinderbett beugt, kann durchaus schon einmal die Frage durch den Kopf gehen: »Ist *das* aus meinem Leben geworden?« Ein paar Tage vorher hatte sie sich gefragt: »Wird es überleben?« Jetzt lautet die Frage: »Werde *ich* überleben?«

Aber glauben Sie mir: Dieser harte Anfang wird bereits nach kurzer Zeit für die Eltern nur noch eine schwache Erinnerung sein. Aus dem anspruchsvollen Tyrannen wird ein denkendes und liebendes Menschenwesen. Ich möchte der erschöpften und gehetzten Mutter sagen: »Halte durch! Du nimmst die wichtigste Aufgabe im Universum wahr.«

Was für eine Art Erziehung ist für meinen sechs Monate alten Sohn angemessen?

Für ein Kind unter sechs Monaten ist keine *direkte* Erziehung notwendig, und zwar unabhängig davon, wie es sich verhält. Viele Eltern sind anderer Meinung und »schlagen« ein sechsmonatiges Kind dafür, daß es beim Wickeln nicht ruhig geblieben ist, oder weil es nachts geschrien hat. Das ist ein schwerwiegender Fehler. Ein Baby ist nicht fähig, seinen »Verstoß« einzusehen oder ihn mit der darauf folgenden Strafe in Verbindung zu bringen. In diesem Alter muß es getragen und geliebt werden — und, was am wichtigsten ist: Es muß eine sanfte menschliche Stimme hören. Es sollte gefüttert werden, wenn es Hunger hat, und sauber, trocken und warm gehalten werden. Die Grundlagen für die emotionale und körperliche Gesundheit eines Kindes werden wahrscheinlich während der ersten sechs Monate gelegt, die von Sicherheit, Zuwendung und Wärme geprägt sein sollten.

Ich habe eine sehr unruhige achtmonatige Tochter, die weint, wann immer ich sie hinlege. Mein Kinderarzt sagte, sie sei gesund und weine nur deshalb, weil sie wolle, daß ich sie die ganze Zeit auf dem Arm halte. Ich widme ihr eine Menge Aufmerksamkeit, aber ich kann sie einfach nicht den ganzen Tag auf dem Schoß halten. Wie kann ich erreichen, daß sie weniger unruhig ist?

Das Weinen von Kleinkindern ist eine wichtige Form der Kommunikation. Durch ihre Tränen erfahren wir von ihrem Hunger, ihrer Müdigkeit, ihrem Unwohlsein oder einem Windelproblem. Daher ist es wichtig, auf diese Hilferufe zu hören und sie richtig zu deuten. Auf der anderen Seite hat Ihr Kinderarzt recht. Es ist möglich, daß man sich selbst ein unruhiges, forderndes Baby schafft, indem man jedesmal, wenn es wimmert und stöhnt, gleich zu ihm läuft und es auf den Arm nimmt. Kleinkinder sind imstande, ihre Eltern zu manipulieren, wobei jedes Verhalten, das eine für das Kind angenehme Wirkung hat, wiederholt auftreten wird. Auf diese Weise kann ein gesundes Baby seine Mutter zwölf Stunden am Tag (oder in der Nacht) auf Trab halten, einfach dadurch, daß es Luft durch seine Stimmbänder preßt.

Um das zu verhindern, ist es wichtig, eine Grenze zu ziehen zwischen der Aufmerksamkeit, die das Baby braucht, und seinem Selbstverständnis als kleiner Diktator. Sie müssen keine Sorge haben, wenn Sie Ihre Tochter eine Zeitlang weinen lassen, obwohl es natürlich notwendig bleibt, auf den Klang ihrer Stimme zu achten, um den Unterschied zwischen wildem Mißfallen und ernsthaften Beschwerden zu erkennen. Die meisten Mütter lernen mit der Zeit diesen Unterschied aus der Stimme herauszuhören.

Wenn meine Tochter schrie, blieb ich normalerweise vier oder fünf Minuten außerhalb ihrer Sichtweite vor der Tür des Kinderzimmers stehen und wartete den Moment ab, wo ihr Weinen ein wenig nachließ, bevor ich zu ihrem Bettchen ging. Dadurch verstärkte ich die Pausen anstatt die Tränen. Sie können dasselbe versuchen. Vielleicht ist für Sie der folgende Brief aufschlußreich, den ich kürzlich erhielt:

Sehr geehrter Herr Dr. Dobson,
der Grund, weswegen ich schreibe, ist folgender: Der Herr hat uns so sehr gesegnet, daß ich eigentlich voller Freude sein sollte. Aber ich bin bereits seit zehn Monaten depressiv. Ich weiß nicht, ob ich mich an einen Pastor, einen Arzt, einen Psychologen, einen Ernährungswissenschaftler oder einen Chiropraktiker wenden soll!

Teil 6

Erziehung von Säuglingen und Kleinkindern

Letzten September schenkte uns der Herr einen wunderbaren Jungen. Er ist niedlich und schlau und stark. Wir können gar nicht anders, als ihn lieben. Aber er ist sehr anspruchsvoll. Schwierig wurde die Situation, als Jena an zwei Abenden in der Woche Abendschulkurse besuchte und ich auf Rolf aufpassen mußte. Er schrie und heulte die ganze Zeit und weinte sich schließlich in den Schlaf. Ich konnte, falls er wieder einschlief, kein Geräusch mehr machen, aus Angst, daß er wieder aufwachen würde.

Ich war daran gewöhnt, abends Rechnungen zu erledigen, Post zu lesen und zu sortieren, Briefe zu beantworten usw. Aber all das muß jetzt immer auf eine Zeit verschoben werden, wenn meine Frau da ist.

Ich kann einfach nicht mit der Weinerei fertig werden. Das ganze kompliziert sich noch dadurch, daß Jena Rolf stillt. Dadurch werde ich ebenfalls geweckt, und ich habe morgens Schwierigkeiten aufzustehen, um zur Arbeit zu gehen. In letzter Zeit werde ich sehr schnell krank.

Ich liebe unser Baby sehr und würde es gegen nichts auf der Welt tauschen wollen, aber ich verstehe nicht, warum die Situation mich so bedrückt. Auch Jena ist manchmal überfordert, weil wir es nicht schaffen, Rolf vor 12 Uhr nachts zum Schlafen zu bringen und er zweimal in der Nacht aufwacht.

Wir haben all die Dinge, die man sich in unserem Alter nur wünschen kann — unser eigenes nettes kleines Haus in einer guten Nachbarschaft, einen Arbeitsplatz, der mir Freude macht, und besonders unser Leben in Christus.

Ich habe keinen Grund, die ganze Zeit so depressiv und müde zu sein. Ich komme derartig erschöpft von der Arbeit, daß ich nicht fähig bin, Rolf von seiner Mutter zu übernehmen, damit sie das Essen machen kann. Er hängt die ganze Zeit an ihr. Ich kann mir nicht vorstellen, wie sie das aushält.

Wenn Sie mir Rat geben können, was ich tun kann, lassen Sie es mich bitte wissen. Danke, und Gott segne Sie! Chuck

Es fällt schwer zu glauben, daß ein zehn Monate altes Baby zwei reife Erwachsene völlig für sich in Anspruch nehmen und nach seinen Wünschen formen kann, aber genau das tut

Rolf. Er paßt in das Bild eines extrem willensstarken Babys, das bereits gelernt hat, wie es seine Eltern manipulieren muß, um seinen Willen zu bekommen. Wenn sie ihn zu Bett bringen oder hinlegen, wenn sie ihn im Kinderzimmer lassen, wenn sie ihm auch nur einen Augenblick lang den Rücken zuwenden — schreit er aus Protest. Aber weil sie friedliebende Eltern mit einem großen Bedürfnis nach Stille sind, springen sie los, um Rolfs lautstarke Forderungen zu erfüllen, bevor er zornig wird. Indem sie das tun, verstärken sie das tränenreiche Verhalten und garantieren die Fortsetzung.

Ich würde empfehlen, daß Chuck und Jena Rolf füttern und wickeln und ihn sich dann etwa gegen 19.00 Uhr eine Woche lang in den Schlaf schreien lassen. Wenn der kleine Kerl feststellt, daß er mit der anstrengenden Weinerei nicht mehr seine Ziele erreicht, wird das Verhalten verschwinden. Die Eltern sollten ihm gegenüber zwar viel Liebe und Aufmerksamkeit zeigen, sich dann aber ihren eigenen Pflichten und Tätigkeiten zuwenden. Rolf wird schon bald verstanden haben.

Bitte beschreiben Sie mir, wie ich am besten mit der Erziehung eines Einjährigen beginnen kann.

Viele Kinder werden während der Phase zwischen dem zweiten und siebten Lebensmonat beginnen, die Autorität ihrer Eltern auf die Probe zu stellen. Solche Konfrontationen werden vor dem ersten Geburtstag noch relativ selten sein, aber man kann schon die Ansätze späterer Auseinandersetzungen erkennen.

Meine eigene Tochter zum Beispiel forderte ihre Mutter zum ersten Mal mit neun Monaten heraus. Meine Frau bohnerte den Küchenboden, als Danae auf den Linoleumboden zukroch. Shirley sagte: »Nein, Danae«, und machte durch ihre Gesten deutlich, daß das Kind die Küche nicht betreten sollte. Da unsere Tochter sehr früh zu sprechen begonnen hatte, verstand sie die Bedeutung des Wortes »Nein« klar und deutlich. Trotzdem kroch sie geradewegs in den klebrigen Wachs. Shirley hob sie auf und setzte sie jenseits der Tür wieder ab, während sie mit noch bestimmterer Stimme »Nein«

sagte. Danae ließ sich dadurch nicht entmutigen und kroch erneut auf den frisch gebohnerten Boden. Meine Frau zog sie zurück und sagte in einem noch strengeren Tonfall »Nein«, als sie sie absetzte. Siebenmal wiederholte sich dieser Vorgang, bevor Danae sich geschlagen gab und unter Tränen davonkroch. Soweit wir uns erinnern können, war das die erste direkte Kollision zwischen meiner Tochter und meiner Frau. Viele weitere folgten.

Wie erziehen Eltern einen Einjährigen? Sehr behutsam und sanft! Ein Kind in diesem Alter ist sehr einfach abzulenken. Anstatt ihm eine Armbanduhr zu entreißen, zeigen Sie ihm lieber eine leuchtend bunte Alternative — und seien Sie dann darauf vorbereitet, die Uhr aufzufangen, wenn sie fällt. Wenn unvermeidbare Konfrontationen auftreten, so wie bei Danae auf dem gewachsten Boden, gewinnen Sie diese durch Bestimmtheit und nicht durch Bestrafung. Seien Sie nicht zu besorgt über Tränen des Kindes, die eine machtvolle Waffe sein können, um Fütter-, Bett- und Wickelzeiten zu umgehen. Haben Sie den Mut, das Kind zu führen, ohne dabei harsch oder schroff zu werden.

Im Vergleich zu den Monaten, die folgen werden, ist die Phase um das erste Lebensjahr herum allerdings noch eine relativ ruhige, reibungslos verlaufende Zeit im Leben eines Kindes.

Ist das »schreckliche zweite Lebensjahr« wirklich so schrecklich?

Es wird gesagt, daß sich alle Menschen in zwei große Kategorien einteilen lassen: diejenigen, die zu den verschiedenen Gegebenheiten des Lebens »ja« sagen, und die, die dazu neigen würden, »nein« zu sagen. Ich kann Ihnen mit Sicherheit sagen, daß jedes Kleinkind auf der Welt definitiv eine negative Wahl treffen würde! Wenn es ein Wort gibt, das die Phase zwischen dem 15. und dem 25. Lebensmonat charakterisiert, ist es das *Nein!* Nein, er will seine Frühstücksflocken nicht essen. Nein, er will nicht mit seinem Kipplaster spielen. Nein, er will nicht baden. Und schließlich können Sie sicher sein, daß — nein! — er zu keiner Zeit ins Bett gehen will. Es ist leicht zu verstehen, wieso dieser Lebensabschnitt als die »erste Jugend« bezeichnet wird: wegen der Weigerungen, der Konflikte und der Feindseligkeit dieses Alters.

Der vielleicht frustrierendste Aspekt ist die Neigung der Kinder, etwas zu verschütten, Dinge zu zerstören, furchtbare Sachen zu essen, von Möbeln herunterzufallen, Dinge fortzuspülen oder in irgendwelche Gegenstände hineinzugeraten. Während dieser Kleinkindphase kann jede unerklärliche Stille von mehr als 30 Sekunden einen Erwachsenen in einen sofortigen Zustand der Panik versetzen. Welche Mutter hatte nicht schon einmal das aufregende Erlebnis, die Schlafzimmertür zu öffnen, nur um ihren Sohn vom Kopf bis zu den Füßen über und über mit Lippenstift beschmiert zu sehen! An der Wand befindet sich eine eigene künstlerische Kreation von ihm, mit einem roten Handabdruck in der Mitte, und das ganze Zimmer ist von dem Duft von Chanel No. 5 erfüllt, mit dem er seinen kleinen Bruder einparfümiert hat. Wäre es nicht interessant, einmal eine nationale Versammlung abzuhalten, bei der alle Mütter mit genau diesem Trauma zusammenkommen?

Das Bild sieht trüb aus, und zugegebenerweise gibt es Zeiten, in denen ein kleiner Krabbler den Frieden und die Ruhe im Haus zerstören kann. (Mein Sohn Ryan liebte es, Seifenblasen in die Wasserschüssel unseres Hundes zu pusten — mir wird immer noch ganz anders, wenn ich daran denke.) Trotz aller Schwierigkeiten läßt sich jedoch sagen, daß es keine aufregendere Zeit im Leben gibt als diese Phase des dynamischen Aufblühens und Entfaltens. Jeden Tag werden neue Wörter gelernt, und diese Ausdrücke werden ein halbes Jahrhundert in Erinnerung bleiben. Es ist die Zeit der Begeisterung für Märchen und kleine Hunde. Und was am wichtigsten ist: Es ist eine wertvolle Zeit der Liebe und Wärme, die viel zu schnell vorbeieilen wird. Es gibt heute Millionen von älteren Eltern mit erwachsenen Kindern, die alles dafür geben würden, diese quirligen Tage mit ihren Kleinkindern wieder aufleben zu lassen.

Es zeigt sich bereits deutlich, daß wir einen extrem trotzigen Sohn haben, der seit dem Tag seiner Geburt seinen

eigenen Willen gefordert hat. Wir haben ihn diszipliniert und erzogen, so gut es uns möglich war, aber er wehrt sich immer noch gegen jede Einschränkung oder Grenze, die wir ihm aufzuerlegen versuchen. Können Sie mir sagen, wieso ich mich so schuldig und niedergeschlagen fühle, obwohl ich weiß, daß ich mein Bestes tue?

Diese Art von Schuldgefühlen ist unter Eltern von willensstarken Kindern weit verbreitet. Sie befinden sich in einem ständigen Tauziehen, das Sie frustriert und ermüdet zurückläßt. Keiner hat Ihnen vorher gesagt, daß Elternschaft so schwierig sein würde, und Sie beschuldigen sich selbst für die Spannungen, die entstehen. Sie und Ihr Mann hatten geplant, liebende und effektive Eltern zu sein, die ihrem pyjamabekleideten Engel am Kamin Märchen vorlesen würden. Aber die Realität hat sich als ganz anders herausgestellt, und dieser Unterschied bedrückt Sie.

Ich habe festgestellt, daß Eltern von friedlichen Kindern ihre Freunde, die trotzige Kinder haben, nicht verstehen. Sie verstärken die Schuldgefühle und die Sorge, indem sie indirekt sagen: »Wenn ihr die Kinder so aufziehen würdet wie wir, hättet ihr nicht solche furchtbaren Probleme.« Beiden Gruppen möchte ich ausdrücklich sagen, daß das willensstarke Kind selbst dann schwer zu kontrollieren ist, wenn seine Eltern sich ihm mit großem Können und Einsatz widmen.

Unser 24 Monate alter Sohn ist immer noch nicht trokken, obwohl meine Schwiegermutter glaubt, er sollte es bereits sein. Sollten wir ihn dafür bestrafen, daß er seine Hosen statt des Töpfchens benutzt?

Nein. Sagen Sie Ihrer Schwiegermutter, sie könne sich beruhigen. Es ist absolut möglich, daß Ihr Kind einfach noch nicht in der Lage ist, sich unter Kontrolle zu haben. Das letzte, was Sie tun würden, wäre ein zweijähriges Kind für etwas zu bestrafen, was es nicht begreift. Wenn ich in dieser Frage entscheiden müßte, würde ich sogar sagen, daß es eher später als früher trocken zu werden braucht. Außerdem sollte der Prozeß des Trockenwerdens durch Belohnungen anstatt durch Bestrafungen unterstützt werden. Geben Sie ihm einen

Lutscher für richtiges Benehmen. Wenn Sie feststellen, daß er der Bitte nachkommen kann, dann können Sie ihm auch zukünftig diese Verantwortung überlassen.

Ich werde sehr ärgerlich, weil mein zweijähriger Junge im Gottesdienst nicht stillsitzen und ruhig sein kann. Er weiß ganz genau, daß er nicht laut sein soll, aber er schlägt sein Spielzeug unentwegt gegen die Bankreihen und redet manchmal laut drauflos. Soll ich ihn dafür bestrafen?

Ihre Frage enthüllt ein ziemlich schwaches Verständnis der Natur eines Kleinkindes. Die meisten Zweijährigen können genausowenig ihre Hände falten und still im Gottesdienst sitzen, wie sie den Atlantik durchschwimmen könnten. Sie winden sich und schäumen über vor Energie, weil sie es *müssen*. Es ist unmöglich, Kleinkinder in solch einer Situation ruhig zu halten. Die ganze Zeit, in der sie wach sind, sind sie aktiv, und das ist für diese Entwicklungsphase normal. Daher würde ich Ihr Kind nicht für dieses Verhalten bestrafen. Ich denke, es sollte in dem Kinderraum der Gemeinde betreut werden, wo es die Fundamente wackeln lassen kann, ohne den Gottesdienst zu stören. Wenn ein solcher Raum nicht vorhanden ist, schlage ich vor, daß Sie, wenn es finanziell vertretbar ist, Ihr Kind zu Hause bei einem Babysitter lassen, bis es mindestens drei Jahre alt ist.

Ab welchem Alter kann man von einem Kind erwarten, ruhig im Gottesdienst zu sitzen?

Die Fähigkeit, in der Kirche ruhig zu sitzen, ist ein Beispiel für einen sich langsam entwickelnden Vorgang der Selbstkontrolle. Das Kind wird ihn während der ersten Lebensjahre in kleinen Schritten lernen. Ich würde davon ausgehen, daß es mit etwa vier Jahren fähig sein sollte, seine Aktivität unter Kontrolle zu halten und in der Kirche zu sitzen, ohne laute Störungen zu verursachen, selbst wenn es malt oder in Büchern blättert. Im Alter von fünf Jahren sollte es in der Lage sein, während des Gottesdienstes zu sitzen, ohne Sachen fallen zu lassen, mit den Armen zu wedeln, usw. Aber selbst in diesem Alter ist eine Bestrafung für Lärm unangebracht, außer in Situationen von bewußter Trotzigkeit.

Ich muß mein Kleinkind sehr oft dafür bestrafen, daß es das Porzellan und andere teure Gegenstände anfaßt, die unser Haus schmücken. Wie kann ich meine Tochter dazu bringen, diese zerbrechlichen Sachen stehen zu lassen?

Ich warne Eltern davor, Kleinkinder für ein Verhalten zu bestrafen, das für das Lernen und die Entwicklung natürlich und notwendig ist. Die Erforschung der Umwelt zum Beispiel ist von großer Wichtigkeit für die intellektuelle Stimulation. Sie und ich als Erwachsene würden ein Kristallgefäß anschauen und alle notwendigen Informationen aus der visuellen Beobachtung beziehen. Ein Kleinkind jedoch wird das Gefäß allen seinen Sinnen aussetzen. Es wird es in die Hand nehmen, daran lecken, daran riechen, es durch die Luft schleudern, gegen die Wand schlagen und sich den schönen Klang zerbrechenden Glases anhören. Durch diesen Prozeß lernt es etwas über Schwerkraft, harte und weiche Oberflächen, die spröde Natur von Glas — und nicht zuletzt einige überraschende Dinge über Mutters Zorn.

Ich plädiere keineswegs dafür, Ihrem Kind zu erlauben, Ihr ganzes Heim samt Inhalt in Schutt und Asche zu verwandeln. Aber genausowenig ist es richtig, von Ihrer Tochter zu erwarten, daß sie ihre Hände stets bei sich behält. Eltern sollten Gegenstände, die zerbrechlich oder besonders gefährlich sind, entfernen und dann den Weg des Kindes mit faszinierenden Objekten aller Art pflastern. Erlauben Sie ihr, alles, was möglich ist, zu erforschen, und bestrafen Sie sie nie für etwas, von dem sie *nicht wußte, daß es nicht für sie bestimmt war*, ganz gleich, wie kostbar es ist. Der Befehl »Nicht berühren« sollte dem Kind im Blick auf elektrische Stecker, Öfen, Fernsehknöpfe etc. beigebracht werden. Wenn ihm deutlich geworden ist, was erlaubt ist und was nicht, wird normalerweise ein Klaps auf die Finger Wiederholungstaten verhindern.

In welchen Fällen sollte das Kleinkind mit Bestrafung — wie zum Beispiel Schlägen — konfrontiert werden?

Wenn es sich offen gegen die von den Eltern gegebenen Anweisungen wehrt. Wenn Sie es herbeirufen und es daraufhin davonläuft — wenn es die Milchtasse auf den Boden wirft — wenn es beim Zubettgehen schreit und einen Wutanfall bekommt — wenn es seine Freunde schlägt . . . all das sind Formen eines unannehmbaren Verhaltens, das nicht noch ermutigt werden sollte. Aber selbst in diesen Situationen ist eine echte Tracht Prügel oft unnötig, um Wirkung zu zeigen. Ein fester Schlag auf die Finger wird die Botschaft genauso sicher deutlich machen. Schläge sollten für Momente größten Widerstands während späterer Jahre aufgehoben werden.

Die Kleinkinderjahre sind entscheidend für die zukünftigen Einstellungen des Kindes zur Autorität. Ihm sollte geduldig beigebracht werden zu gehorchen, ohne daß von ihm erwartet wird, daß es sich wie ein Erwachsener benimmt.

Meine kleine Tochter treibt ihr Spiel mit mir, wenn wir in Lebensmittelgeschäften einkaufen sind. Sie läuft weg, wenn ich sie zu mir rufe, und verlangt nach Süßigkeiten, Kaugummi und Keksen. Wenn ich mich weigere, bekommt sie die schlimmsten Wutausbrüche, die Sie sich vorstellen können. Ich möchte sie nicht vor allen Leuten bestrafen, und das weiß sie. Was soll ich tun?

Wenn es Orte gibt, wo die normalen Regeln und Einschränkungen nicht gelten, werden sich Ihre Kinder in diesen Zonen anders benehmen als anderswo. Ich würde vorschlagen, daß Sie mit Ihrer Tochter auf der nächsten Fahrt zum Supermarkt sprechen. Sagen Sie ihr genau, was Sie von ihr erwarten, und machen Sie ihr klar, daß Sie es ernst meinen. Wenn sie sich dann wieder so benimmt, nehmen Sie sie zum Auto mit und tun Sie, was Sie auch zu Hause getan hätten. Sie wird ihre Lehre daraus ziehen.

Das vielleicht beste Beispiel dafür, was geschehen kann, wenn dieses Problem vernachlässigt wird, ist ein zehnjähriger Junge namens Robert, der ein Patient meines guten Freundes Dr. William Slonecker war. Dr. Slonecker sagte, daß sein Team die Tage fürchtete, an denen Robert einen Termin hatte. Er griff buchstäblich die Klinik an, schnappte nach Instrumenten, Listen und Telefonen. Seine passive Mutter konnte nie mehr tun, als vor Befremden ihren Kopf zu schütteln.

Während einer Untersuchung entdeckte Dr. Slonecker ernste Schäden an Roberts Zähnen und wußte, daß der Junge an einen Zahnarzt überwiesen werden mußte. Aber wer sollte die Ehre haben? Eine Empfehlung wie Robert könnte das Ende einer beruflichen Freundschaft bedeuten. Dr. Slonecker entschloß sich schließlich, ihn zu einem älteren Zahnarzt zu schicken, der dafür bekannt war, gut mit Kindern umgehen zu können. Die Konfrontation, die darauf folgte, erscheint mir als einer der klassischen Momente in der Geschichte der menschlichen Konflikte.

Robert kam in der Zahnarztpraxis an, bereit zum Kampf.

»Setz dich auf den Stuhl, junger Mann«, sagte der Doktor.

»Niemals!« antwortete der Junge.

»Ich habe dir gesagt, du sollst dich setzen, und das meine ich auch so«, sagte der Zahnarzt.

Robert starrte seinen Gegner einen Moment lang an und antwortete dann: »Wenn du mich auf den Stuhl zwingst, werde ich mich ausziehen.«

Der Zahnarzt sagte ruhig: »Junge, zieh dich nur aus.«

Der Junge zog sofort sein Hemd, Unterhemd, seine Schuhe und Socken aus und schaute dann trotzig hoch.

»In Ordnung, Junge«, sagte der Zahnarzt. »Jetzt setz dich hin.«

»Du hast mich wohl nicht verstanden«, zischte Robert. »Ich sagte, wenn du mich zwingst, mich zu setzen, werde ich *alle* Sachen ausziehen.«

»Junge, zieh sie aus«, antwortete der Mann.

Robert fuhr fort, seine Hose und Unterhose auszuziehen und stand schließlich völlig nackt vor dem Zahnarzt und seinem Helfer.

»Jetzt, Junge, setz dich auf den Stuhl«, sagte der Doktor.

Robert tat, was ihm gesagt worden war, und saß während der ganzen Behandlung kooperativ still. Nachdem die Löcher gebohrt und gefüllt worden waren, wurde er gebeten, vom Stuhl zu steigen.

»Gib mir meine Kleidung«, sagte der Junge.

»Tut mir leid«, antwortete der Zahnarzt. »Sag deiner Mutter, daß wir die Sachen über Nacht hierbehalten. Sie kann sie morgen abholen.«

Können Sie den Schock nachfühlen, den Roberts Mutter bekam, als sich die Wartezimmertür öffnete und ihr Sohn dastand, nackt wie am Tage seiner Geburt? Der Raum war voller Patienten, aber Robert und seine Mutter gingen an ihnen vorbei in die Halle. Sie fuhren in einem Fahrstuhl nach unten und gingen auf den Parkplatz, während sie das Kichern der umstehenden Leute zu ignorieren versuchten.

Am nächsten Tag kehrte Roberts Mutter zurück, um seine Kleidung abzuholen, und bat um ein Gespräch mit dem Arzt. Allerdings protestierte sie nicht. Statt dessen sagte sie folgendes: »Sie glauben gar nicht, wie froh ich darüber bin, was gestern hier passiert ist. Sehen Sie, Robert hat mich damit seit Jahren erpreßt. Wann immer wir in der Öffentlichkeit waren — zum Beispiel in einem Lebensmittelgeschäft — hat er unsinnige Forderungen an mich gestellt. Wenn ich ihm nicht sofort das und das kaufen würde, drohte er, alle seine Sachen auszuziehen. Sie sind die erste Person, Doktor, die auf seinen Bluff eingegangen ist — und die Wirkung auf Robert war unglaublich!«

Ich weiß, daß Sie empfehlen, daß während der Kleinkindjahre relativ wenig geschlagen werden sollte. Welche andere Disziplinarmaßnahme für ein Kind dieses Alters können Sie empfehlen?

Es wäre zum Beispiel möglich, von dem Kind zu verlangen, auf einem Stuhl stillzusitzen und darüber nachzudenken, was es getan hat. Die meisten Kinder dieses Alters sprühen nur so vor Energie und hassen es, zehn langweilige Minuten mit ihrem nervösen Hinterteil auf einem Stuhl sitzen zu müssen. Bei manchen kann diese Form der Bestrafung sogar effektiver sein als Schläge, und sie bleibt ihnen länger in Erinnerung.

Wir haben einen adoptierten Sohn, der zu uns kam, als er zwei Jahre alt war. Er war während seiner ersten

Lebensjahre derartig mißhandelt worden, daß es mein Mann und ich nicht fertigbringen, ihn zu bestrafen, selbst wenn er es verdient. Wir haben auch das Gefühl, daß wir nicht das Recht haben, ihn zu disziplinieren, weil wir nicht seine richtigen Eltern sind. Verhalten wir uns richtig?

Ich fürchte, Sie machen einen Fehler, der für Eltern adoptierter Kinder typisch ist. Sie bemitleiden ihre Kleinen zu sehr. Sie glauben, daß das Leben mit den Kleinen schon viel zu hart umgesprungen ist und sie die Dinge durch eine strenge Erziehung nicht noch schlimmer machen wollen. Wie Sie bereits erwähnten, haben viele das Gefühl, daß sie nicht das Recht haben, Forderungen an die Adoptivkinder zu stellen. Diese Einstellung kann unglückliche Folgen haben. Adoptivkinder haben dieselben Bedürfnisse nach Leitung und Disziplin wie die, die bei ihren biologischen Eltern aufwachsen. Einer der sichersten Wege, einem Kind das Gefühl der Unsicherheit zu vermitteln, ist, es so zu behandeln, als sei es überdurchschnittlich verletzlich. Wenn die Eltern es als ein unglückliches heimatloses Kind ansehen, das beschützt werden muß, wird es sich selbst ebenfalls auch auf diese Art sehen.

Eltern von kranken und behinderten Kindern haben oftmals ebenfalls Probleme, Disziplin einzuführen. Ein Kind mit einem lahmen Arm kann zu einem kleinen Terroristen werden, einfach deshalb, weil die Eltern sich nicht trauen, ihm die normalen Grenzen für sein Benehmen beizubringen. Es muß daran erinnert werden, daß die Notwendigkeit, von den Eltern geleitet zu werden, für jedes Kind gilt. Dieses Bedürfnis geht auch dann nicht verloren, wenn andere Probleme und Schwierigkeiten im Leben auftreten. In manchen Fällen wird dieses Bedürfnis nach klaren Grenzen durch Probleme sogar noch verstärkt, weil die Eltern dem Kind seinen persönlichen Wert am besten durch liebevolle Kontrolle zeigen können.

Teil 7

Die Funktion von Disziplin

Warum gibt es heute so viel Verwirrung im Blick auf Erziehungsfragen? Ist es wirklich so schwierig, unsere Kinder vernünftig aufzuziehen?

Eltern sind verwirrt, weil ihnen von vielen Profis, die es eigentlich besser wissen müßten, eine unlogische und wenig praktikable Einstellung zur Kindererziehung beigebracht wurde. Autoritäten auf dem Gebiet der Kindererziehung haben das Wasser mit antiautoritären Philosophien verschmutzt, die der eigentlichen Natur der Kinder widersprechen.

Lassen Sie mich ein Beispiel nennen. *Growing Pains* ist ein Frage-und-Antwort-Buch für Eltern, das von der American Academy of Pediatrics (einer Abteilung der American Medical Association) herausgegeben wird. Die folgende von Eltern gestellte Frage wird in dem Buch zitiert und mit der Antwort eines Kinderarztes versehen.

Frage: Was tut man, wenn einem ein wütendes Kind die Tür vor der Nase zuschlägt?

Antwort: Treten Sie zurück. Dann tun Sie nichts, bis Sie annehmen können, daß sich die Wut des Kindes gelegt hat. Der Versuch, mit einer wütenden Person zu sprechen, ist wie mit dem Kopf gegen eine Mauer zu rennen. Wenn das Kind guter Laune ist, erklären Sie ihm, wie gefährlich Türenschlagen sein kann. Gehen Sie so weit, zu beschreiben, wie eine Person einen Finger in einer zugeschlagenen Tür verlieren kann. Einige Gespräche dieser Art reichen normalerweise aus, um mit diesem Problem fertig zu werden.

Eine solche Antwort ist meiner Meinung nach ausgesprochen unpassend. Der antwortende Arzt übersah, daß das Türenschlagen in dieser Situation gar nicht das eigentliche Problem war. Das Kind demonstrierte vielmehr seinen Ungehorsam gegen die elterliche Autorität, und dafür sollte es zur

Verantwortung gezogen werden. Statt dessen aber wird hier der Rat gegeben, der Elternteil solle so lange warten, bis das Kind wieder guter Laune ist (was bis nächsten Donnerstag dauern kann), um dann über die Gefahren des Türenschlagens zu sprechen. Es scheint deutlich zu sein, daß das Kind die Mutter gebeten hat, die Herausforderung anzunehmen, aber diese steht nebenan, zählt bis zehn und bleibt ruhig. Wünschen wir ihr viel Glück für die nächste Begegnung!

Wie ich bereits sagte, haben viele psychologische Ratgeber es versäumt, ein Aktionsschema anzubieten, an dem man sich im Falle bewußter Trotzreaktionen orientieren kann. Was soll zum Beispiel in der oben beschriebenen Situation Mama tun, bis der Kleine sich beruhigt hat? Was ist, wenn er die Möbel zertrümmert oder auf die andere Seite der Tür malt? Was ist, wenn er sie wild beschimpft und seine kleine Schwester verprügelt? Sie sehen, den einzigen Rat, den Mama vom Schreiber obiger Zeilen erhält, ist ein verspäteter Appell an die Vernunft. Und wie jede Mutter weiß, ist ein solcher Appell als Antwort auf Zorn und Mißachtung praktisch wertlos.

Glauben Sie, daß Eltern heutzutage die Rolle der Disziplin wieder schätzen lernen? Sind die Tage der antiautoritären Erziehung vorbei?

Eltern, die die antiautoritäre Erziehung ausprobiert haben, mußten größtenteils ihr Scheitern mit ansehen. Unglücklicherweise werden diese Eltern bald Großeltern sein, und die Welt wird kaum noch von ihrer Erfahrung profitieren. Worüber ich mir Sorgen mache, ist die Frage, welche Erziehungsmethode die Generation, die derzeit die frühe Jugend erreicht, ihren Kindern gegenüber anwenden wird. Viele dieser zukünftigen Eltern haben nie erlebt, wie sinnvolle Disziplin eingeübt wurde. Sie hatten kein Modell. Es wird interessant sein zu sehen, wie sie mit ihren Kindern umgehen werden.

Kann man davon ausgehen, daß ein Kind, das in der Vorschulzeit sehr undiszipliniert ist, auch während der späteren Kindheitsjahre versuchen wird, seine Eltern herauszufordern?

Das geschieht sehr häufig. Wenn die Eltern in den frühen Auseinandersetzungen mit ihrem Kind unterliegen, werden die späteren Kämpfe schwerer zu gewinnen sein. Eltern, die sich ihren Kindern gegenüber nie durchsetzen, weil sie zu schwach, zu müde oder zu beschäftigt sind, begehen einen schweren Fehler, den sie normalerweise teuer bezahlen müssen, sobald die Jugendjahre des Kindes beginnen. Wenn Sie es nicht schaffen, einen Fünfjährigen dazu zu bewegen, sein Spielzeug wegzuräumen, ist es unwahrscheinlich, daß Sie ihm in seiner Jugend, der trotzigsten Phase seines Lebens, durch Ihre Autorität die Stirn bieten können. Es ist wichtig zu verstehen, daß in der Jugend eine Verdichtung aller vorausgegangenen Lehren und Verhaltensweisen erfolgt. Wenn Sie die Zeitbombe entschärfen wollen, die in vielen Fällen in der Jugend explodiert, ist es am besten, die zwölf Jahre, die der Jugend vorausgehen, dafür zu nutzen.

Einige Eltern tun sich schwer, Respekt von ihren Kindern zu verlangen, weil doch dahinter so etwas wie Imponiergehabe stecken könnte. Sehen Sie das auch so?

Ich glaube nicht an diese Theorie. Es ist von entscheidender Wichtigkeit, daß ein Kind seine Eltern achtet, weil diese Beziehung die Basis für die Einstellung zu allen anderen Menschen schafft. Die Sicht, die er von der elterlichen Autorität gewinnt, wird der Eckstein für seine späteren Ansichten über Polizei, Gesetz und die Gesellschaft im allgemeinen.

Wenn ein Kind während der ersten 15 Lebensjahre seinen Eltern erfolgreich trotzen kann, sie dabei womöglich noch auslacht und stur ihre Autorität verspottet, entwickelt es ihnen gegenüber eine natürliche Geringschätzung. »Dumme alte Mama! Ich habe sie schon wieder um den kleinen Finger gewickelt. Sicher, sie liebt mich, aber ich habe auch das Gefühl, daß sie Angst vor mir hat.« Ein Kind wird diese Worte vielleicht nicht laut aussprechen, aber es fühlt jedesmal so, wenn es seine erwachsenen Begleiter austrickst und die Streitereien gewinnt. Später wird es dann voraussichtlich seinen fehlenden Respekt offener zum Ausdruck bringen. Seine Eltern verdienen keinen Respekt, und es wird sich weigern, sich mit etwas zu identifizieren, was die Eltern repräsentieren. Es lehnt ihre Anschauungen grundsätzlich ab.

Dieser Faktor spielt besonders für christliche Eltern eine wichtige Rolle, da sie ja ihre Vorstellungen von Gott an ihre Kinder weitergeben möchten. Ich möchte es drastisch ausdrücken: Sie müssen es lernen, sich zuallererst selbst zu verkaufen. Wenn sie den Respekt nicht wert sind, dann ist es auch nicht ihre Religion oder Moral, ihre Regierung, ihr Land oder irgendwelche ihrer Wertvorstellungen.

Sie betonen sehr stark, daß dem Kind der Respekt vor der elterlichen Autorität beigebracht werden muß. Aber hat diese Münze nicht zwei Seiten? Haben nicht Eltern auch eine Verantwortung, ihren Kindern gegenüber Respekt zu zeigen?

Richtig. Eine Mutter kann von ihrem Kind nicht verlangen, daß es sie mit Würde behandelt, wenn sie das Kind nicht ebenso behandelt. Sie sollte sanft mit dem Ego des Kindes umgehen; sie sollte es niemals vor seinen Freunden erniedrigen oder bloßstellen. Strafen sollten fern von neugierigen Blicken hämischer Zuschauer vollzogen werden. Das Kind sollte nicht ausgelacht werden. Seine starken Gefühle und Wünsche, selbst wenn sie albern erscheinen, sollten eine ernsthafte Wertschätzung erfahren. Es sollte fühlen, daß seine Eltern »sich wirklich für mich interessieren«.

Das Selbstwertgefühl ist die zerbrechlichste Eigenschaft der menschlichen Natur; es kann durch sehr unscheinbare Ereignisse zerstört werden und ist nur äußerst schwer wieder aufzubauen. Ein Vater, der sarkastische Kritik an seinen Kindern übt, kann nicht erwarten, im Gegenzug ernstgemeinten Respekt zu erhalten. Seine Kinder mögen ihn vielleicht fürchten, aber die Revanche geschieht oft in der späten Jugend.

Was geht einem Kind durch den Kopf, wenn es offen den Wünschen seiner Eltern trotzt?

Kinder sind sich meist der Tatsache bewußt, daß es hier um einen Wettkampf des Willens zwischen den Generationen geht, und genau deshalb ist die Reaktion der Eltern so wichtig. Wenn ein Kind sich respektlos oder verletzend gegenüber anderen verhält, ist der verborgene Grund oft, daß es die Gültigkeit der ihm auferlegten Grenzen testen möchte. Dieses Verhalten hat dieselbe Funktion wie der Rundgang eines Polizisten, der nach Einbruch der Dunkelheit Türgriffe an Geschäftshäusern ausprobiert. Obwohl er versucht, die Türen zu öffnen, hofft er, daß sie verschlossen und sicher sind. Genauso vergewissert sich ein Kind, ob die liebevolle Autorität seiner Eltern Bestand hat, wenn sie auf die Probe gestellt wird. Es findet seine größte Sicherheit in einem strukturierten Umfeld, wo die Rechte anderer Menschen (und seine eigenen) durch definitive Grenzen geschützt werden.

Können Sie erklären, warum das Gefühl von Sicherheit für das Kind mit elterlicher Disziplinierung in Verbindung steht? Das will mir einfach nicht in den Kopf. Ich denke, ich bin von Psychologen und Autoren beeinflußt, die die Wichtigkeit betonen, daß Kinder in einer Atmosphäre der Freiheit und Demokratie aufwachsen.

Nachdem ich 21 Jahre mit Kindern gearbeitet habe, bin ich felsenfest davon überzeugt, daß sie ihre Sicherheit aus dem Wissen beziehen, wo ihre Grenzen sind und wer dafür sorgt, daß sie eingehalten werden. Vielleicht kann ein Beispiel das verdeutlichen. Stellen Sie sich vor, Sie fahren über die Royal Gorge-Brücke in Colorado. Die Brücke spannt sich in einer enormen Höhe über den Abgrund, und wer sie das erste Mal befährt, erlebt oft ein merkwürdiges Gefühl von Anspannung. Angenommen, es gäbe keine Leitplanken an den Seiten der Brücke, wo würden Sie den Wagen hinsteuern? Genau auf die Mitte der Fahrbahn! Selbst wenn Sie nicht vorhätten, die Schutzwände an der Seite zu durchbrechen, fühlen Sie sich durch die bloße Tatsache sicherer, daß diese Begrenzungen da sind.

Daß es Kindern genauso geht, läßt sich empirisch belegen. Während der Frühzeit der antiautoritären Erziehungs-Bewegung beschloß ein begeisterter Theoretiker, den Zaun entfernen zu lassen, der den Hof der Kindertagesstätte umgab. Er nahm an, die Kinder würden eine größere Bewegungsfreiheit empfinden, wenn diese Barriere entfernt sei. Als jedoch der Zaun entfernt war, sammelten sich die Kinder automatisch in der Mitte des Hofs. Sie verließen nicht nur nicht den Hof, sondern näherten sich noch nicht einmal mehr seinem Rand!

Bestimmte Grenzen geben eine gewisse Sicherheit. Wenn die häusliche Atmosphäre so ist, wie sie sein sollte, wächst das Kind mit dem Gefühl völliger Sicherheit auf. Solange es in seinen Grenzen bleibt, herrscht Fröhlichkeit, Freiheit und Akzeptanz. Wenn es das ist, was »Demokratie« zu Hause bedeutet, dann schätze ich sie. Wenn es aber das Fehlen von Grenzen oder die Schaffung von eigenen Grenzen durch das Kind bedeutet, dann lehne ich dieses Konzept ab.

Jeder sagt mir, daß Kinder Gerechtigkeit und Ordnung lieben. Wenn das stimmt, warum hört dann mein kleiner Sohn nicht besser auf mich, wenn ich mit ihm vernünftig über sein Fehlverhalten spreche? Warum muß ich ihn erst bestrafen, damit er auf mich hört?

Kinder haben ein Wertesystem, das Stärke und Durchsetzungsvermögen achtet (wenn sie mit Liebe kombiniert werden). Warum sonst verkünden sie: »Mein Papa kann deinen Papa verhauen«? (Ein Kind antwortete einmal auf diese Aussage: »Das ist gar nichts, meine *Mama* kann auch meinen Papa verhauen!«)

Sie sehen, Jungen und Mädchen beschäftigen sich mit der Frage »Wer ist der Stärkste?« Wann immer ein Kind in eine neue Umgebung kommt, muß es normalerweise kämpfen (entweder verbal oder körperlich), um sich in die Stärkehierarchie einzureihen. In jeder Gruppe gibt es so etwas wie einen »Leithammel«. Jedes Kind weiß, wo es sich in der Hierarchie einer Gruppe befindet.

Dieser Respekt vor Stärke bewirkt, daß Kinder auch wissen wollen, wie »stark« ihre Anführer sind. Sie werden gelegentlich den elterlichen Instruktionen nicht nachkommen, um auf diese Weise die Stärke der Verantwortlichen zu prüfen. Daher kann ich Ihnen garantieren — ganz gleich, ob Sie Eltern, Großeltern, ein Pfadfinderführer, Busfahrer oder Lehrer sind —, daß zumindest eines der Kinder unter Ihrer Autorität seine kleine Faust ballen wird, um Ihre Leitungsrolle auf die Probe zu stellen.

Dieses trotzige Spiel kann selbst von sehr kleinen Kindern mit überraschendem Geschick gespielt werden. Ein Vater erzählte mir, daß er seine dreijährige Tochter zum Basketball mitnahm. Das Kind war natürlich an allem in der Halle außer am Wettkampf interessiert. Der Vater erlaubte ihr, frei herumzulaufen und auf der Tribüne herumzuklettern, aber er setzte ihr genaue Grenzen, wie weit sie umherstreunen durfte. Er nahm sie bei der Hand und ging mit ihr die Linie ab, die auf den Hallenboden gemalt war. »Du kannst im ganzen Haus spielen, Janie, aber du darfst nicht über diese Linie gehen«, schärfte er ihr ein. Er war kaum auf seinem Platz zurück, als das Kind in Richtung der verbotenen Zone eilte. Sie stoppte einen Moment lang an der Grenze, grinste dann über die Schulter ihrem Vater zu und setzte bewußt einen Fuß über die Linie, als wolle sie sagen: »Na, was machst du jetzt?« Ausnahmslos allen Eltern auf der Welt ist irgendwann einmal diese Frage gestellt worden.

Die ganze Menschheit wird von der Neigung zu bewußter Mißachtung der ihr auferlegten Grenzen geplagt. Gott sagte Adam und Eva, daß sie von allem im Garten Eden essen dürften, nur nicht von der verbotenen Frucht. Aber sie forderten die Autorität des Allmächtigen durch bewußten Ungehorsam gegen seine Anordnung heraus. Vielleicht ist diese Tendenz das Wesen der »Erbsünde«, die den ganzen menschlichen Stammbaum durchzieht. Jedenfalls ist es der Grund, warum ich die richtige Reaktion auf bewußte Trotzhandlungen von Kindern so sehr betone. Wenn Eltern sich weigern, die trotzige Herausforderung ihres Kindes anzunehmen, verändert sich etwas in ihrer Beziehung zum Kind. Der Kleine beginnt seine Mutter und seinen Vater mit Respektlosigkeit zu betrachten. Noch wichtiger ist: Er wundert sich, warum sie ihn so schlimme Dinge tun lassen, wenn sie ihn wirklich lieben. Das Paradoxon der Kindheit ist, daß Jungen und Mädchen wollen, daß ihre Eltern sie führen, gleichzeitig aber darauf bestehen, daß ihre Eltern sich erst das Recht dazu erarbeiten.

Muß es nicht unser Ziel sein, *Selbst*vertrauen und *Selbst*disziplin in unseren Kindern zu schaffen? Wenn das so ist, wie kann dann Ihr Ansatz der *äußeren* Disziplinierung zum Ziel führen?

Sie haben eine provozierende Frage gestellt, aber eine, die meiner Meinung nach ein falsches Verständnis von Kindern verrät. Es gibt viele Autoritäten, die vorschlagen, Eltern sollten ihre Kinder nicht disziplinieren — und zwar genau aus dem Grund, den auch Sie nennen: Sie wollen, daß sich ihre Kinder selbst erziehen. Aber weil es den jungen Menschen an Reife fehlt, diese Selbstkontrolle zu steuern, stolpern sie, ohne innere noch äußere Disziplin kennenzulernen, durch ihre Kindheit. Sie treten in das Erwachsenenleben ein, ohne jemals eine unangenehme Aufgabe oder einen Befehl akzeptiert zu haben. Können wir von solch einer Person erwarten, im frühen Erwachsenenalter noch Selbstdisziplin einzuüben? Ich glaube nicht. Sie kennt nicht einmal die bloße Bedeutung dieses Wortes.

Meiner Ansicht nach sollten Eltern ihr Kind zu Disziplin und Selbstkontrolle führen, wenn es jung ist. Indem man von ihm fordert, sich verantwortlich zu benehmen, macht das Kind die wertvolle Erfahrung der Kontrolle seiner Impulse. Wenn es dann zum Teenager heranwächst, wird jedes Jahr mehr Verantwortung von den Schultern der Eltern auf die des Kindes übertragen. Es ist nicht länger gezwungen, das zu tun, was es früher gelernt hat. Zum Beispiel sollte ein Kind dazu gebracht werden, sein Zimmer relativ ordentlich zu halten, wenn es klein ist. Später, in der Teenagerphase, sollte die gelernte Selbstdisziplin die Motivation dazu liefern, daß der Jugendliche diese Aufgabe selbständig fortsetzt. Wenn er das nicht tut, sollten die Eltern die Tür schließen und ihn — falls erforderlich — im Müll leben lassen.

Ich habe von Kursen für Eltern gehört, die auf das Programm von Dr. Thomas Gordon zurückgehen. Was halten Sie von ihnen?

Das Programm von Dr. Thomas Gordon ist inzwischen weit verbreitet. Es gibt mittlerweile mehr als 8000 solcher

Kurse. Diese Kurse können einige sinnvolle Fähigkeiten vermitteln, besonders im Blick auf folgende Bereiche: zuhören lernen, Gespräch mit Kindern, elterliche Toleranz.

Nichtsdestoweniger ist es meine Ansicht, daß die Schwächen in Gordons Philosophie den Nutzen des Konzepts bei weitem überwiegen. Sie sind: 1. seine Unfähigkeit, die Rolle der elterlichen Autorität zu verstehen; 2. seine humanistische Ansicht, daß Kinder »gut« geboren werden und dann lernen, Schlechtes zu tun; 3. seine Tendenz, Eltern davon abzuraten, den Kindern während der »belehrbaren« Jahre systematisch geistliche Prinzipien zu vermitteln.

Ich möchte Ihren Ansatz zur Disziplin mit dem von Dr. Thomas Gordon vergleichen. Er zitiert oft das Beispiel eines Kindes, das seine Füße auf den wertvollen Wohnzimmertisch legt. Seine Eltern werden ärgerlich und befehlen ihm, seine dreckigen Schuhe vom Tisch zu nehmen. Gordon zeigt dann, wie anders diese Eltern mit der Angelegenheit umgegangen wären, wenn es sich um einen erwachsenen Gast gehandelt hätte. Sie hätten ihn wahrscheinlich vorsichtig gebeten, seine Schuhe herunterzunehmen, aber hätten sicherlich nicht die Notwendigkeit verspürt, den Besucher zu disziplinieren oder zu kritisieren. Dr. Gordon fragt dann: »Sind Kinder nicht auch Menschen? Warum behandeln wir sie dann nicht mit dem gleichen Respekt, den wir unseren erwachsenen Freunden entgegenbringen?«

Ich habe Dr. Gordon dieselbe Geschichte erzählen hören und glaube, daß sie sowohl Wahrheit als auch Verdrehung enthält. Wenn seine Argumentation darauf hinauslaufen soll, daß wir im Umgang mit unseren Kindern größere Liebenswürdigkeit und Respekt einüben müssen, dann stimme ich ohne Zögern zu. Es wäre jedoch ein fundamentaler Fehler, Kinder mit erwachsenen Besuchern gleichzusetzen. Ich trage *keinerlei* Verantwortung dafür, meinen Gästen ordentliche Manieren und Höflichkeit beizubringen; ich habe dagegen ohne Zweifel die Pflicht, das bei meinem Kind zu tun. Darüber hinaus suggeriert das Beispiel, daß Kinder und Erwachsene auf die gleiche Art und Weise denken und handeln. Das ist aber nicht der Fall. Ein Kind verhält sich oft bewußt angriffslustig, um die Stärke seiner Eltern zu testen. Es will, daß sie feste Grenzen schaffen. Im Gegensatz dazu ist es wahrscheinlich, daß ein Gast, der die Füße auf den Tisch legt, eher aus Nachlässigkeit und Unsensibilität handelt.

Wichtiger noch: Dieses Beispiel definiert auf raffinierte Weise die traditionelle elterliche Beziehung zu Kindern neu. Anstatt direkte Verantwortung für die Erziehung des Kindes zu haben, sind Mama und Papa vorsichtige Partner geworden, die nur hoffen können, daß ihre unabhängigen kleinen »Gäste« langsam zu begreifen lernen.

Nein, unsere Kinder sind keine gelegentlichen Gäste bei uns zu Hause. Sie sind uns für einen langen Zeitraum gegeben, damit wir sie lieben und ihnen die Basis der Wertvorstellungen, auf die sich ihre Zukunft aufbauen wird, vermitteln. Und wir werden in der Ewigkeit dafür zur Verantwortung gezogen, wie wir mit dieser Verantwortung umgegangen sind.

Dr. Gordon und andere mißbilligen den Gebrauch elterlicher »Macht«, die Sie als Synonym für elterliche Autorität definieren. Setzen Sie auch die Bedeutung beider Worte gleich?

Nein. Es gibt einen wichtigen Unterschied zwischen Dr. Gordons Autoritätsverständnis und meinem eigenen. Nach dem, was er geschrieben hat, scheint es so, daß er jede Autorität als eine Form von unmoralischer Unterdrückung betrachtet. Meiner Meinung nach sind diese zwei Sichtweisen so unterschiedlich wie Liebe und Haß. Elterliche Macht kann definiert werden als eine feindliche Form der Manipulation, um eigennützige Ziele zu befriedigen. Als solche mißachtet sie die Interessen des kleinen Kindes und schafft eine Beziehung, die von Angst und Furcht geprägt ist.

Wirkliche Autorität dagegen möchte ich definieren als liebevolle *Führung*. Ohne Menschen, die Entscheidungen treffen, und andere, die diesen Entscheidungen zustimmen und sie befolgen, gibt es ein unausweichliches Chaos in menschlichen Beziehungen. Liebevolle Autorität ist der Leim, der die gesellschaftliche Ordnung zusammenhält, und sie ist absolut notwendig für die Funktionsfähigkeit einer gesunden Familie.

Es gibt Zeiten, wo ich zu meinem Sohn sage: »Ryan, du bist müde, weil du letzte Nacht so lange auf warst. Ich möchte, daß du dir sofort die Zähne putzt und den Schlafanzug anziehst.« Meine Worte mögen sich vielleicht wie ein Vorschlag anhören, aber Ryan tut gut daran, sich daran zu erinnern, von wem sie kommen. Wenn das — nach Dr. Gordons Verständnis — elterliche Macht ist, dann sei es so. Ich habe nicht immer die Zeit zu diskutieren, noch fühle ich mich bei jeder Gelegenheit verpflichtet, um einen Kompromiß zu kämpfen. Ich habe die *Autorität*, das zu tun, von dem ich annehme, daß es in Ryans Interesse ist, und es gibt Zeiten, wo ich von ihm erwarte, nicht zu diskutieren, sondern zu gehorchen. Entscheidend wichtig ist dabei, daß er lernt, sich meiner liebenden Führung als Vorbereitung auf die spätere Unterordnung unter die liebende Autorität Gottes anzuvertrauen. Das ist etwas völlig anderes als der Einsatz von gewalttätiger und feindseliger Macht, die die Unterdrückung des anderen zum Ziel hat.

Wie sieht es mit dem von Dr. Gordon vorgeschlagenen Gebrauch von »Ich«-Botschaften im Gegensatz zu »Du«-Botschaften aus?

Es steckt eine wichtige Erkenntnis in der Grundidee. »Ich«-Botschaften können Veränderungen oder Verbesserungen verlangen, ohne angreifend zu wirken: »Diane, es ist mir peinlich, wenn Nachbarn dein unordentliches Zimmer sehen; ich wünschte, du würdest es aufräumen.« Im Gegensatz dazu attackieren »Du«-Botschaften oft den Adressaten und drängen ihn in die Defensive: »Warum hast du dein Zimmer nicht aufgeräumt? Meine Güte, Diane, du wirst jeden Tag schlampiger und verantwortungsloser!« Ich stimme mit Dr. Gordon überein, daß die erste Methode der Kommunikation normalerweise wirksamer als die zweite ist, und es steckt Weisheit in dieser Empfehlung.

Nehmen wir aber einmal an, ich habe meinen vierjährigen Sohn Dale zum Supermarkt mitgenommen, wo er alle ihm bekannten Regeln verletzt. Er bekommt einen Wutanfall, weil ich ihm keinen Luftballon kaufen will, er schlägt die Tochter eines anderen Kunden und schnappt sich zu guter Letzt noch an der Kasse eine Handvoll Kaugummis. Sobald ich mit Dale den Laden verlassen habe, besteht kaum Zweifel, daß er einige »Du«-Botschaften zu hören bekommt — solche wie »Wenn *du* nach Hause kommst, junger Mann, kriegst *du* den Hosenboden versohlt!«

Aus meiner Sicht gibt es nur wenige Situationen im Leben von Eltern, in denen sie nicht als Kameraden, sondern als *Autorität* sprechen müssen. Und unter diesen Umständen ist eine gelegentliche »Du«-Botschaft dem Anlaß angemessener als ein Ausdruck persönlicher Frustration, wie es die »Ich«-Botschaften implizieren.

Dr. Gordon sagte, Eltern können nicht wissen, was wirklich im Interesse ihrer Kinder ist. Glauben Sie, wichtige Entscheidungen im Blick auf Ihre Kinder mit absoluter Sicherheit machen zu können? Woher wissen Sie, daß das, was Sie tun, letztlich gut für sie ist?

Natürlich werde ich als Vater Fehler machen. Meine menschlichen Schwächen sind unmöglich zu verbergen, und meine Kinder werden gelegentlich das Opfer solcher Unvollkommenheiten. Aber ich kann nicht meine Pflicht, den Kindern Leitung zu bieten, aufgeben, nur weil mir unbegrenzte Weisheit und Übersicht fehlt. Außerdem habe ich mehr Erfahrung und eine bessere Perspektive, auf die ich meine Entscheidungen gründen kann, als meine Kinder sie zu dieser Zeit besitzen.

Vielleicht kann das ein einfaches Beispiel illustrieren. Meine Tochter hat einen Hamster (mit dem unkreativen Namen Hammy), der eine Leidenschaft für Freiheit hat. Er verbringt einen Teil der Nacht damit, an den Metallstäben seines Käfigs zu nagen und seinen Kopf durch die Käfigtür zu quetschen. Kürzlich beobachtete ich Hammy bei seinem geschäftigen Versuch zu fliehen. Aber ich war nicht der einzige, der die pelzige kleine Kreatur beobachtete. Im Schatten, ein paar Schritte weit entfernt, saß Sigmund, unser Dachshund. Seine aufgerichteten Ohren, vorstehenden Augen und sein keuchender Atem verrieten seine finsteren Gedanken. Siggie dachte: »Na los, Kleiner, brich aus in die Freiheit! Beiß diese Stangen durch, und ich werde dir ein aufregendes Erlebnis bescheren, wie du es noch nie erlebt hast!«

Wie interessant, dachte ich mir, daß das größte Verlangen des Hamsters ihm den sofortigen Tod bescheren würde. Hammy fehlte einfach die Perspektive, um den Wahnsinn seines Wunsches zu erkennen. Die Übertragung auf die menschliche Ebene ist naheliegend. Es gibt Situationen, in denen die Wünsche unserer Kinder für sie gefährlich wären. Sie würden beschließen, um Mitternacht ins Bett zu gehen, keine Hausaufgaben mehr zu machen, endlos Trickfilme zu gucken und Unmengen an Schokoladeneis zu verschlingen. Und in späteren Jahren würden sie nicht fähig sein, die Gefahr von Drogenmißbrauch, vorehelichem Sex und einem Leben nach dem Lust-und-Laune-Prinzip zu sehen. Wie Hammy fehlt ihnen die Perspektive, um die Gefahren zu erkennen, die im Schatten lauern. Deshalb werden viele junge Menschen »aufgefressen«, noch bevor sie erkennen, daß sie einen fatalen Fehler begangen haben.

Als ich Hammy bei seinem Befreiungsversuch beobachtete, gingen meine Gedanken noch ein wenig weiter zu meiner Beziehung zu Gott und zu den Bitten, die ich im Gebet vor ihn bringe. Ich fragte mich, wie viele Male ich ihn gebeten hatte, die Tür meines »Käfigs« zu öffnen, während ich nicht die Sicherheit erkannte, die er mir bot. Ich beschloß, seine negativen Antworten zukünftig mit größerem Vertrauen zu akzeptieren.

Meine Mutter und mein Vater waren strenge Erzieher, und ich hatte vor beiden Angst. Meine Cousine wuchs in einem Zuhause mit wenigen Regeln auf. Sie war damals ein verzogenes Gör und ist heute immer noch selbstsüchtig. Können Sie diese beiden Ansätze der Erziehung von Kindern — den autoritären und den freizügigen — miteinander vergleichen und ihre Wirkung auf Kinder beschreiben?

Beide Ansätze sind für die Kinder schädlich. Im ersten Fall leidet das Kind unter der Erniedrigung und der totalen Dominanz der Eltern. Die Atmosphäre zu Hause ist eisig und streng, und es lebt in ständiger Furcht vor Strafe. Es ist unfähig, seine eigenen Entscheidungen zu treffen, und seine Persönlichkeit wird unter den schweren Stiefeln der elterlichen Macht zerquetscht. Folgen wie Abhängigkeit, Feindseligkeit oder sogar Psychosen können aus dieser Unterdrückung hervorgehen.

Die entgegengesetzte Einstellung der unbegrenzten Freizügigkeit hat aber ebenso verheerende Konsequenzen. In diesem Umfeld ist das Kind von frühester Kindheit an sein eigener Herr. Es denkt, die Welt drehe sich um sein geistiges Reich, und es begegnet den Menschen, die ihm nahestehen, oft mit totaler Respektlosigkeit. Anarchie und Chaos regieren in seinem Heim, und seine Mutter ist oft die nervöseste, frustrierteste Frau der ganzen Nachbarschaft. Wenn das Kind klein ist, ist seine Mutter an die eigene Wohnung gefesselt, weil es ihr zu peinlich ist, den kleinen Teufel irgendwohin mitzunehmen.

Um es noch einmal zu wiederholen: Beide Extreme von Autorität sind für das Wohlergehen des Kindes eine Katastrophe. Es findet Sicherheit nur in der Mitte, die für Eltern manchmal nur schwer zu finden ist.

Sie haben gesagt, daß Ihre Erziehungskonzepte aus der Bibel hergeleitet sind. Worauf beziehen Sie sich dabei?

Die doppelte Verantwortung, die den Eltern auferlegt ist, taucht wiederholt in der Bibel auf, aber wird am deutlichsten in zwei Abschnitten angesprochen:

»Er (der Vater) muß seinem Haus gut vorstehen und gehorsame Kinder in aller Ehrbarkeit haben« (1. Timotheus 3,4). In Epheser 6,1-4 heißt es: »Kinder, seid gehorsam euren Eltern in dem Herrn; denn das ist recht. ›Ehre Vater und Mutter‹, das ist das erste Gebot, das eine Verheißung hat: ›auf daß dir's wohlergehe und du lange lebest auf Erden‹. Und ihr Väter, reizet eure Kinder nicht zum Zorn, sondern ziehet sie auf in der Zucht und Vermahnung zum Herrn.«

Es ist bezeichnend, daß die zweite Schriftstelle Kinder auffordert, ihren Eltern zu gehorchen, aber gleich darauf eine Ermahnung an die Väter bezüglich der Grenzen der Disziplin enthält.

Wir erkennen das gleiche Muster in Kolosser 3,20-21: »Ihr Kinder, seid gehorsam den Eltern in allen Dingen; denn das ist wohlgefällig in dem Herrn. Ihr Väter, erbittert eure Kinder nicht, damit sie nicht scheu werden.«

Eine weitere Schriftstelle macht deutlich, daß die Beziehung der Eltern zu ihrem Kind dem Modell von Gottes Beziehung zu dem Menschen folgen soll. Letztlich ist diese Beziehung charakterisiert durch überfließende Liebe — eine Liebe, die in ihrer Zuwendung und Gnade unvergleichlich ist. Dieselbe Liebe läßt den wohlwollenden Vater sein Kind führen und korrigieren — und bringt ihn selbst dazu, dem Kind Schmerzen zuzufügen, wenn es für das Wohl des Kindes notwendig ist. »Mein Sohn, achte nicht gering die Erziehung des Herrn und verzage nicht, wenn du von ihm gestraft wirst. Denn wen der Herr liebhat, den züchtigt er, und er schlägt jeden Sohn, den er annimmt. Es dient zu eurer Erziehung, wenn ihr dulden müßt. Wie mit seinen Kindern geht Gott mit euch um; denn wo ist ein Sohn, den der Vater nicht züchtigt? Seid ihr aber ohne Züchtigung, die doch alle erfahren haben, so seid ihr Ausgestoßene und nicht Kinder. Wenn unsere leiblichen Väter uns gezüchtigt haben und wir sie doch geachtet haben, sollten wir uns dann nicht viel mehr unterordnen dem geistlichen Vater, damit wir leben? Jede Züchtigung aber, wenn sie da ist, scheint uns nicht Freude, sondern Leid zu sein; danach aber bringt sie als Frucht denen, die dadurch geübt sind, Frieden und Gerechtigkeit« (Hebr. 12,5-9.11).

Das Buch der Sprüche ist gefüllt mit ähnlichen Anweisungen an Eltern, die Bedeutung von Autorität und Disziplin zu erkennen. Lassen Sie mich einige Beispiele zitieren: »Torheit steckt dem Knaben im Herzen; aber die Rute der Zucht treibt sie ihm aus« (Spr. 22,15). »Laß nicht ab, den Knaben zu züchtigen; denn wenn du ihn mit der Rute schlägst, so wird er sein Leben behalten; du schlägst ihn mit der Rute, aber du errettest ihn vom Tode« (Spr. 23,13-14). »Wer seine Rute schont, der haßt seinen Sohn; wer ihn aber liebhat, der züchtigt ihn beizeiten« (Spr. 13,24). »Rute und Tadel gibt Weisheit; aber ein Knabe, sich selbst überlassen, macht seiner Mutter Schande« (Spr. 29,15). »Züchtige deinen Sohn, so wird er dir Freude machen und deine Seele erquicken« (Spr. 29,17).

Warum wird in der Bibel die elterliche Autorität so sehr betont? Befriedigt sie bloß die Launen von unterdrückerischen, machthungrigen Erwachsenen, wie einige moderne Erzieher vermuten? Nein, die Führungsrolle der Eltern spielt eine entscheidende Rolle in der Entwicklung des Kindes! Indem es lernt, sich der liebenden Autorität (Führung) seiner Eltern zu unterstellen, lernt ein Kind, sich auch anderen Autoritätsformen zu beugen, die ihm im späteren Leben begegnen werden. Die Art, wie es seine Eltern sieht, prägt seine Einstellung, die es später gegenüber seinen Lehrern, der Polizei, Nachbarn und Arbeitgebern gewinnen wird. Diese Formen der Autorität sind notwendige und vernünftige menschliche Beziehungen. Und schließlich lehrt der Respekt vor irdischer Autorität den Kindern, sich der wohlwollenden Autorität Gottes zu beugen.

Teil 8

Praktische Erziehungsmaßnahmen

Theoretisch habe ich keine Probleme, die Notwendigkeit von Disziplin in der Erziehung zu sehen. Aber das hilft mir nicht, dieses Konzept auch praktisch umzusetzen.

Ich möchte sechs grobe Richtlinien nennen, von denen ich annehme, daß Sie fähig sind, sie anzuwenden. Diese Prinzipien stellen den Kern des Erziehungskonzepts dar, das ich vertrete.

Erstens: Definieren Sie die Grenzen, bevor sie zur Anwendung kommen. Der wichtigste Schritt bei jeder erzieherischen Maßnahme ist es, *im voraus* die Grenzen und Erwartungen festzulegen. Das Kind sollte wissen, was akzeptables und was nicht-akzeptables Verhalten ist, bevor es für seine Regelverstöße verantwortlich gemacht wird. Diese Voraussetzung beseitigt das Gefühl der Ungerechtigkeit, das ein Kind empfindet, wenn es für Unfälle oder Irrtümer bestraft wird. Wenn Sie etwas nicht festgelegt haben — dann bestrafen Sie Ihr Kind auch nicht.

Zweitens: Wenn Ihr Kind Sie aus Trotz herausfordert, reagieren Sie mit großer Bestimmtheit. Hat ein Kind einmal verstanden, was erwartet wird, kann es anschließend auch zur Verantwortung gezogen werden. Das hört sich einfach an — aber wie wir alle wissen, werden die meisten Kinder die Autorität ihrer Eltern angreifen und deren Führungsanspruch auf die Probe stellen. In einem Moment der Rebellion beschließt das Kind, den Eltern ganz bewußt nicht zu gehorchen. Wie ein General vor einer Schlacht wird es das potentielle Risiko abwägen, seine Streitkräfte aufmarschieren lassen und dann den Feind mit feuernden Waffen angreifen. Wenn das geschieht, ist es *extrem* wichtig, daß sich der Erwachsene bestimmt und sicher durchsetzt. Das Kind hat deutlich gemacht, daß es auf ein Kräftemessen aus ist, und seine Eltern sollten so klug sein, es nicht zu enttäuschen. Wenn die Eltern solche Kämpfe fortwährend verlieren, wenn sie Zuflucht im Schreien, Tränen und anderen Ausdrucksformen ihrer Frustration suchen, hat das verheerende Auswirkungen auf das Kind.

Drittens: Unterscheiden Sie zwischen bewußtem Trotz und kindlicher Verantwortungslosigkeit. Ein Kind sollte nicht für ein Verhalten bestraft werden, das nicht absichtlich trotzig war. Wenn es vergißt, den Hund zu füttern, sein Bett zu machen oder den Mülleimer hinauszubringen, wenn es Ihren Tennisschläger draußen im Regen liegen läßt oder sein Fahrrad verliert — denken Sie daran, daß ein solches Verhalten typisch für die Kindheit ist. Seien Sie sanft, wenn Sie ihm beibringen, wie man es besser machen kann. Wenn das Kind es nicht schafft, Ihren geduldigen Anweisungen nachzukommen, kann es angemessen sein, einige wohldurchdachte Maßnahmen einzusetzen: Es sollte vielleicht dafür arbeiten, um den beschädigten Gegenstand zu bezahlen etc. Kindliche Verantwortungslosigkeit jedoch unterscheidet sich sehr von bewußtem Trotzverhalten und sollte geduldiger behandelt werden.

Viertens: Beruhigen Sie Ihr Kind und belehren Sie es erst, wenn die Konfrontation vorüber ist. Nach einer Konfliktsituation, in der die Eltern ihre Autorität demonstriert haben, kann es sein, daß das Kind Trost und Liebesbeweise benötigt. Öffnen Sie Ihre Arme und lassen Sie es kommen! Halten Sie es fest und zeigen Sie ihm Ihre Liebe. Wiegen Sie es sanft und lassen Sie es wissen, wieso es bestraft wurde und wie es das nächste Mal den Ärger vermeiden kann. Dieser Moment des Gesprächs schafft Liebe und Vertrauen und stärkt die Einheit der Familie. Für die christliche Familie ist es extrem wichtig, an dieser Stelle mit dem Kind zu beten und vor Gott zuzugeben, daß wir alle gesündigt haben und niemand vollkommen ist. Göttliche Vergebung ist eine wunderbare Erfahrung; selbst für ein kleines Kind.

Fünftens: Vermeiden Sie unmögliche Forderungen. Seien Sie sich absolut sicher, daß Ihr Kind fähig ist, Ihren Forderungen auch nachkommen zu können. Bestrafen Sie es nie für ungewolltes Bettnässen oder dafür, daß es mit einem Jahr noch nicht trocken ist. Solche unrealistischen Forderungen bringen das Kind in einen unlösbaren Konflikt, der zu bleibenden Schäden führen kann.

Sechstens: Lassen Sie Ihr Verhalten durch Liebe bestimmen! Eine Beziehung, die von ehrlicher Liebe und Zuneigung geprägt ist, ist eine gesunde, selbst wenn es immer wieder zu elterlichen Irrtümern und Fehlern kommen mag.

Ich möchte mein willensstarkes Kind vernünftig in seine Schranken weisen, aber ich fürchte, ich breche damit seinen Geist und schädige seine Gefühle. Wie kann ich sein Fehlverhalten korrigieren, ohne sein Selbstbewußtsein zu schädigen?

Ich habe den Eindruck, daß Sie nicht klar genug zwischen dem Brechen des *Geistes* eines Kindes und der Prägung seines *Willens* unterscheiden. Der menschliche Geist hat mit der Selbstachtung des Kindes zu tun. Als solcher ist er in *allen* Lebensabschnitten ungeheuer zerbrechlich und muß mit Vorsicht behandelt werden. Sie nehmen zu Recht an, daß Sie dem Geist Ihres Kindes sehr leicht Schaden zufügen können — durch Bloßstellungen, Respektlosigkeit, Drohungen von Liebesentzug und mit verbaler Ablehnung. *Alles*, was sein Selbstwertgefühl mißachtet, kann seinem Geist schaden.

Während jedoch der Geist empfindlich ist und sanft behandelt werden muß, ist der Wille aus Stahl. In einer neueren Ausgabe der Zeitschrift *Psychology Today* heißt es: »Ein Baby weiß, wer es ist, bevor es die Sprache besitzt, um es uns zu sagen. Es greift überlegt nach der Kontrolle über seine Umwelt — und besonders über seine Eltern.« Diese wissenschaftliche Enthüllung sagt den Eltern eines willensstarken Neugeborenen nichts Neues.

Später kann ein trotziges Kind so zornig werden, daß es fähig ist, so lange die Luft anzuhalten, bis es ohnmächtig wird. Jeder, der einmal dieses volle Maß an bewußtem Trotz miterlebt hat, wird von seiner Macht schockiert gewesen sein. Eine Mutter schrieb mir, daß sie sich in einer ähnlichen Konfrontation mit ihrem Sohn befand. Sie wollte, daß ihr Kind etwas ißt. Er regte sich so über ihre Forderung auf, daß er sich zwei Tage lang weigerte, *überhaupt etwas* zu essen und zu trinken. Er wurde schwach und lethargisch, aber blieb weiter eisern. Die Mutter war besorgt und fühlte sich — wie zu erwarten — schuldig. Schließlich schaute der Vater dem Kind voller Verzweiflung in die Augen und versicherte ihm, es würde eine wohlverdiente Tracht Prügel bekommen, wenn es nicht sein Abendbrot äße. Durch dieses Eingreifen war das Kräftemessen vorbei. Das Kind gab auf. Es begann alles zu verschlingen, was in seiner Nähe war, und leerte buchstäblich den Kühlschrank.

Ich frage mich, warum so wenige Autoritäten auf dem Gebiet der Kindererziehung diesen bewußten Trotz erkannt haben? Warum wird so wenig darüber geschrieben? Mein Verdacht ist, daß das Anerkennen der kindlichen Unvollkommenheit sich nicht gut mit der humanistischen Vorstellung vereinbaren ließe, daß kleine Kinder mit Sonnenschein und Güte geimpft sind, und daß sie das Schlechte nur von den Erwachsenen lernen. Denen, die eine solche Anschauung vertreten, kann ich nur sagen: »Schaut noch einmal genau hin!«

Um es kurz zu machen: Das Ziel der Eltern muß sein, den Willen des Kindes zu prägen — und dabei seinem Geist nicht zu schaden.

Wie kann ich das erreichen? Wie kann ich den Willen meines neunjährigen Sohnes formen, ohne seinem Geist zu schaden?

Sie erreichen es durch die Festlegung sinnvoller Grenzen, auf deren Einhaltung Sie dann mit Liebe achten. Dabei sollten Sie vermeiden, dem Kind indirekt den Eindruck zu vermitteln, es sei unerwünscht, unnötig, dumm, eine Last, eine Blamage oder ein verhängnisvoller Fehler. Jede Beschuldigung, die den Wert des Kindes auf so eine Weise angreift, kann verhängnisvolle Konsequenzen haben. Darunter fallen Worte wie: »Du bist so dumm!« oder: »Warum bringst du keine vernünftigen Leistungen in der Schule wie deine Schwester?« oder: »Seit dem Tag, an dem du geboren wurdest, bist du für uns eine Last gewesen!«

Ich würde vorschlagen, daß Sie entschlossen reagieren, wenn sich Ihr Sohn das nächste Mal aufdringlich oder unwillig zeigt. Es sollte kein Geschrei oder abfällige Anklagen geben, aber er sollte deutlich wissen, daß Sie meinen, was Sie sagen. Er sollte vielleicht zwei Stunden früher zu Bett geschickt werden. Am nächsten Morgen sollten Sie das Thema besprechen, ihn Ihrer bleibenden Liebe versichern, und dann einen neuen Anfang machen. Die meisten rebellierenden Kinder reagieren sehr gut auf diese Kombination von Liebe und beständiger Disziplin.

Sie beschreiben in Ihren Büchern, wie Eltern mit bewußt trotzigem Verhalten ihrer Kinder umgehen sollten. Geht jede Art von Ungehorsam auf Rebellion zurück?

Nein. Ungehorsam kann einen ganz anderen Ursprung haben. Er kann aus Enttäuschung, Müdigkeit, Krankheit oder Ablehnung resultieren und muß daher als ein Warnsignal aufgefaßt werden. Die vielleicht schwierigste Aufgabe für Eltern ist es, den Unterschied zwischen diesen Botschaften zu erkennen. Das abwehrende Verhalten eines Kindes enthält immer eine Botschaft an die Eltern, die sie entschlüsseln müssen, bevor sie reagieren.

Zum Beispiel kann ein Verhalten ausdrücken: »Ich fühle mich jetzt ungeliebt, weil ich mit meinem schreienden Babybruder zusammensein muß. Mama kümmerte sich sonst um mich; keiner liebt mich. Ich hasse alle.« Wenn diese Art von Botschaft dem Aufbegehren zugrunde liegt, sollten die Eltern schnell handeln, um die Ursache zu beseitigen. Wenn ein Zweijähriger beim Zubettgehen schreit und weint, muß man herausfinden, was er mitteilen will. Wenn er durch die Dunkelheit des Zimmers ernsthaft erschreckt ist, sollte die Reaktion der Eltern ganz anders sein als wenn er bloß dagegen protestiert, schlafen zu müssen. Die Aufgabe der Eltern liegt darin, das Verhalten richtig zu interpretieren.

Mein Sechsjähriger ist auf einmal aufsässig und respektlos geworden. Er sagte mir, ich solle »abschwirren«, als ich ihn bat, den Müll rauszubringen, und er beschimpft mich,

wenn er wütend ist. Ich glaube, daß es wichtig ist, ihm zu erlauben, diese Emotionen herauszulassen, daher habe ich nichts unternommen. Stimmen Sie dem zu?

Ich könnte dem nicht stärker widersprechen. Ihr Sohn ist sich seiner plötzlichen Trotzigkeit völlig bewußt, und er wartet nur darauf zu sehen, wie weit Sie ihn gehen lassen. Wenn diese Art von Verhalten nicht abgestellt wird, wird es für Sie von Tag zu Tag schlimmer werden und Sie können sich in den Jugendjahren auf einige wilde Erfahrungen gefaßt machen. Am wichtigsten ist eine Bestrafung jenes Verhaltens, das einen direkten Angriff auf die Autorität der Eltern darstellt, besonders, wenn das Kind offensichtlich weiß, daß es sich nicht so verhalten sollte.

Um dabei zu helfen, daß der Zorn des Kindes abgebaut wird, ist es möglich, das Kind seine stärksten Gefühle ausdrücken zu lassen, ohne daß es beleidigend oder respektlos wird. Wenn das Kind sagt: »Du warst nicht fair zu mir und hast mich vor meinen Freunden bloßgestellt«, so sollten Sie ruhig und sachlich darauf eingehen. Wenn es aber sagt: »Du bist doof und mußt jetzt verschwinden!«, stellt sich die Sache anders dar. Die erste Aussage ist ein ehrlicher Ausdruck von Frustration, die aus einer bestimmten Sachlage resultiert; die zweite ist ein Angriff auf die Würde und Autorität der Eltern. Nach meiner Meinung schadet die letztere beiden Generationen und sollte unterbunden werden.

Wie soll ich reagieren, wenn mein Kind ärgerlich ist und sagt: »Ich hasse dich!«

Wenn mein Kind mir seinen Haß *das erste Mal* in einem Moment rasender Wut entgegenschreien würde, würde ich wahrscheinlich warten, bis es sich beruhigt hat, und ihm dann auf liebevolle, aber ernste Weise folgendes sagen: »Charlie, ich weiß, daß du heute sehr ärgerlich warst, als wir unseren Streit hatten, und ich glaube, wir sollten darüber reden, was du fühlst. Alle Kinder regen sich ab und zu über ihre Eltern auf, besonders, wenn sie sich ungerecht behandelt fühlen. Ich verstehe deine Gefühle, und es tut mir leid, daß wir in so einen Streit geraten sind. Aber das entschuldigt nicht, daß du gesagt hast: ›Ich hasse dich!‹ Du wirst lernen müssen, daß — ganz gleich, wie ärgerlich ich über etwas bin, was du getan hast — ich dir niemals sage, daß ich dich hasse. Und ich kann dir nicht erlauben, so mit mir zu sprechen. Wenn sich Menschen lieben, wie du und ich es tun, wollen sie sich nicht gegenseitig verletzen. Es hat mich verletzt, von dir zu hören, daß du mich haßt, genauso wie es dir wehgetan hätte, wenn ich so etwas zu dir gesagt hätte. Du kannst mir aber sagen, was dich ärgert, und ich werde dir gut zuhören. Wenn ich einen Fehler begangen habe, werde ich mein Bestes tun, um das, was dir mißfällt, zu ändern. Ich will, daß du verstehst, daß du die Freiheit hast, mir alles, was du willst, zu sagen, selbst wenn deine Gefühle nicht sehr angenehm für mich sind. Aber ich werde dir nie erlauben, zu schreien und mich zu beschimpfen und einen Wutanfall zu bekommen. Wenn du dich in so einer kindischen Weise aufführst, werde ich dich bestrafen müssen. Gibt es irgend etwas, was du mir jetzt sagen willst?«

Ziel dieser Übung ist es, den Abbau von negativen Gefühlen zu ermöglichen, ohne respektloses Verhalten zu unterstützen.

Was ist nach Ihren Erfahrungen der am weitesten verbreitete Fehler, der von Eltern bei der Erziehung ihrer Kinder gemacht wird?

Meiner Meinung nach ist es der unangemessene Einsatz von Zorn in dem Versuch, die Kinder zu kontrollieren. Es gibt keine uneffektivere Methode, Menschen (jeden Alters) zu beeinflussen, als durch Gereiztheit und Zorn. Dennoch verlassen sich die *meisten* Erwachsenen auf ihre eigene emotionale Reaktion, um die Kooperation ihrer Kinder zu bewirken.

Ein Lehrer sagte in einer Fernsehsendung: »Ich mag es, Lehrer zu sein, aber ich hasse die tägliche Aufgabe des Unterrichtens. Meine Kinder sind so unruhig, daß ich die ganze Zeit in Rage bleiben muß, um die Klasse kontrollieren zu können.« Es muß völlig frustrierend sein, wenn sich jemand verpflichtet fühlt, ständig »in Rage« zu sein, um seine täglichen Aufgaben erfüllen zu können. Aber viele Lehrer (und Eltern) wissen keinen anderen Weg, Kinder zu führen. Glauben Sie mir, es ist unglaublich anstrengend — und es funktioniert nicht!

Denken Sie über Ihr *eigenes* Verhalten nach. Angenommen, Sie fahren heute abend Ihr Auto von der Arbeit nach Hause und überschreiten die Geschwindigkeitsbegrenzung um 60 Stundenkilometer. An der Straßenecke steht ein einsamer Polizist. Er hat keinen Einsatzwagen und kein Motorrad; er hat keine Waffe und kann kein Strafmandat ausstellen. Alles, was er tun kann, ist dies: an der Kurve stehen und Beschimpfungen gegen Sie herauszuschreien, während Sie vorbeirasen. Würden Sie langsamer fahren, nur weil er aus Protest die Faust erhebt? Wahrscheinlich nicht! Sie würden ihm vielleicht zuwinken, während Sie vorbeifahren. Sein Zorn würde nur bewirken, daß er komisch und albern aussähe.

Auf der anderen Seite beeinflußt nichts den Fahrstil eines Autofahrers mehr, als der gelegentliche Anblick eines grünen Fahrzeugs in seinem Rückspiegel. Wenn sein Wagen angehalten wird, nähert sich ein würdiger, höflicher Streifenpolizist dem Fenster des Fahrers. »Unsere Radarkontrolle«, sagt er in einem sehr bestimmten Ton, »zeigt an, daß Sie mit 110 Stundenkilometern durch eine geschlossene Ortschaft gefahren sind. Könnte ich bitte Ihren Führerschein sehen?« Er öffnet sein in Leder gebundenes Strafbuch und beugt sich zu Ihnen vor. Er hat keine Feindseligkeit gezeigt und kritisiert Sie nicht, trotzdem werden Sie auf der Stelle kleinlaut. Sie suchen nervös nach dem kleinen Schriftstück in Ihrer Brieftasche. Warum sind Ihre Hände feucht und Ihr Mund trocken? Weil die *Maßnahme*, die der Ordnungshüter ergreifen wird, bekanntermaßen unangenehm ist. Es ist also die *Maßnahme*, die dramatischen Einfluß auf Ihr zukünftiges Fahrverhalten nimmt.

Disziplinierende *Maßnahmen* beeinflussen das Verhalten; Zorn schafft das nicht. Ich bin von der Tatsache überzeugt, daß Ärger von Erwachsenen nichts anderes als Respektlosigkeit in den Köpfen der Kinder erzeugt. Sie stellen fest, daß unser Ärger durch unsere Unfähigkeit verursacht wird, die Situation unter Kontrolle zu halten. Wir repräsentieren in ihren

Augen Gerechtigkeit, dennoch sind wir den Tränen nahe, wenn wir unsere Arme durch die Luft schleudern und leere Drohungen und Warnungen durch den Raum brüllen. Lassen Sie mich fragen: Würden *Sie* einen hochstehenden Richter respektieren, der derartig emotional bei der Ausübung seiner Pflicht vorginge? Sicherlich nicht. Daher wird in der Justiz sehr darauf geachtet, daß objektiv, rational und würdig verfahren wird.

Ich sage damit nicht, daß Eltern und Lehrer ihre legitimen Emotionen vor den Kindern verbergen sollten. Ich schlage auch nicht vor, daß wir wie gefühllose Roboter reagieren sollten. Es gibt Momente, in denen unser Zorn völlig angemessen ist. Dann sollte er auch gezeigt werden, weil wir ansonsten unecht und unreal erscheinen. Was ich sagen will ist nur, daß Zorn oft zu einem Mittel wird, das bewußt zum Zweck der Beeinflussung von Verhalten eingesetzt wird. Das jedoch ist uneffektiv und kann für die Beziehung zwischen Eltern und Kindern nur schädlich sein.

Welchen Platz sollte die Furcht in der Beziehung eines Kindes zu seinen Eltern haben?

Es existiert nur eine dünne Trennlinie zwischen akzeptabler, gesunder »Ehrfurcht« und destruktiver Angst. Ein Kind sollte grundsätzlich verstehen, was es zu erwarten hat, wenn es seinen Eltern trotzt. Aber es sollte nicht nachts wachliegen müssen und sich Sorgen über die elterliche Härte machen.

Ein einfaches Beispiel kann vielleicht diesen Unterschied verdeutlichen. Eine vielbefahrene Autobahn kann ein gefährlicher Platz sein, wenn wir auf ihr spazierengehen wollen. Tatsächlich wäre es Selbstmord, freitags um 18 Uhr als Fußgänger die Überholspur zu betreten. Ich wäre nicht so dumm, diese Erfahrung selbst zu machen, weil ich eine gesunde Angst vor schnellen Autos habe. Solange ich mich nicht unnormal verhalte, habe ich keinen Grund zur Panik. Ich fühle mich von dieser Gefahrenquelle nicht bedroht, weil sie nur aufgrund meines bewußten Fehlverhaltens bedrohlich wäre.

Ich möchte, daß mein Kind mich mit derselben gesunden Achtung sieht. Solange es nicht versucht, mich offen und bewußt herauszufordern, lebt es in völliger Sicherheit. Es muß sich nicht ducken oder zurückschrecken, wenn ich plötzlich meine Augenbraue kratze. Es sollte keine Angst haben, daß ich es bloßstelle oder unsanft behandle. Es kann sich völliger Sicherheit erfreuen — bis es versucht, sich mir zu widersetzen. Dann wird es die Konsequenzen zu tragen haben.

Dieses Konzept folgt dem Modell von Gottes Beziehung zu dem Menschen. »Ehrfurcht vor Gott ist der Anfang der Weisheit«, wird uns gelehrt. Er ist ein Gott der Gerechtigkeit und gleichzeitig ein Gott von unbegrenzter Liebe und Gnade. Diese Attribute ergänzen einander und sollten auch unser Verhältnis zu unseren Kindern prägen.

Ich habe einen besonders trotzigen fünfjährigen Sohn, und ich tue mein Bestes, um seinen Willen zu formen. Aber um ehrlich zu sein, leide ich die meiste Zeit unter großen Schuldgefühlen und Selbstzweifeln. In letzter Zeit habe ich Depressionen wegen des ständigen Tauziehens mit diesem Kind. Fühlen Eltern von anderen eigensinnigen Kindern dasselbe?

Ja, viele fühlen so. Eines der Probleme ist, daß vielen Eltern von sogenannten »Experten« gesagt worden ist, daß der Umgang mit Kindern ein Kinderspiel für die ist, die es richtig anpacken. Das läßt sie mit starken Selbstbeschuldigungen zurück, wenn die Dinge zu Hause nicht reibungslos funktionieren. Niemand hat ihnen erzählt, daß Elternschaft so schwierig sein würde, und sie beschuldigen sich selbst für die entstehende Spannung. Ich bin froh, daß Sie fähig sind, Ihre Schuldgefühle und Depressionen in Worten auszudrücken. Das ist sehr wichtig. Als Antwort möchte ich Ihnen drei Sätze sagen, die Sie vielleicht beruhigen werden:

1. Es *ist* nicht alles Ihr Fehler.
2. Sie schlagen sich in Ihren Bemühungen wahrscheinlich viel besser, als Sie selbst annehmen.
3. Es wird nicht immer so schwierig sein.

Bleiben Sie am Ball. Ihr eigensinniger Sohn wird wahrscheinlich eines Tages ein robuster, angesehener, hart arbeitender

Bürger sein, dessen einzige Quelle der Depression von den Konflikten ausgeht, die er mit seinen eigensinnigen Kindern haben wird.

Ich finde es leichter, meinen Kindern »Nein« als »Ja« zu sagen, selbst wenn ich nicht groß darüber nachdenke, um welche Erlaubnis sie mich bitten. Ich frage mich, wieso ich automatisch so negativ reagiere.

Es ist leicht, der Gewohnheit zu verfallen, »Nein« zu unseren Kindern zu sagen. »Nein, du darfst nicht nach draußen gehen.« — »Nein, du bekommst keinen Keks.« — »Nein, du darfst das Telefon nicht benutzen.« — »Nein, du kannst heute abend nicht mit deinem Freund verbringen.«

Wir Eltern könnten alle diese Bitten zustimmend beantworten, ziehen es aber fast automatisch vor, negativ zu reagieren. Wieso? Weil wir uns keine Zeit genommen haben, über die Folgen nachzudenken; weil die entsprechende Aktivität mehr Arbeit für uns bedeuten könnte; weil durch eine Erlaubnis eine Gefahr entstehen könnte; weil unsere Kinder uns jeden Tag um tausend Dinge bitten und wir es bequem finden, sie alle abzulehnen.

Obwohl es nötig ist, jedem Kind einige seiner extravaganteren Wünsche zu verweigern, besteht für die Eltern die Notwendigkeit, jede Bitte einzeln zu überdenken. Es gibt so viele notwendige »Neins« im Leben, daß wir »Ja« sagen sollten, wann immer wir können.

Die Kinder in unserer Nachbarschaft sind aggressiv zueinander und respektlos zu Erwachsenen. Das entsetzt mich, aber ich weiß nicht, was ich dagegen tun kann. Ich glaube nicht, daß ich das Recht habe, die Kinder in meiner Nachbarschaft zurechtzuweisen. Wie kann ich damit umgehen?

Benachbarte Eltern müssen lernen, miteinander über ihre Kinder zu sprechen, aber das erfordert einigen Mut! Es gibt keinen schnelleren Weg, eine Mutter zu verärgern, als wenn eine andere Frau ihre lieben Küken kritisiert. Es ist in der Tat eine heikle Angelegenheit. Deshalb sieht die typische Nachbarschaft wie die Ihre aus. Sie bietet den Eltern wenig »Feedback« über das Verhalten ihrer Kinder. Die Kinder wissen, daß es keine Kommunikation zwischen den Erwachsenen gibt, und sie versuchen, diese Tatsache zu ihrem Vorteil zu nutzen.

Was jede Nachbarschaft braucht, ist eine Mutter, die den Mut hat zu sagen: »Ich möchte, daß man mir sagt, was mein Sohn tut, wenn er außerhalb unseres Gartens ist. Wenn er gemein mit anderen Kindern umgeht, möchte ich es wissen. Wenn er respektlos zu Erwachsenen ist, erzählen Sie es mir bitte. Ich werde das nicht als Klatsch ansehen. Ich hoffe, ich kann auch Ihnen meine Erkenntnisse über Ihre Kinder mitteilen. Keines unserer Kinder ist vollkommen, und wir werden es leichter haben, mit ihnen umzugehen, wenn wir als Erwachsene offen miteinander darüber sprechen können.«

Mein Mann und ich sind geschieden, so daß ich mich alleine mit der Erziehung der Kinder beschäftigen muß. Inwiefern verändert diese Situation die Empfehlungen, die Sie zur Erziehung geben?

Überhaupt nicht. Die Prinzipien einer guten Erziehung bleiben dieselben, unabhängig von der Familiensituation. Für einen einzelnen Elternteil sind die Prozeduren etwas schwieriger durchzuführen, weil Sie keine Unterstützung haben, wenn die Kinder trotzig werden. Sie müssen die Rolle von Mutter und Vater gleichzeitig spielen, was nicht leicht ist. Nichtsdestoweniger machen Ihnen die Kinder wegen Ihres Handikaps keine Zugeständnisse. Sie müssen ihren Respekt verlangen, oder Sie werden ihn nicht bekommen.

Meine kleine Tochter ist manchmal zuckersüß — und zu anderen Zeiten unerträglich. Wie kann ich sie aus einer schlechten Stimmung herausholen, wenn sie im Grunde wirklich nichts getan hat, was eine Bestrafung rechtfertigen würde?

Ich würde vorschlagen, daß Sie sie in den Arm nehmen und folgendermaßen mit ihr sprechen: »Ich weiß nicht, ob du es bemerkt hast oder nicht, aber du hast zwei ›Persönlichkeiten‹. Eine Persönlichkeit ist die Art, wie du handelst und sprichst und dich benimmst. Eine deiner Persönlichkeiten ist süß und liebend. Niemand von uns könnte noch liebevoller und fröhlicher sein, als wenn diese Persönlichkeit die Kontrolle hat. Sie arbeitet gern und sucht nach Wegen, die ganze Familie froh zu machen. Und alles, was du tun mußt, ist, einen kleinen roten Knopf zu drücken — und heraus kommt die andere Persönlichkeit. Sie ist seltsam und laut und dumm. Sie will mit deinem Bruder kämpfen und deiner Mama nicht gehorchen. Sie steht morgens schlechtgelaunt auf und meckert den ganzen Tag hindurch. Jetzt weiß ich aber, daß du den Knopf für die nette Persönlichkeit drücken kannst — oder du kannst die böse rufen. Manchmal ist eine Strafe notwendig, um dich dazu zu bringen, den richtigen Knopf zu drücken.«

Wenn Erziehung ein Spiel wird, wie in Gesprächen wie diesen, haben Sie Ihr Ziel ohne Kämpfe erreicht.

Mein vierjähriger Sohn kam neulich nach Hause und erzählte, er hätte im Garten einen Löwen gesehen. Er versuchte nicht, einen Spaß zu machen. Er wollte mich wirklich von dieser Lüge überzeugen und wurde ziemlich ärgerlich, als ich ihm nicht glaubte. Ich möchte, daß er eine ehrliche und wahrheitsliebende Person ist. Hätte ich ihn dafür bestrafen sollen?

Ganz sicher nicht. Es besteht im Geist eines Vorschulkindes nur eine sehr dünne Trennlinie zwischen Realität und Phantasie, und es verwechselt oft beides. Das geschah auch, als ich meinen Sohn mit drei Jahren nach Disneyland mitnahm. Er war völlig erschreckt von dem Wolf, der hinter den drei kleinen Schweinchen herlief. Ryan warf einen Blick auf die scharfgezackten Zähne und schrie vor Angst. Ich habe einen unbezahlbaren Film davon, wie er sich in die sicheren Arme seiner Mutter flüchtet. Später sagte ich Ryan, daß in dem Wolfskostüm ein »sehr netter Mann« steckte, der niemandem wehtun würde. Mein Sohn war so erfreut durch die Neuigkeit, daß er es wiederholt hören mußte.

Er sagte: »Papa?«

»Was ist, Ryan?«

»Erzähl mir von dem netten Mann!«

Sie sehen, Ryan war nicht fähig, zwischen der Phantasiegestalt und einer ernsthaften Gefährdung seiner Gesundheit und Sicherheit zu unterscheiden. Ich nehme an, daß die Löwengeschichte Ihres Sohnes ein Produkt einer ähnlichen Art von Verwirrung war. Er kann möglicherweise wirklich geglaubt haben, daß ein Löwe im Garten war. Daher wäre es klug von Ihnen gewesen, das Spiel mitzuspielen, während Sie dabei gleichzeitig hätten deutlich machen können, daß Sie die Geschichte nicht glauben. Sie hätten sagen können: »Du meine Güte! Ein Löwe im Garten! Ich hoffe ja, daß es eine freundliche alte Katze war. Jetzt, Billy, wasch dir bitte die Hände und komm essen.«

Manchmal glaube ich, daß ich auf unwesentliche Dinge überreagiere, während ich es zu anderen Zeiten nicht schaffe, auf einen Akt von bewußtem Trotz genügend heftig zu reagieren. Wie kann ich wissen, wann ich ein Fehlverhalten ignorieren und wann bestrafen soll?

Die Fähigkeit, die Gedanken und Gefühle Ihres Kindes zu »lesen«, ist eine Fähigkeit, die von den Eltern gelernt werden kann. Das erfordert Zeit, das Verhalten ihrer Kinder zu beobachten. Letztlich ist der Schlüssel zur kompetenten Elternschaft die Fähigkeit, mit den Augen ihres Kindes zu sehen und zu fühlen, was das Kind fühlt. Wenn es einsam ist, braucht es Ihre Nähe. Wenn es trotzig ist, braucht es Ihre Hilfe bei der Kontrolle seiner Impulse. Wenn es ängstlich ist, braucht es die Sicherheit einer Umarmung. Wenn es neugierig ist, braucht es Ihre geduldige Erklärung. Wenn es fröhlich ist, muß es seine Freude mit denen teilen können, die es liebt.

Daher sind Eltern, die sich Mühe geben, die Gefühle ihres Kindes zu verstehen, zunehmend besser in der Lage, angemessen zu reagieren und den Bedürfnissen, die deutlich werden, zu begegnen.

Schläge als Teil der Erziehung?

Ich habe gehört, daß Sie in bestimmten Situationen Schläge als erzieherisches Mittel befürworten. Haben Sie keine Angst, daß Sie durch solche Ratschläge den Trend zur Kindesmißhandlung unterstützen?

Ich denke darüber nach. Eines meiner größten Probleme ist die Schwierigkeit, Eltern eine *ausgeglichene* Sicht zu vermitteln: Disziplinierungsmaßnahmen, wenn nötig — aber mit Geduld, Respekt und Zuneigung. Niemand soll sagen, daß ich mich für eine »Gib-ihnen-eins-auf-den-Mund«-Haltung stark mache. Eine solche Einstellung verletzt den Geist des Kindes und hinterläßt bleibende Wunden in der Psyche.

Nichts schmerzt mich mehr als das Phänomen der Kindesmißhandlung, das in der westlichen Welt heute so weit verbreitet ist. Einige dieser bemitleidenswerten Kleinen werden in einem unvorstellbaren Zustand in das Krankenhaus, in dem ich arbeite, eingeliefert. Sie sind verbrannt, haben Blutergüsse und Brüche, und ihr kleiner Geist ist für immer verstört durch die furchtbaren Umstände, in die sie hineingeboren wurden.

Jeder, der mit verletzten Kindern arbeitet, muß lernen, mit seinem Mitgefühl umzugehen. Ich habe ein gewisses Maß an Kontrolle über meine Gefühle gewonnen; dennoch bin ich nie fähig gewesen, ein mißhandeltes Kind zu untersuchen, ohne buchstäblich Magenschmerzen zu bekommen. Kranke Kinder leiden natürlich auch, aber die meisten von ihnen erfahren elterliche Liebe, die ihnen einen emotionalen Rückhalt bietet. Mißhandelte Kinder jedoch leiden körperlich und seelisch. Um sie kümmert sich keiner. Niemand versteht sie. Es gibt niemanden, dem sie ihre Not mitteilen könnten. Sie können nicht verstehen, warum sie mißhandelt werden. Und viele von ihnen sind zu jung, um Abwehrmechanismen zu entwickeln oder selbst um Hilfe zu rufen.

Teil 9

Schläge als Teil der Erziehung?

Ich hatte Anfang dieses Jahres mit einem achtjährigen Mädchen zu tun, das wiederholt von ihrem Vater, einem Alkoholiker, sexuell mißbraucht worden war — das erste Mal, als sie 15 Monate alt war. Was für eine unermeßliche Tragödie! Ein anderes Kind wurde von ihrer Mutter blind gemacht, indem sie mit einer Rasierklinge ihre Augen zerschlitzte. Können Sie sich vorstellen, was es bedeutet, mit Blindheit zu leben und zu wissen, daß diese Behinderung von einer bewußten Tat der eigenen Mutter herrührt? Ein anderes Kind wurde auf einer vielbefahrenen Autobahn aus dem Wagen gestoßen und blieb acht oder neun Stunden lang am Rande der Straße liegen. Die Füße eines anderen Kindes wurden zur Strafe an heißes Eisen gehalten.

Erst kürzlich erfuhr ich in einer Radiosendung von einem Mädchen, das, an ihren Füßen aufgehängt, in der Garage ihrer Eltern gefunden worden war. Diese Art von Horrorgeschichten sind Menschen wie mir, die mit Kindern arbeiten, gut bekannt. Tatsächlich ist es sehr wahrscheinlich, daß ein Kind im Umkreis von ein, zwei Kilometern von Ihrem Haus in der einen oder anderen Weise Opfer einer Kindesmißhandlung wird. Brian G. Fraser, Bevollmächtigter des »National Center for Prevention and Treatment of Child Abuse and Neglect«, schrieb: »Kindesmißhandlungen, von denen früher angenommen wurde, daß sie in erster Linie ein Problem der armen und unterdrückten Bevölkerungsschichten seien, geschehen in jeder Gesellschaftsschicht und sind womöglich der Hauptgrund für das Kindersterben in unserem Land.«

Das letzte, was ich liefern will, ist eine Rechtfertigung für eine derartige elterliche Unterdrückung. Lassen Sie es mich deutlich sagen: Ich glaube nicht an harte, unbeugsame Strafen, selbst wenn sie gut gemeint sind. Kindern muß Raum zum Atmen, Wachsen und Lieben gegeben werden. Aber es gibt auch bedrohliche Tendenzen am anderen, freizügigen Ende des Spektrums, und viele Eltern gehen im ehrlichen Bemühen, die eine Falle zu vermeiden, in die andere.

Diese doppelte Gefahr wurde in hervorragender Weise von Marguerite und Willard Beecher in ihrem Buch *Parents on the Run* beschrieben: »Das erwachsenenzentrierte Zuhause der

Vergangenheit macht aus Eltern die Herren und aus Kindern die Sklaven. Das kinderzentrierte Zuhause der Gegenwart hat aus den Eltern die Sklaven und die Kinder zu Herren gemacht. Es gibt keine echte Kooperation in einer Herren-Sklaven-Beziehung und daher auch keine Demokratie. Weder die restriktiv-autoritäre Pädagogik noch die neuere Alles-ist-erlaubt-Methode werden dem Individuum gerecht, weil keine dieser Formen die jungen Menschen lehrt, selbständig zu sein ... Kinder, die mit zweifelhaften Regeln erzogen werden, werden entweder rückgratlose Automaten oder bittere Revolutionäre, die ihr Leben im Konflikt mit den Menschen in ihrer Umgebung verschwenden. Aber Kinder, die kein höheres Gesetz kennen als ihre eigenen vergänglichen Launen, werden von eben diesen Launen bestimmt. In beiden Fällen werden sie zu Sklaven. Die erstgenannten sind versklavt durch ihre Führer, die ihnen sagen müssen, was zu tun ist, und die letztgenannten sind versklavt durch ihre eigenen Launen. Keiner von ihnen ist fähig, der Gesellschaft auf irgendeiner vernünftigen Basis zu dienen. Ein lebenslanges Unglücklichsein kann dadurch vermieden werden, daß der Zweig so gebogen wird, daß der Baum in keine der falschen Richtungen wächst.«

Es gibt derzeit so viele unterschiedliche Meinungen über den Einsatz körperlicher Strafen, daß ich gerne von Ihnen eine Begründung für den Gebrauch von Schlägen hätte. Was haben Sie denen zu sagen, die behaupten, daß körperliche Bestrafung Kinder lehrt, andere zu schlagen und zu verletzen?

Ich diskutierte vor einigen Jahren in einer Fernseh-Talkshow mit dem Psychologen Dr. John Valusek, der diese Meinung vertrat. »Der einzige Weg, Gewalt zu verhindern, ist der: mit dem Schlagen von Kindern aufzuhören«, argumentiert er. Er erklärte, daß elterliche Schläge bei den Kindern die Ansicht unterstützt, daß Gewalt gegen andere akzeptabel sei. Valusek wörtlich: »Schläge der Eltern sind der erste Schritt auf dem Weg des Kindes zur Gewalt. Die Konsequenzen sind Körperverletzungen und schließlich Vergewaltigungen, Attentate und Morde. Das prägende Verhalten zu Hause schafft die Grundlage: Ich werde auf Gewalt zurückgreifen, wenn ich nicht weiter weiß.«

Es erscheint mir ausgesprochen kurzsichtig, Amerikas Gewaltbesessenheit auf die erzieherischen Bemühungen liebender Eltern zurückzuführen! Diese Schlußfolgerung wirkt besonders seltsam angesichts des Blutbades, das unseren Kindern täglich im Fernsehen geboten wird. Der durchschnittliche Sechzehnjährige hat in seinem Leben bereits 18 000 Morde gesehen. Daher scheint es mir abwegig, daß die psychologischen Berater unserer Zeit woanders den Grund von Brutalität suchen — und schließlich den Finger der Schuldzuweisung auf Eltern richten, die gewissenhaft unsere zukünftigen Bürger erziehen.

Die Ablehnung von körperlicher Züchtigung kann in vier allgemeine Argumente zusammengefaßt werden, die alle auf Mißverständnissen beruhen. Das erste wird uns in Dr. Valuseks Aussage präsentiert: Man geht davon aus, daß Schläge Kinder lehren, andere zu schlagen und zu verletzen. Man beschreibt körperliche Strafe als eine feindselige, auf den Körper gerichtete Attacke ärgerlicher Eltern, deren Zweck es ist, das kleine Opfer zu verletzen oder ihm Leid zuzufügen.

Zugegebenermaßen kommt diese Art von Gewalt regelmäßig vor und wirkt sich enorm destruktiv auf die Kinder aus. Körperliche Strafe durch liebende Eltern ist jedoch etwas völlig anderes. Es ist ein Erziehungsmittel, durch das schädliches Verhalten verhindert wird, und kein rachsüchtiger Versuch, eine andere Person zu schädigen. Das eine ist ein Akt der Liebe; das andere ist ein Akt der Feindseligkeit — und beide sind so verschieden wie Tag und Nacht.

Wenn Ihr Kind sich jemals an einem heißen Ofen verbrannt hat, können Sie sicher sein, daß es freiwillig nie wieder auf die Herdplatte fassen wird. Es wird nicht eine gewalttätigere Person, weil der Ofen es verbrannt hat. Tatsächlich hat es aus den Schmerzen eine wertvolle Lehre gezogen. Ebenso lernt es die physischen Gefahren der Welt kennen, wenn es von seinem Stuhl fällt oder sich die Finger in der Tür klemmt oder von einem Hund gebissen wird. Die Beulen und blauen Flecken während der Kindheit sind die Art der Natur, ihm beizubringen, daß die physische Welt respektiert werden muß. Sie verletzen nicht sein Selbstbewußtsein. Sie machen es nicht gewalttätig. Sie machen es bloß mit der Realität bekannt. Demselben Zweck dienen auch Schläge durch liebende Eltern in einer Situation der Rebellion. Sie sagen ihm, daß es nicht nur physische Gefahren gibt, die gemieden werden müssen, sondern daß es lernen muß, auch soziale Fallen zu umgehen (Egoismus, Rebellion, Unehrlichkeit, grundlose Aggression, usw.).

Das zweite Argument gegen körperliche Strafe findet sich in Dr. Valuseks Schlußsatz: »Ich werde auf Gewalt zurückgreifen, wenn ich nicht weiter weiß.« Sehen Sie die Spitzfindigkeit des Zitats? Er beschreibt Schläge als ein absolut letztes Mittel — als letzter Akt von Wut und Frustration. Selbst diejenigen Fachleute, die körperliche Strafe befürworten, gehen oft in diese Falle und schlagen vor, daß sie nur angewendet werden sollte, wenn alles andere versagt hat. Dem muß eindeutig widersprochen werden.

Schläge sollten ausschließlich als Antwort auf bewußte Rebellion eingesetzt werden, *wann immer sie auftritt.* Es ist viel effektiver, dieses Mittel innerhalb einer Auseinandersetzung relativ früh einzusetzen, weil dann die Eltern ihre Gefühle noch unter Kontrolle haben, wovon nach 90 Minuten nicht mehr ausgegangen werden kann. Tatsächlich ist eine Kindesmißhandlung wahrscheinlicher, wenn es den Kleinen erlaubt ist, stundenlang zu nerven und zu lärmen, bis die Wut der Eltern schließlich den Explosionspunkt erreicht, wo dann alles zu spät ist. Fachleute wie Dr. Valusek tragen meiner Meinung nach zur Gewalt gegen Kinder bei, weil sie die Eltern des Rechts beraubt haben, die gewöhnlichen Verhaltensprobleme ihrer Kinder zu korrigieren, solange sie noch relativ kleine Störungen darstellen. Wenn sich diese kleinen Frustrationen anhäufen, greifen die Eltern, wie Valusek sagt, auf Gewalt zurück, »weil sie nicht mehr weiter wissen«.

Das dritte weitverbreitete Argument gegen Schläge kommt aus der Tierpsychologie. Eine Ratte, die in einem Labyrinth steckt, wird viel schneller lernen, wenn der Versuchsleiter ihre richtigen Bewegungen mit Nahrung belohnt, als wenn er die Wahl eines falschen Weges mit kleinen Elektroschocks bestraft. Von dieser und ähnlichen Untersuchungen stammt die Annahme, daß Strafe kaum Einfluß auf das menschliche Verhalten hat. Aber Menschen sind keine Ratten. Offensichtlich ist ein Kind zu rebellischem und trotzigem Verhalten fähig, das keinen Bezug zu einer ratlosen Ratte hat, die an einer Kreuzung in einem Labyrinth sitzt. Ich gebe zu, daß es Jungen und Mädchen nicht beim Lesenlernen helfen würde, ihnen für ein falsch ausgesprochenes Wort einen Schock zu verpassen. Auf der anderen Seite schließt bewußter Ungehorsam die Erkenntnis des Kindes ein, daß es eine elterliche Autorität gibt und daß es ihr Folge zu leisten hat (während die Ratte nicht einmal weiß, daß der Versuchsleiter existiert).

Wenn Strafe keinen Einfluß auf das menschliche Verhalten haben soll, wie uns manche Psychologen weismachen wollen, warum ist dann der Einsatz von Strafmandaten durch die Polizei so erfolgreich? Warum rennen Menschen los, um ihre Steuerzahlung noch rechtzeitig in den Briefkasten zu bekommen, damit sie einer sechsprozentigen Strafgebühr für Verspätung entgehen? Wenn Strafe keine Macht hat, warum macht dann eine wohlverdiente Tracht Prügel aus einem kleinen Störenfried einen süßen und liebevollen Engel? Ungeachtet der Rattenpsychologie spielen natürlich sowohl Belohnung als auch Strafe bei der Prägung des menschlichen Verhaltens eine wichtige Rolle, und keins von beiden sollte unberücksichtigt bleiben. Leonardo da Vinci hatte noch nichts von der Ratte im Labyrinth gewußt, als er schrieb: »Der, der das Übel nicht bestraft, fordert es auf, getan zu werden!«

Das vierte Argument gegen den überlegten Einsatz von Schlägen kommt von denen, die sie als eine Verletzung der Würde und des Selbstvertrauens des Kindes ansehen. Es ist überflüssig, an dieser Stelle zu sagen, daß ein Kind natürlich fähig ist zu unterscheiden, ob seine Eltern ihm Liebe oder Haß entgegenbringen. Darum ist das Kind, das weiß, daß es Schläge verdient, fast schon erleichtert, wenn sie schließlich kommen. Anstatt durch diese Disziplinierung verletzt zu sein, versteht es ihren Grund und schätzt die Kontrolle, die sie ihm über seine eigenen Regungen gibt.

Das wurde sehr anschaulich von einem Vater illustriert, der mir davon erzählte, wie ungezogen sich sein Sohn in einem Restaurant verhielt. Der Kerl störte seine Mutter, schüttete Wasser über seinen kleinen Bruder und provozierte seine Eltern ganz bewußt. Nachdem vier Warnungen unbeachtet geblieben waren, nahm der Vater seinen Sohn am Arm und ging mit ihm auf den Parkplatz, wo er ihm eine Tracht Prügel verabreichte. In diesen Vorgang mischte sich eine Frau ein, die den beiden nach draußen gefolgt war. Als die Bestrafung begann, erhob sie den Finger gegen den Vater und schrie: »Lassen Sie das Kind in Ruhe! Lassen Sie es los! Wenn Sie nicht aufhören, rufe ich die Polizei!« Der Fünfjährige, der vorher geschrien und sich gewehrt hatte, hörte augenblicklich auf zu schreien und fragte überrascht seinen Vater: »Was stimmt mit der Frau nicht, Papa?« Er verstand den Grund für die Strafe, selbst wenn die »Retterin« ihn nicht verstand. Ich wünschte, daß Dr. Valusek und seine Gleichgesinnten ebenso einsichtig wären wie das Kind.

Ich muß natürlich ausdrücklich betonen, daß körperliche Strafe nicht das einzige Mittel ist, um den Willen eines Kindes zu beeinflussen, noch ist sie in jedem Alter und jeder Situation angemessen. Weise Eltern müssen die physischen und emotionalen Charakteristiken jedes Stadiums der Kindheit kennen und ihre Disziplinarmaßnahmen den individuellen Notwendigkeiten anpassen.

Können Sie einige »Grundregeln« für den Gebrauch körperlicher Strafe bei widerspenstigen Kleinkindern nennen?

Sie können mit vorsichtigen »Schlägen« etwa ab dem 15. oder 18. Monat beginnen. Das sollte aber relativ selten erfolgen und ausschließlich klarem Widerwillen vorbehalten sein. Zu strenge Disziplinarmaßnahmen während dieser Phase würde das Kind veranlassen, sein Bedürfnis, zu experimentieren und seine Umwelt zu erforschen, zu unterdrücken, was langanhaltende Folgen haben kann. Dem Kleinkind sollte beigebracht werden, zu gehorchen und sich der elterlichen Führungsrolle zu unterstellen, aber dieses Endresultat wird nicht über Nacht erzielt werden können.

Wenn Schläge notwendig werden, sollten sie mit einem neutralen Objekt ausgeführt werden; etwa mit einer kleinen Rute oder einem Gürtel, aber niemals mit der Hand. Ich bin immer der Meinung gewesen, daß die Hand vom Kind als ein Objekt der Liebe gesehen werden sollte — und nicht als Strafinstrument. Wenn ein Vater sein Kind normalerweise mit der Hand schlägt, so kann es eine derartige Angst vor seiner Hand entwickeln, daß es sich stets duckt, wann immer sich Vater plötzlich am Ohr kratzt. Wenn aber alle Schläge mit einem neutralen Gegenstand ausgeführt werden, dann muß ein Kind niemals fürchten, für ein zufälliges Fehlverhalten plötzlich geschlagen zu werden. (Es gibt Ausnahmen zu dieser Regel, wenn zum Beispiel die Hand eines Kindes geschlagen wird, weil es nach dem Ofen oder einem anderen gefährlichen Objekt greift.)

Sollten Schläge wehtun? Ja, sonst haben sie keine Wirkung. Ein Klaps auf das Hinterteil durch drei Lagen feuchte Windeln transportiert einfach keine dringende Botschaft. Ein kleines Maß an Schmerz bleibt einem Kind jedoch lange im Gedächtnis. Zwei oder drei schmerzhafte Schläge auf die Beine oder das Hinterteil mit einer Rute reichen normalerweise, um den Standpunkt »Du mußt mir gehorchen« zu vermitteln. Und schließlich ist es wichtig, entweder unmittelbar nach dem Vergehen zu schlagen oder gar nicht. Das Gedächtnis eines Kleinkindes ist nicht genügend entwickelt, als daß auch nur eine zehnminütige Verspätung der Strafe erlaubt wäre. Wenn der Vorgang beendet ist und die Tränen getrocknet sind, will das Kind vielleicht in den Arm genommen und von seinem Vater oder seiner Mutter getröstet werden. Lassen Sie es auf jeden Fall kommen. Umarmen Sie es. Sagen Sie ihm, wie sehr Sie es lieben und warum es Mama gehorchen muß.

Wie lange, glauben Sie, sollte ein Kind weinen dürfen, nachdem es bestraft oder geschlagen worden ist? Gibt es dafür eine Grenze?

Ja, ich glaube, es sollte eine Grenze geben. Solange die Tränen eine echte Freisetzung von Gefühlen darstellen, sollten sie erlaubt sein. Aber das Weinen kann schnell von innerem Jammer zu einer äußeren Waffe umschlagen. Es wird zu einem Mittel des Protests, um den Gegner zu strafen. Echtes Weinen dauert in der Regel zwei Minuten, unter Umständen fünf. Über diese Zeit hinaus beklagt sich das Kind nur noch, was am Ton und der Intensität der Stimme erkannt werden kann. Ich würde von ihm verlangen, mit dem Protestweinen aufzuhören, indem ich ihm noch etwas mehr von dem androhe, was ursprünglich die Tränen ausgelöst hat. Bei einem kleineren Kind kann das Weinen leichter dadurch gestoppt werden, daß man seine Aufmerksamkeit auf etwas anderes lenkt.

Ich habe meine Kinder für ihren Ungehorsam geschlagen, aber es schien überhaupt nicht zu helfen. Versagt diese Art von Strafe bei manchen Kindern?

Kinder unterscheiden sich so unglaublich voneinander, daß es manchmal schwer zu glauben ist, daß sie demselben Geschlecht entstammen. Manche Kinder können durch einen einzigen strengen Blick zur Räson gebracht werden; andere scheinen starke oder sogar schmerzhafte Maßnahmen zu benötigen. Eine der wichtigsten elterlichen Aufgaben ist es, die Erziehungsmaßnahmen dem Kind entsprechend anzupassen.

Als direkte Antwort auf Ihre Frage: Es ist nicht dieser individuelle Unterschied, der in den meisten Fällen das Schlagen uneffektiv macht. Wenn Disziplinarmaßnahmen versagen, geht das normalerweise auf fundamentale Fehler bei der Anwendung zurück. Es ist möglich, mit der doppelten Strafe die Hälfte des Erfolges wieder auszulöschen. Ich habe mich intensiv mit Situationen befaßt, wo ein Elternteil mir gesagt hat, daß das Kind die Schläge, die es erhält, ignoriert und weiterhin dieselbe Regel verletzt. Es gibt vier Hauptursachen für den fehlenden Erfolg solcher Maßnahmen:

1. Das am meisten wiederkehrende Problem resultiert aus einer unregelmäßigen, übervorsichtigen Anwendung der Strafe. In der Hälfte der Fälle wird ein Kind für ein bestimm-

tes Vergehen nicht bestraft; die andere Hälfte jedoch wird es dafür zur Verantwortung gezogen. Ein solches Verhalten verwirrt Kinder völlig. Sie müssen mit der Verläßlichkeit des Rechts rechnen können.

2. Das Kind kann einen stärkeren Willen als die Eltern haben, und beide Parteien wissen das. Wenn es einen zeitweiligen Angriff durchstehen kann, hat es einen wichtigen Kampf gewonnen, indem es die Strafe als ein Erziehungsmittel der Eltern beseitigt hat. Selbst wenn Mama es schlägt, gewinnt es den Kampf, indem es erneut widerspricht. Die Lösung dieses Problems ist klar: Setzen Sie sich durch, selbst wenn das wiederholte Maßnahmen erfordert. Die Erfahrung wird für beide Seiten schmerzhaft sein, aber die Erfolge werden sich morgen und übermorgen zeigen.

3. Eltern entschließen sich plötzlich, diese Form der Strafe anzuwenden, nachdem sie vorher ein oder zwei Jahre nichts getan haben. Ein Kind benötigt einige Zeit, um sich auf diese Prozedur einzustellen, und mache Eltern werden bereits in dieser Eingewöhnungsphase entmutigt.

4. Die Schläge können zu sanft sein. Was nicht wehtut, ist es nicht wert, beim nächsten Mal vermieden zu werden. Ein Klaps mit der Hand auf das Hinterteil eines mehrfach gewickelten 30 Monate alten Kindes wird es vor nichts abschrecken. Es ist nicht nötig, ein Kind zu verprügeln, aber es sollte die Botschaft »spüren«.

Es *gibt* einige Kinder, bei denen Schläge nicht helfen. Ich habe hyperaktive Kinder gesehen, die durch jede Aktion, die ihr Nervensystem reizte, stark angeregt wurden. In diesen und ähnlichen Fällen müssen andere Erziehungsformen angewendet werden.

Soll ich meinen Zehnjährigen schlagen?

Körperliche Strafe sollte relativ selten in der Phase direkt vor der Jugend angewendet werden. Natürlich fordern es einige eigensinnige Kinder absolut heraus, geschlagen zu werden, und ihre Bitte sollte beantwortet werden. Ein gutmütiges Kind jedoch sollte seine letzte Erfahrung mit dieser Erziehungsmaßnahme gegen Ende der ersten Dekade (oder sogar vier Jahre früher) gemacht haben.

Ich würde gern Ihre Meinung hören, welche Disziplinarmaßnahmen bei Teenagern angemessen sind, besonders, weil Sie sagen, daß Schläge in diesem Alter nicht mehr angemessen sind.

Ihr einziges Mittel ist es, das Umfeld Ihres Teenagers in Momenten der Auseinandersetzung zu beeinflussen. Sie haben die Schlüssel für das Auto der Familie und können Ihrem Sohn oder Ihrer Tochter erlauben, es zu benutzen. Sie können Privilegien verteilen oder zurücknehmen, einschließlich der Erlaubnis, auf eine Party zu gehen. Sie kontrollieren die Familienkasse und können entscheiden. Sie können den Gebrauch des Telefons oder des Fernsehens für eine Weile einschränken oder verweigern.

Nun ist offensichtlich, daß alle diese Maßnahmen nicht sehr viel Motivationskraft haben, und sie können in bestimmten Situationen völlig unangemessen sein. Nachdem wir an die Vernunft und die Familienloyalität appelliert haben, bleibt uns nichts als relativ schwache Strafmethoden. Wir können lediglich das Verhalten unserer Kinder mit erwünschten und unerwünschten Konsequenzen verbinden und hoffen, daß dies von ausreichendem Einfluß ist, um ihre Kooperationsbereitschaft zu wecken.

Wenn sich das für Sie unbefriedigend anhört, muß ich Ihnen sagen: Ein willensstarker Sechszehnjähriger kann heute jede Auseinandersetzung mit seinen Eltern gewinnen, wenn es hart auf hart kommt. Er kann trinken und rauchen und viele Zivilrechte brechen, bevor er von der Gesellschaft zur Rechenschaft gezogen wird. Seine Freundin kann in vielen Staaten ohne das Wissen und die Erlaubnis der Eltern die Pille kaufen. Und wenn diese versagt, kann sie zu einer heimlichen Abtreibung in eine Klinik gehen. Nur wenige »Erwachsenen-Privilegien« können einem Teenager verweigert werden, der einen Drang nach Unabhängigkeit hat und den Willen, dafür zu kämpfen.

Wir leben in einer Zeit, in der jeder Funke des jugendlichen Mißfallens von der Umgebung zu einer verzehrenden Flamme angefacht werden kann. Mit dem Geld der Jugendlichen werden große Geschäfte gemacht: lockende Magazine, Plattenfirmen, Radio, Fernsehen, Konzertveranstalter, die sich an jeder jugendlichen Laune bereichern wollen. Und natürlich versammeln sich Schüler in den Städten und beschirmen sich gegenseitig, wenn jemand Probleme mit seinen Eltern hat.

Wenn Teenager nicht einen inneren Drang zur Kooperation und Verantwortungsbereitschaft haben, kann die Situation sehr schnell böse Folgen haben. Aber wo kommt diese Stimme der Selbstbeschränkung her? Es ist meine Überzeugung, daß die frühen Jahre der Kindheit lebenswichtig für die Entwicklung des Respekts zwischen den Generationen sind. Ohne eine solche Basis, ohne eine Spur von Ehrfurcht des Kindes gegenüber seinen Eltern, ist die Gefahr sehr groß, daß die Jahre der Jugend unsagbar viele Probleme mit sich bringen. Ich täte meinen Lesern keinen Gefallen, wenn ich es anders darstellen würde.

Die Quelle der Selbstachtung bei Kindern

Warum sind heutzutage Minderwertigkeitsgefühle unter Menschen aller Altersstufen so weit verbreitet?

Die derzeitige Epidemie des Selbstzweifels resultiert aus einem völlig ungerechten und unnötigen System der Bewertung von Menschen. Nicht jeder wird als wertvoll angesehen; nicht jeder wird akzeptiert. Statt dessen sparen wir unser Lob und unsere Bewunderung für ein paar Auserwählte auf, die von Geburt an mit Eigenschaften ausgestattet sind, die in der Gesellschaft am meisten geschätzt werden. Es ist ein unmoralisches System, und wir als Eltern müssen uns seinem Einfluß entgegenstellen.

Es scheint so, daß in unserer Gesellschaft diejenigen als besonders wertvoll angesehen werden, die bestimmte Anforderungen erfüllen. Die schönen Menschen gelten als wertvoll; diejenigen mit großer Intelligenz finden Zustimmung; Superathleten werden normalerweise anerkannt. Aber keiner wird einfach deshalb wertgeschätzt, weil er *ist!* Soziale Akzeptanz wird nur vorsichtig vergeben, um sicherzustellen, daß die, die »unqualifiziert« sind, auch ausgeschlossen bleiben.

Wenn Sie von bestimmten Anforderungen sprechen, nach denen der menschliche Wert bemessen wird, welche dieser Charakteristiken stehen in unserer Gesellschaft an der Spitze?

An der Spitze dieser Liste steht in unserer Kultur die *körperliche Attraktivität*. Diejenigen, die das Glück haben, sie zu besitzen, werden oft verehrt oder sogar gefürchtet; wer sie nicht hat, wird nicht respektiert und abgelehnt. Obwohl es unglaublich erscheint, ist diese Haltung schon von den frühesten Momenten unseres Lebens an sichtbar, wenn ein hübsches Baby als wertvoller angesehen wird als ein gewöhnliches.

Deshalb kommt es häufig vor, daß eine Mutter kurz nach der Geburt ihres ersten Kindes depressiv wird. Sie wußte zwar, daß die meisten Neugeborenen nicht sehr hübsch aussehen, aber sie hatte nicht eine *solche* Katastrophe erwartet. Tatsächlich hatte sie insgeheim gehofft, ein lächelndes, winkendes, aufgeblühtes sechs Wochen altes Baby zur Welt zu bringen, mit vier Vorderzähnen und rosigen Wangen. Statt dessen geben ihr die Schwestern ein zahnloses, rotes, kahles, backpflaumengesichtiges, schreiendes Etwas, das sie am liebsten wieder zurückgeben würde. Sie sehen, der persönliche Wert eines Kindes kann schon am ersten Tag nach der Geburt von seinen Eltern angezweifelt werden.

Während das Kind aufwächst, wird sein Selbstwertgefühl nicht nur von seinen Eltern, sondern auch von Faktoren außerhalb seines Elternhauses beeinflußt. Auch hier ist eine Verdrehung der Werte festzustellen, was an tausend Beispielen belegt werden könnte. Vielleicht erinnern Sie sich an das tragische Ereignis, das sich in den sechziger Jahren in Chicago ereignete, als acht Krankenschwesternschülerinnen brutal ermordet wurden. Am folgenden Tag sprach ein Kommentator über das brutale Ereignis im Radio, und er sagte: »Was die Tragödie noch verschlimmert, ist die Tatsache, daß alle acht Mädchen so hübsch waren!« Mit anderen Worten, die Mädchen waren aufgrund ihrer Schönheit wertvollere Menschen. Wenn jemand eine solche Aussage akzeptiert, muß das Gegenteil ebenfalls wahr sein: Die Morde wären nicht so tragisch gewesen, wenn weniger hübsche Mädchen ihre Opfer gewesen wären. Die Schlußfolgerung, wie sie von George Orwell beschrieben wurde, ist unausweichlich: »Alle Menschen sind gleich, aber einige sind gleicher als andere.«

Was ich sagen will, ist dies: Mit den ersten Lebenserfahrungen lernt ein Kind die soziale Bedeutung von körperlicher Schönheit. Die Werte der Gesellschaft können nicht von seinen kleinen Ohren abgehalten werden, und viele Erwachsene versuchen nicht einmal, ihre Vorurteile zu Überdenken.

Wie entstehen Minderwertigkeitsgefühle? Mir kommt es vor, als hätte ich mich schon immer unzulänglich ge-

fühlt, aber ich kann mich nicht daran erinnern, wie alles begann.

Sie können sich nicht daran erinnern, weil Ihr Selbstzweifel in den frühesten Tagen Ihrer bewußten Existenz wurzelt. Ein kleines Kind wird mit dem ununterdrückbaren Drang geboren, seinen eigenen Wert in Frage zu stellen — das ist so natürlich wie sein Drang zu laufen und zu sprechen. Zunächst bezieht sich dieser Zweifel auf seinen Stellenwert zu Hause, später dehnt sich dann diese Erfahrung auch auf seine ersten sozialen Kontakte vor der Haustür aus. Diese ersten Eindrücke von dem, wer es ist, haben einen grundlegenden Einfluß auf die Entwicklung seiner Persönlichkeit, besonders wenn die Erfahrungen schmerzhaft sind. Es ist nicht ungewöhnlich, daß Kinder, noch bevor sie das Kindergartenalter erreicht haben, bereits davon überzeugt sind, häßlich, dumm, ungeliebt, ungebraucht, albern oder seltsam zu sein.

Diese frühen Gefühle der Unzulänglichkeit können während der Grundschuljahre ziemlich untergründig und verdrängt bleiben. Sie lauern im Unbewußten und sind nie weit davon entfernt, bewußt zu werden. Das Kind mit den größten Selbstzweifeln häuft während dieser Jahre ständig Beweise dafür an, daß es unzulänglich ist. Jedes Versagen wird in allen Details gespeichert. Jede böse Bemerkung ist in seine Erinnerung eingeschrieben. Ablehnung und Bloßstellung kratzen während all der »stillen« Jahre an seinem Ego. Dann passiert es! Es überschreitet die Schwelle zur Jugend, und seine Welt explodiert von innen. Die gesammelten Beweise werden hervorgeholt und mit der Kraft eines Vulkans in sein Bewußtsein katapultiert. Es wird sich mit dieser Erfahrung für den Rest seines Lebens beschäftigen.

Warum scheinen sich heute die Menschen ihrer physischen Mängel und Unzulänglichkeiten bewußter zu sein als in der Vergangenheit?

Ich glaube, daß die starke Betonung der körperlichen Attraktivität ein Nebenprodukt der um uns herum stattfindenden sexuellen Revolution ist. Unsere Gesellschaft ist seit Mitte der sechziger Jahre, als die traditionellen Moralmaßstäbe und

Einschränkungen zusammenzubrechen begannen, erotisch überflutet worden. Fernsehen, Radio, Magazine, Filme, Reklame, Literatur und Kleidung reflektieren diese nie dagewesene Faszination für Gefühle jeder Art. Nun ist es offensichtlich, daß, wenn Sex am wichtigsten in der Gesellschaft wird, Sex-Appeal und Ausstrahlung eine neue gesellschaftliche Bedeutung erhalten. Einfacher ausgedrückt: Je mehr die Sexualität in den Vordergrund rückt, desto mehr wird die Gesellschaft Schönheit belohnen und Häßlichkeit bestrafen.

Meiner Ansicht nach hat diese Entwicklung während der siebziger und achtziger Jahre zu einer Vergrößerung der emotionalen Verletzungen unter Menschen beigetragen, die sich ihrer Unfähigkeit bewußt sind, in diesem koketten Spiel mitzuziehen. Wenn Schönheit das notwendige Zahlungsmittel darstellt, dann sind viele Menschen zweifellos bankrott. Und leider sind die verwundbarsten Opfer dieses unsinnigen Maßstabs menschlichen Wertes die kleinen Kinder, die zu jung sind, um zu verstehen, zu unreif, um es zu kompensieren, und zu zerbrochen, um zurückzuschlagen.

Ich verstehe jetzt, daß die Gesellschaft den Wert eines Kindes auf der Basis seiner körperlichen Attraktivität mißt. Aber wie lernt es diese Haltung so früh kennen? Durch welchen Mechanismus wird diese kulturelle Einstellung den Vorschulkindern vermittelt?

Sie können diesen Mechanismus in der Welt um Sie herum kaum übersehen. Es muß schon ein sehr begriffsstutziges Kind sein, dem nicht auffällt, daß Häßliche nicht den Miss Amerika-Wettbewerb gewinnen; daß die Häßlichen nur selten Stars in Hollywoodfilmen sind; daß die Häßlichen möglicherweise nicht heiraten, weniger Freunde haben, weniger anerkannt sind. Darüber hinaus bin ich erstaunt, bei der Untersuchung der traditionellen Kinderliteratur festzustellen, wie viele der uralten Geschichten sich um physische Attraktivität in der einen oder anderen Form drehen. Denken Sie nur an folgende Beispiele:

Das häßliche Entlein. Dies ist eine bekannte Geschichte über einen unglücklichen kleinen Vogel, der von den besser aussehenden Enten verstoßen wird. Das häßliche Entlein ist durch seine groteske Erscheinung verwirrt. Glücklicherweise jedoch birgt es in sich einen schönen Schwan, der hervorkommt, als es erwachsen wird. (Die Geschichte erwähnt nicht das häßliche Entlein, das zu einer häßlichen Ente heranwächst!) Wie viele Kinder warten wohl geduldig darauf, daß der schöne Schwan in ihnen eines Tages zum Vorschein kommt, wenn sich auf einmal während der Jugend die Dinge von »schlecht« zu »schlimmer« wenden!

Schneewittchen und die sieben Zwerge. Die böse Königin stellt die schicksalsträchtige Frage: »Spieglein, Spieglein an der Wand, wer ist die Schönste im ganzen Land?« Ich bin immer noch von der Dummheit ihrer Frage beeindruckt, wenn man einmal bedenkt, auf was alles so ein magischer Spiegel eine Antwort hätte geben können! Aber die Motivation hinter ihrer Frage ist klar: Die Schönste war die edelste und wertvollste Person im Land. Vielleicht regiert sie immer noch.

Aschenputtel. Der Hauptunterschied zwischen Aschenputtel und ihren beiden bösen Stiefschwestern ist die Schönheit. Jede illustrierte Aschenputtelgeschichte wird diese Tatsache enthüllen. Sicher war Aschenputtel in Lumpen gehüllt und ungekämmt, aber der wichtigste Bestandteil war da. Sie können wetten, daß sie ein süßes kleines Ding war!

Was ich damit ausdrücken will, ist, daß wir unseren kleinen Kindern sehr erfolgreich die Wichtigkeit persönlicher Schönheit beibringen. Alle Kinder lernen das bereits kurz nach dem Babyalter!

Was für eine Rolle spielen Lehrer im Blick auf diese besondere Wertschätzung von körperlicher Attraktivität?

Auch Lehrer sind Produkte derselben Gesellschaft, die die Werte aller Menschen formt. Sie sind oft abgeschreckt durch körperlich unattraktive Kinder und fühlen sich zu den hübschen hingezogen.

Zwei Forscherinnen, Ellen Berscheid und Elaine Walster, veröffentlichten ihre verblüffenden Untersuchungsergebnisse in einem klassischen Artikel, »Beauty and the Best«, in *Psychology Today* (März 1972). Sehen Sie sich ihre Ergebnisse an:

1. Es scheint offensichtlich, daß Schulnoten durch die Attraktivität des jeweiligen Schülers beeinflußt werden.
2. Als man Testpersonen eine Reihe von Kinderbildern zeigte und sie bat, das Kind zu identifizieren, das vermutlich eine Störung in der Klasse verursacht haben könnte, suchten sie meist ein unattraktives Kind als Schuldigen aus. Genauso wurden häßliche Kinder als unehrlicher eingeschätzt als ihre hübschen Altersgenossen.
3. Auch die Art, wie ein Erwachsener eine Disziplinarmaßnahme handhabt, hängt von der Attraktivität des Kindes ab. Mit anderen Worten: Das gleiche Fehlverhalten wird nachlässiger bei dem hübschen Kind behandelt und strenger bei seinem häßlichen Klassenkamerad.
4. Am wichtigsten ist, daß der Einfluß physischer Attraktivität bereits im Kleinkinderhort sehr ausgeprägt ist! Hübsche Dreijährige erfreuen sich bereits größerer Beliebtheit unter ihren Kameraden. Und unglücklicherweise werden bestimmte körperliche Besonderheiten, wie Fettsucht, bereits zu diesem Zeitpunkt erkannt und abgelehnt.

Welche Aussichten hat ein sehr hübsches Kind? Hat es normalerweise einen einfacheren Weg vor sich?

Es hat einige bemerkenswerte Vorteile, wie ich sie eben beschrieben habe. Es kann sich in der Regel leichter selbst annehmen und erfreut sich der Vorteile eines ausgeprägten Selbstbewußtseins. Es begegnet jedoch auch einigen speziellen Problemen, die andere Kinder nicht haben. Schönheit bedeutet in unserer Gesellschaft Macht, und Macht in unreifen Händen kann gefährlich sein. Eine 14jährige Nymphe zum Beispiel, die bereits frühreife Kurven und Rundungen an den richtigen Stellen aufweist, kann von Männern, die ihre Schönheit ausnutzen wollen, unaufhörlich verfolgt werden. Wenn sich das Mädchen ihrer koketten Macht bewußter wird, ist es leichter versucht, sich auf Promiskuität einzulassen. Darüber hinaus können Frauen, die seit der frühen Kindheit rein körperlich bewundert wurden, wie Marilyn Monroe oder Brigitte Bardot, später desillusioniert und bitter werden, weil sie merken, welche Entmenschlichung mit der bloßen Anbetung ihres Körpers einhergeht.

Untersuchungen machen deutlich, welche Konsequenzen der Faktor »Schönheit« für die Stabilität der Ehe haben kann. In einer Studie fand man heraus, daß die attraktivsten Mädchen vom College 25 Jahre später weniger glücklich verheiratet waren als ihre weniger attraktiven Klassenkameradinnen. Es ist offensichtlich schwierig, die »Macht« des Sex für einen Partner aufzubewahren und die Egobefriedigung zu ignorieren, die außerhalb des Ehebundes wartet. Und schließlich: Je hübscher eine Person in ihrer Jugend ist, um so schmerzvoller ist der Alterungsprozeß.

Was mögen Teenager am wenigsten an sich selbst?

In einer klassischen Studie von E. A. Douvan mit dem Titel *Adolescent Girls* wurden fast 2000 Mädchen im Alter zwischen 11 und 18 gefragt: »Was würdest du am liebsten an dir ändern, wenn du könntest . . . dein Aussehen, deine Persönlichkeit, oder dein Leben?« 95 Prozent erwähnten einen bestimmten Aspekt ihrer körperlichen Erscheinung (nur vier Prozent wünschten sich bessere Fähigkeiten). Die größte Unzufriedenheit bei Jungen und Mädchen resultiert aus Gesichtsproblemen, insbesondere Hautproblemen. In einer späteren Studie von H. V. Cobb wurden Kinder in der Altersstufe von 4 bis 14 Jahren gebeten, den Satz »Ich wünschte, ich wäre . . .« zu beenden. Der Großteil der Jungen antwortete »größer«, und die meisten Mädchen antworteten »kleiner«. Es gibt eine Menge wissenschaftlicher Erkenntnisse, die die Unzufriedenheit der Kinder mit ihrer eigenen körperlichen Erscheinung dokumentieren können.

Wenn die körperliche Attraktivität in unserer Rangliste an erster Stelle steht, was folgt als nächstes?

Es ist der Besitz von Intelligenz, der sich besonders darin zeigt, schnell und leicht lernen zu können. Wenn die Geburt des ersten Kindes bevorsteht, beten seine Eltern, daß es normal sein wird ... das bedeutet »durchschnittlich«. Aber von da an wird diese Durchschnittlichkeit nicht mehr ausreichen. Ihr Kind muß herausragen. Es muß das erste seines Alters sein, das laufen oder sprechen oder Dreirad fahren kann. Es muß ein Traum-Zeugnis abliefern und seine Lehrer mit seiner Klugheit und Weisheit in Erstaunen versetzen. Es muß Klassensprecher und Redner auf der Abschiedsfeier der Schule sein. Während der prägenden Jahre der Kindheit vermitteln die Eltern dem Kind Tag für Tag dieselbe Botschaft: »Wir bauen auf dich, daß du etwas Phantastisches schaffst. Enttäusche uns nicht!«

Nach Martha Weinman Lears Auffassung, der Autorin von *The Child Worshippers*, sind unsere Kinder unser wichtigstes Statussymbol. Mittelschichteltern wetteifern gnadenlos miteinander, den bestangezogenen, bestgenährten, bestgelehrten, wohlerzogensten, bestkultivierten und bestangepaßten Sprößling der Nachbarschaft großzuziehen. Die Hoffnungen, Träume und Ambitionen einer ganzen Familie lasten auf den Schultern eines unreifen Kindes. Und in dieser Atmosphäre erbitterter Rivalität halten die Eltern, die ein intellektuell begabtes Kind in die Welt setzen, die Trümpfe in der Hand.

Unglücklicherweise sind Ausnahmekinder eben genau das, was der Name sagt: Ausnahmen. Selten spielt ein Fünfjähriger mit verbundenen Augen Schach oder komponiert Symphonien wie Mozart. Die große Mehrheit unserer Kinder ist eben nicht extrem klug und bei aller Welt beliebt! Sie sind einfach Kinder mit einem übermäßigen Bedürfnis, geliebt und akzeptiert zu werden, so wie sie sind.

Sie haben gesagt, daß viele Kinder mit der Vorstellung unsere Schulen verlassen, daß sie unintelligent und dumm sind. Würden Sie bitte erklären, warum dieser Angriff auf das Selbstwertgefühl heute so viele Kinder betrifft?

Es gibt fünf große Gruppen von Kindern, die in der Schule fortwährend versagen, was sie (und ihre Eltern) dazu veranlaßt zu glauben, sie seien unfähig:

Die Quelle der Selbstachtung bei Kindern

1. *Der langsam Lernende*. Dies ist ein Kind, dem ein Verständnis für schulische Arbeit fehlt. Es versucht die Aufgaben zu erfüllen, aber nichts läuft richtig. Es hat Schwierigkeiten, in der ersten Klasse lesen zu lernen. Es versteht die Gesetzmäßigkeiten der Wissenschaften nicht. Es bekommt kaum ein »fröhliches Gesicht« dafür zu sehen, daß es seine Sache gut zu machen versucht, und sein Lehrer schreibt niemals »Gute Arbeit!« in sein Heft. Und es wird wahrscheinlich zumindest einmal die Klasse wiederholen, was es einmal mehr von seiner Dummheit überzeugt!

2. *Das halbsprachige Kind*. Dieses Kind wächst in einem Zuhause auf, wo zwei Sprachen gesprochen werden, aber es hat keine von ihnen gut gelernt. Daher ist es nicht »zweisprachig« — es ist halbsprachig. Es kann derartig unfähig sein, sich auszudrücken, daß es kaum einen Laut von sich gibt, wenn es nicht gezwungen wird zu sprechen.

3. *Das undisziplinierte Kind*. Dies ist ein Kind, das zwar intelligent ist, aber dem es an Selbstdisziplin und Motivation zur Arbeit fehlt. So erreicht es niemals sein volles Potential. Seine Schulaufgaben sind häufig schlampig oder unsinnig und führen das Kind dazu, die harte Schlußfolgerung zu ziehen: »Ich bin dumm!«

4. *Das sozial benachteiligte Kind*. Dies ist ein Kind aus einem verarmten Milieu. Es hat nie einen Zoo besucht, ist nie in einem Flugzeug geflogen oder Angeln gewesen. Die Identität seines Vaters ist ihm ein Rätsel, und seine Mutter investiert unzählige Überstunden, um fünf kleine Kinder zu ernähren. Sein Wortschatz ist beschränkt — bis auf die erstaunliche Anzahl von Slangwörtern —, und es hat zu Hause keinen Platz zum Lesen und Lernen. Es weiß, daß es die Schule nicht schaffen wird, und diese Tatsache beeinflußt schon früh sein Selbstbild.

5. *Der Spätentwickler*. Dies ist ein unreifes Kind (normalerweise ein Junge), das zu früh eingeschult wird. Auf diese Weise wird es schon früh mit Erlebnissen des Versagens konfrontiert. Obwohl es später an Reife aufholen mag, kann der fehlende Erfolg es während seiner gesamten Schullaufbahn blockieren.

Es ist erschreckend zu erkennen, daß die Zahl der Kinder in diesen fünf Kategorien größer ist als die Zahl derer, die sich in der Schule erfolgreich fühlen!

Sie gehen also davon aus, daß die Einstellungen und Reaktionen der Eltern im Blick auf die Selbstachtung von Kindern eine Schlüsselrolle spielen.

Richtig. Kinder sind extrem sensibel gegenüber den Einstellungen ihrer Eltern. Darum müssen Erwachsene lernen, auf das achtzugeben, was sie in Gegenwart ihrer Kinder sagen. Wie oft wurde ich von Müttern im Blick auf ein bestimmtes Problem, das ihre Kinder hatten, um Rat gefragt. Während Mama alle Details beschreibt, stelle ich fest, daß das Subjekt dieser Unterhaltung nur ein paar Meter hinter ihr steht. Seine Ohren sind zehn Meter groß, als es der genauen Beschreibung aller seiner Fehler zuhört. Das Kind kann sich an diese Unterhaltung ein Leben lang erinnern.

Es passiert immer wieder, daß Eltern, die ihr Kind in Wahrheit lieben, falsch und respektlos mit ihm umgehen. Mama wird zum Beispiel angespannt und nervös, wenn der kleine Johnny mit Gästen oder Außenstehenden spricht. Sie fällt ihm ins Wort, um zu erklären, was er zu sagen versucht, und lacht nervös, wenn sich seine Bemerkungen unsinnig anhören. Wenn jemand ihm eine direkte Frage stellt, unterbricht sie und antwortet für ihn. Sie zeigt ihre Frustration, wenn sie versucht, sein Haar zu kämmen oder ihn »nett aussehen« zu lassen. Wenn er eine Woche auswärts verbringen soll, hält sie ihm ausführliche Lektionen darüber, wie er es vermeiden soll, aus sich einen Narren zu machen. Dieses Verhalten nimmt ein Kind als Signal wahr, daß seine Mutter ihm nicht traut — daß es sorgfältig überwacht werden muß, damit es nicht die ganze Familie beschämt. Es liest Respektlosigkeit aus ihrem Verhalten heraus, obwohl die Eltern es nicht so meinen.

Eltern müssen enorm sensibel mit dem Selbstbild ihrer Kinder umgehen und sollten sehr besonnen mit Fragen umgehen, die mit der körperlichen Attraktivität oder Intelligenz der Kinder zu tun haben. Dies sind die beiden primären

»wunden Punkte«, an denen Jungen und Mädchen am verletzlichsten sind.

Wodurch werden Eltern gehindert, den Kindern beim Aufbau eines gesunden Selbstbildes zu helfen?

Wir Eltern sind Produkte einer Gesellschaft, deren Werte ich mißbillige. Wir haben systematisch gelernt, Schönheit und Intelligenz zu verehren, und so erging es unseren Großmüttern und Großvätern und Onkeln und Tanten und Cousins und Nachbarn. Wir alle wollen Superkinder, die die Welt in Erstaunen versetzen.

Darüber hinaus habe ich bei meiner eigenen Arbeit mit Eltern beobachtet, daß ihre eigenen Minderwertigkeitsgefühle es ihnen erschweren, Unvollkommenheit bei ihren eigenen Kindern zu akzeptieren. Sie wollen ihre Söhne und Töchter nicht ablehnen und versuchen mit aller Gewalt, diesen Gedanken zu verdrängen. Aber ihr »geschädigtes« Kind symbolisiert ihre eigenen Schwächen. Daher gelingt es nur sehr reifen Eltern, einem häßlichen Kind oder einem mit einem geistigen Defizit in die Augen zu schauen und ihm zu sagen: »Ich liebe dich nicht nur, sondern ich erkenne auch deinen unermeßlichen Wert als Mensch.«

Der erste Schritt, um Vorurteile zu überwinden, ist eine Erforschung der eigenen Gefühle. Dabei sollte man sehr ehrlich zu sich selbst sein. Nur so können die bis dahin unbewußt gebliebenen Schuldgefühle aufgedeckt werden. Sind Sie insgeheim enttäuscht, weil Ihr Kind so durchschnittlich ist? Haben Sie es manchmal abgelehnt, weil es ihm an Anziehungskraft und Charme fehlt? Denken Sie, es sei begriffsstutzig und dumm? Wurde es während einer schwierigen Zeit geboren und brachte finanzielle und psychische Probleme in die Familie? Wollten Sie einen Jungen anstatt eines Mädchens? Wurde das Kind vor der Ehe gezeugt und zwang Sie zu einer ungewollten Heirat? Ist es Ihnen peinlich, weil es entweder zu lärmend oder zu sehr in sich gekehrt ist?

Es ist offensichtlich, daß Sie keinem Kind beibringen können, sich selbst anzunehmen, wenn Sie es aus diesen oder anderen Gründen unbewußt ablehnen. Durch das Erforschen

Ihrer innersten Gefühle — vielleicht mit Hilfe eines verständigen Beraters — können Sie in Ihrem Herzen Raum für Ihr nicht so vollkommenes Kind schaffen. Was haben wir überhaupt für ein Recht, Superkinder zu verlangen, wenn wir selbst so durchschnittlich sind?

Sie haben über die Eigenschaften gesprochen, die in der westlichen Kultur das höchste Ansehen genießen. Aber was ist die eigentliche Quelle für die Selbstachtung?

Das Selbstwertgefühl, das den Eckpfeiler einer gesunden Persönlichkeit bildet, kann nur durch eine Quelle erlangt werden. Es kann nicht erkauft oder künstlich produziert werden. Selbstachtung entsteht durch das, was wir in den Augen anderer Menschen oder den Augen Gottes widergespiegelt sehen. Mit anderen Worten: Der Beweis für unseren Wert liegt außerhalb von uns selbst. Nur wenn andere uns respektieren, respektieren wir uns auch selbst. Nur wenn andere uns lieben, lieben wir uns selbst. Nur wenn andere uns nett und wertvoll finden, kommen wir auch mit unserem eigenen Ego klar.

Gelegentlich gibt es Personen mit einem derartig starken Selbstbewußtsein, daß sie anscheinend nicht die Anerkennung durch andere Menschen benötigen, aber das ist nur sehr selten der Fall. Die große Mehrheit von uns braucht jeden Tag die emotionale Bestätigung durch die Umgebung. Bei Menschen, die Jahr für Jahr von liebenden Kontakten abgeschnitten sind, ist es völlig normal, daß sie Gefühle der Wertlosigkeit empfinden, begleitet von tiefer Depression und Verzweiflung.

Welche weiteren Faktoren außer Schönheit und Intelligenz wirken auf das Selbstwertgefühl des Kindes ein?

Lassen Sie mich einige dieser Faktoren nennen:

1. Eltern haben eine erstaunliche Macht, die Selbstachtung des Kindes zu bewahren oder zu zerstören. Durch ihr Verhalten signalisieren sie entweder Respekt und Liebe oder Enttäuschung und Desinteresse.

2. Ältere Geschwister können das Selbstvertrauen eines jüngeren, schwächeren Kindes brechen. Der Kleine kann nie so schnell laufen oder so gut kämpfen oder soviel erreichen wie seine großen Brüder und Schwestern.
3. Finanzielle Notsituationen, die den Lebensstandard einer Familie herabsetzen, können Minderwertigkeitsgefühle hervorrufen. Es ist nicht die Armut selbst, die den Schaden anrichtet, sondern vielmehr der Vergleich mit anderen. Es ist durchaus möglich, sich arm zu fühlen, wenn man nach dem Weltstandard eigentlich reich ist. Außerdem ist Geld wahrscheinlich die drittwichtigste Quelle der Selbstachtung in unserer Kultur. In den materialistischen Augen der Gesellschaft ist zum Beispiel ein pickelgesichtiger Teenager auf einem Fahrrad weniger wert als ein pickelgesichtiger Teenager in einem Datsun 280 Z.
4. Auch Krankheit kann zur Ursache für Minderwertigkeitsgefühle werden. Eine Kreislaufschwäche oder ähnliches, was die Mutter zwingt, das Kind stets zu ermahnen und zu bitten, es möge sich nicht so anstrengen, kann ein Kind davon überzeugen, daß es schwächlich und fehlerhaft ist.
5. Ein Kind, das isoliert von der Umwelt aufgezogen wurde, wie etwa auf einer Farm oder einer Missionsstation, kann sich seiner unterentwickelten sozialen Fähigkeiten schämen. Es neigt dann dazu, sich noch weiter in sich zurückzuziehen.
6. Peinliche Familiensituationen, wie etwa ein alkoholabhängiger Vater oder ein geistig behinderter Bruder, können bei enger Identifikation mit dem nicht respektierten Familienmitglied Minderwertigkeitsgefühle erzeugen.

Unglücklicherweise könnte diese Liste fast endlos fortgeführt werden. Bei der Beschäftigung mit diesem Problem bin ich zu folgendem Ergebnis gekommen: Während ein Kind seine Selbstachtung auf tausend Arten verlieren kann, ist der Wiederaufbau seines persönlichen Wertempfindens normalerweise ein langsamer und schwieriger Prozeß.

Sie haben mich davon überzeugt, daß Schönheit, Intelligenz und Materialismus falsche Werte sind. Aber was

kann ihren Platz einnehmen? Welche Werte sollte ich Ihrer Meinung nach meinen Kindern vermitteln?

Ich glaube, das Wertvollste, was Eltern für ein Kind tun können, ist, ihm zum wahren Glauben an Gott zu verhelfen. Welche größere Befriedigung des Selbst könnte es geben, als zu wissen, daß der Schöpfer des Universums mich persönlich kennt? Daß er mich mehr schätzt als alle Besitztümer der Welt; daß er meine Ängste und Sorgen kennt; daß er in seiner unermeßlichen Liebe seine Hand über mich hält, wenn sich Menschen nicht für mich interessieren; daß sein einziger Sohn, Jesus, sein Leben für mich gab; daß diesem Leben ein besseres folgt, in dem die jetzigen Handikaps und Unzulänglichkeiten beseitigt sein werden.

Was für eine phantastische Botschaft der Hoffnung für gebrochene Teenager, die von den Lebensumständen zerstört wurden! Dies ist die höchste Form der Selbstachtung, weil sie nicht von den Umständen der Geburt oder dem gesellschaftlichen Urteil abhängt, sondern von Gottes grenzenloser Liebe.

Teil 11

Wie sich Selbstachtung bei Kindern entwickelt

Ich habe eine neunjährige Tochter, der jegliches Selbstvertrauen fehlt. Wie kann ich ihr helfen?

Eine hilfreiche Methode, um Selbstvertrauen zu entwikkeln, ist die Kompensation. Kompensation findet statt, wenn ein Mensch seinen Schwächen gezielt seine Stärken entgegensetzt. Es ist unsere Aufgabe als Eltern, unseren Kindern zu helfen, diese Stärken zu entdecken und sie zur Entwicklung des fehlenden Selbstvertrauens einzusetzen. Das bringt uns zu einem sehr wichtigen Konzept: Die Schwächen eines Kindes können entweder seine Selbstachtung zerstören — oder sie können unglaubliche und sehr hilfreiche emotionale Energien freisetzen. Denken Sie daran, daß dasselbe kochende Wasser, das das Ei hart macht, die Karotte weich kocht. Alles hängt von der Reaktion des einzelnen auf schwierige Umstände ab.

Die Frage ist: Wird Ihre Tochter unter der Last ihrer Schwächen zusammenbrechen, oder werden ihre emotionalen Bedürfnisse dazu beitragen, daß ihre Eigeninitiative gestärkt wird? Die Antwort hängt nicht zuletzt von der Reaktion der Eltern ab. Vielleicht kann Ihre Tochter ihre Stärke in der Musik finden — wie es bei vielen Kindern der Fall ist. Vielleicht kann sie ihr künstlerisches Talent entwickeln, handwerkliche Fähigkeiten ausbilden, kochen lernen oder Kaninchen züchten. Ganz gleich, wie die Wahl ausfällt, der Schlüssel liegt darin, daß sie so früh wie möglich diesen Weg einschlägt! Es gibt nichts Riskanteres, als einen Teenager in die Stürme der Jugend zu entlassen, ohne daß er vorher Fähigkeiten zur Kompensation erworben hat. Wenn das geschieht, ist das Ego allen möglichen Angriffen ausgeliefert. Ihr Kind kann dann nicht sagen: »Ich bin vielleicht nicht die beste Schülerin der Schule, aber ich bin die beste Trompeterin in unserer Gruppe!« Ihre einzige Quelle der Selbstachtung ist die Akzeptanz durch andere Schüler — und deren Zuneigung ist bekanntlich unbeständig!

Können Sie den Prozeß der Kompensation genauer erläutern? Wie kann man ihn anwenden, wenn ein Kind unter mangelndem Selbstvertrauen leidet?

Das Denken eines Kompensators läuft folgendermaßen ab: »Ich weigere mich, in einem See der Minderwertigkeitsgefühle zu ertrinken. Ich kann Erfolg haben, wenn ich hart daran arbeite. Daher werde ich meine Energie auf den Sport (oder die Malerei, das Nähen, die Politik, den Schulabschluß, die Gartenarbeit, die Mutterschaft etc.) konzentrieren.«

Diese Kompensation liefert die emotionale Energie für nahezu jede Art von menschlicher Aktivität. In einer bekannten Studie von Victor und Mildred Goertzel mit dem Titel *Cradles of Eminence* wurde der familiäre Hintergrund von 400 äußerst erfolgreichen Persönlichkeiten untersucht. Es waren Männer und Frauen, deren Namen Sie als herausragende Autoritäten auf ihrem jeweiligen Gebiet kennen (Churchill, Ghandi, Roosevelt, Schweitzer, Einstein, Freud usw.). Die intensiven Untersuchungen ihres frühen Lebens zu Hause brachten einige verblüffende Entdeckungen ans Tageslicht:

1. Dreiviertel der Kinder hatte Probleme — durch Armut; durch ein zerbrochenes Zuhause; durch ablehnende, besitzergreifende oder dominierende Eltern; durch finanzielle Schwierigkeiten; durch Körperbehinderungen; durch die Unzufriedenheit der Eltern über das schulische Versagen oder die Berufswahl der Kinder.
2. 74 von 85 Autoren fiktionaler oder dramaturgischer Literatur und 16 von 20 Dichtern kamen aus Familien, in denen die Kinder ernste psychische Dramen mit ihren Eltern erlebten.
3. Behinderungen wie Blindheit, Taubheit, Kränklichkeit, unattraktives Aussehen, Übergewicht oder Sprachfehler kamen bei über einem Viertel in der Kindheit vor.

Es scheint offensichtlich, daß das Bedürfnis dieser Menschen, ihre Schwächen zu kompensieren, eine Hauptmotivation in ihrem Kampf um persönlichen Erfolg war. Es kann sogar der entscheidende Faktor gewesen sein.

Es gab Tausende, vielleicht Millionen von Menschen, die die Kompensationsmethode einsetzten, um Selbstvertrauen zu erlangen. Das vielleicht klassischste Beispiel dafür ist das Leben von Eleanor Roosevelt, der früheren First Lady der USA.

Mit zehn Jahren verlor sie ihre Eltern und durchlebte eine traumatische Kindheit. Sie war wenig attraktiv und hatte nie das Gefühl, wirklich zu irgend jemandem zu gehören. Nach Victor Wilsons Einschätzung war sie eine »humorlose, introvertierte junge Frau, die unglaublich scheu war und unfähig, ihre persönliche Unsicherheit zu überwinden«.

Die Welt weiß jedoch, daß Mrs. Roosevelt ihre eigenen emotionalen Fesseln überwand. Wilson sagt: »Aus einer inneren Quelle erhielt Mrs. Roosevelt schließlich eine unglaubliche Stärke, die von einer bemerkenswerten Selbstdisziplin begleitet war.« Diese »innere Quelle« kann mit Namen genannt werden: Kompensation!

Offensichtlich bestimmt die Einstellung, die man einer Behinderung gegenüber hat, welchen Einfluß sie auf das eigene Leben gewinnen kann. Es ist in Mode gekommen, für unverantwortliches Verhalten widrige Umstände verantwortlich zu machen.

Es wird gesagt, Armut verursache Verbrechen, zerbrochene Elternhäuser produzierten junge Aussteiger, eine kranke Gesellschaft führe ihre Jugend zum Drogenmißbrauch. Diese trügerische Argumentation nimmt jegliche Verantwortung von den Schultern des einzelnen. Jeder von uns muß entscheiden, wie er mit seinen inneren oder äußeren Problemen umzugehen hat.

Zugegeben, es erfordert viel Mut, sich trotz schwieriger Umstände durchzusetzen. Es ist sicherlich leichter, sich in Selbstmitleid zu ergehen — Drogen zu nehmen — die Welt zu hassen — wegzulaufen — sich zurückzuziehen — faule Kompromisse zu schließen. Es ist jedoch wichtig zu begreifen, *daß wir die Wahl haben*, ganz gleich, wie die Umstände aussehen mögen.

Was ist in unserer Gesellschaft für Jungen die beste Quelle der Kompensation, insbesondere für Kinder, die mit emotionalen Problemen zu kämpfen haben?

Wegen des Ansehens, das Sportler in den heutigen Schulen genießen, glaube ich, daß dieser Weg der Kompensation in vielen Fällen sehr effektiv ist.

Wenn ein Kind gut koordiniert ist, kann ihm beigebracht werden, Leichtatlethik zu trainieren oder Basketball, Fußball, Tennis oder Golf zu spielen. Ich bin einigen der unansehnlichsten Jugendlichen begegnet, die in hohem Ansehen standen, weil sie mit ihrer Leistung dazu beitrugen, die Schule zur Meisterschaft zu führen. Der Schlüssel zu sportlichen Leistungen liegt darin, früh genug anzufangen. Wir halten es für selbstverständlich, einem Achtjährigen Klavierstunden zu geben, warum sollten wir unser Kind nicht im selben Alter mit Basketballtraining beginnen lassen?

Mein Sohn hat keine sportliche Veranlagung. Wie kann ich entscheiden, welche Fähigkeit er entwickeln sollte? Sollte er diese Wahl nicht lieber selbst treffen?

Viele Eltern glauben, daß sie nicht das Recht haben, so eine Entscheidung für ihr Kind zu treffen. Sie lehnen sich zurück und hoffen, daß es irgendwann allein eine solche Wahl treffen wird.

Die meisten Kinder sind an dieser Stelle aber zu undiszipliniert. Es ist immer schwierig, eine neue Fähigkeit zu erlernen — vor allem in der Anfangszeit. Es macht keine Freude, mit einer neuen Aktivität von Null auf zu beginnen und dabei viele Mißerfolge zu erleben. Ich empfehle, daß Sie als Eltern sich viel Mühe geben, seine stärksten Bereiche ausfindig zu machen. Dann suchen Sie eine Fähigkeit aus, von der Sie glauben, daß in ihr die größten Erfolgschancen liegen. Ist diese Wahl einmal getroffen, tragen Sie Sorge dafür, daß Ihr Sohn durch die erste Phase kommt. Belohnen Sie ihn, treiben Sie ihn an, bitten Sie ihn, und — wenn nötig — drohen Sie ihm. Wenn Sie später feststellen, daß Sie einen Fehler gemacht haben, brechen Sie die Aktivitäten ab und fangen Sie etwas Neues an. Aber lassen Sie sich keinesfalls davon abhalten, Ihrem Sprößling etwas emotional Wichtiges beizubringen! Greift diese Methode in die Freiheit ein, über sich selbst zu bestimmen? Vielleicht, aber dasselbe geschieht, wenn man ein Kind zu ordentlichen Tischmanieren, zum Sauberbleiben und zum Zubettgehen zwingt. Eine solche Form von Zwang liegt durchaus im Interesse des Kindes.

Was passiert, wenn ein Kind sich so sehr von der Gruppe unterscheidet, daß es nicht mithalten kann, ganz gleich, wie stark es sich bemüht?

Ein solcher Versuch kann selbstzerstörerisch sein. Ich erinnere mich an ein trauriges kleines Mädchen namens Lilly, zwölf Jahre alt, die mir zur psychologischen Beratung überwiesen wurde. Sie öffnete die Tür meines Büros und stand dort mit gesenktem Blick. Unter einigen Schichten von Puder und Make-up glühte ihr ganzes Gesicht vor entzündeter Akne. Lilly hatte alles getan, um ihr Hautproblem zu überdecken, aber sie hatte keinen Erfolg damit. Sie wog etwa 85 Pfund und war von Kopf bis Fuß ein physisches Wrack. Sie setzte sich, ohne mich dabei anzusehen, weil ihr das Selbstvertrauen dazu fehlte. Ich mußte sie gar nicht erst fragen, wo ihr Problem lag. Das Leben hatte ihr einen vernichtenden Schlag versetzt, und sie war verbittert, zornig, gebrochen und tief verletzt. Ein Teenager, der diesen Grad an Verzweiflung erreicht hat, kann keine Zukunft mehr sehen. Er hat keine Hoffnung. Er kann an nichts anderes als an seine Probleme denken. Er würde sich am liebsten in ein Loch verkriechen, aber es gibt keinen solchen Zufluchtsort. Fortlaufen hilft genausowenig wie Weinen. Allzuoft wählt er den Selbstmord als einzigen Ausweg.

Lilly gab mir kaum Zeit, an ihrem Problem zu arbeiten. Am folgenden Morgen stolperte sie in das Schulbüro und verkündete, daß sie alles, was sie im Medizinschrank der Familie gefunden hatte, geschluckt habe. Wir versuchten fieberhaft, die Medikamente wieder aus ihr herauszubekommen, und hatten schließlich auf dem Weg zum Krankenhaus Erfolg. Lilly überlebte körperlich, aber ihre Selbstachtung und ihr Selbstvertrauen waren bereits Jahre vorher gestorben. Die

Narben in ihrem Gesicht symbolisierten die Wunden ihres jugendlichen Herzens.

Fehlende soziale Anerkennung ist nicht nur ein unangenehmes Gefühl; das Fehlen der Selbstachtung kann buchstäblich den Lebenswillen auslöschen. Eltern und Lehrer müssen lernen, während der empfindsamen, beeinflußbaren Jahre der Kindheit die frühen Anzeichen persönlicher Verzweiflung zu erkennen und die richtigen Schritte dagegen zu unternehmen.

Ich weiß, daß Kinder haßerfüllt und gemein sein können, besonders zu behinderten Kindern oder solchen, die »anders« sind. Stimmen Sie zu, daß Erwachsene eingreifen sollten, wenn ein Kind von seinen Kameraden auf gemeine Art und Weise angegriffen wird?

Auf jeden Fall. Als ich etwa acht Jahre alt war, besuchte ich regelmäßig die Sonntagsschule. Eines Morgens kam ein Besucher in unsere Klasse und setzte sich. Sein Name war Fred, und ich sehe sein Gesicht heute noch vor mir. Genauer gesagt: Ich sehe immer noch Freds Ohren. Sie hatten die Form eines umgedrehten C und standen sichtbar ab. Ich war von Freds ungewöhnlicher Ohrenform fasziniert, weil sie mich an die Kotflügel eines Jeeps erinnerten. Ohne über Freds Gefühle nachzudenken, wies ich meine Freunde auf dieses seltsame Merkmal hin, und alle dachten, daß »Jeep Kotflügel« ein unglaublich lustiger Name für einen Jungen mit solchen Ohren sei. Fred schien das auch zu denken und lachte mit uns mit. Plötzlich hörte er auf zu lachen, rot im Gesicht (und an den Ohren), und rannte weinend zur Tür hinaus. Er lief in die Halle und aus dem Gebäude. Fred kehrte nie wieder in die Klasse zurück.

Ich erinnere mich, welchen Schock mir Freds heftige und unerwartete Reaktion versetzte. Sie sehen, ich hatte keine Ahnung, daß ich ihn durch meinen kleinen Scherz bloßgestellt hatte. Ich war ein sensibles Kind und verteidigte oft, selbst als ich klein war, die Schwächeren. Ich hätte nie einen anderen mit Absicht verletzt. Genau das ist mein Punkt: Wenn ich auf diese Episode zurückblicke, mache ich meine Lehrer und Eltern für dieses Ereignis verantwortlich. Sie hätten mir sagen müssen, wie es ist, ausgelacht zu werden — besonders für eine Absonderlichkeit des Körpers. Meine Mutter, die sehr gut mit Kindern umging, hat zugegeben, daß sie mir hätte beibringen sollen, mit anderen mitzufühlen. Und dasselbe gilt für die Sonntagsschullehrer. Ich erinnere mich nicht mehr, woraus ihr Lehrplan zu jener Zeit bestand, aber was für bessere Inhalte hätten sie vermitteln können als die wahre Bedeutung des Gebots: »Liebe deinen Nächsten wie dich selbst«?

Es heißt, daß das »mittlere Kind« größere Probleme mit der Selbstachtung hat als andere Mitglieder der Familie. Vielleicht erklärt das, wieso mein zweiter Sohn nie eine selbstbewußte Person geworden ist.

Mangelnde Selbstachtung kann für jeden Menschen zu einem Problem werden, unabhängig von der Geschwisterfolge oder dem Alter. Für das mittlere Kind kann es jedoch noch schwerer sein, seine Identität in der Familie zu finden. Es erfreut sich weder des Status des Ältesten noch der Aufmerksamkeit, die dem Baby geschenkt wird. Darüber hinaus wurde es möglicherweise in eine geschäftige Periode des Lebens seiner Eltern hineingeboren. Wenn es dann in das Kleinkinderalter kommt, wird sein wertvolles Territorium von einem Neugeborenen besetzt, das ihm Mama wegnimmt. Ist es ein Wunder, daß es sich oft fragt: »Wer bin ich und wo ist mein Platz im Leben?«

Was kann ich tun, um meinem mittleren Kind zu helfen, das unter mangelnder Selbstachtung leidet?

Ich würde empfehlen, daß Eltern bewußte Maßnahmen ergreifen, um allen ihren Kindern dabei zu helfen, ihre Identität zu finden, besonders aber ihrem mittleren Kind. Das kann dadurch erreicht werden, daß Sie gelegentlich bewußt mit den Kindern als Individuen, nicht als Mitglieder einer Gruppe, sprechen. Ich möchte das, was ich damit sagen will, an zwei Beispielen verdeutlichen:

1. Es ist wichtig, daß der Vater alle vier oder fünf Wochen mit jedem Kind etwas unternimmt. Den anderen Kindern

sollte nicht gesagt werden, wo sie hingehen, bis sie es von dem Jungen oder Mädchen nachträglich erfahren. Sie können Minigolf spielen, Bowling gehen, Basketball spielen, Pizza essen oder eine Eislaufbahn besuchen. Die Wahl sollte das Kind treffen, das an der Reihe ist.
2. Bitten Sie jedes Kind, seine eigene Flagge zu entwerfen, die auf Leinen oder Tuch genäht werden kann. Diese Flagge wird dann im Vorgarten bei besonderen Gelegenheiten gehißt: an Geburtstagen, wenn das Kind eine Eins in der Schule bekommen hat, wenn es beim Fußball ein Tor geschossen hat, usw.

Es gibt andere Mittel, die denselben Zweck erfüllen. Das Ziel muß immer sein, Aktivitäten zu planen, die die Individualität des Kindes außerhalb seiner Gruppenidentität betonen.

Mein Zwölfjähriger wurde gebeten, bei einer Schulveranstaltung ein Gedicht aufzusagen, und er hatte vor der Menge einen totalen Aussetzer. Ich weiß, daß er das Gedicht perfekt konnte, weil er es dutzendemale zu Hause aufgesagt hatte. Er ist ein intelligentes Kind, aber er hat bereits früher ähnliche Probleme gehabt. Warum »schaltet sein Gehirn ab«, wenn er unter Druck steht?

Das fehlende Selbstbewußtsein Ihres Sohnes beeinflußt tatsächlich die Arbeit des Gehirns. Jeder von uns hat schon einmal die Frustration erlebt, geistig »blockiert« zu sein, wie Sie es beschrieben haben. Dies geschieht zum Beispiel, wenn ein bestimmter Name einfach nicht in das Bewußtsein kommen will, selbst wenn wir wissen, daß er im Gedächtnis gespeichert ist. Diese Blockierung tritt normalerweise auf, wenn (a) starker sozialer Druck auf einem lastet, und (b) wenn das Selbstbewußtsein schwach ist. Wieso? Weil Emotionen die Effizienz des Gehirns beeinflussen. Im Gegensatz zu einem Computer funktioniert unser geistiger Apparat nur dann, wenn eine feine biochemische Balance zwischen den Nervenzellen besteht. Nur dann ist es möglich, daß eine Zelle ihre elektrochemische Ladung über den Spalt (Synapse) zur nächsten Zelle »feuert«. Man weiß heute, daß eine plötzliche emotionale Reaktion augenblicklich die Natur dieser Biochemie verändern kann und den Impuls blockiert. Diese Blockade verhindert die Weiterleitung der elektrischen Ladung, und der Gedanke kann nicht zu Ende geführt werden.

Dieser Mechanismus hat starke Auswirkungen auf das menschliche Verhalten: Zum Beispiel macht ein Kind, das sich minderwertig und geistig unzulänglich fühlt, oft keinen Gebrauch von dem geistigen Potential, mit dem es ausgestattet ist. Sein fehlendes Selbstvertrauen produziert eine störende geistige Interferenz, und beide Elemente schaukeln sich in einem endlosen Kreislauf gegenseitig hoch. Das geschah wahrscheinlich auch bei Ihrem Sohn, als er das Gedicht »vergaß«.

Was kann ich tun, um ihm zu helfen?

Eigentlich ist es für einen Zwölfjährigen nicht ungewöhnlich, vor einer Menge zu versagen. Wenn Ihr Sohn älter wird, wird er wahrscheinlich das Problem überwinden, vorausgesetzt, er erlebt genügend Erfolge, die sein Selbstvertrauen stärken. Alles, was die Selbstachtung fördert, wird die Häufigkeit geistiger Blockaden reduzieren. Das gilt übrigens nicht nur für Kinder.

Wie sieht das Zuhause von Kindern aus, die mit einem guten Selbstbewußtsein ausgestattet sind? Gibt es irgendwelche Dinge, auf die alle Eltern achten sollten?

Dr. Stanley Coppersmith, Psychologie-Professor an der Universität von Kalifornien, untersuchte 1738 normale Jungen aus der Mittelschicht und ihre Familien. Die Untersuchungen erstreckten sich von der Kindheit bis zum frühen Erwachsenenalter.

Nachdem er diejenigen Jungen ausgesucht hatte, die das größte Selbstvertrauen zeigten, verglich er ihr Zuhause mit dem Zuhause derjenigen, die unter mangelndem Selbstvertrauen litten. Er entdeckte drei wichtige Charakteristiken, die beide Gruppen unterschieden:

1. Die Kinder mit hoher Selbstachtung wurden zu Hause deutlich mehr geliebt und geschätzt als diejenigen, die geringes Selbstvertrauen aufwiesen.

2. Die Kinder mit dem gesunden Selbstbewußtsein hatten Eltern, die in ihrer Erziehung bedeutend strenger waren. Im Gegensatz dazu hatten die Eltern der Kinder mit niedriger Selbstachtung durch ihre Nachlässigkeit Gefühle der Unsicherheit erzeugt. Während einer späteren Phase der Untersuchung wurde festgestellt, daß die erfolgreichsten und unabhängigsten jungen Männer aus Familien stammten, in denen Zuverlässigkeit und Verantwortung verlangt wurden.
3. Für das Zuhause der Kinder mit hoher Selbstachtung waren Demokratie und Offenheit charakteristisch. Zwar waren die Grenzen klar festgelegt, innerhalb dieser Grenzen gab es aber genügend Freiheit für die einzelnen Persönlichkeiten, um zu wachsen und sich zu entfalten. Die Jungen konnten sich ausdrücken, ohne Angst haben zu müssen, sich lächerlich zu machen, und die gesamte Atmosphäre war von Akzeptanz und emotionaler Sicherheit geprägt.

Was sagen Sie zu freundlichem Necken oder Witzemachen in der Familie? Ist es schädlich, über den anderen zu lachen und sich gegenseitig aufzuziehen?

Die gesündesten Familien sind die, die zusammen lachen können, und ich glaube nicht, daß unsere Egos so zerbrechlich sind, daß wir uns gegenseitig in Watte packen müssen. Dennoch kann selbst harmloser Humor schmerzhaft sein. Wenn ein Kind zum Beispiel Bettnässer ist, Daumen lutscht, stottert oder ein auffälliges körperliches Handikap hat, sollten die anderen Familienmitglieder angehalten werden, sanft mit ihm umzugehen. Insbesondere sollte man ein Kind nicht für seine Größe hänseln, ob es nun ein kleiner Junge oder ein langes Mädchen ist. Es gibt nichts Lustiges daran. Das ist das Leitprinzip: Es ist klug, das Kind nicht mit den Eigenschaften zu reizen, für die es außerhalb des Hauses angegriffen wird. Und wenn es bittet, daß ein Scherz beendet wird, sollte sein Wunsch respektiert werden.

Meine zwölfjährige Tochter schämt sich für die Größe ihrer Nase. Aber was ich nicht verstehe, ist, daß sie mit ihren Freundinnen andauernd darüber spricht. Sollte

ich ihr das bewußt machen und ihr raten, das Problem nicht mehr zu erwähnen?

Eine der offensichtlichsten Merkmale einer sich minderwertig fühlenden Person ist es, daß sie mit jedem, der ihr zuhört, über ihre Fehler spricht. Eine übergewichtige Person fühlt sich gezwungen, sich bei ihren Kollegen dafür zu entschuldigen, daß sie eine Käse-Sahne-Torte bestellt. Sie spricht das aus, was sie sich vorstellt, das die anderen denken: »Ich bin schon fett genug, ohne auch das noch zu essen.« Ebenso wird eine Frau, die sich selbst für dumm hält, offen zugeben: »Ich bin wirklich schlecht in Mathematik; ich kann kaum zwei und zwei zusammenzählen.« Diese Selbstverunglimpfung ist nicht so ungewöhnlich, wie man vielleicht denken mag. Während es Menschen gibt, die ständig versuchen, sich besser darzustellen, als sie wirklich sind, ist es meiner Meinung nach ebenso ein Fehler, in das andere Extrem zu verfallen.

Sie sollten Ihrer Tochter deutlich machen, daß ständige Selbstkritik eine schlechte Angewohnheit werden kann und nichts ausrichtet. Es besteht ein großer Unterschied zwischen der Fähigkeit, berechtigte Kritik anzunehmen, und dem simplen Schwätzen über die eigenen Fehler.

Ich will meine sechsjährige Tochter vor Minderwertigkeitsgefühlen schützen, die bei ihr wahrscheinlich im Teenageralter auftreten werden. Wie kann ich damit anfangen, sie auf den sozialen Druck vorzubereiten, der ihr begegnen wird?

In gewisser Weise ist die gesamte Kindheit eine Vorbereitung auf die Jugend und die nachfolgende Zeit. Müttern und Vätern ist eine einzige Dekade gegeben, um die Fundamente für die Wertvorstellungen und Anschauungen zu legen, die ihren Kindern helfen werden, mit zukünftigen Problemen und dem Druck des Erwachsenendaseins zurechtzukommen.

Wenn Ihr Kind an einer Schul- oder Gemeindeveranstaltung teilnimmt, loben Sie es für das Vertrauen, vor einer Gruppe zu stehen. Während der Grundschulzeit können Sie mit ihm über Minderwertigkeitsgefühle und ihre Bedeutung sprechen. Sie können sagen: »Hast du bemerkt, wie albern David sich heute in der Klasse benommen hat? Er versuchte, jedermanns Aufmerksamkeit auf sich zu lenken, nicht wahr? Hast du eine Ahnung, wieso er jede Minute am Tag beachtet werden möchte? Vielleicht, weil David sich selbst nicht besonders mag. Warum versuchst du nicht, mit David Freundschaft zu schließen und ihm zu helfen, besser über sich selbst zu denken? Möchtest du ihn vielleicht einladen, über Nacht zu bleiben?«

Sie werden Ihrem Kind durch solch eine Erklärung nicht nur helfen, sich in die Gefühle anderer hineinzuversetzen, sondern Sie werden ihm auch beibringen, seine eigenen Minderwertigkeitsgefühle zu verstehen. Sie sollten Ihrem Kind Beispiele für Menschen geben, die ihre Minderwertigkeitsgefühle auf großartige Weise überwunden haben (wie Eleanor Roosevelt). Die besten Beispiele entstammen wahrscheinlich Ihrer eigenen Jugenderfahrung. Das Ziel ist es, Ihr Kind mit vier spezifischen Gedanken in die Teenagerjahre zu schicken:

1. Alle Jugendlichen durchlaufen eine Phase, in der sie sich selbst nicht sehr mögen.
2. Die meisten fühlen sich in dieser Zeit dumm und häßlich und von ihren Kameraden nicht gemocht.
3. Der schlimmste Selbstzweifel wird nicht lange andauern, obwohl die meisten Menschen sich hin und wieder mit solchen Gefühlen beschäftigen müssen.
4. Jeder von uns besitzt einen ungeheuren Wert, weil wir Kinder des Schöpfers sind, der einen bestimmten Plan für unser Leben hat.

Ich habe gehört, daß Sie kritisch zu den »Barbie«-Produkten und ähnlichen Modellpuppen dieser Art eingestellt sind. Erklären Sie bitte die Hintergründe Ihrer Kritik!

Meine Ablehnung von Barbie und ihren Begleitern hat zwei Gründe. Erstens gibt es keine bessere Methode, die Verehrung von Schönheit und Materialismus einzuüben, als es durch diese Puppen getan wird. Haben Sie jemals eine häßliche Barbie-Puppe gesehen? Hat eine solche Puppe jemals den kleinsten Makel besessen? Natürlich nicht! Sie verströmt Weiblichkeit und Sex-Appeal. Ihr Haar ist dick und glänzend. Ihre langen, dünnen Beine, die kurvenreiche Büste und die zarten Füße sind absolut perfekt. Ihre Haut ist ohne jeden Schönheitsfehler (mit Ausnahme der kleinen Aufschrift auf ihrem Po, daß sie »Made in Hongkong« ist). Sie bekommt nie Pickel oder Mitesser, und an ihrem rosa Körper ist kein Gramm Fett. Diese idealisierten Modelle setzen eine Zeitbombe in Gang, die explodieren wird, wenn Ihre Dreizehnjährige ihren ersten ausführlichen Blick in den Spiegel wirft. Keine Frage — Barbie ist sie nicht!

Aber es ist nicht die physische Vollkommenheit dieser Puppen, die mich am meisten besorgt; viel größeren Schaden richten die Teenagerspiele an, die mit solchen Puppen geschehen. Anstatt daß drei- und vierjährige Jungen und Mädchen mit Kuscheltieren, Bällen, Autos oder Modellpferden spielen, lernen sie jetzt, über das Leben als Jugendliche zu phantasieren. Ken und Barbie gehen zu Verabredungen, lernen tanzen, fahren Sportwagen, machen Campingausflüge, tauschen Heiratsschwüre aus, bekommen Babies (hoffentlich in dieser Reihenfolge). Die gesamte Jugendkultur mit ihrer Betonung des sexuellen Bewußtseins wird kleinen Mädchen nahegebracht, die eigentlich kindlichere Sachen denken sollten.

Mein Sohn wird oft von anderen Kindern in unserer Nachbarschaft ausgelacht, und ich weiß nicht, wie ich mit dieser Situation umgehen soll. Er wird sehr depressiv und kommt oft weinend nach Hause. Wie soll ich darauf reagieren?

Wenn Ihr Sohn Ablehnung erfahren hat, braucht er dringend einen Freund — und Sie sind dazu auserwählt. Lassen Sie ihn reden. Versuchen Sie nicht, ihm zu erzählen, daß es nicht wehtut oder daß es dumm ist, so empfindlich zu sein. Fragen Sie ihn, ob er weiß, was seine »Freunde« nicht an ihm mögen. (Er könnte ihre Reaktion durch Dominanz, Egoismus oder Unehrlichkeit hervorrufen.) Seien Sie verständnisvoll und voller Sympathie. Sobald es angebracht ist, spielen Sie mit ihm ein Spiel oder unternehmen Sie etwas gemeinsam mit ihm. Und versuchen Sie schließlich, die zugrunde liegende Ursache anzugehen. Ich würde vorschlagen, daß Sie Ihr Kind bitten, einen seiner Schulfreunde in den Zoo einzuladen (oder bieten Sie eine andere attraktive »Bestechung«) und dann die Nacht bei Ihnen zu verbringen. Echte Freundschaft entsteht oft aus solchen Anfängen. Sie können Ihrem Kind auf diese Weise nicht nur helfen, Freunde zu finden, sondern Sie können auch die Fehler beobachten, die er im Umgang mit anderen Menschen macht. Diese Informationen können später genutzt werden, um ihm zu helfen, seine Beziehung zu anderen zu verbessern.

Meine zehnjährige Tochter haßt es, einen Pferdeschwanz zu tragen, weil ihre Freundinnen es auch nicht tun. Ich habe diese Frisur immer schon geliebt, seit ich ein kleines Mädchen war. Ist es falsch, sie zu zwingen, ihr Haar auf diese Art zu tragen?

Ja, besonders, wenn Ihre Tochter sich dadurch unnötigerweise anders und albern vorkommt. Der soziale Druck auf die Nichtangepaßten ist enorm, und Sie sollten Ihre Tochter nicht in diese unangenehme Position hineinmanövrieren. Vertrauen zwischen den Generationen entsteht aus dem Wissen des Kindes, daß seine Eltern seine Gefühle verstehen und achten. Ihre starre Haltung in diesem Punkt zeigt Ihr fehlendes Mitgefühl und kann später dazu führen, daß Ihr Kind Sie völlig ablehnt.

Wir haben einen vierjährigen adoptierten Sohn, und wir wollen ihn so erziehen, daß er merkt, wie sehr wir und Gott ihn lieben. Welche Vorschläge können Sie für uns und anderen Eltern von adoptierten Kindern an dieser Stelle machen?

Die beste Antwort auf diese Frage habe ich in der Veröffentlichung *Your Child from 2 to 5* gefunden, in der über die Anschauungen von Dr. Milton I. Levine geschrieben wird. Ich werde diese Quelle zitieren und dann Dr. Levines Anschauungen kommentieren.

»Die Adoption von Kindern ist heutzutage eine derartig akzeptierte Praxis geworden, daß die bange Frage: ›Soll ich ihm sagen, daß es adoptiert ist?‹ sich nicht einmal mehr für einen rührseligen Fernsehserien-Dialog eignet. Die meisten Eltern erkennen, daß die einzige solide Basis für die Sicherheit des Kindes die ist, ihm diese Tatsache zum frühest möglichen Zeitpunkt mitzuteilen.

Dr. Milton I. Levine, Professor für Pädiatrie am Hospital Cornell Medical Center in New York, sagt: ›Obwohl Adoption nicht mehr als ein beschämendes Geheimnis angesehen wird, sondern richtigerweise als eine logische Tatsache, erfordert die Situation immer noch Fingerspitzengefühl, Verständnis und viele vernünftige Entscheidungen auf seiten der Eltern.‹

Eltern sollten von der Zeit an, in der das Kind beginnt, nach Geschichten zu verlangen, von der Adoption erzählen, sagt Dr. Levine. Das erspart den Kleinen einen Schock, der die Enthüllung in späteren Jahren begleiten könnte. Eltern können die Geschichte der Adoption als ein wunderbares Kapitel der Familiengeschichte darstellen. Leider befällt die Neigung, diese Information aufzuschieben, manchmal selbst die wohlmeinendsten Adoptiveltern. ›Laß uns warten, bis er alt genug ist, um es zu verstehen‹, sagen sie sich vielleicht. Nach Dr. Levines Ansicht sind selbst Fünf- bis Sechsjährige schon zu alt, es gesagt zu bekommen, ohne dadurch emotionale Schäden zu erleiden. Er drängt die Eltern:

1. dem Kind von dem Moment an, wo es bereit ist, Geschichten zu hören, von seiner Adoption zu erzählen;
2. das Wort »adoptiert« in der Geschichte zu gebrauchen, bis es ein Synonym für »erwählt«, »ausgesucht« und »gemocht« geworden ist;
3. keinen Versuch zu unternehmen, die Adoption zu verheimlichen, selbst wenn ein Umzug in eine andere Gegend dazu einlädt.

›Einige Adoptiveltern werden nie die apologetische Einstellung verlieren, die auf dem Gefühl beruht, daß sie bloß Vertreter der »eigentlichen« Eltern des Kindes sind‹, sagt Dr. Levine. ›Um ihrer eigenen geistigen Gesundheit und der des Kindes willen müssen Adoptiveltern akzeptieren, daß sie wirklich die Eltern des Kindes sind. Die Eltern, die ein Kind von klein auf großziehen, ihm die Liebe und Fürsorge schenken, damit es sich frei entwickelt, sind die richtigen Eltern; die Fremden, die das Kind in die Welt setzten, sind nur die biologischen Eltern. Dieser Unterschied kann nicht genug betont werden.‹

Selbst Experten streiten sich darüber, was man einem Adoptivkind über seine leiblichen Eltern sagen sollte, gibt Dr. Levine zu. Es gibt zumindest drei mögliche Ansätze, stellt er fest, aber keiner kann als endgültige Lösung angesehen werden:

1. Sagen Sie dem Kind, seine leiblichen Eltern seien tot.
2. Sagen Sie einfach, daß die leiblichen Eltern nicht in der Lage gewesen seien, sich selbst um ihr Baby zu kümmern.
3. Sagen Sie dem Kind, daß man nichts über seine leiblichen Eltern wisse, aber daß es von einer Institution gerettet wurde, die sich der Aufgabe widmet, ein gutes Zuhause für Babys zu finden.

›Es gibt bei all diesen Lösungsmöglichkeiten Vor- und Nachteile‹, betont Dr. Levine, der den ersten Ansatz bevorzugt, weil ›das Kind, dem gesagt wird, daß seine leiblichen Eltern tot seien, die Freiheit hat, die Eltern zu lieben, mit denen es lebt. Es wird nicht durch eine geisterhafte Pflicht gequält, nach seinen leiblichen Eltern zu fahnden, wenn es erwachsen ist. Ich glaube, daß das Kind es auf Dauer einfacher finden wird, sich an den Gedanken des Todes zu gewöhnen, als daran, verstoßen worden zu sein. Einem Kind zu sagen, daß seine Eltern es aufgegeben haben, weil sie nicht fähig waren, für ein Kind Sorge zu tragen, heißt, es mit einer völligen Ablehnung zu konfrontieren. Es kann die Umstände nicht verstehen, die zu einer solchen Entscheidung geführt haben.‹«

Ich möchte Dr. Levine nur im Blick auf seinen Rat bezüglich der biologischen Eltern widersprechen. Ich bin nicht bereit, mein Kind zu belügen und würde ihm nicht erzählen, daß seine leiblichen Eltern tot sind, wenn es nicht wahr ist. Früher oder später wird es feststellen, daß es irregeführt wurde, was die ganze Adoptionsgeschichte in Zweifel ziehen könnte.

Statt dessen bin ich eher geneigt, dem Kind zu sagen, daß wenig über seine leiblichen Eltern bekannt ist. Einige nicht verletzende Erläuterungen können angeboten werden, wie: »Wir können nur Vermutungen anstellen, aus welchem Grund ein Mann und eine Frau sich nicht um ihr Baby kümmern können. Sie sind vielleicht sehr arm und unfähig gewesen, dir die nötige Pflege zu geben; oder vielleicht war die Frau krank; oder sie hatten kein Zuhause. Wir wissen es einfach nicht. Aber wir wissen, daß wir dankbar sind, daß du unser Sohn (oder unsere Tochter) geworden bist. Das war eines der größten Geschenke, die Gott uns jemals gemacht hat.«

Darüber hinaus möchte ich Dr. Levines Tips drei weitere Vorschläge hinzufügen. Erstens sollten christliche Eltern das Adoptionsereignis als einen Segen beschreiben (wie oben bereits angedeutet), der große Aufregung in das Haus brachte. Erzählen Sie von dem Beten um ein Kind und von dem ungeduldigen Warten auf Gottes Antwort. Dann beschreiben Sie, wie die Nachricht kam, daß Gott die Gebete beantwortet hatte, und wie die ganze Familie ihm für sein Geschenk der Liebe dankte. Lassen Sie Ihr Kind wissen, wie entzückt Sie waren, als Sie es das erste Mal in der Wiege liegen sahen, und wie süß es in seiner blauen Decke aussah, usw. Sagen Sie ihm, daß seine Adoption einer der glücklichsten Tage in Ihrem Leben war, und wie Sie zum Telefon rannten, um allen Ihren Freunden und der Familie diese phantastische Nachricht mitzuteilen. (Ich gehe wiederum davon aus, daß die Einzelheiten wahr sind.) Erzählen Sie ihm die Geschichte von Moses Adoption durch die Tochter des Pharao und wie Gott Mose für eine große Aufgabe auserwählte. Suchen Sie nach anderen, ähnlichen Erklärungen, die dem Adoptivkind Respekt und Würde vermitteln.

Sie sehen, die Interpretation der Adoption durch das Kind hängt vollkommen von der Art ab, wie ihm das Ganze in den frühen Jahren mitgeteilt wird. Es wäre fatal, die Sache so zu vermitteln, daß jetzt ein dunkles und problematisches Geheimnis enthüllt werden muß.

Zweitens: Feiern Sie jedes Jahr zwei Geburstage, den Jahrestag der Geburt des Kindes und den Jahrestag, als es Ihr

Sohn (oder Ihre Tochter) wurde. Während andere — leibliche — Kinder in der Familie einen Geburtstag feiern, gibt das zweite Fest dem Kind eine Kompensationsmöglichkeit. Das hilft ihm, Minderwertigkeitsgefühle, die es vielleicht gegenüber seinen Geschwistern empfindet, zu überwinden. Und gebrauchen Sie das Wort »adoptiert« offen und frei, bis es seinen unnatürlichen Unterton verloren hat.

Drittens: Vergessen Sie das Thema, wenn die grundlegenden Dinge geklärt sind. Erwähnen Sie die Adoption, wenn es angebracht ist, aber erzeugen Sie keine Ängste und Spannungen dadurch, daß Sie dem Kind andauernd die Adoption vor Augen halten.

Übertriebene elterliche Fürsorge

Ist es möglich, ein Kind zu sehr zu lieben?

Nicht, wenn die Liebe reif und bedingungslos ist. Es ist jedoch nicht alles, was »Liebe« genannt wird, gut für das Kind.

Ich hatte mit einer ängstlichen Mutter zu tun, die sagte, daß ihre Kinder die einzige Quelle ihrer Zufriedenheit seien. Während der langen Sommermonate verbrachte sie die meiste Zeit vor dem Wohnzimmerfenster und beobachtete ihre drei Mädchen beim Spielen. Sie befürchtete, daß sie sich verletzen könnten oder daß sie vielleicht mit ihren Rädern auf die Straße fahren würden. Trotz der Klagen ihres Ehemannes vernachlässigte sie ihre übrigen Haushaltspflichten. Sie hatte keine Zeit, das Haus zu reinigen oder zu kochen; ihre einzige Funktion war die Wache am Fenster.

Krankheiten und Unfälle in der Kindheit sind für liebende Eltern immer schwer zu ertragen, aber bei überbesorgten Eltern verursacht schon die kleinste Bedrohung unerträgliche Ängste. Opfer einer solchen Einstellung sind die Kinder.

Was passiert mit einem Kind, dessen Eltern übermäßig besorgt sind?

Es kann sich eine Unselbständigkeit mit weitreichenden Folgen ergeben. Ein überbehütetes Kind ist häufig in seiner normalen Entwicklung gehemmt. Als Zehnjähriger kann er sich nicht überwinden, etwas Unangenehmes zu tun, weil er nie die Erfahrung gemacht hat, mit einem schwierigen Problem umzugehen. Er weiß nicht, wie man sich für jemanden »aufopfert«, weil er immer nur an sich selbst gedacht hat. Er findet es schwierig, Entscheidungen zu treffen oder Selbstdisziplin zu üben. Ein paar Jahre später wird er in die Jugend stolpern, völlig unvorbereitet auf die Freiheit und die Verantwortung, die er dort finden wird. Und schließlich wird seine zukünftige Frau einige böse Überraschungen erleben.

Ich will diese Abhängigkeitsfalle vermeiden, die Sie beschrieben haben, aber ich bin nicht sicher, wie ich das bei meinem kleinen Sohn bewerkstelligen soll. Bitte klären Sie mich über die wichtigsten Elemente in diesem Prozeß auf.

Es ist wahrscheinlich leichter, eine ungesunde Abhängigkeitsbeziehung zwischen Eltern und Kind zu erzeugen, als sie zu vermeiden. Lassen Sie uns den Mechanismus, wie er oft vorkommt, betrachten.

Zum Zeitpunkt der Geburt ist ein kleines Kind völlig hilflos. Man vergißt oft, wie abhängig ein Neugeborenes ist — zumindest möchte ich es so schnell wie möglich vergessen! Diese kleine im Bettchen liegende Kreatur kann nichts allein tun: Sie dreht sich nicht herum, sie kann nicht ihren Kopf kratzen, sie ist unfähig, ihre Gedanken in Worte zu fassen, und sie wird keinen Finger für sich selbst rühren. Folglich sind die Eltern dafür verantwortlich, allen Bedürfnissen des Kindes zu begegnen. Sie sind seine Diener, und wenn sie bei der Erfüllung seiner Wünsche zu langsam sind, kann es markerschütternd schreien, um sie zur Eile zu drängen.

Es muß keinerlei Pflichten tragen. Es muß noch nicht einmal die elterlichen Bemühungen zu schätzen wissen. Es wird nicht »bitte« oder »danke« sagen; es entschuldigt sich nicht dafür, daß es Sie sechsmal in einer Nacht weckt. Mit anderen Worten, ein Kind beginnt sein Leben im Zustand der völligen Abhängigkeit von denen, deren Namen es trägt.

Etwa 20 Jahre später jedoch erwarten wir, daß einige radikale Veränderungen eingetreten sind. Zu diesem Zeitpunkt sollte der Mensch fähig sein, die volle Verantwortung eines jungen Erwachsenen auf sich zu nehmen. Es wird von ihm erwartet, daß er sein Geld vernünftig ausgibt, einen Beruf hat, einer Frau treu ist, den Bedürfnissen seiner Familie nachkommt und den Gesetzen des Landes folgt. Mit anderen Worten: Ein Mensch sollte sich im Laufe der Kindheit von einer Position ohne jede Verantwortung zu einer Position voller Verantwortung hinentwickeln. Wie kommt das Kind aber nun von Position A nach Position B? Wie geschieht diese magische Transformation zur Selbstdisziplin?

Es gibt viele selbsternannte Experten auf dem Gebiet der Kindererziehung, die zu glauben scheinen, alles sollte gegen Ende der Jugend geschehen, ungefähr 15 Minuten bevor das Kind das Haus für immer verläßt. Vor dieser Zeit sollte ihm alles erlaubt sein, was es tun möchte.

Ich lehne diese Ansicht entschieden ab. Die beste Vorbereitung für ein verantwortungsvolles Erwachsenendasein entsteht aus der Einübung von Verantwortung während der Kindheit. Das heißt nicht, daß das Kind gezwungen werden sollte, sich wie ein Erwachsener zu benehmen. Es bedeutet vielmehr, daß es unterstützt wird, ein Maß von Verantwortung zu übernehmen, das seinem Alter entspricht. Kurz nach der Geburt kann die Mutter bereits beginnen, Verantwortungen von sich auf das Kind zu übertragen. Schritt für Schritt lernt es, die Nacht hindurch zu schlafen, sein Fläschchen selbst zu halten und nach den Dingen zu greifen, die es haben will. Später wird ihm dann (hoffentlich) das Auf-den-Topf-Gehen beigebracht, und es lernt zu laufen und zu sprechen.

Jedes Jahr sollten sich die von ihm selbst zu treffenden Entscheidungen gegenüber dem Vorjahr vermehren; es sollte die Routinepflichten des Lebens übernehmen, wenn es alt genug dafür ist. Ein Siebenjähriger ist zum Beispiel in der Lage, seine eigene Kleidung auszusuchen. Er sollte sein Zimmer ordentlich halten und jeden Morgen sein Bett machen. Ein Neun- bis Zehnjähriger kann mehr Freiheiten haben, wie zum Beispiel bei der Wahl des Fernsehprogrammes (in vernünftigen Grenzen). Ich plädiere nicht für das Aufgeben der elterlichen Führungsrolle; ich glaube vielmehr, daß wir bewußt über das vernünftige, geplante Übertragen von Freiheit und Verantwortung nachdenken sollten, so daß wir mit jedem Jahr unser Kind besser auf den Moment der völligen Unabhängigkeit vorbereiten.

Sie schrieben in einem Ihrer Bücher: »Alles im Leben eines Kindes ist eine Vorbereitung auf die Jugend und die Zeit danach.« Bitte erklären Sie diese Aussage.

Ich habe mich in diesem Satz auf die Notwendigkeit bezogen, den Kindern Unabhängigkeit einzuräumen und ihnen zu erlauben, eigene Entscheidungen zu treffen. Eltern sollten sich daran erinnern, daß es nicht lange dauern wird, bis der Tag kommt, an dem das Kind, das sie aufgezogen haben, seine Koffer packt und das Haus verläßt, um niemals wiederzukommen. Und wenn es durch die Tür geht, um sich der Welt draußen zu stellen, wird es nicht länger den Eltern Rechenschaft schuldig sein.

Es kann tun, was es will. Keiner kann von ihm verlangen, ordentlich zu essen, auf den nötigen Schlaf zu achten, einen Beruf zu finden, verantwortungsbewußt zu leben oder Gott zu dienen.

Diese plötzliche Unabhängigkeit kann für einige Menschen vernichtend sein, weil sie nicht vernünftig darauf vorbereitet wurden. Aber wie kann eine Mutter oder ein Vater Söhne und Töchter so erziehen, daß sie in den ersten schwindelerregenden Monaten der Freiheit nicht völlig wild werden? Wie können Sie sie für diesen Moment der Emanzipation ausrüsten?

Die beste Zeit, um mit der Vorbereitung des Kindes auf die endgültige Freiheit zu beginnen, ist während des Kleinkindalters. Dieser Prozeß muß sich in den Grundschuljahren fortsetzen. Eltern sollten ihren Kindern erlauben, in das Sommerlager zu fahren, selbst wenn es »sicherer« erscheint, sie zu Hause zu behalten. Genauso sollte es Kindern erlaubt werden, die Nacht bei Freunden zu verbringen. Sie sollten ihre Betten selbst machen, sich um die Haustiere kümmern und die Hausaufgaben erledigen. Wenn diese Verpflichtungen gut verrichtet wurden, ist ein Schulabgänger wahrscheinlich vollständig emanzipiert, selbst wenn er noch bei seinen Eltern lebt.

Meine Mutter hat mich früher von vorne bis hinten bedient, und ich würde mich schuldig fühlen, wenn ich den Bedürfnissen meiner Kinder nicht auch nachkäme. Glauben Sie, es ist in ihrem Interesse, wenn ich weniger für sie tue?

Ich plädiere nicht dafür, daß Sie nun vollkommen damit aufhören, Ihre Kinder zu hegen und zu pflegen, aber es ist angemessen, daß sie ihrem Alter und ihrer Reife entsprechend Verantwortungen übernehmen. Wenn Sie Ihr Kind nicht loslassen, indem Sie ihm Verantwortung übertragen, dann bleibt es hoffnungslos an Sie gebunden! Sie haben sich in einer gegenseitigen Abhängigkeit verknotet, die das Wachstum und die Entwicklung hemmt.

Ich gebe zu, daß es nicht einfach ist, diese Haltung durchzusetzen. Unsere tiefe Liebe zu unseren Kindern macht uns enorm empfindsam im Blick auf ihre Bedürfnisse. Das Leben bringt unausweichlich Schmerzen und Sorgen für diese kleinen Menschen, und es tut uns weh, wenn sie leiden. Wenn andere sie bloßstellen oder sie auslachen, wenn sie sich einsam oder abgelehnt fühlen, wenn sie bei etwas Wichtigem versagen, wenn sie nachts weinen — alle diese Situationen könnten uns veranlassen, es mit unserer Fürsorge zu weit zu treiben.

Wir möchten uns wie ein mächtiges Schutzschild erheben, um sie vor den Dornen des Lebens zu schützen — sie geborgen in der Sicherheit unserer Umarmung halten. Aber es gibt Zeiten, wo wir sie kämpfen lassen müssen. Kinder können nicht aufwachsen, ohne Risiken auf sich zu nehmen. Schüler können nicht lernen, wenn sie keinen Schwierigkeiten begegnen. Und ein Jugendlicher kann nicht in die Phase des frühen Erwachsenendaseins eintreten, bis wir ihn von unserer schützenden Überwachung befreit haben.

Warum ist es besonders für Mütter so schwierig, den Kindern Unabhängigkeit und Freiheit einzuräumen?

Es gibt mehrere Gründe für die Abneigung, das Kind seine eigenen Wege gehen zu lassen. Ich habe festgestellt, daß der am meisten verbreitete Beweggrund in den unbewußten emotionalen Bedürfnissen der Mutter liegt. Vielleicht ist die Romantik aus der Ehe verschwunden und das Kind ist die einzige Bezugsperson, der die mütterliche Zuwendung gilt. Ich kenne so eine Mutter-Tochter-Beziehung, die anhielt, bis die Mutter im Alter von 94 Jahren starb. Die Tochter, selber 72, fand sich plötzlich allein wieder: unverheiratet und zum ersten Mal in ihrem Leben auf sich selbst gestellt. Es ist angsterregend, im hohen Alter das aushalten zu müssen, was andere in der Jugend erleben.

Ich beriet kürzlich eine andere Mutter, deren Ehemann starb, als ihr einziger Sohn Davie ein Baby war. Sie wurde mit der erschreckenden Aufgabe allein gelassen, den Kleinen aufzuziehen, und Davie war der einzige auf der Welt, den sie wirklich liebte. Der Junge war sieben, als sie zu mir kam. Er hatte Angst, allein in einem Zimmer zu schlafen. Er weigerte sich, mit einem Babysitter zusammenzubleiben, und wollte noch nicht einmal zur Schule gehen. Er zog sich nicht selbst an, und sein Benehmen war in jeder Hinsicht infantil. Seine Mutter interpretierte sein Verhalten als Beweis seiner Angst, sie könnte sterben wie sein Vater. Daraufhin fesselte sie ihn noch stärker an sich und opferte ihm alle ihre eigenen Bedürfnisse und Sehnsüchte: Sie konnte weder zu Verabredungen gehen noch Männer mit nach Hause bringen; sie konnte nichts unternehmen, ohne daß sich ihr Sohn an sie klammerte. Sie hatte nie ihre Freiheit von Davie gewonnen, und im Gegenzug hatte sich Davie nie von seiner liebenden Mutter lösen können.

Ich nehme an, daß die Aufgabe, sich von den Kindern zu lösen, eine der wichtigsten Verantwortungen ist, denen sich Eltern zu stellen haben.

Sie haben recht. Eltern sollten eng mit dem Leben ihrer Kinder verbunden sein und ihnen Liebe, Schutz und Autorität bieten. Aber wenn diese Kinder in die späte Teenagerzeit kommen, muß die Tür zu der Welt draußen geöffnet werden. Das ist die besorgniserregendste Zeit der Elternschaft, besonders für christliche Mütter und Väter, die sehr um das geistliche Wohl ihrer Familien besorgt sind. Wie schwierig ist es, eine Antwort auf die Frage »Habe ich sie richtig vorbereitet?« zu erwarten. Es besteht die Neigung, die Kontrolle aufrechtzuerhalten, um damit der falschen Antwort auf diese Frage aus dem Weg zu gehen. Es ist jedoch wahrscheinlicher, daß unsere Kinder die richtige Entscheidung treffen, wenn sie nicht erst gegen unsere Einmischungen rebellieren müssen.

Übertriebene elterliche Fürsorge

Lassen Sie mich diesen Punkt betonen, indem ich einen Satz zitiere, der aus König Salomos Sprüchen stammen könnte (obwohl er nicht in der Bibel steht). Dieser Satz heißt: »Wenn du etwas liebst, laß es frei. Wenn es zu dir zurückkehrt, gehört es dir. Wenn es nicht zurückkommt, war es von Anfang an nicht für dich bestimmt.« Diese kleine Aussage enthält eine große Weisheit. Liebe verlangt Freiheit. Der schnellste Weg, eine romantische Liebe zwischen einem Ehemann und einer Ehefrau zu zerstören, besteht darin, daß ein Partner einen Stahlkäfig um den anderen herum errichtet. Ich habe Hunderte von Frauen gesehen, die erfolglos versuchten, Liebe und Treue von ihren Männern zu verlangen. Es funktioniert nicht.

Es sollte deutlich sein, wie sich diese Anschauung auf ältere Jugendliche (besonders in den frühen Zwanzigern) anwenden läßt. Es kommt der Punkt, wo unsere Bemühungen als Eltern beendet sind und der Moment der Loslösung da ist. Wenn Ihr »Kind« davonrennt, rennt es. Wenn es die falsche Person heiratet, heiratet es die falsche Person. Wenn es Drogen nimmt, nimmt es Drogen. Wenn es zur falschen Schule geht, den Glauben ablehnt, sich weigert, zu arbeiten oder sein Erbe mit Alkohol und Prostituierten verschleudert, dann muß ihm erlaubt sein, diese zerstörerischen Entscheidungen zu treffen und die Folgen dieser Entscheidungen zu tragen.

Lassen Sie mich zusammenfassend sagen, daß die Zeit der Jugend für beide Generationen nicht leicht Zeit ist. Aber der Schlüssel, um diese emotionale Erfahrung zu überstehen, liegt darin, eine vernünftige Basis zu schaffen und ihr dann mit Mut entgegenzusehen. Selbst die unausweichliche Rebellion der Teenagerjahre kann ein heilsamer Faktor sein. Dieser Konflikt trägt dazu bei, daß sich der Sohn bzw. die Tochter vom abhängigen Kind zu einem reifen Erwachsenen entwickelt, um schließlich als Gleichgestellter gegenüber seinen Eltern seinen Platz einzunehmen.

Ohne diese Reibung könnte es eine ungesunde »Mama-Papa-Kind«-Beziehung bis in das späte Erwachsenenleben hinein bleiben, mit ernsthaften Folgen für die zukünftige eheliche Harmonie. Wenn die Spannungen zwischen den Generationen nicht Teil des göttlichen Plans der Entwicklung des Menschen wären, wären sie nicht überall so deutlich zu sehen, selbst in Familien, wo Liebe und Autorität in einem vernünftigen Gleichgewicht stehen.

Teil 13

Rivalität unter Geschwistern

Nichts geht mir mehr auf die Nerven als die ständigen Kämpfe und Zankereien zwischen meinen beiden Jungen. Müssen alle Eltern sich mit Geschwisterkonflikten auseinandersetzen — oder mache ich etwas falsch?

Wenn man alle Mütter fragen würde, was die störendste Begleiterscheinung der Kindererziehung sei, bin ich sicher, daß der Punkt »Rivalität unter Geschwistern« an erster Stelle genannt würde. Kleine Kinder (und auch ältere) geben sich nicht damit zufrieden, sich insgeheim zu hassen. Sie greifen einander wie Miniaturkrieger an, mobilisieren ihre Truppen und suchen nach Schwächen in der Verteidigungslinie. Sie streiten, schlagen, treten, schreien, schnappen sich das Spielzeug weg, verspotten den anderen, tratschen und sabotieren die feindlichen Kräfte.

Der große Verlierer solcher Kämpfe ist natürlich die gestreßte Mutter, die sich den Lärm des Schlachtfeldes anhören und danach versuchen muß, die Verwundeten zu versorgen. Wenn sie ihrem Naturell nach auf Ruhe und Frieden ausgerichtet ist (und das ist bei den meisten Frauen so), erzittert sie wahrscheinlich unter dem Sperrfeuer der Kanonen.

Die Kolumnistin Ann Landers bat kürzlich ihre Leser, auf die Frage zu antworten: »Wenn Sie damals gewußt hätten, was Sie jetzt wissen, hätten Sie dann Kinder gewollt?« Von zehntausend Frauen antworteten 70 Prozent mit Nein! Eine spätere Untersuchung des Magazins *Good Housekeeping* stellte dieselbe Frage, und 95 Prozent der Antwortenden bejahten sie! Es ist unmöglich, die widersprüchlichen Ergebnisse der beiden Befragungen zu erklären, obwohl die begleitenden Kommentare etwas Licht in die Angelegenheit bringen würden. Eine Frau schrieb:

»Ob ich wieder Kinder haben würde? Tausendmal nein!

Meine Kinder haben mein Leben, meine Ehe und meine Identität als Person zerstört. Es gibt keine Freude mehr, Gebete helfen nicht — nichts hält ein schreiendes Kind auf.«

Es ist meine Überzeugung, das es durchaus etwas gibt, was ein schreiendes Kind aufhalten wird — sogar ein Dutzend von schreienden Kindern! Es ist nicht nötig oder gut, Kindern zu erlauben, sich gegenseitig zu zerstören und das Leben für die Erwachsenen um sie herum zur Qual zu machen. Rivalität unter Geschwistern ist schwer zu »heilen«, aber sie kann behandelt werden.

Was verursacht Geschwisterrivalität?

Geschwisterrivalität ist nichts Neues. Sie stand bereits beim ersten bekannten Mord im Hintergrund (als Kain Abel tötete) und ist seit dieser Zeit in fast jeder Familie anzutreffen gewesen. Die Ursache dieses Konflikts ist Neid und der Wettbewerb zwischen Kindern. Marguerite und Willard Beecher drücken in ihrem Buch *Parents on the Run* die Unvermeidlichkeit dieses Kampfes folgendermaßen aus:

»Früher glaubte man, daß dann, wenn Eltern einem Kind erklärten, daß es einen kleinen Bruder oder eine Schwester bekommen würde, es dies nicht ablehnen würde. Ihm wurde gesagt, daß seine Eltern sich so über seine eigene Geburt gefreut hätten, daß sie ihre Freude noch vergrößern wollten. Man nahm an, daß eine solche Erklärung neiderfüllte Rivalität und Wettbewerb vermeiden würde. Es funktionierte nicht. Warum sollte es auch? Wenn ein Mann seiner Frau erzählte, er würde sie so sehr lieben, daß er plane, eine weitere Frau ins Haus zu holen, um ›die Freude zu vergrößern‹, dann würde diese Erklärung die Frau sicherlich nicht vor Eifersucht schützen. Im Gegenteil, der Kampf würde gerade dadurch entfacht — genauso wie bei Kindern.«

Wenn Eifersucht zwischen Kindern so weit verbreitet ist, was können dann Eltern tun, um die natürliche Feindschaft, die Kinder gegenüber ihren Geschwistern empfinden, zu reduzieren?

Der erste Schritt besteht darin, Umstände zu vermeiden, in denen sie sich miteinander vergleichen und sich dadurch minderwertig fühlen. Bill Gothard sagt, daß die Wurzel aller Minderwertigkeitsgefühle der Vergleich mit anderen ist. Dem stimme ich zu. Die Frage ist nicht: »Wie gut bin ich?«, sondern: »Wie gut bin ich im Vergleich zu John oder Steven oder Marion?« Die Frage ist nicht, wie schnell ich laufen kann, sondern wer als erster die Ziellinie überquert. Einen Jungen interessiert es nicht, wie groß er ist; er ist aber brennend daran interessiert, wer »der Größte« in der Klasse ist. Jedes Kind mißt sich an seinen Kameraden. Deshalb sollten sich Eltern vor vergleichenden Aussagen hüten. Das trifft besonders auf drei Bereiche zu:

Erstens sind Kinder extrem sensibel im Blick auf körperliche Attraktivität und bestimmte Körpermerkmale. Es ist äußerst brenzlig, ein Kind auf Kosten eines anderen zu loben. Nehmen wir an, daß Sharon gelegentlich Bemerkungen über ihre Schwester hört: »Betty wird sicher ein wunderschönes Mädchen werden.« Die bloße Tatsache, daß Sharon nicht erwähnt wurde, wird wahrscheinlich aus den beiden Mädchen Rivalinnen machen. Wenn es einen signifikanten Unterschied in der Schönheit der beiden gibt, können Sie sicher sein, daß Sharon bereits daraus geschlossen hat: »Ja, ich bin die Häßliche.« Wenn ihre Ängste dann auch noch von den Eltern bestätigt werden, entstehen Ablehnung und Eifersucht.

Zweitens ist die Frage der Intelligenz ein entscheidender Punkt, mit dem vorsichtig umgegangen werden muß. Es ist nicht ungewöhnlich, daß Eltern in Gegenwart ihrer Kinder sagen: »Ich glaube, unser Jüngerer ist intelligenter als sein Bruder.« Erwachsene haben Schwierigkeiten zu verstehen, wie verheerend sich eine solche Einschätzung im Kopf eines Kindes auswirken kann. Selbst wenn die Bemerkung unabsichtlich und beiläufig fällt, zeigt sie doch, wie das Kind in der Familie »gesehen« wird.

Drittens: Kinder (und vor allem Jungen) sind besonders im Blick auf sportliche Fähigkeiten wettbewerbsorientiert. Diejenigen, die langsamer, schwächer und ungelenker als ihre Brüder sind, sind kaum in der Lage, den »zweiten Platz« mit

Würde anzuerkennen. Betrachten Sie zum Beispiel einmal folgenden Brief, der mir von der Mutter zweier Jungen gegeben wurde. Er wurde von ihrem Neunjährigen an seinen acht Jahre alten Bruder geschrieben, am Abend, nachdem das jüngere Kind ihn in einem Wettlauf geschlagen hatte:

Lieber John,
ich bin der Größte und du der Schlechteste. Ich kann jeden im Rennen schlagen und du kannst keinen im Rennen schlagen. Ich bin der Klügste und du bist der Dümmste. Ich bin der beste Sportler und du bist der schlechteste Sportler. Und du bist auch ein Schwein. Ich kann jeden verhauen. Und das ist die Wahrheit. Und das ist das Ende der Geschichte.

Dein Richard

Was mich an diesem Brief zum Schmunzeln bringt, ist die Tatsache, daß Richard sein Motiv so schlecht verborgen hat. Er war durch seine Demütigung tief getroffen, so daß er nach Hause kam und die Kampfflagge hißte. Er wird wahrscheinlich die nächsten acht Wochen damit verbringen, nach Gelegenheiten zu suchen, Torpedos auf Johns ungeschützte Stellen abzufeuern. So ist die Natur der Menschen.

Sind Sie dafür, daß Eltern alle individuellen Unterschiede zwischen den Kindern herunterspielen sollten, um so eine Konkurrenzsituation zwischen den Kindern zu verhindern?

Auf keinen Fall. Ich sage lediglich, daß in Fragen von Schönheit, Intelligenz und sportlicher Fähigkeit jedes Kind wissen sollte, daß es in den Augen seiner Eltern respektiert ist und den gleichen Wert wie seine Geschwister hat. Lob und Kritik sollten so gleichmäßig wie möglich verteilt werden, obwohl einige Kinder unausweichlich erfolgreicher als andere sein werden. Wir sollten uns daran erinnern, daß Kinder keinen Schutzwall um ihre Stärken herum errichten — sie bauen ihn auf, um Schwächen zu schützen. Wenn daher ein Kind wie Richard anfängt zu prahlen, überheblich zu sein und seine Geschwister anzugreifen, zeigt er, daß er an diesem Punkt eine Bedrohung empfindet. Unsere Sensibilität für solche

Signale hilft, das Potential an Eifersucht in unseren Kindern zu reduzieren.

Manchmal glaube ich, daß meine Kinder nur deshalb kämpfen und streiten, um meine Aufmerksamkeit auf sich zu lenken. Wenn das der Fall ist, wie soll ich reagieren?

Sie haben mit Ihrer Vermutung wahrscheinlich recht. Geschwisterrivalität ist oft ein Versuch, die Eltern zu manipulieren. Streitereien und Kämpfe bieten für beide Kinder die Möglichkeit, die Aufmerksamkeit der Erwachsenen auf sich zu lenken. Zu diesem Zweck kann sich ein Paar wilder Kinder stillschweigend darauf einigen, die Eltern so lange zu stören, bis sie eine Reaktion erhalten — selbst wenn sie negativ ausfällt.

Ein Vater erzählte mir kürzlich, daß sein Sohn und sein Neffe zu streiten anfingen und sich dabei mit den Fäusten schlugen. Beide Väter waren in der Nähe und beschlossen, den Kampf seinen natürlichen Verlauf nehmen zu lassen. Während der ersten Kampfpause schaute einer der Jungen zur Seite in Richtung der passiven Männer und sagte: »Will uns nicht irgend jemand aufhalten, bevor wir uns verletzen?« Der Kampf war, wie Sie sehen, etwas, was keiner der Jungen wollte. Ihr gewalttätiges Verhalten stand in direkter Beziehung zu der Anwesenheit der beiden Väter und hätte eine andere Form angenommen, wenn die Jungen allein gewesen wären. Kinder werden oft auf diese Weise die Aufmerksamkeit der Eltern auf sich ziehen und sie zum Eingreifen veranlassen wollen. Ob Sie es glauben oder nicht, diese Form der Geschwisterrivalität ist am einfachsten zu kontrollieren. Die Eltern müssen dieses Verhalten nur an sich abprallen lassen. Ich würde empfehlen, daß Sie das Problem mit den Kindern noch einmal rückblickend betrachten und dann sagen: »Jetzt hört gut zu. Wenn ihr beiden euch gegenseitig angreifen wollt, dann tut das (vorausgesetzt natürlich, es besteht ein ungefähres Kräftegleichgewicht zwischen den beiden). Geht nach draußen und kämpft, bis ihr umfallt. Aber es wird nicht mehr vor meinen Augen geschehen. Aus und vorbei! Und ihr wißt, daß ich es ernst meine, wenn ich so etwas sage. Haben wir uns verstanden?«

Nachdem diese Grenzen geklärt wurden, würde ich entschlossen durchgreifen, sobald einer der Jungen mit seinem Gezänk anfängt. Wenn getrennte Kinderzimmer vorhanden sind, würde ich jedes Kind mindestens 30 Minuten in einem Raum allein in totaler Langeweile einsperren — ohne Radio und Fernsehen. Oder ich würde sie verpflichten, daß einer die Garage aufräumt und der andere den Rasen mäht. Oder ich würde sie dazu zwingen, ein Mittagsschläfchen zu machen. Meine Absicht ist es, daß sie mir das nächste Mal glauben, daß ich *handle*, wenn ich um Ruhe und Frieden gebeten habe.

Was am überraschendsten ist, ist die Zufriedenheit der Kinder, wenn ihre Eltern diese vernünftigen Grenzen mit Liebe und Würde durchsetzen. Statt die Hände über dem Kopf zusammenzuschlagen und zu weinen, zu bitten und zu schreien (was in Wirklichkeit das störende Verhalten nur verstärkt), sollten die Eltern diesen Konflikt mit Würde und großer Disziplin lösen.

Ich habe mir die größte Mühe gegeben, gerecht zu meinen Kindern zu sein und ihnen keinen Grund zu geben, einander abzulehnen. Dennoch setzen sie ihre Kämpfe fort. Was kann ich tun?

Das Problem kann in der fehlenden disziplinarischen Kontrolle zu Hause liegen. Geschwisterrivalität ist am schlimmsten, wenn es unter den Kindern kein angemessenes Gerechtigkeitssystem gibt: Die »Gesetzesbrecher« werden nicht geschnappt oder kommen, wenn sie erwischt wurden, ohne Bestrafung davon. Man muß verstehen, daß Gesetze in einer Gesellschaft geschaffen und durchgesetzt werden, um Menschen voreinander zu schützen. Die Familie ist eine Mini-Gesellschaft mit den gleichen Anforderungen an den Schutz der Menschenrechte.

Nehmen wir einmal an, daß ich in einer Gemeinschaft lebe, wo es keine Gesetze gibt. Polizisten existieren nicht, und es gibt keine Gerichte, die in einem Streitfall angerufen werden könnten. Unter diesen Umständen können mein Nachbar und ich uns ungestraft das Leben zur Hölle machen. Er kann meinen Rasenmäher nehmen und mir Steine ins Fenster schmeißen, während ich die Birnen von seinem Lieblingsbaum stehle und mein Laub über seinen Zaun kippe. In der Regel wird solch eine Art der Feindseligkeit von Tag zu Tag eskalieren und im Laufe der Zeit immer gewalttätiger werden. Wenn hier nicht eingegriffen wird und statt dessen die Dinge ihren natürlichen Verlauf nehmen, ist das Ergebnis Haß und Mord.

Wie schon angedeutet, ähneln Familien in ihrem Bedürfnis nach Gesetz und Ordnung der Gesellschaft. Wenn die Gerechtigkeit fehlt, beginnen »benachbarte« Geschwister sich anzugreifen. Das ältere Kind ist größer und stärker, und das ermöglicht ihm, seine jüngeren Brüder und Schwestern zu unterdrücken. Aber auch der jüngste in der Familie ist nicht ohne eigene Waffen. Er schlägt zurück, indem er das Spielzeug und den wertvollen Besitz der älteren Geschwister zerbricht und sie ärgert, wenn Freunde zu Besuch kommen. Gegenseitiger Haß bricht dann wie ein zorniger Vulkan aus, der seinen zerstörerischen Inhalt auf jeden ausspeit, der ihm im Weg steht.

Trotzdem sind Kinder, auch wenn sie ihre Eltern um ein Eingreifen bitten, oft gezwungen, die Sache unter sich auszutragen. In vielen Familien haben die Eltern nicht genügend erzieherische Kontrolle, um ihre Bestimmungen durchzusetzen. In anderen Familien sind sie durch das dauernde Gezänk der Geschwister so aufgebracht, daß sie sich kategorisch weigern, daran teilzuhaben. In wieder anderen Familien erwarten Eltern von dem älteren Kind, sich mit einer offensichtlichen Ungerechtigkeit abzufinden, »weil dein Bruder kleiner ist als du«. Damit binden sie ihm die Hände und machen ihn wehrlos gegen das Unrecht seiner kleinen ungezogenen Geschwister. Es ist heute weit verbreitet, daß beide Eltern arbeiten, während die Kinder sich zu Hause gegenseitig auseinandernehmen.

Ich möchte es den Eltern noch einmal sagen: Eine ihrer wichtigsten Pflichten ist es, ein ausgewogenes System von Gerechtigkeit und ein Machtgleichgewicht zu Hause herzustellen. Es sollte sinnvolle »Gesetze« geben, die für jedes Mitglied der Familie gelten. Um das Ganze zu veranschaulichen, möchte ich die Grenzen und Regeln aufzählen, die sich im Laufe der Jahre bei uns zu Hause entwickelt haben:

1. Keinem Kind ist es jemals erlaubt, sich über den anderen in einer verletzenden Weise lustig zu machen. Punkt! Diese Regel kennt keine Ausnahmen.
2. Das Zimmer von jedem Kind ist Privatgebiet. Es gibt an jeder Tür ein Schloß, und die Erlaubnis einzutreten ist ein widerrufbares Privileg. (Familien, die mehr als ein Kind in einem Zimmer haben, können den zur Verfügung stehenden Lebensraum unter den Kindern aufteilen.)
3. Das ältere Kind darf nicht das jüngere ärgern.
4. Dem jüngeren Kind ist es verboten, das ältere zu schikanieren.
5. Es wird von den Kindern nicht verlangt, miteinander zu spielen, wenn sie sich lieber allein oder mit Freunden beschäftigen wollen.
6. Wir schlichten jeden ernsten Konflikt so schnell es geht und sind darauf bedacht, unparteiisch und fair zu bleiben.

Wie jedes Konzept zur Durchsetzung von Gerechtigkeit erfordert auch dieses (1) den Respekt der Kinder vor der Führungsrolle der Eltern, (2) die Bereitschaft der Eltern zu vermitteln, (3) gelegentliche Strafe. Wenn dieses Konzept mit Liebe ausgeführt wird, kann die emotionale Atmosphäre zu Hause von Haß (zumindest) in Toleranz verwandelt werden.

Meine ältere Tochter ist eine gute Schülerin und erntet Jahr für Jahr glatte Einsen. Ihre jüngere Schwester, die jetzt in die sechste Klasse geht, ist von der Schule total gelangweilt und versucht noch nicht einmal, sich anzustrengen. Das Frustrierende daran ist, daß die Jüngere wahrscheinlich intelligenter als ihre ältere Schwester ist. Warum weigert sie sich so hartnäckig, ihre Fähigkeiten einzusetzen?

Es könnte viele Gründe für ihr schulisches Desinteresse geben, aber lassen Sie mich Ihnen die wahrscheinlichste Erklärung geben. Kinder weigern sich oft, sich mit anderen zu messen, wenn sie davon ausgehen, daß sie wahrscheinlich ohnehin nur Zweite werden. Daher kann es sein, daß ein jüngeres Kind es sorgfältig vermeidet, ältere Geschwister auf dem Gebiet ihrer größten Stärke herauszufordern. Wenn Sohn Nummer Eins ein großer Sportler ist, dann wird Sohn Nummer Zwei wahrscheinlich eher am Schmetterlingssammeln interessiert sein. Wenn Tochter Nummer Eins eine disziplinierte Pianistin ist, dann kann Tochter Nummer Zwei ein junges verrücktes Dummchen sein.

Diese Regel gilt natürlich nicht immer. Wenn sein Selbstvertrauen groß ist, kann es lächelnd in das von seinem Bruder besetzte Gebiet einmarschieren, in dem Wissen, es noch besser zu machen. Die typischere Reaktion ist jedoch die Suche nach neuen Gebieten der Kompensation, die noch nicht von dem Superstar der Familie dominiert werden.

Wenn diese Erklärung auf das Verhalten Ihrer jüngeren Tochter zutrifft, wäre es wichtig, von ihr nicht perfekte Schulleistungen zu erwarten. Nicht jedes Kind muß in dieselbe Form passen — und wir können es auch nicht dazu zwingen.

Wir planen unsere Familie sehr sorgfältig und wollen die Kinder in vernünftigen Zeitabständen zur Welt bringen. Gibt es eine ideale Altersspanne, die Harmonie zwischen ihnen gewährleistet?

Kinder, die zwei Jahre auseinander und vom gleichen Geschlecht sind, streiten sich wahrscheinlich eher untereinander als andere. Auf der anderen Seite ist es bei ihnen aber auch wahrscheinlicher, daß sie sich einer gegenseitigen Kameradschaft erfreuen. Es gibt auf Ihre Frage keine Standardantwort. Von größerer Bedeutung als das Alter des Kindes ist die Gesundheit der Mutter, die Sehnsucht nach einem weiteren Kind, finanzielle Erwägungen und die Stabilität der Ehe. Das relative Alter der Geschwister ist meiner Meinung nach nur von untergeordneter Bedeutung.

Bevor unser jüngstes Baby im letzten Monat geboren wurde, war unser dreijähriger Sohn von der Aussicht auf einen kleinen Bruder oder eine Schwester begeistert. Jetzt zeigt er jedoch Anzeichen von Eifersucht und lutscht am

Daumen, wenn ich das Baby versorge, und er wird sehr laut und albern, wenn Freunde vorbeikommen, um dem neuen Kind ein Geschenk zu machen. Können Sie einige Tips geben, wie ich ihm diese Phase der Anpassung erleichtern kann?

Ihr Sohn reagiert auf diese Invasion in sein privates Reich wie im Lehrbuch. Wir erlebten eine ähnliche Reaktion, als unser zweites Kind zur Welt kam. Unser Sohn wurde geboren, als seine Schwester fünf Jahre alt war. Sie war auf beiden Seiten der Familie die einzige Enkelin gewesen und hatte die ungeteilte Aufmerksamkeit der Erwachsenen erhalten. Dann wurde ihr sicherer Palast plötzlich von einem netten kleinen Kerl überfallen, der die Mitte der Bühne eroberte. Alle Verwandten kuschelten, schaukelten und herzten Baby Ryan, während Danae mißtrauisch zuschaute. Als wir an einem Sonntagnachmittag von der Großmutter nach Hause fuhren, etwa eine Woche nach Ryans Geburt, sagte unsere Tochter plötzlich: »Papa, du weißt, daß ich das nur so sage. Du weißt, ich will nicht böse sein, aber manchmal wünschte ich, Ryan wäre nicht hier!«

Sie hatte uns einen entscheidenden Hinweis auf ihre Gefühle gegeben, und wir nutzten sofort die Gelegenheit. Wir nahmen sie zu uns auf den Vordersitz des Wagens, um mit ihr über das, was sie gesagt hatte, zu reden. Wir sagten ihr, daß wir verstünden, was sie fühle, und versicherten ihr unsere Liebe. Wir erklärten ihr, daß ein Baby völlig hilflos sei und sterben müßte, wenn nicht Menschen es füttern, kleiden, wickeln und lieben. Wir erinnerten sie daran, daß sie als Baby genauso umsorgt worden war, und daß auch Ryan bald heranwachsen würde. Auch in den folgenden Monaten gaben wir uns Mühe, die Bedrohung, die für sie durch die Geburt von Ryan entstanden war, zu verringern. Indem wir ihren Gefühlen und ihrem Sicherheitsbedürfnis große Aufmerksamkeit schenkten, entwickelte sich ihre Beziehung zu ihrem Bruder zu einer bleibenden Freundschaft.

Danaes Reaktion war keine typische Reaktion eines Kindes. Normalerweise wird ein Kind unfähig oder unwillig sein, die Unsicherheit auszudrücken, was die Eltern dazu zwingt, auf subtilere Hinweise zu achten. Die verläßlichsten Symptome des Ich-bin-ersetzt-worden-Syndroms ist der plötzliche Rückfall in infantile Verhaltensweisen. Wenn offensichtlich das Babydasein das ist, was Aufmerksamkeit erregt, »dann werde ich wieder ein Baby sein«. Daher macht das Kind einen Aufstand, macht wieder ins Bett, lutscht am Daumen, klammert sich an Mama, spricht wie ein Baby, usw.

Wenn Ihr Erstgeborenes sich abgedrängt fühlt, würde ich folgendes Verfahren vorschlagen:

1. Bringen Sie es dazu, seine Gefühle offen zu zeigen, und helfen Sie ihm, sein Unbehagen in Worte zu fassen. Wenn ein Kind sich vor Erwachsenen albern benimmt, um sie zum Lachen zu bringen oder ihre Aufmerksamkeit zu erregen, ist es sinnvoll, es in die Arme zu nehmen und zu sagen: »Was ist los, Joey? Brauchst du heute etwas Aufmerksamkeit?« Schrittweise kann einem Kind beigebracht werden, ähnliche Worte zu gebrauchen, wenn es sich ausgeschlossen und abgelehnt fühlt. »Ich brauche etwas Aufmerksamkeit, Papa. Wirst du mit mir spielen?« Durch das Verbalisieren seiner Gefühle helfen Sie dem Kind auch, sich selbst besser zu verstehen.
2. Unterbinden Sie anti-soziales Verhalten. Wenn das Kind weint, wenn der Babysitter kommt, lassen Sie es trotzdem allein. Einem Wutausbruch kann durchaus mit einem festen Schlag begegnet werden. Seien Sie jedoch nicht zornig auf Ihr Kind, sondern erinnern Sie sich daran, daß die ganze Situation nur durch eine vermeintliche Bedrohung motiviert ist.
3. Gehen Sie auf seine Bedürfnisse so ein, daß ihm ein gewisser Status des Älteren eingeräumt wird. Nehmen sie es in den Park mit und machen Sie ihm klar, daß das Baby zu klein ist, um mitzukommen; bauen Sie es dadurch auf, daß Sie über die Dinge sprechen, die es bereits tun kann, während das Baby noch nicht dazu in der Lage ist. Lassen Sie es bei der Babypflege mithelfen, so daß es sich als Teil im Familienprozeß fühlt.

Über diese korrigierenden Schritte hinaus sollten Sie Ihrem Sohn Zeit geben, sich der neuen Situation anzupassen. Selbst wenn es ihm heute etwas schwerfällt, sollte er von der Einsicht profitieren, daß er nicht das Zentrum des Universums ist.

Teil 14

Wie Kinder Verantwortung lernen

Wie sollten Eltern mit kindlicher Verantwortungslosigkeit umgehen, wenn sie weder Trotz noch passive Aggression beinhaltet?

Kinder lieben Spiele aller Art, besonders wenn Erwachsene darin verwickelt sind. Es ist oft möglich, wichtige Lehrinhalte in Form einer Aktivität zu vermitteln, die allen Freude bereitet und die die ganze Familie auf das Thema »einstimmt«. Ich möchte Ihnen erzählen, wie wir unseren Kindern beibrachten, ihr Lätzchen vor dem Essen auf den Schoß zu legen. Wir versuchten zuerst zwei oder drei Jahre vergeblich, sie daran zu erinnern. Dann machten wir aus der Angelegenheit ein Familienspiel. Wenn jetzt einer der Dobsons auch nur einen einzigen Bissen Essen zu sich nimmt, bevor er seine Serviette auf seinen Schoß gelegt hat, muß er in sein Schlafzimmer gehen und laut bis 25 zählen. Dieses Spiel ist sehr effektiv, obwohl es gewisse Nachteile mit sich bringt. Sie können sich nicht vorstellen, wie albern Shirley und ich uns vorkommen, wenn wir in einem leeren Teil des Hauses stehen und bis 25 zählen, während unsere Kinder kichern. Besonders Ryan vergißt nie seine Serviette, und er liebt es, die anderen von uns in einem Moment der Unachtsamkeit zu erwischen.

Er sitzt völlig ruhig da und schaut geradeaus, bis der erste zu essen anfängt, ohne das Lätzchen oder die Serviette auf den Schoß gelegt zu haben. Dann wendet er sich dem Ordnungsbrecher zu, zeigt auf ihn und sagt: »Jetzt habe ich dich erwischt!«

Für alle elterlichen Zielsetzungen, die sich um das Vermitteln von Verantwortungsbewußtsein drehen (im Gegensatz zum Bezwingen von bewußtem Trotz), ist der spielerische Ansatz die beste Methode.

Glauben Sie, daß von einem Kind erwartet werden sollte, innerhalb der Familie »Danke« und »Bitte« zu sagen?

Ganz sicher. Diese Worte sollen das Kind daran erinnern, daß wir nicht in einer Welt leben, in der sich jeder alles nehmen darf. Wertschätzung muß beigebracht werden, und dieser Lernprozeß beginnt bei der grundlegenden Höflichkeit zu Hause.

Mein zehnjähriger Sohn ist das verantwortungsloseste Kind, das ich je gesehen habe. Er haßt Arbeit und verliert alles, was ihm jemals an Wertvollem gegeben wurde. Ich habe viele Bücher über die Erziehung von Kindern zu Reife und Verantwortung gelesen, und wir arbeiten bewußt an dieser Stelle. Mein Problem ist, daß ich zu oft die Geduld verliere. Ich schreie ihn an und beschimpfe ihn als dumm und faul. Nachher fühle ich mich wegen meiner fehlenden Selbstbeherrschung elend. Schade ich durch solche Wutausbrüche seiner Selbstachtung?

Kinder sind normalerweise recht widerstandsfähig, und die meisten können solche elterlichen Ausbrüche verkraften, ohne bleibenden Schaden zu erleiden. Tatsächlich ist Ihr Mißfallen Teil eines Lernprozesses, der Ihrem Kind in seiner Entwicklung helfen wird. Wenn Sie jedoch feststellen, daß Sie häufig oder aus Gewohnheit überreizt reagieren, wäre es besser, sich daran zu erinnern, was jemand über die Art gesagt hat, wie Menschen sich selbst sehen: »Wir sind nicht das, was wir denken, das wir sind. Wir sind auch nicht das, was andere denken, das wir sind. Wir sind das, was wir denken, was andere denken, das wir sind.«

In dieser Aussage steckt eine fundamentale Wahrheit. Jeder ist von dem geprägt, was er glaubt, das seine Bekannten über ihn denken, und oft spielen wir dann diese vorgegebene Rolle. Das erklärt, weshalb wir in unterschiedlichen Gruppen ein unterschiedliches »Gesicht« zeigen. Ein Arzt kann gegenüber seinen Patienten ein Profi mit einer regungslosen Miene sein, reserviert und klug in seinen Ratschlägen. Am Abend jedoch kommt er mit seinen früheren Studienkollegen zusammen, die ihn als einen ausgesprochenen Spinner in Erinnerung haben. Seine Persönlichkeit kann sich zwischen dem Nachmittag und dem Abend um 180 Grad drehen, und ein Patient würde ihn kaum wiedererkennen. Auf dieselbe Weise sind auch die meisten von uns das, was wir denken, was andere denken, das wir sind.

Deshalb wird sich auch Ihr Kind an das Bild anpassen, von dem es glaubt, daß Sie es von ihm haben. Wenn Sie es faul und dumm schimpfen, wird sein Verhalten auch so sein. Zum Glück ist auch das Gegenteil wahr. Kontrollieren Sie daher, wann immer es geht, Ihre impulsiven Reaktionen. Und vermitteln Sie ihm ein höheres Selbstbild, nach dem es sich richten kann. Ansonsten wird es sich erniedrigen, um sich an das negative Bild anzupassen, das Sie ihm vermitteln.

Ich weiß, daß sich das in der Theorie leicht anhört, aber schwer durchzuführen ist. Ich selbst habe immer wieder Probleme, diesem Rat zu folgen. Aber wir können zumindest versuchen, das zu bieten, was unsere unvollkommenen Kinder von uns unvollkommenen Eltern benötigen.

Muß ich mein Kind den ganzen Tag für jede Kleinigkeit, die es tut, loben? Ist es nicht durchaus möglich, daß dadurch ein verzogenes Kind entsteht, wenn es gesagt bekommt, daß jede Handlung von ihm wunderbar ist?

Ja, übertriebenes Lob ist unnötig. Das Kind gewöhnt sich schnell an Ihr Spiel mit Worten, und Ihre Worte verlieren dann an Bedeutung. Es ist wichtig, zwischen Schmeichelei und Lob zu unterscheiden. Schmeichelei ist unverdient. Schmeichelei ist das, was Oma sagt, wenn sie zu Besuch kommt: »Oh, schau dir nur dieses hübsche kleine Mädchen an! Du wirst jeden Tag schöner!« Oder »Meine Güte, was für ein helles Köpfchen du bist.« Schmeichelei tritt dann auf, wenn Sie das Kind mit Komplimenten für etwas überhäufen, das es nicht selbst geleistet hat.

Lob dagegen wird eingesetzt, um positives, konstruktives Verhalten zu belohnen. Es sollte so spezifisch wie möglich sein. »Du bist ein lieber Junge gewesen . . .«, ist unbefriedigend. »Ich finde toll, wie du dein Zimmer heute in Ordnung gehalten hast«, ist besser. Eltern sollten immer nach Gelegenheiten Ausschau halten, um ihren Kindern ernsthaftes, wohlverdientes Lob mitzuteilen. Leere Schmeicheleien dagegen sollten vermieden werden.

Wie kann ich meinen Sohn, der in die Unterstufe der Oberschule geht, von der Notwendigkeit überzeugen, Verantwortung in seinem Leben zu übernehmen? Er scheint es einfach nicht zu begreifen.

Das Hauptziel in der vorjugendlichen Phase der Erziehung besteht darin, dem Kind beizubringen, daß seine Handlungen unausweichliche Konsequenzen haben. Einer der größten Mankos unserer freizügigen Gesellschaft besteht darin, daß diese beiden Faktoren, Verhalten und die Konsequenz, nicht mehr in Verbindung zueinander gesehen werden. Zu oft geschieht es, daß ein dreijähriges Kind schreiend seine Mutter beschimpft, während die Mutter nur dasteht und vor Verwirrung erstaunt dreinblickt. Oder ein Erstkläßler startet einen Angriff auf seinen Lehrer, aber die Schule läßt das mit Rücksicht auf sein Alter zu und ergreift keine Maßnahmen dagegen. Oder ein Zehnjähriger wird beim Diebstahl von Süßigkeiten in einem Laden gefaßt, aber er wird freigelassen, weil die Eltern den Schaden zahlen. Oder ein Fünfzehnjähriger stiehlt die Schlüssel vom Auto der Familie, aber sein Vater bezahlt das Bußgeld, wenn er erwischt wird. Oder ein Siebzehnjähriger fährt sein Motorrad wie ein Wahnsinniger, und seine Eltern zahlen die Reparaturen, wenn er einen Unfall baut. Sie sehen, die ganze Kindheit hindurch neigen Eltern dazu, zwischen dem Verhalten und seinen ganz normalen Konsequenzen einzugreifen und dadurch den wichtigen Lernprozeß, der hier stattfinden könnte, zu verhindern.

Daher ist es möglich, daß ein junger Mann oder eine junge Frau das Erwachsenenleben beginnt, ohne zu wissen, daß das Leben auch seine harten Seiten haben kann, daß jede Entscheidung, die wir treffen, einen direkten Einfluß auf unsere Zukunft hat, daß unverantwortliches Verhalten schließlich Sorgen und Schmerzen bringt.

Wie läßt sich erreichen, daß das Kind die Konsequenzen, die jedes Verhalten hat, spürt? Indem man bereit ist, das Kind ein vernünftiges Maß an Schmerzen und Unannehmlichkeiten erfahren zu lassen, wenn es sich unverantwortlich verhält. Wenn Jack den Schulbus durch sein eigenes Trödeln verpaßt, lassen Sie ihn ein, zwei Kilometer laufen und die Schule irgendwann vormittags erreichen (wenn nicht das Sicherheitsrisiko zu groß ist). Wenn Janie leichtsinnig ihr Essensgeld verliert, lassen Sie sie auf eine Mahlzeit verzichten. Natürlich ist es möglich, diese Prinzipien auch zu weit zu führen, indem man hart und unbeugsam mit einem unreifen Kind umgeht. Aber der beste Lösungsansatz besteht darin, von Jungen und Mädchen ein gewisses Maß an Verantwortung zu verlangen, und sie ab und zu die bittere Frucht, die Verantwortungslosigkeit mit sich bringt, schmecken zu lassen.

Ich habe jeden Morgen eine furchtbare Zeit, wenn ich meine zehnjährige Tochter fertig machen will, damit sie den Bus noch erreicht. Sie steht auf, wenn ich darauf bestehe, aber sie trödelt und spielt, sobald ich den Raum verlasse. Ich muß sie antreiben und schieben und alle paar Minuten ermahnen — oder sie kommt zu spät. Dadurch werde ich zunehmend zornig und beschimpfe sie schließlich lautstark. Ich weiß, daß das nicht die beste Art ist, mit diesem kleinen Racker umzugehen, aber ich gebe zu, daß sie mich dazu bringt, sie verprügeln zu wollen. Sagen Sie mir, wie ich sie ohne diese tägliche Aufregung auf Trab bringen kann.

Sie spielen Ihrer Tochter direkt in die Hände, indem Sie die Verantwortung dafür übernommen haben, daß sie morgens rechtzeitig fertig wird. Eine Zehnjährige sollte in der Lage sein, dieser Aufgabe allein nachzukommen. Ihr Zorn wird sie wahrscheinlich nicht dazu bringen.

Wir hatten ein ähnliches Problem mit unserer Tochter, als sie 10 Jahre alt war. Vielleicht ist die Lösung, die wir erarbeiteten, eine Hilfe für Sie. Danaes morgendliches Problem hing primär mit ihrer Zwanghaftigkeit bezüglich ihres Zimmers zusammen. Sie ging nicht eher zur Schule, bis ihr Bett perfekt gemacht und jedes bißchen Krimskrams an seinem Platz lag. Das war nicht etwas, was wir ihr beigebracht hatten; sie ging mit ihren Sachen immer schon sehr pedantisch um. (Ich sollte hinzufügen, daß ihr Bruder Ryan dieses Problem nicht kennt.) Danae hätte diese Aufgaben leicht rechtzeitig erledigen können, wenn sie motiviert gewesen wäre, es zu tun, aber sie war nie in besonderer Eile. Meine Frau und ich reagierten auf dieselbe Weise, wie Sie sie beschrieben haben, und warnten, bedrohten, schoben und zogen sie und wurden wirklich zornig, wenn der Uhrzeiger das Ultimatum anzeigte. Shirley und ich besprachen das Problem und kamen überein, daß es eine bessere Methode geben mußte, um durch den Morgen zu kommen. Ich schuf daraufhin ein System, das wir »Kontrollpunkte« nannten. Es funktioniert folgendermaßen: Danae wurde angewiesen, jeden Morgen um 6.30 Uhr aufzustehen. Es war ihre Pflicht, den Radiowecker zu stellen und aus dem Bett zu kommen. Wenn sie es schaffte, rechtzeitig aufzustehen (selbst eine Verspätung von einer Minute wurde als Fehlversuch gewertet), ging sie sofort in die Küche, wo eine Liste an den Kühlschrank geklebt war. Sie kreiste dann entweder ein »Ja« oder ein »Nein« ein, je nachdem, ob sie zum ersten Kontrollzeitpunkt rechtzeitig erschienen war oder nicht. Leichter konnte es nicht sein. Der zweite Kontrollpunkt kam 40 Minuten nach ihrem Aufstehen um 7.10 Uhr. Es wurde von ihr erwartet, daß sie bis zu diesem Zeitpunkt ihr Zimmer zu ihrer eigenen Zufriedenheit aufgeräumt, sich angezogen, die Zähne geputzt, das Haar gekämmt hatte usw., und bereit war, mit den Klavierübungen zu beginnen.

40 Minuten waren reichlich Zeit für diese Pflichten, die in 10 oder 15 Minuten hätten erledigt werden können, wenn sie sich hätte beeilen wollen. Daher war die einzige Möglichkeit, diesen Kontrollpunkt zu verpassen, ihn bewußt zu ignorieren.

Was hatten aber die Kontrollpunkte für eine Bedeutung? Brachte eine Verspätung Zorn und Rache und Zähneknirschen? Natürlich nicht. Die Folgen waren simpel und fair. Wenn Danae einen Kontrollpunkt verpaßte, mußte sie an dem darauffolgenden Abend 30 Minuten früher als üblich zu Bett gehen. Wenn sie beide Punkte verpaßte, verdoppelte sich die Zeit auf eine Stunde. Sie durfte während dieser Zeit im Bett lesen, aber nicht fernsehen oder telefonieren. Dieser Vorgang nahm den allmorgendlichen Druck von Shirley und mir und lastete ihn Danae auf, wo er auch hingehörte. Es kam seitdem vor, daß meine Frau gerade aufgestanden war, um das Frühstück zu machen, und Danae bereits ordentlich am Klavier saß, angezogen und hellwach.

Dieses Beispiel kann Eltern als Modell dienen, wenn sie sich mit ähnlichen Verhaltensweisen ihrer Kinder auseinandersetzen müssen. Es ist nicht unterdrückend; tatsächlich schien Danae es zu mögen, ein Ziel vor Augen zu haben. Die Grenzen des annehmbaren Verhaltens waren exakt festgesetzt. Die Verantwortung lag klar bei dem Kind. Und es machte den Zorn und das Füßestampfen der Erwachsenen überflüssig.

Es gibt viele Einsatzmöglichkeiten für dieses Konzept, um andere schwierige Konflikte in Ihrer Familie zu lösen. Die einzige Grenze setzt Ihre eigene Kreativität und Ihr Einfallsreichtum, den Sie bei der Anwendung entwickeln müssen.

Mein achtjähriger Sohn stellt oft sein Glas Milch zu nah neben seinen Ellbogen, wenn er ißt, und er hat es schon mindestens sechsmal heruntergestoßen. Ich sage ihm andauernd, daß er vorsichtiger sein solle, aber er schafft es nicht. Als er gestern wieder die Milch umstieß, fuhr ich ihn an und verabreichte ihm eine Tracht Prügel. Heute fühle ich mich deswegen elend. Hätte ich geduldiger reagieren müssen?

Ja, es scheint so, als hätten Sie überreizt reagiert. Schläge sollten nur dann angewendet werden, wenn es die Absicht des Kindes ist, nicht zu gehorchen oder sich Ihrer Autorität zu widersetzen. Ein Mißgeschick am Tisch fällt — selbst wenn es oft geschieht — nicht in diese Kategorie. Daher waren die Schläge in der von Ihnen beschriebenen Situation unangemessen (obwohl ich Ihre Frustration verstehen kann). Es wäre besser gewesen, eine Methode zu entwickeln, um seine Aufmerksamkeit zu erlangen und ihn daran zu erinnern, das Glas auf einen sicheren Platz zu stellen. Sie könnten zum Beispiel aus rotem Transparentpapier eine »Gefahren«-Zone ausschneiden und sie neben seinem Teller aufkleben. Wenn er dann sein Glas auf das Papier stellt, muß er zum Beispiel nach dem Essen beim Abwasch helfen. Ich garantiere Ihnen, daß er es selten wieder »vergessen« wird. Wahrscheinlich wird er bei dieser Methode selbst dann das Glas vernünftig plazieren, wenn das Papier wieder entfernt worden ist.

Unsere beiden adoptierten Töchter sind Geschwister. Als wir sie letzten Monat annahmen, waren sie sechs und acht Jahre alt. Sie haben sich recht gut an unser Zuhause gewöhnt und reagieren positiv auf unsere Liebe. Dennoch haben sie viele nachlässige Angewohnheiten; ihnen wurde nicht beigebracht, eine Gabel zu benutzen, und so greifen sie mit den Händen nach dem Essen. Sie lassen den Wasserhahn laufen, hängen nasse Handtücher nicht auf und würden nie ihre Zähne putzen, wenn ich nicht dafür sorgen würde. Wie kann ich ihnen beibringen, Verantwortung für sich selbst zu tragen, wie andere Kinder in dem Alter auch?

Eines der effektivsten Mittel, Kindern Verantwortung beizubringen, ist der Einsatz spezieller Belohnungen für ordentliches Verhalten. So werden sie durch das »Gesetz der Verstärkung« motiviert, wie es von E. L. Thorndike beschrieben wurde. Es besagt: »Verhalten, das erwünschte Konsequenzen auslöst, wird wiederholt.« Mit anderen Worten: Wenn ein Individuum das, was als Resultat seines Verhaltens geschieht, erstrebenswert findet, wird es dazu neigen, diese Handlung zu wiederholen. Wenn Sally die erwünschte Aufmerksamkeit durch Jungen an dem Tag erhält, an dem sie ein neues Kleid trägt, wird sie dieses Kleid wieder und wieder anziehen wollen. Wenn Pancho mit einem bestimmten Tennisschläger gewinnt und mit einem anderen verliert, wird er den Schläger bevorzugen, mit dem er Erfolg hatte. Dieses Prinzip ist entwaffnend einfach, aber es hat fundamentale Auswirkungen auf das menschliche Lernen.

Ein korrekter Gebrauch von Belohnungen (Verstärkungen) wird Ihre Kinder dazu bringen, daß sie ihre Zähne putzen, mit einer Gabel essen und ihre nassen Handtücher aufhängen wollen. Aber das System wird nicht funktionieren, wenn Sie sich darauf beschränken, völlig unsystematisch Geschenke und

Preise zu verteilen. Es gibt spezifische Prinzipien, die befolgt werden müssen, wenn das Gesetz der Verstärkung funktionieren soll.

Einer der wichtigsten Teilbereiche ist die Notwendigkeit einer sofortigen Verstärkung. Eltern machen oft den Fehler, ihren Kindern langfristige Belohnungen anzubieten, aber das führt nur selten zum Erfolg. Es fruchtet normalerweise nicht, dem neunjährigen Joe ein Motorrad anzubieten, wenn er 16 wird, falls er in den sieben Jahren bis dahin in der Schule gute Leistungen bringt. Zweit- und Drittkläßlern wird oft eine Reise zur Oma im nächsten Sommer als Belohnung für ein gutes Benehmen im Laufe des Jahres versprochen. Durch solche Verlockungen bleibt ihr Gehorsam normalerweise unbeeinflußt. Genauso wenig Wirkung erzielt man, wenn man Mary-Lou eine neue Puppe als Weihnachtsgeschenk verspricht, wenn sie dafür im Juli ihr Zimmer ordentlich hält. Die meisten Kinder haben weder die geistige Kapazität noch die Reife, um solch ein Langzeitziel Tag für Tag im Gedächtnis zu behalten. Die Zeit vergeht für sie nur sehr langsam; folglich scheint die Verstärkung für sie unmöglich erreichbar zu sein.

Es ist wichtig für Sie zu verstehen, daß das verantwortungslose Verhalten Ihrer adoptierten Mädchen erlernt ist. Kinder lernen zu lachen, zu spielen, zu rennen und zu springen; sie lernen auch zu weinen, zu schikanieren, zu schmollen, zu kämpfen, einen Wutanfall zu bekommen oder ein Wildfang zu sein. Das Kind wiederholt ein Verhalten, das es als erfolgversprechend ansieht.

Ich fühle mich unwohl, Belohnungen einzusetzen, um meine Kinder zu beeinflussen. Sie erscheinen mir wie Bestechungen. Ich würde gerne Ihre Meinung dazu hören.

Viele Eltern denken so wie Sie, und als Antwort sage ich Ihnen: Setzen Sie sie nicht ein, wenn Sie aus Überzeugung dieses Konzept ablehnen. Es ist jedoch bedauerlich, daß das am besten funktionierende Lehrmittel oft abgelehnt wird wegen eines — wie ich es bezeichnen würde — Mißverständnisses von Begriffen. Unsere gesamte Gesellschaft gründet sich auf einem System der Verstärkung, aber wir wenden es nicht dort an, wo es am meisten benötigt wird: bei kleinen Kindern. Als Erwachsene gehen wir jeden Tag arbeiten und bekommen am Monatsende unseren Lohn. Dadurch wird das Aufstehen jeden Morgen belohnt.

Wie bekommen Sie Ihren fünfjährigen Sohn dazu, sich verantwortlich zu verhalten, wenn Sie positive Verstärkungen als Mittel ablehnen? Am häufigsten werden Klagen, Beschwerden, Bitten, Geschrei, Drohungen und Strafen angewandt. Die Mutter, die gegen den Gebrauch von Belohnungen ist, wird wahrscheinlich jeden Abend mit Kopfschmerzen ins Bett gehen, mit dem Schwur, nie wieder Kinder zu bekommen.

Worin sehen Sie den Unterschied zwischen Belohnungen und Bestechungen?

Belohnungen werden zur Bestechung, wenn sie zur Vermeidung von ungehorsamem Verhalten eingesetzt werden. Es empfiehlt sich zum Beispiel nicht, Belohnungen zu benutzen, wenn das Kind die Autorität seiner Eltern herausgefordert hat. Mama sagt: »Komm her, Lucy«, und Lucy schreit: »Nein!« Es wäre ein Fehler von Mama, Lucy dann Süßigkeiten anzubieten, damit sie der Bitte nachkommt. Sie würde damit in Wahrheit ihren Trotz belohnen.

Ich mache mir Sorgen, daß ich bei der Erziehung meiner Kinder unnötig den Materialismus fördere. Müssen Belohnungen die Form von Geld und Spielzeug haben?

Sicherlich nicht. Alles, was einem Menschen als wünschenswert erscheint, kann als eine Verstärkung für ein bestimmtes Verhalten dienen. Die erfolgreichsten Belohnungen bei Tieren sind die, die die physischen Bedürfnisse befriedigen, während Menschen darüber hinaus durch ihre psychologischen Bedürfnisse motiviert werden.

Einige Kinder würden zum Beispiel lieber ein ernst gemeintes Lob als 10 DM bekommen, besonders wenn die Zustimmung vor anderen Kindern ausgesprochen wird. Kinder und Erwachsene aller Altersstufen suchen eine Befriedigung ihrer emotionalen Bedürfnisse, einschließlich der Sehnsucht nach Liebe, sozialer Akzeptanz und Selbstachtung. Außerdem hoffen sie, intellektuelle Anregung, Unterhaltung und Spaß zu finden. Verbale Verstärkung sollte die gesamte Eltern-Kind-Beziehung durchziehen. Zu oft besteht unsere Leitung der Kinder aus einer Million »Tu das nicht«, die dem Kind um die Ohren geschlagen werden. Wir sollten mehr Zeit darauf verwenden, es für das Verhalten, das wir schätzen, zu belohnen, selbst wenn unsere Belohnung nicht mehr als ein ehrlich gemeintes Kompliment ist. Indem sie sich an das Bedürfnis des Kindes nach Selbstachtung und Akzeptanz erinnern, können besonnene Eltern diese wichtigen Bedürfnisse befriedigen, während sie sie gleichzeitig benutzen, um wichtige Anschauungen und Verhaltensweisen zu vermitteln. Einige Beispiele sind vielleicht hilfreich:

Mutter zur Tochter: »Du hast das Bild aber schön ausgemalt, Rene. Ich sehe gern schöne Bilder. Ich werde es in den Korridor hängen.«

Mutter zum Ehemann in Anwesenheit des Sohnes: »Jack, hast du bemerkt, daß Don sein Fahrrad heute abend in die Garage gebracht hat? Er hat es sonst immer draußen liegen lassen, bis wir ihm gesagt haben, er soll es wegstellen; er wird immer verantwortungsbewußter, findest du nicht auch?«

Vater zum Sohn: »Ich finde es gut, daß du ruhig warst, während ich die Steuererklärung fertiggemacht habe, Sohn. Du warst sehr rücksichtsvoll. Jetzt, wo ich mit dieser Arbeit fertig bin, habe ich mehr Zeit. Warum planen wir nicht für nächsten Sonntag einen Besuch im Zoo?«

Lehrer zum Oberschüler: »Du hast einen interessanten Standpunkt vertreten, Juan. Ich habe noch nie über diesen Aspekt nachgedacht. Mir gefällt deine eigene Art, Dinge zu sehen.«

Mutter zum kleinen Kind: »Kevin, du hast den ganzen Morgen nicht am Daumen gelutscht. Ich bin sehr stolz auf dich. Laß uns sehen, wie lange du es heute nachmittag schaffst«

Es ist unklug von Eltern, das Kind für ein Verhalten zu loben, das sie nicht wünschen. Wenn alles, was ein Kind tut, ihm einen Kuß und ein Schulterklopfen einbringt, wird Mamas Zustimmung allmählich bedeutungslos. Inflation kann den Wert der Verstärkung zerstören.

Ich glaube, ich habe letzten Sonntagabend eine Belohnung richtig eingesetzt, als mein Mann und ich auswärts essen gehen wollten. Als wir das Haus verließen, begannen unsere vier und fünf Jahre alten Söhne zu weinen. Sie schrien und machten ein Theater, bis ich mich daran erinnerte, wie effektiv Belohnungen sein können. Ich holte für die beiden aus dem Küchenschrank jeweils einen Lutscher. Ihr Weinen hörte auf, und wir konnten in Ruhe gehen. Ist das ein Beispiel dafür, wie man das Gesetz der Verstärkung richtig einsetzt?

Leider nein. Anstatt das Verantwortungsbewußtsein zu verstärken, als Sie gingen, haben Sie unabsichtlich die entgegengesetzte Reaktion belohnt. Sie haben Ihrem Kind gezeigt, daß es einen Vorteil hat, das nächste Mal zu weinen, wenn Sie gehen wollen. Die Süßigkeit verstärkte in diesem Fall die Tränen. Es ist tatsächlich erstaunlich einfach und weit verbreitet, unerwünschtes Verhalten bei Kindern zu verstärken. Nehmen wir einmal an, daß Herr und Frau Weichherz heute abend Gäste zum Abendessen haben und ihren dreijährigen Ricky um 19.00 Uhr ins Bett schicken. Sie wissen, daß Ricky, wie immer, weinen wird, aber was sollen sie tun? Ricky beginnt tatsächlich zu weinen. Er beginnt leise (was keinen Erfolg erzielt) und steigert sich allmählich zu einem lauten Geschrei. Schließlich wird Herrn Weichherz das ganze Spektakel zu peinlich, so daß er Ricky aufstehen läßt. Was hat das Kind gelernt? Daß es laut weinen muß, wenn es aufstehen möchte. Herr und Frau Weichherz können sich also für den folgenden Tag auf ein tränenreiches Gefecht einstellen, weil die Methode für Ricky in der vorherigen Nacht so erfolgreich war.

Vielleicht ist folgendes Beispiel hilfreich: Der siebenjährige Abe will die Aufmerksamkeit der ganzen Familie, und er kennt keinen konstruktiven Weg, das zu erreichen. Beim Abendessen sagt eines Abends seine Mutter: »Iß deine Bohnen, Abe«, worauf er trotzig antwortet: »Nein! Ich werde diese blöden Bohnen nicht essen.« Er hat sein Ziel erreicht — alle Augen und Ohren der Familie gehören ihm. Abes Mutter kann seinen Trotz noch verstärken, indem sie sagt: »Wenn du deine Bohnen ißt, bekommst du eine Belohnung.« Eltern müssen sicherstellen, daß die Verstärkungen, die sie einsetzen, positive und nicht negative Resultate zeigen.

Meine vierjährige Tochter jammert ständig. Sie spricht kaum noch in einem normalen Tonfall. Wie kann ich ihr das abgewöhnen?

Es ist bekannt, daß ein unverstärktes Verhalten schließlich verschwinden wird. Dieser Prozeß, den Psychologen Löschung nennen, kann sehr hilfreich für Eltern und Lehrer sein, die bestimmte Angewohnheiten von Kindern unterbinden wollen. Die Tierwelt bietet viele interessante Beispiele für Löschungen. Denken Sie daran, wie es Elefanten beigebracht wird, sich nicht jeden Abend mit aller Kraft gegen die Kette zu wehren, die sie hält. Wenn ein Elefant jung ist, wird sein Fuß an einen Zementblock gekettet, der absolut unbeweglich ist. Der Elefant wird wiederholt versuchen, gegen dieses Hindernis anzugehen, aber ohne Erfolg, wodurch sein Fluchtverhalten ausgelöscht wird. Später reichen dann ein dünnes Seil und ein zerbrechlicher Stab, um den mächtigen Elefanten zu halten.

Um unerwünschtes Verhalten zu löschen, muß man die betreffende Verstärkung identifizieren und dann beseitigen. Lassen Sie uns das Prinzip auf das von Ihnen erwähnte Jammern anwenden. Warum jammert Ihre Tochter, anstatt mit normaler Stimme zu sprechen? Weil Sie ungewollt ihr Jammern verstärkt haben! Solange Ihr Kind mit normaler Stimme redet, sind Sie zu beschäftigt, ihr zuzuhören. Ich bin sicher, sie redet ohnehin den ganzen Tag, so daß Sie wahrscheinlich das meiste überhören. Aber wenn Ihre Tochter in einem heiseren, störenden, unangenehmen Tonfall spricht, schauen Sie nach, was los ist. Ihr Jammern erzielt Ergebnisse; ihre normale Stimme tut das nicht; sie wird ein Jammerer. Um das Jammern zu löschen, müssen Sie nur die Verstärkung umkehren. Sie sollten damit anfangen, indem Sie sagen: »Ich kann dich nicht verstehen, weil du so jammerst. Ich habe seltsame Ohren; sie können einfach kein Jammern wahrnehmen.« Nachdem diese Botschaft ein oder zwei Tage lang vermittelt wurde, sollten Sie nicht mehr zeigen, daß Sie den störenden Tonfall wahrnehmen. Sie sollten dann Ihrer Tochter sofortige Aufmerksamkeit schenken, wenn eine Bitte in normalem Tonfall vorgetragen wird. Wenn diese Kontrolle der Verstärkung richtig eingesetzt wird, garantiere ich Ihnen die gewünschten Resultate. Alles Lernen gründet sich auf dieses Prinzip, und die Ergebnisse sind sicher und genau bestimmbar. Allerdings kann es sein, daß Oma und Onkel Albert weiterhin das Verhalten verstärken, das Sie beseitigen wollten, und sie können es somit wachhalten.

Mein Kind hat Angst im Dunkeln. Kann das Prinzip der Auslöschung bei der Überwindung dieser Angst hilfreich sein?

Auslöschung ist eines der effektivsten Mittel, um Kindern bei der Überwindung irrationaler Ängste zu helfen. Ich beriet eine Mutter, die sich wegen der Angst ihrer dreijährigen Tochter vor der Dunkelheit Sorgen machte. Trotz des Gebrauchs eines Nachtlichtes und trotz geöffneter Schlafzimmertür hatte Marla Angst, in ihrem Zimmer allein zu bleiben. Sie bestand darauf, daß ihre Mutter jeden Abend bei ihr blieb, bis sie eingeschlafen war, was auf Dauer sehr zeitaufwendig und unbequem wurde. Wenn Marla nachts einmal aufwachte, schrie sie sogleich um Hilfe. Es war offensichtlich, daß das Kind nicht bluffte; sie war ernsthaft verängstigt.

Ängste wie diese sind keine angeborenen Eigenschaften des Kindes, sie sind erlernt. Eltern müssen vorsichtig sein, wenn sie ihre Ängste zeigen, weil ihre Kinder erstaunlich aufnahmefähig für dieselben Sorgen sind. Aus diesem Grund kann auch ein liebgemeintes Necken einem Kind Probleme bringen. Wenn ein Kind in einen dunklen Raum geht und es jemand von hinten anspringt, hat es etwas aus dem Scherz gelernt: die Dunkelheit ist nicht immer leer! In Marlas Fall ist es unklar, wo sie die Angst vor der Dunkelheit erlernte, aber ich glaube, daß ihre Mutter unbeabsichtigt das Problem vergrößerte. In ihrer Sorge um Marla zeigte sie ihre Betroffenheit, und Marla begann zu glauben, daß ihre Angst gerechtfertigt sei. »Sogar Mutter macht sich deswegen Sorgen.« Die Furcht wurde so groß, daß Marla nicht mehr ohne Begleitung durch einen schwach beleuchteten Raum gehen konnte. An diesem Punkt wurde das Kind zu mir geschickt.

Ich schlug vor, daß die Mutter Marla sagen sollte, daß sie ihr helfen würde festzustellen, daß es nichts gab, vor dem sie sich fürchten müßte. (Es ist normalerweise fruchtlos, zu versuchen, einem Kind die Ängste auszureden, aber es hilft, ihm zu zeigen, daß Sie selbst unerschrocken sind.) Sie kaufte ein Paket Sternchen und bastelte eine Liste, die zeigte, wie sich Marla einen neuen Plattenspieler verdienen konnte. Dann stellte sie ihren Stuhl vor Marlas Schlafzimmertür. Marla erhielt einen Stern, wenn sie eine kurze Zeit (10 Sekunden) in ihrem Schlafzimmer verbringen konnte, während das Licht brannte und die Tür offen war. Der erste Schritt war nicht sehr bedrohlich, und Marla fand Gefallen an dem Spiel. Es wurde mehrere Male wiederholt; dann wurde sie gebeten, ein paar Schritte in den verdunkelten Raum zu gehen, während die Tür immer noch offenstand und Mutter im Flur bis zehn zählte. Marla gelang diese Aufgabe einige Male, und sie erhielt jedesmal einen Stern. Beim nächsten Mal war die Tür halb geschlossen und schließlich — bis auf einen winzigen Spalt — ganz zu. Am Ende hatte Marla den Mut, den dunklen Raum zu betreten, die Tür zu schließen und auf dem Bett zu sitzen, während ihre Mutter bis zehn zählte. Sie wußte, daß sie den Raum, wenn sie wollte, sofort verlassen konnte. Die Mutter sprach bestimmt und ruhig. Die Zeitspanne in der Dunkelheit wurde allmählich vergrößert, und anstatt Furcht zu erzeugen, brachte es dem Kind Sterne und schließlich einen Plattenspieler ein. Der Mut wurde verstärkt, die Angst ausgelöscht. Der Teufelskreis der Angst war dadurch gebrochen und durch eine gesunde Einstellung ersetzt worden.

Umgang mit Jugendlichen

Ich weiß, daß ich meinem Sohn Ricky das Wesentliche über Sexualität vermitteln sollte, bevor er in die Pubertät kommt. Aber was muß ich ihm sonst noch sagen?

Sie müssen ihm unter anderem von den dramatischen körperlichen Veränderungen erzählen, die jetzt kurz bevorstehen. Ich habe festgestellt, daß sich uninformierte Teenager in zwei Kategorien unterscheiden lassen: Die erste Gruppe weiß nicht, daß es diese Veränderungen gibt, und ist zu Tode erschrocken über das, was geschieht. Die zweite Gruppe ist sich darüber im klaren, daß gewisse Veränderungen eintreten sollten, und ist besorgt, weil sich diese verspäten. Deshalb sind Zweifel und Furcht während der Jugendjahre so weit verbreitet. Aber sie können durch vernünftige elterliche Erläuterungen vermieden werden.

Bitte gehen Sie mehr ins Detail. Was sind die wichtigsten körperlichen Veränderungen, von denen ich Ricky erzählen sollte?

Es gibt vier Bereiche, die ein »Muß« für Gespräche dieser Art sind. Lassen Sie mich sie kurz nennen.

1. Schnelles Wachstum wird einsetzen und für eine Weile viel Energie und Kraft aufbrauchen. Der Teenager benötigt mehr Schlaf und eine bessere Ernährung als zuvor.
2. Der Körper wird sich schnell zu dem eines Erwachsenen verändern. Die Sexualorgane werden reifen und von Schamhaar umgeben sein. (Betonen Sie bei Jungen diesen Punkt: Die Größe des Penis ist von keiner physischen Wichtigkeit. Viele Jungen sorgen sich, weil sie ein kleines Organ haben, aber das wirkt sich auf die Zeugung eines Kindes oder die sexuelle Befriedigung als Erwachsener nicht aus. Bei

Töchtern sollte die Entwicklung der Brust auf ähnliche Weise behandelt werden.)

3. Alle Details des Menstruationszyklus müssen Ihrer Tochter vor ihrer ersten Periode bekannt sein. Es ist ein erschreckendes Erlebnis für ein Mädchen, diesen Aspekt der Reife ohne Vorwarnung zu erleben. Bücher und Filme sind hilfreich, diesen Meilenstein in der Entwicklung zu erklären, und sie sollten benutzt werden. Die wichtigste elterliche Verantwortung an diesem Punkt ist die Vermittlung von einem positiven Verhältnis zur Menstruation, anstatt traurig zu sagen: »Das ist das Kreuz, das du als Frau tragen mußt.«

4. Es ist sehr wichtig, daß die Zeitspanne der Pubertät besprochen wird, weil sich darin viele Sorgen und Verstörungen verbergen. Die Phase der verstärkten sexuellen Entwicklung kann bei Jungen bereits mit 12 oder erst mit 19 und bei Mädchen zwischen dem 10. und 17. Lebensjahr auftreten. Sie kann also bei manchen Kindern sieben Jahre eher beginnen als bei anderen! Und die Kinder, die sich sehr früh oder sehr spät entwickeln, sehen normalerweise schweren psychologischen Problemen entgegen. Es gibt vier Extreme, die beachtet werden sollten:

Der spät-reifende Junge. Er weiß ganz genau, daß er immer noch ein Baby ist, während seine Freunde erwachsen geworden sind. Er telefoniert, und am anderen Ende der Leitung sagt man zu ihm »Fräulein«! Was für eine Schande! Er ist in diesem Alter sehr an Sport interessiert, aber er kann sich mit den größeren, stärkeren Jungen nicht messen. Er wird in der Umkleidekabine wegen seiner sexuellen Unreife gehänselt. Was ihn weiterhin verletzt, ist die Tatsache, daß er einige Jahre lang kleiner ist als die meisten Mädchen seines Alters! (Sie hatten bereits ihren Wachstumsschub und er nicht.) Er fürchtet, daß bei ihm etwas fürchterlich verkehrt läuft, aber er wagt es nicht, mit irgend jemandem darüber zu reden. Es ist ihm zu peinlich. Das vorpubertäre Kind kann oftmals der größte Störenfried in der Schule sein, weil er viel von seiner zweifelhaften Männlichkeit unter Beweis stellen muß.

Das spät-reifende Mädchen. Das Leben ist nicht leichter für das Mädchen, dessen innere Uhr langsam läuft. Sie blickt an ihrem flachen Körper herab und schaut sich dann ihre bebusten Freundinnen an. Bereits zwei oder drei Jahre lang haben diese ihr ihre Erfahrungen mit der Menstruation mitgeteilt, aber sie kann nicht mitreden. Sie hat von der Clique den Spitznamen »Babyface« bekommen, und sie sieht tatsächlich wie eine Achtjährige aus. Wenn wir daran erinnern, welche Rolle physische Attraktivität bei der Selbstachtung spielt, wird deutlich, warum die Spätentwickler Minderwertigkeitsgefühle bekommen können, selbst wenn sie attraktive Anlagen haben mögen. Und wenn ihnen keiner etwas anderes sagt, schließen sie wahrscheinlich daraus, daß sie nie erwachsen werden.

Das frühreife Mädchen. Wenn es nachteilig ist, spät heranzureifen, würde man das Gegenteil wahrscheinlich für emotional gesund halten. So ist es aber nicht. Da Mädchen sich sexuell im Durchschnitt ein bis zwei Jahre vor den Jungen entwickeln, ist das Mädchen, das noch vor ihren Kameradinnen in die Pubertät kommt, anderen kilometerweit voraus. Ihre körperliche Stärke bietet ihr keine Vorteile in unserer Gesellschaft, und es ist einfach nicht akzeptabel, bereits mit zehn Jahren verrückt auf Jungen zu sein.

Der frühreife Junge. Im Gegensatz dazu ist der frühreife Junge mit großen sozialen Vorteilen gesegnet. Er ist zu einer Zeit stark, wo Kraft von seinen Kameraden verehrt wird, und sein Selbstvertrauen wächst in dem Maße, wie seine sportlichen Erfolge bekannt werden. Seine frühe Entwicklung stellt ihn auf eine Stufe mit den Mädchen seiner Klasse, die ebenfalls sexuell erwachen. Daher hat er das ganze Revier für ein, zwei Jahre für sich allein. Untersuchungen bestätigen, daß der frühreife Junge öfter emotional gefestigt, selbstbewußt und sozial akzeptiert ist als andere Jungen. Er wird wahrscheinlich auch im späteren Erwachsenenleben erfolgreicher sein als andere.

Wenn Sie mit Ihrem Vor-Teenager über diese Extreme sprechen, sollten Sie ihm versichern, daß es bei einigen Kindern ganz »normal« ist, zu früh oder spät in die Entwicklung einzutreten. Es bedeutet nicht, daß irgend etwas mit seinem Körper falsch ist. Wenn Ihr Kind tatsächlich ein Spätentwickler ist, wird es zusätzliche Beratung und Unterstützung bei solchen Gesprächen brauchen, damit sich die Tür der Kommunikation im Blick auf die Ängste und Sorgen des Wachstums öffnet.

Mein dreizehnjähriger Sohn ist im Laufe der letzten Jahre zunehmend träger geworden. Er liegt die meiste Zeit zu Hause herum und verschläft samstags den halben Tag. Er klagt darüber, daß er oft müde ist. Ist das typisch für die frühe Jugend? Wie soll ich damit umgehen?

Es ist für Jungen und Mädchen während der vorpubertären Jahre nicht untypisch, Müdigkeit zu verspüren. Ihre körperlichen Ressourcen werden in dieser Zeit in den schnellen Wachstumsprozeß investiert, und so bleibt nur wenig Energie für andere Aktivitäten. Diese Phase dauert nicht lange, und ihr folgt normalerweise die energiegeladenste Phase des Lebens.

Ich schlage vor, daß Sie Ihren Sohn zu einer körperlichen Routineuntersuchung bringen, um die Möglichkeit einer ernsteren Erklärung für seine Müdigkeit auszuschließen. Wenn es sich als ein Phänomen der Pubertät herausstellt, wie ich vermute, sollten Sie den Dingen freien Lauf lassen. Sorgen Sie dafür, daß er viel Ruhe und Schlaf bekommt. Diesem Bedürfnis wird jedoch oft nicht begegnet, weil Teenager glauben, sie seien zu alt, um noch wie früher früh ins Bett zu gehen. Sie bleiben lange auf und schleppen sich völlig erschöpft durch den folgenden Tag. Überraschenderweise braucht eine zwölf- oder dreizehnjährige Person in Wirklichkeit mehr Schlaf als eine neun- oder zehnjährige.

Lassen Sie Ihren Sohn samstags morgens ruhig schlafen, wenn es möglich ist. Es fällt Eltern oft schwer, ihren ausgewachsenen Söhnen und Töchtern zu gestatten, bis 9.30 Uhr im Bett zu bleiben, wenn der Rasen gemäht werden muß. Sie sollten jedoch wissen, daß Ihr Sohn im Bett liegt, weil er wirklich mehr Schlaf braucht, und sie sollten ihm das gestatten. Bitten Sie ihn, den Rasen zu mähen, wenn er wach ist.

Zweitens ist die Nahrung, die Ihr Sohn in dieser Zeit zu sich nimmt, sehr wichtig. Sein Körper braucht die Rohstoffe, mit denen die neuen Muskelzellen, die Knochen und die Fasern aufgebaut werden.

Meine dreizehnjährige Tochter sieht immer noch wie ein Junge aus, aber sie besteht darauf, daß ihre Mutter ihr einen BH kauft. Glauben Sie mir, sie benötigt wirklich keinen, und der einzige Grund, weshalb sie einen haben will, ist, daß ihre Freundinnen einen tragen. Soll ich nachgeben?

Ihre noch flach gebaute Tochter braucht den BH, um mit den anderen mitzuhalten, um Spott zu vermeiden und sich wie eine Frau zu fühlen. Das alles sind sehr gute Gründe. Ihre Frau sollte gleich morgen früh, wenn nicht sogar eher, der Bitte nachkommen.

Unsere Teenager-Tochter ist in den letzten Monaten sehr schamhaft geworden und verlangt sogar, daß ihre Schwester das Zimmer verläßt, wenn sie sich anzieht. Ich denke, das ist albern. Wie sehen Sie das?

Nein, ich würde vorschlagen, daß Sie ihr Verlangen nach einer Privatsphäre achten. Ihre Sensibilität wird wahrscheinlich durch die Erkenntnis verursacht, daß ihr Körper sich verändert, und sie schämt sich für diese Entwicklungen (oder ihr Ausbleiben). Diese Phase geht vorüber, und Sie sollten sich solange nicht dagegenstellen.

Kinder scheinen heute eher heranzuwachsen als früher. Wenn es so ist, worauf ist ihre schnellere Entwicklung zurückzuführen?

Statistische Erhebungen zeigen, daß unsere Kinder heute größer werden als früher, was vielleicht mit der besseren Ernährung, der medizinischen Versorgung, der Ruhe und der Freizeit zusammenhängt. Dieses bessere physische Umfeld hat offensichtlich die sexuelle Reife veranlaßt, zu immer früheren Zeitpunkten aufzutreten. Es wird angenommen, daß die Pubertät bei einem Kind beginnt, sobald es eine bestimmte

Wachstumsstufe erreicht hat; wenn daher umweltbedingte Umstände für ein schnelleres Wachstum sorgen, wird das Kind auch eher geschlechtsreif. Zum Beispiel lag 1850 bei norwegischen Mädchen das Alter bei der ersten Menstruation bei 17,0 Jahren; 1950 waren es 13,0 Jahre. Das durchschnittliche Alter der Pubertät sank innerhalb von einem Jahrhundert um vier Jahre. In den Vereinigten Staaten sank das Durchschnittsalter bei der ersten Periode von 14,2 im Jahre 1900 auf 12,9 im Jahre 1950.

Neuere Erhebungen zeigen, daß der Durchschnitt jetzt fast auf 12,6 Jahre gesunken ist! Daher ist der Trend zu immer früheren Beziehungen und sexueller Bewußtheit ein Resultat, das zumindest zum Teil auf diesen physischen Mechanismus zurückzuführen ist.

Ich fühle mich gekränkt, weil mein Teenager beschämt zu sein scheint, wenn er mit mir gesehen wird. Ich habe ihn zur Welt gebracht und ihm mein ganzes Leben gewidmet. Jetzt schämt er sich auf einmal, mit mir gesehen zu werden, besonders wenn er seine Freunde trifft. Ist das normal?

Sie sollten verstehen, daß Teenager von der großen Sehnsucht erfüllt sind, erwachsen zu sein, und sie lehnen alles ab, was andeutet, daß sie noch Kinder sind. Wenn Sie zum Beispiel Freitag abends mit »Mama und Papa« gesehen werden, ist das für sie eine unerträgliche Demütigung. Sie schämen sich nicht für ihre Eltern; ihnen ist nur die Eltern-Kind-Rolle peinlich, die sie an frühere Jahre erinnert. Obwohl es für Sie jetzt schwierig ist, täten Sie gut daran, diesen durchaus positiven Aspekt des Erwachsenwerdens zu akzeptieren.

Ihre Liebesbeziehung zu Ihrem Kind wird in wenigen Jahren neu entstehen, obwohl es nie wieder eine Eltern-Kind-Beziehung sein wird. Und genau das ist der Prozeß, wie Gott ihn geplant hat.

Muß ich mich in meiner Kleidung, Sprache, meinem Geschmack und Benehmen wie ein Teenager verhalten, um meinem Jugendlichen zu beweisen, daß ich ihn verstehe?

Nein. Einen »Möchtegern-Jugendlichen« von 35 Jahren umgibt etwas Peinliches. Es war nicht notwendig für Sie, auf dem Boden herumzukriechen und ein Theater zu machen, um Ihr zweijähriges Kind zu verstehen; also können Sie jetzt auch Ihr Mitgefühl einem Teenager gegenüber ausdrücken, ohne selbst ein anachronistischer »Teenybopper« zu werden. Der eigentliche Grund für die eigene Art des Jugendlichen ist sein Wunsch, eine von uns abgegrenzte Identität zu erlangen. Sie bereiten ihm nur Schwierigkeiten, wenn Sie sein Gebiet in Beschlag nehmen und ihn schlußfolgern lassen: »Mama versucht es ja, aber ich wünschte, sie würde endlich erwachsen!« Außerdem wird er gelegentlich eine Autoritätsperson brauchen, und das ist Ihre Aufgabe!

Wie kann ich meinem Vierzehnjährigen den Wert des Geldes beibringen?

Es ist sinnvoll, ihm genügend Geld zu geben, um bestimmte Bedürfnisse zu erfüllen — und ihn dann damit umgehen zu lassen. Sie können damit anfangen, indem Sie ihm das wöchentliche Essensgeld für die Schule geben. Wenn er alles an einem Wochenende ausgibt, ist es seine Pflicht, sich entweder das Geld für das Mittagessen zu verdienen oder zu hungern. Das ist die harte Realität, der er auch im späteren Leben begegnen muß, und es schadet ihm nicht, diese Lektion zu lernen, während er noch ein Jugendlicher ist. Ich sollte vielleicht erwähnen, daß man mit diesem Prinzip gelegentlich ein Eigentor erzielt. Ein befreundeter Arzt hat vier Töchter, und er gibt jeder eine Möglichkeit pro Jahr, sich selbst Kleidung auszusuchen und zu kaufen, sobald sie 12 Jahre alt ist. Die Mädchen übernehmen die Verantwortung für die Garderobe, die während des Jahres benötigt wird. Das letzte Kind jedoch schien mit zwölf noch nicht reif genug zu sein, um mit dieser Verantwortung zurechtzukommen.

Sie feierte ihren 12. Geburtstag mit dem Kauf eines teuren Mantels, der tief in ihr vorhandenes Kapital eingriff. Im folgenden Frühling brauchte sie ihre Reserven völlig auf und trug die restlichen drei Monate des Jahres zerrissene Strümpfe, Hosen mit Löchern und ausgefranste Kleider. Es war schwierig für ihre Eltern, nicht einzugreifen, aber sie hatten den Mut, sie diese wichtige Lektion lernen zu lassen, wie man mit Geld umgehen muß.

Was ist die schwierigste Phase der Jugend?

Das 13. und 14. Lebensjahr sind normalerweise die schwierigsten 24 Monate des Lebens. Während dieser Zeit erreichen Selbstzweifel und Minderwertigkeitsgefühle ihren Höhepunkt, ganz abgesehen von dem großen sozialen Druck, der auch vorher schon spürbar war. Das Wertgefühl eines Jugendlichen hängt sehr stark von der Akzeptanz in der Gruppe der Gleichaltrigen ab, die manchmal schwer zu erzielen ist. Daher haben auch relativ harmlose Situationen, in denen Ablehnung und Spott spürbar werden, starke Auswirkungen auf die, die sich ohnehin bereits als Dummköpfe und Versager sehen. Es kann kaum überschätzt werden, welche Konsequenzen es hat, während eines Schulausflugs allein auf einem Platz in dem Bus sitzen zu müssen; oder zu einem wichtigen Ereignis nicht eingeladen zu werden; oder von der eigenen Gruppe ausgelacht zu werden; oder morgens aufzuwachen und sieben neue glänzende Pickel auf der unebenen Stirn zu entdecken; oder von einem Mädchen geschlagen zu werden, von dem man dachte, daß es einen genauso mag, wie man sie. Einige Jungen und Mädchen erleben während ihrer gesamten Teenagerzeit andauernd solche sozialen Katastrophen. Sie werden diese Erfahrungen nie vergessen.

Mich schmerzt es ungemein, ansehen zu müssen, wie sehr mein Sohn unter seiner mangelnden Selbstachtung leidet. Er geht jetzt in die Unterstufe, und ich weiß, daß er eine harte Zeit durchmacht. Glauben Sie, daß er aus dieser schwierigen Phase wieder herauskommt, oder werden ihn diese Gefühle auch in den folgenden Jahren begleiten?

Trotz allem, was ich über den Schmerz mangelnder Selbstachtung geschrieben habe, kann man dieser Angelegenheit auch eine positive Seite abgewinnen. Denken Sie daran, daß die menschliche Persönlichkeit durch leichte Widerstände wächst. Im Gegensatz zu dem, was Sie wahrscheinlich glauben, sollte das ideale Umfeld für Ihr Kind nicht völlig frei von Problemen und Versuchungen sein. Ich würde niemals — selbst, wenn ich könnte — alle Hürden aus dem Weg meiner Kinder räumen und ihnen ermöglichen, unbeschwert draufloszuspazieren. Jugendliche haben das Recht, Probleme anzugehen und aus den Konfrontationen zu lernen.

Ich kann den Wert kleinerer Probleme aus eigener Erfahrung bestätigen. Meine Kindheit war erstaunlich fröhlich und sorgenlos. Ich wurde zweifellos geliebt, und meine schulischen Leistungen waren nie ein Grund zur Klage. Tatsächlich habe ich bis heute Freude und Erfüllung in meinem Leben erfahren, mit der Ausnahme zweier schmerzlicher Jahre. Diese problembeladenen Jahre waren mein 13. und 14. Lebensjahr, als ich in die siebte und achte Klasse ging.

Während dieser Zeit befand ich mich in einem sozialen Kreuzfeuer, das dieselben Minderwertigkeitsgefühle und Selbstzweifel aufkommen ließ, wie Sie sie beschrieben haben. Diese zwei Jahre aber fügten, so seltsam es auch erscheinen mag, meiner erwachsenen Persönlichkeit mehr positive Eigenschaften hinzu als jede andere Zeitspanne, die mir in den Sinn kommt. Mein Mitgefühl für andere, meine Sehnsucht, im Leben Erfolg zu haben, meine Motivation, die Schule zu schaffen, und meine Kommunikation mit Teenagern sind primär die Ergebnisse dieser schmerzhaften Jahre. Obwohl es sicherlich im Moment schwerfällt, es zu akzeptieren, benötigt auch Ihr Sohn diese kleinen Rückschläge und Enttäuschungen, die ihm derzeit begegnen. Wie kann er lernen, mit Frustrationen und Problemen umzugehen, wenn seine frühen Erfahrungen gar keine Anfechtungen beinhalten? Ein Baum, der in einen Regenwald gepflanzt wird, ist nie gezwungen, seine Wurzeln weit in die Erde zu strecken, um Wasser zu finden; folglich bleibt er schlecht verankert und kann durch einen wilden Sturm umgeworfen werden. Aber ein Baum, der in die trockene Wüste gesetzt wurde, ist durch seine feindliche Umgebung bedroht. Er kann nur überleben, indem er seine Wurzeln mehr als 30 Meter tief in die Erde wachsen läßt, um kühles Wasser zu finden. Durch seine Anpassung an das dürre Land geschieht etwas Wunderbares: Der gut verwurzelte Baum wird stark und widersteht allen Angriffen.

Dieses Beispiel gilt auch für Kinder: Diejenigen, die gelernt haben, Probleme in Angriff zu nehmen, sind sicherer als die, die sie nie erlebt haben. Wir Eltern sollten daher nicht jedes Problem für unsere Kinder lösen. Wir sollten ihnen als Verbündete helfen, sie ermutigen, wenn sie besorgt sind, eingreifen, wenn die Bedrohungen überhand nehmen, und vor allem ihnen Mittel an die Hand geben, mit deren Hilfe sie die Hindernisse selbst überwinden können.

Unser 15jähriger Sohn kocht zu Hause buchstäblich vor Feindseligkeit: gegen seine Mutter und mich, gegen seine Schwester, gegen die Welt. Glauben Sie mir, wir haben nichts getan, das seinen Ärger rechtfertigen könnte, und ich verstehe nicht, was ihn erzeugt haben könnte. Aber andere Eltern von Teenagern berichten von demselben Problem. Warum sind so viele Jugendliche zornig auf ihre Eltern und die ganze Familie? Manchmal scheinen sie gerade die Leute zu hassen, die sie am meisten lieben.

Zumindest teilweise läßt sich diese Frage durch den »Zwischen«-Status von Jugendlichen erklären. Sie durchleben eine Zeit, in der sie weder die Privilegien des Erwachsenseins genießen können, noch die Vorteile der Kindheit. Stellen Sie sich die Notlage eines durchschnittlichen Fünfzehnjährigen vor. All die hochgepriesenen Erwachsenenprivilegien und -laster bleiben ihm verwehrt, weil er zu jung ist. Er kann nicht Autofahren oder heiraten oder zur Armee gehen oder Alkohol trinken oder rauchen oder arbeiten gehen oder sein Zuhause verlassen. Und seinen sexuellen Sehnsüchten wird die Erfüllung zu einer Zeit verweigert, in der sie nach Befriedigung schreien. Das einzige, was ihm gestattet ist, so scheint es, ist der Schulbesuch und das Lesen langweiliger Lehrbücher. Das ist natürlich eine Übertreibung, aber sie erfolgt aus der Sicht eines Jugendlichen, der sich seiner Rechte beraubt und von der Gesellschaft nicht ernst genommen fühlt. Viel von dem Zorn der heutigen Jugend entsteht durch ihre Wahrnehmung dieser Ungerechtigkeit.

Es gibt noch eine andere Seite dieses Problems. Ich bin davon überzeugt, daß die in einem Körper ablaufenden Hormonveränderungen wichtiger für die Gefühle sind, als bisher angenommen wurde. Wie sonst läßt sich die Universalität dieser emotionalen Instabilität während dieser Jahre erklären? Nachdem ich Tausende von Kindern in dieser Phase beobachtet habe, verblüfft es mich immer noch, daß plötzlich lehrbuchmäßige Charakteristiken auftauchen, als reagierten diese Menschen auf einen programmierten Computer. Wahrscheinlich tun sie das auch. Ich kann die Wahrheit dieser Hypothese nicht belegen, aber sie ergibt für mich Jahr für Jahr immer mehr Sinn.

Mein Sohn im Teenageralter trifft sich kaum mit seinen Freunden und beteiligt sich nur an wenigen Aktivitäten. Er bleibt die meiste Zeit auf seinem Zimmer und telefoniert noch nicht einmal häufig. Was, glauben Sie, veranlaßt ihn, sich so zu isolieren?

Er hat vielleicht eine der am weitesten verbreiteten Arten übernommen, mit tiefen Gefühlen der Unzulänglichkeit und der Minderwertigkeit umzugehen: der Rückzug in die innere Emigration.

Wer diesen Weg wählt, hat für sich beschlossen, daß er minderwertig ist. Er mißt seinen Wert an der Reaktion der Kameraden, was während der konkurrenzträchtigen Jugendjahre zerstörerisch sein kann. Daraus schließt er: »Ja, es ist wahr! Ich bin ein Versager, wie ich es befürchtet habe. Selbst jetzt lachen Menschen über mich. Wo kann ich mich verstecken?«

Nachdem er sich von seiner eigenen Wertlosigkeit überzeugt hat — was sein erster Fehler war! —, ist er gezwungen, sein verwundetes Ego vor weiterem Schaden abzuschirmen. »Vorsicht« wird für ihn zum Leitwort. Er zieht sich in eine Schale der Stille und Einsamkeit zurück und ist darauf bedacht, keine unnötigen emotionalen Risiken einzugehen.

Besonders während der Grundschulzeit haben wir Grund, uns über die emotionale Gesundheit des sich zurückziehenden Kindes mehr Sorgen zu machen als über das Verhalten des aggressiveren Störenfrieds. Kinder in beiden Extremen brauchen oft die Hilfe der Erwachsenen, aber der Zurückgezogene wird sie viel seltener bekommen. Er stört niemanden. Er kooperiert mit seinen Lehrern und versucht, Konflikten mit seinen Kameraden aus dem Wege zu gehen. Aber seine ruhige Art wird fatalerweise allzu oft falsch interpretiert. Die Erwachsenen können leicht übersehen, daß sich dieses zerstörerische Selbstbild schnell festigt. Betrachtet man alle denkbaren Möglichkeiten, mit Minderwertigkeitsgefühlen umzugehen, dann ist Schüchternheit wahrscheinlich die am wenigsten effektive und schmerzhafteste.

Mein Sohn Brian ist jetzt 14 Jahre alt, und er ist plötzlich in eine Phase der Rebellion eingetreten, wie ich sie noch nie erlebt habe. Er bricht überall die Regeln und scheint die ganze Familie zu hassen. Er wird natürlich ärgerlich, wenn seine Mutter und ich ihn zu disziplinieren versuchen, aber selbst in den ruhigeren Phasen des Tages scheint er uns kategorisch abzulehnen. Letzten Freitag kam er abends eine Stunde zu spät nach Hause, und er weigerte sich, zu erklären, wieso er so spät kam, und machte nicht einmal die Andeutung einer Entschuldigung. Wir befinden uns mitten in einem Alptraum, den ich, als ich jung war, nie erlebt habe. Bitte sagen Sie mir genau, wie ich mit dieser Situation umgehen soll, indem Sie vielleicht sogar in einer Art Rollenspiel deutlich machen, wie ich ihm begegnen sollte. Ich muß wissen, was ich sagen soll, wenn der Moment kommt.

Ich schlage vor, daß Sie an einem Samstag Brian zu einem Frühstück auswärts einladen, während der Rest der Familie zu Hause bleibt. Es wäre das beste, wenn dies während einer relativ ruhigen Phase stattfinden könnte, sicher nicht inmitten eines Streites. Sagen Sie ihm ruhig, daß Sie einige wichtige Dinge mit ihm besprechen müssen, die Sie zu Hause nicht diskutieren können, aber sagen Sie ihm vorher nicht, worum es genau gehen soll. Dann sagen Sie während des Frühstücks im passenden Moment etwa folgendes:

Umgang mit Jugendlichen

A. Brian, ich wollte heute mit dir über die Veränderungen sprechen, die ich zur Zeit an dir beobachte. Wir wissen beide, daß die letzten Wochen nicht sehr angenehm waren. Du warst die meiste Zeit wütend und bist ungehorsam und unverschämt geworden. Deine Mutter und ich haben uns auch nicht gerade vorbildlich verhalten. Wir waren reizbar und haben Dinge gesagt, die wir später bedauerten. Das ist nicht das, was Gott von uns Eltern verlangt oder von dir als unserem Sohn. Es muß einen kreativeren Weg geben, unsere Probleme zu lösen.
B. Zunächst einmal, Brian, möchte ich, daß du verstehst, was derzeit eigentlich vor sich geht. Du hast einen neuen Lebensabschnitt begonnen, der sich Adoleszens nennt. Das ist die letzte Phase der Kindheit, und es sind oft sehr stürmische und schwierige Jahre. Fast jeder auf der Welt durchläuft diese harten Jahre während seiner frühen Teenagerzeit, und du bist im Moment genau im Zeitplan. Viele der Probleme, die dir heute begegnen, waren von dem Tag an, an dem du geboren wurdest, vorherzusehen, einfach deshalb, weil Erwachsenwerden noch nie eine einfache Sache war. Es herrscht heute sogar noch ein größerer Druck auf den Kindern als zu der Zeit, als wir jung waren. Ich habe das gesagt, um dir folgendes zu erklären: Wir verstehen dich und lieben dich so sehr wie immer, obwohl die letzten Monate zu Hause sehr schwierig waren.
C. Du bist es leid, der kleine Junge zu sein, der gesagt bekommt, was er anziehen soll, wann er ins Bett zu gehen hat und was er essen darf. Das ist eine richtige Einstellung, die dir hilft, erwachsen zu werden. Du willst jetzt dein eigener Herr sein und deine eigenen Entscheidungen ohne die Einmischung von irgend jemandem treffen. Brian, du wirst das, was du haben willst, sehr bald bekommen. Du bist jetzt 14, und du wirst bald erwachsen sein. Wir werden nicht länger Verantwortung für dich tragen. Der Tag kommt, an dem du heiratest, wen immer du willst, du zu der Schule gehst, die du dir aussuchst, und den Beruf wählst, der dir gefällt. Deine Mutter und ich werden nicht versuchen, diese Entscheidungen für dich zu treffen. Wir werden dein Erwachsensein akzeptieren. Du sollst wissen, Brian, daß wir dir, je näher du diesem Tag

kommst, immer mehr Freiheit geben werden. Du hast heute mehr Privilegien als letztes Jahr, und das wird sich fortsetzen. Wir werden dich gehen lassen, und du wirst nur Gott und dir selber Rechenschaft schuldig sein.

D. Aber du mußt auch diese Botschaft verstehen: Du bist noch nicht erwachsen. Während der letzten Wochen wolltest du, daß deine Mutter und ich dich in Ruhe lassen — auch wenn du die halbe Nacht fortbleibst, in der Schule versagst, zu Hause keine Pflichten übernimmst. Du hast regelmäßig einen Wutanfall bekommen, wenn wir dir irgendeine völlig übertriebene Forderung ausgeschlagen haben. Die Wahrheit ist doch, daß wir dir die Freiheit eines 20jährigen bewilligen sollen, obwohl du immer noch erwartest, deine Hemden gebügelt und dein Essen zubereitet und deine Rechnungen bezahlt zu bekommen. Du wolltest das Beste beider Welten ohne jede Verantwortung deinerseits. Was sollen wir also tun? Das Einfachste wäre, dich deinen Weg gehen zu lassen. Es würde keine Streitereien, keine Konflikte und keine Frustrationen mehr geben. Viele Eltern von 14jährigen Söhnen und Töchtern haben genau das getan. Aber wir dürfen dieser Versuchung nicht erliegen. Du bist noch nicht bereit für die völlige Unabhängigkeit, und es wäre keine Liebe, wenn wir jetzt nachgeben würden. Wir würden unseren Fehler für den Rest unseres Lebens bereuen, und auch du würdest uns bald anklagen.

E. Noch etwas, Brian. Gott hat uns als Eltern die Verantwortung gegeben, das zu tun, was richtig für dich ist, und er macht uns dafür verantwortlich, wie wir diese Aufgabe erfüllen. Ich möchte dir eine wichtige Stelle aus der Bibel vorlesen, die einen Vater namens Eli beschreibt, der seine beiden Söhne nicht erzog und korrigierte. (Lesen Sie die dramatische Geschichte aus einer modernen Übersetzung: 1. Sam. 2: 12-17, 22-25, 27-34, 3: 11-14, 4: 1-3 und 10-22.) Es wird sehr deutlich, daß Gott zornig auf Eli war, weil er seinen Söhnen erlaubt hatte, so respektlos und ungehorsam zu sein. Er ließ nicht nur zu, daß die Söhne im Kampf getötet wurden, sondern er bestrafte auch den Vater für das Ablehnen seiner Vaterpflichten. Diese Verpflichtung, die Eltern haben, findet sich in der ganzen Bibel: Mütter und Väter sollen ihre Kinder lehren und, wenn nötig, disziplinieren. Was ich damit sagen will, ist, daß Gott nicht möchte, daß wir dich in einer Art und Weise handeln lassen, die dir und anderen schadet.

F. Das bringt uns zu der Frage, was wir von diesem Moment an machen. Ich möchte dir hier und jetzt versprechen: Deine Mutter und ich wollen von nun an sensibler auf deine Bedürfnisse und Gefühle eingehen, als das in der Vergangenheit der Fall war. Wir sind nicht vollkommen, wie du weißt, und es ist möglich, daß du das eine oder andere Mal denkst, daß wir nicht fair zu dir waren. Wenn das geschieht, kannst du uns deine Ansichten mitteilen, und wir werden dir zuhören. Wir wollen die Tür der Kommunikation zwischen uns weit offen lassen. Wenn du dir ein neues Privileg wünschst, werde ich mich fragen: »Gibt es einen Weg, daß ich diesen Wunsch erfüllen kann, ohne Brian und anderen Menschen zu schaden?« Was ich mit gutem Gewissen erlauben kann, werde ich erlauben. Ich werde kompromißbereit sein und mich beugen, soweit es nach meiner Einschätzung möglich ist.

G. Aber hör mir zu, Brian: Es wird einige Situationen geben, in denen kein Kompromiß gefunden werden kann. Es wird Dinge geben, zu denen ich nein sagen muß. Und wenn diese Momente kommen, kannst du dich darauf verlassen, daß ich so unbeweglich bleibe wie der Felsen von Gibraltar. Kein noch so heftiges Wüten und Türenschlagen wird daran etwas ändern. Wenn du vielleicht beschließen solltest, mich zu bekämpfen, dann verspreche ich dir, daß du auf dramatische Weise verlieren wirst. Ich habe den Mut und den Willen, meine Arbeit an dir in deinen letzten paar Jahren bei uns zu Hause zu vollenden, und ich werde, wenn nötig, alle meine Kräfte zu diesem Zweck einsetzen. Jetzt liegt es an dir. Wir können zu Hause eine friedliche Zeit der Kooperation haben, oder wir können diesen letzten Teil deiner Kindheit in Streit verbringen. Egal wie, du wirst nach Hause kommen, wann es dir gesagt wurde, und du wirst deinen Teil der Pflichten innerhalb der Familie erfüllen und weiterhin deine Mutter und mich respektieren.

H. Laß mich, Brian, zum Schluß noch einmal das betonen,

was ich am Anfang gesagt habe. Wir lieben dich mehr, als du es dir vorstellen kannst, und wir werden während dieser schwierigen Zeit weiter deine Freunde bleiben. Es gibt heute soviel Leid in der Welt. Das Leben beinhaltet Enttäuschungen, Verluste, Ablehnungen, Krankheit und schließlich den Tod. Du hast bisher noch nicht viel von diesen Unannehmlichkeiten gespürt, aber du wirst es bald tun. Also laß uns, mit all diesem Leid vor unserer Tür, nicht noch mehr davon auflasten. Wir brauchen einander. Wir brauchen dich, und — ob du es glaubst oder nicht — du brauchst uns gelegentlich auch noch. Und das ist, denke ich, das, was ich dir heute morgen mitteilen wollte. Laß es uns von jetzt ab besser machen.
I. Hast du etwas, was du mir sagen willst?

Der Inhalt dieser Botschaft sollte an die individuellen Umstände und die besonderen Bedürfnisse des Jugendlichen angepaßt werden. Außerdem werden sich die Reaktionen der Kinder von Person zu Person stark unterscheiden. Ein »offenes« Kind wird bei solch einem Gespräch seine tiefsten Gefühle offenbaren, während es sein kann, daß ein eigensinniger, trotziger, stolzer Jugendlicher unbeweglich mit gesenktem Kopf dasitzt. Aber selbst wenn Ihr Teenager stoisch oder feindselig bleibt, sind nach einem solchen Gespräch zumindest die Karten mit den elterlichen Absichten auf den Tisch gelegt.

Sie erwähnten früher, daß Sie es ablehnen, einen Teenager zu schlagen. Was würden Sie tun, um einen Vierzehnjährigen zur Kooperation zu kriegen? Er wirft seine Kleidung herum, weigert sich, bei den Routinepflichten im Haus zu helfen, und quält andauernd seinen kleinen Bruder.

Ich würde versuchen, einen Weg zu finden, dieses Verhalten mit etwas zu verbinden, was Ihrem Vierzehnjährigen sehr am Herzen liegt, wie etwa bestimmte Privilegien oder sogar Geld. Wenn er ein Taschengeld bekommt, könnte dieses Geld zum Beispiel ein hervorragendes Mittel sein, mit dem Sie ihn ein wenig motivieren könnten. Nehmen wir an, er bekommt

5,— DM in der Woche. Dieses Maximum kann jederzeit reduziert werden, wenn er gegen vorgegebene Regeln verstößt. Zum Beispiel könnte jedes Kleidungsstück, das auf dem Boden liegt, ihn einen Groschen kosten. Eine bewußte Provokation seines Bruders könnte ihn ein Viertel seines Geldes kosten. Jeden Samstag würde er das Geld erhalten, das nach den Abzügen der Woche übrigbleibt. Dieses System greift auf das Prinzip zurück, das hinter jeder Disziplinierungsmaßnahme gegenüber Jugendlichen stehen sollte: Gib dem Jugendlichen einen besonderen Grund zu gehorchen, anstatt ihn lediglich aufzufordern, es zu tun.

Ich habe eine 14jährige Tochter, Magretta, die mit einem 17jährigen Jungen ausgehen will. Ich fühle mich nicht wohl dabei, sie gehen zu lassen, aber ich bin nicht sicher, wie ich reagieren soll. Was sollte ich ihr sagen?

Anstatt mit dem Fuß zu stampfen und zu schreien: »Nein!«, würde ich einen sinnvollen Plan für die kommenden Jahre ausarbeiten. Sie könnten sagen: »Margretta, du bist 14 Jahre alt, und ich verstehe dein neues Interesse an Jungen. Das ist ganz natürlich. Du bist aber noch nicht bereit, mit den Zwängen fertig zu werden, die ein älterer Junge einem Mädchen deines Alters auferlegen kann.« (Erklären Sie, was Sie meinen, falls sie Sie fragt.)

»Dein Vater und ich wollen dir helfen, zukünftig für solche Verabredungen bereit zu sein, aber es gibt einige Zwischenschritte, die du nehmen mußt. Du mußt lernen, wie man mit Jungen befreundet sein kann, bevor eine echte Liebesbeziehung entsteht. Um das zu lernen, solltest du Bekanntschaften in Gruppen von Jungen und Mädchen deines Alters schließen. Wir werden sie zu uns einladen, und du kannst zu ihnen nach Hause gehen. Wenn du dann zwischen 15 und 16 bist, kannst du beginnen, zu zweit Verabredungen zu haben, zunächst an Orten, wo auch Erwachsene sind. Und schließlich kannst du dich irgendwann während deines sechzehnten Lebensjahres alleine mit deinem Freund treffen. Dein Vater und ich wollen, daß du dich verabredest und Spaß mit Jungen hast, und wir haben vor, damit vernünftig umzugehen. Aber derzeit wäre es nicht richtig, wenn du dich kopfüber in eine Beziehung zu einem Abiturienten stürzt. Wir werden andere Wege zu finden haben, wie deine sozialen Bedürfnisse befriedigt werden können.«

Meine unverheiratete Tochter teilte mir neulich mit, daß sie im dritten Monat schwanger ist. Wie sollte ich mich jetzt ihr gegenüber verhalten?

Sie können, was geschehen ist, nicht rückgängig machen, indem Sie jetzt hart und lieblos reagieren. Ihre Tochter braucht jetzt mehr Verständnis als je zuvor, und Sie sollten es ihr, wenn möglich, geben. Helfen Sie ihr, durch die Schwierigkeiten zu kommen, und vermeiden Sie »Ich-habe-es-dir-ja-gesagt«-Kommentare. Sie wird in den nächsten Monaten viele wichtige Entscheidungen treffen müssen und braucht rational denkende Eltern, die ihr helfen. Denken Sie daran, daß bleibende Liebe und Zuneigung zwischen Menschen oft entsteht, wenn sie gemeinsam schwere Zeiten durchgemacht haben.

Mein Fünfzehnjähriger ist durch und durch ein Naturliebhaber. Sein Zimmer ist voll von eingesperrten Schlangen, Pflanzen und Insekten. Selbst unsere Garage ist mit verschiedenen Tieren belegt, die er gefangen und gezähmt hat. Ich hasse dieses ganze stinkende Zeug und will sein Interesse für etwas anderes gewinnen. Was sollte ich tun?

Wenn er seinen Zoo sauber hält und gut verwaltet, dann sollten Sie ihn sein Interesse weiter verfolgen lassen. Denken Sie daran, daß für einen Fünfzehnjährigen Käfer immer noch ein besseres Hobby ist als Drogen!

Die meisten Teenager wissen, daß Drogenmißbrauch ihrem Körper schadet und sie sogar töten kann. Warum tun sie es dann trotzdem? Sind sie in der Regel Opfer von skrupellosen Dealern?

Normalerweise nicht. Der Einstieg in den Drogenmißbrauch erfolgt meistens in einer ungezwungenen Atmosphäre von Freund zu Freund. Marihuana und Tabletten werden oft auf Partys verteilt, wo man sich schlecht weigern kann, daran teilzunehmen, ohne spießig und unnatürlich zu erscheinen. Viele Teenager würden buchstäblich ihr Leben riskieren, wenn sie glaubten, ihre Kameraden würden es von ihnen verlangen, und dieses Bedürfnis nach sozialer Anerkennung fördert den Einsteig in die Drogenabhängigkeit.

Woran können Eltern erkennen, daß ihr Kind Drogen nimmt?

Nachfolgend sind acht physische und emotionale Symptome aufgeführt, die anzeigen können, ob Ihr Kind Drogen nimmt.

1. Entzündungen der Augenlider und der Nase sind weitverbreitet. Die Pupillen sind entweder sehr weit oder sehr klein, je nach Droge.
2. Extreme der körperlichen Energie können auftreten. Entweder ist das Individuum schlaff, weggetreten und zurückgezogen oder laut, hysterisch und hektisch.
3. Der Hunger ist sehr extrem — entweder sehr groß oder sehr gering. Ein Gewichtsverlust kann auftreten.
4. Die Persönlichkeit verändert sich plötzlich; das Individuum kann gereizt, unaufmerksam und verwirrt oder aggressiv, mißtrauisch und explosiv werden.
5. Der Körper- und Mundgeruch ist oft schlecht. Sauberkeit wird generell ignoriert.
6. Das Verdauungssystem kann gestört sein — Durchfall, Verstopfung und Brechreiz können auftreten. Häufig verbunden auch mit Kopfschmerzen und einem unklaren Blick. Andere Zeichen körperlicher Verschlechterung können sich in der Veränderung der Hautfarbe und der Körperhaltung zeigen.
7. Nadeleinstiche am Körper — besonders oft an den Oberarmen — sind ein wichtiges Zeichen. Diese Einstiche entzünden sich manchmal und erscheinen als Wunden und Beulen.
8. Moralvorstellungen brechen oft zusammen und werden durch neue abwegige Ideen und Werte ersetzt.

Glauben Sie, daß eine bessere Aufklärung die Antwort auf den Drogenmißbrauch bei Teenagern ist?

Unglücklicherweise kann der Gebrauch von Drogen bei Teenagern nicht durch Lehrprogramme beseitigt werden, die die Gefahren des Drogenkonsums darstellen. Die Kinder kennen die Folgen des Drogenmißbrauchs wahrscheinlich besser als ihre Eltern. Sie sind nicht taub, und der Mißbrauch von solchen Substanzen geschieht in der Regel trotz aller Informationen, die man ihnen gegeben hat. Das Drogenproblem wird nicht aufhören, bis es nicht mehr modern ist, sich auf diese Weise aus der Gesellschaft auszuklinken. Wenn es blamabel wird, Drogen zu nehmen, wird diese Epidemie vorbei sein — aber nicht eine Minute eher.

Wie kann ich meinem Kind helfen, in wichtigen Fragen — wie zum Beispiel Drogenmißbrauch oder sexuelle Unmoral — dem Einfluß seiner Umgebung zu widerstehen?

Ihr Vor-Teenager muß über die Tatsache des Gruppenzwanges Bescheid wissen, bevor dieser seinen Höhepunkt erreicht. Eines Tages sitzt er vielleicht mit vier Freunden in einem Wagen, und diese beschließen, irgendwelche roten Pillen zu nehmen. Er muß im voraus wissen, wie er mit dieser Situation umzugehen hat. Spielen Sie diesen Moment mit ihm durch, bringen Sie ihm bei, was er sagen und tun soll. Ihre Vorbereitung ist zwar keine Garantie dafür, daß er in diesem entscheidenden Moment den Mut haben wird, zu widerstehen, aber sein Wissen über die Beeinflußbarkeit durch Kameraden könnte ihm die Unabhängigkeit vermitteln, das zu tun, was richtig ist. Besprechen Sie daher diese Frage der Anpassung sehr genau mit Ihrem Zehn- oder Elfjährigen.

Sie haben den Hang zu jugendlicher Konformität beschrieben, und wir erkennen in Ihren Beschreibungen unsere Tochter wieder. Sind auch Erwachsene für derartigen Gruppenzwang empfänglich?

Einer der großen amerikanischen Mythen ist es, daß wir eine Nation von starken Individualisten sind. Damit haben wir uns selbst getäuscht. Wir lieben es, von uns als Abraham

Lincolns zu denken, die groß und mutig der gesellschaftlichen Ablehnung trotzen. Aber dieses Bild ist natürlich für die meisten Amerikaner völlig uncharakteristisch. In Wahrheit sind wir eine Nation gesellschaftlicher Feiglinge. Mir scheint, daß ein Großteil unserer Anstrengungen darauf verschwendet wird, zu versuchen, wie jeder andere zu sein, während man vor der Individualität zurückschreckt. Es gibt zahlreiche Ausnahmen zu dieser Generalisierung, aber soziale Unabhängigkeit und Selbstvertrauen scheinen nicht gerade ein vorherrschendes Merkmal der amerikanischen Psyche zu sein.

Wie denken Sie über die Gefahren von Marihuana-Gebrauch? Ich habe gehört, daß es nicht abhängig macht und daher nicht schadet; gleichzeitig habe ich gehört, daß es sehr gefährlich ist. Was stimmt?

Ich möchte Harold Voth erlauben, zu dieser Frage zu sprechen. Dr. Voth hat als Psychiater und Psychoanalytiker für die Menninger Foundation in Topeka, Kansas, gearbeitet. Das sind seine Worte:

»Meine eigene Familie hat mir den größten Anreiz gegeben, mich mit dem Problem des Drogenmißbrauchs zu befassen. Zu sehen, wie gesund unsere drei Söhne aufwachsen, bietet einen lebendigen Kontrast zu den Jugendlichen, die ich über die Jahre hinweg untersucht habe, deren Leben von Marihuana geschädigt oder zerstört wurde.

Einer Person zuzuschauen, wie sie sich selbst schädigt, ist ein tragischer Anblick. Ich denke an das, was aus ihr hätte werden können, an die zerbrochenen Träume ihrer Eltern und die Trauer, die das Leben der Familie überschattet hat.

Um andere davon abzuhalten, diesen Pfad der Täuschung zu gehen, der sich vor dem potentiellen Drogenbenutzer eröffnet, beziehe ich mich auf folgende Fakten:

— Alle Parteien — selbst die, die sich für die Legalisierung und den offenen Verkauf von Marihuana einsetzen — stimmen darin überein, daß Kinder, Teenager und junge Erwachsene, deren Geist und Körper noch nicht gereift sind, ebenso wie schwangere Frauen, niemals Marihuana rauchen sollten.

— 90 Prozent derjenigen, die harte Drogen wie Heroin nehmen, haben mit Marihuana begonnen.
— Fünf Marihuana-Zigaretten haben dieselbe krebserregende Wirkung wie 112 konventionelle Zigaretten.
— Marihuana lagert sich in die Fettzellen des Körpers drei bis fünf Wochen lang ein. Die geistige und körperliche Leistung ist während dieser ganzen Zeitspanne negativ betroffen.
— Eine Person, die regelmäßig Marihuana raucht, leidet unter der Ablagerung von THC, einer giftigen Chemikalie, die sich in den Fettzellen des Körpers und vor allem im Gehirn absetzt. Man benötigt drei bis fünf Monate, um einen regelmäßigen Benutzer zu entgiften.
— Der Teil des Gehirns, der es einer Person möglich macht, sich zu konzentrieren, zu lernen, kreativ zu sein und auf einer höheren Stufe zu planen, wächst während der Teenagerjahre noch. Der regelmäßige Gebrauch von Marihuana über einen gewissen Zeitraum wird das normale Wachstum dieser Gehirnzellen verlangsamen.
— Eine Untersuchung an der Columbia-Universität ergab, daß weibliche Marihuana-Raucher unter einer starken Zunahme von Zellen mit beschädigter DNS (der Chemikalie, die den genetischen Code enthält) litten. Es wurde auch festgestellt, daß die reproduzierenden weiblichen Eizellen besonders empfindlich für Schädigungen durch Marihuana waren.
— Eine weitere Untersuchung der Columbia-Universität ergab, daß eine Kontrollgruppe, die ein Jahr lang jeden Tag eine Marihuana-Zigarette geraucht hatte, eine um 38 Prozent geringere Anzahl von weißen Blutkörperchen hatte, wodurch das Immunsystem geschädigt wurde und der Benutzer viel anfälliger für Infektionen und Krankheiten wurde.
— Eine Marihuana-Zigarette verursacht eine 41prozentige Verminderung der Fahrtüchtigkeit. Zwei Zigaretten verursachen eine 63prozentige Verminderung.«

Wie kann ich die Symptome des Marihuana-Konsums bei meinem sechzehnjährigen Sohn erkennen?

Die Symptome beim Marihuana-Gebrauch sind folgende:

1. Verringerte Kraft, reduzierte Ambition.
2. Signifikanter Einbruch in der schulischen Leistung.
3. Reduzierte Aufmerksamkeitsspanne.
4. Auffallende Verringerung der sozialen Wärme; weniger Sorge um die Gefühle anderer.
5. Blasses Gesicht, unkontrollierte Augenbewegungen, rote Augen.
6. Verringerte Kommunikationsfähigkeit.
7. Vernachlässigung der persönlichen Erscheinung.
8. Überreaktion auf milde Kritik.
9. Ein Wechsel von aktiven Interessen zu einer passiven, zurückgezogenen Persönlichkeit.
10. Verbindung zu Freunden, die sich weigern, ihren Namen zu nennen, oder am Telefon auflegen, wenn die Eltern an den Apparat gehen.
11. Eine zunehmende Geheimnistuerei bezüglich des Geldes oder das Verschwinden von Geld oder wertvollen Gegenständen aus dem Haus.

Sie vertreten die Meinung, daß eine Mutter zu Hause bleiben sollte, wenn die Kinder klein sind. Wie denken Sie über eine Berufstätigkeit von Müttern, deren Kinder bereits zur Schule gehen?

Wenn Sie mir vor fünf Jahren diese Frage gestellt hätten, hätte ich gesagt, daß Mütter primär während der Vorschuljahre zu Hause gebraucht werden. Nach dem Kindergarten besteht der kritische Faktor darin, dazusein, wenn die Kinder aus der Schule kommen. Das wäre meine Antwort gewesen, wenn unsere Kinder fünf Jahre jünger wären. Aber jetzt, wo Danae 16 und Ryan 11 sind, bin ich mir der Notwendigkeit von Müttern, die auch während der Jugendjahre zu Hause sind, noch sicherer. Das wird keine populäre Ansicht sein, aber ich kann nur ehrlich wiedergeben, was ich fühle und erlebt habe.

Die wilden Aktivitäten von Teenagern sorgen in den Familien für großen Streß, und sie benötigen die Aufmerksamkeit der Erwachsenen. Wer wird da sein, um die Kinder hin- und herzubringen, das neue Kleid zu nähen, beim ersten Fußballspiel dabeizusein und dafür zu sorgen, daß während des Jahres all die notwendigen Pflichten eingehalten werden? Mama wird nicht nur gebraucht, um während dieser hektischen Tage die Dinge zu Hause zusammenzuhalten, sondern sie muß sich auch noch für die in diesen Jahren so typischen Konflikte wappnen. Es ist kein Spaß für sie, jeden Abend erschöpft nach Hause zu kommen, von einer Arbeit, die bereits ihre ganze Kraft gefordert hat, um sich anschließend diesen Konflikten zu stellen. Das schafft in vielen Fällen die Grundlage für ungeheuer starke Emotionsausbrüche zwischen den Generationen.

Teil 16

Fragen von Jugendlichen

Ich bin ein Teenager und möchte gerne so aussehen und mich anziehen wie alle meine Freundinnen. Meine Eltern sagen mir, ich sollte ein Individualist und freiwillig anders sein, aber das kann ich einfach nicht. Verstehen Sie mich?

Sicher verstehe ich Dich. Laß mich erklären, wieso Du solch einen Zwang verspürst, wie jeder andere auszusehen. Das hat etwas mit Minderwertigkeitsgefühlen zu tun, die während der Jugend besonders stark auftreten. Wenn Du Dich wertlos fühlst, wenn Du Dich selbst nicht magst, dann fühlst Du Dich durch den Spott oder die Ablehnung Deiner Freunde bedroht. Du reagierst sensibler, wenn man Dich auslacht. Dir fehlt das Selbstvertrauen, anders zu sein. Deine Probleme erscheinen Dir schlimm genug, ohne daß sie noch dadurch verschlimmert werden müssen, daß man sich den Wünschen der Mehrheit widersetzt. Daher ziehst Du Dich so an, wie man es Dir vorschreibt, und redest so, wie man in Deiner Umgebung eben redet. All Deine Gedanken sind auch die Gedanken der Gruppe. Dieses Verhalten resultiert aus fehlendem Selbstvertrauen. Je reifer und zufriedener Du mit der Person wirst, zu der Gott Dich gemacht hat, desto mehr wird auch Deine Selbstachtung zurückkehren.

Ich bin 14 und habe krümelig aussehende Pickel im ganzen Gesicht. Wie entstehen sie, und was kann ich tun, um mein Gesicht wieder in Ordnung zu bringen?

Praktisch jeder Teil Deines Körpers ist auf die eine oder andere Art von den Veränderungen betroffen, die Du jetzt erlebst. Selbst Deine Haut durchläuft diese Phase.

Tatsächlich handelt es sich hierbei wahrscheinlich um den ärgerlichsten Aspekt all der körperlichen Veränderungen, die in Deiner frühen Jugend stattfinden. Bei einer Untersuchung von 3000 Teenagern wurde die Frage gestellt: »Was magst du am wenigsten an dir?« Hautprobleme übertrafen bei weitem jedes andere Problem.

Pickel entstehen primär als Resultat einer Substanz, die sich während der Jugend entwickelt. Die Poren der Haut füllen sich mit Talg und verstopfen. Da der Talg nicht hinaus kann, verhärtet es sich und verursacht Pickel und Mitesser. Du mußt Dich eventuell darauf einstellen, diese Unvollkommenheiten auf der Haut einige Jahre zu ertragen.

Wenn Du regelmäßig viele Pickel und Mitesser bekommst, wird der Zustand Akne genannt. Wenn das geschieht, ist es wichtig, daß Du Deine Haut sauber hältst und damit den Talg und den Schmutz auf dem Gesicht verhinderst. Früher wurde angenommen, daß bestimmte ölhaltige Lebensmittel und Schokolade zu den Schwierigkeiten beitragen, aber heute bezweifeln Ärzte diesen Zusammenhang. Wenn das Problem ernsthaft ist, wie Du es offensichtlich empfindest, solltest Du Deine Eltern bitten, Dich zu einem Dermatologen, einem Arzt, der auf Hautprobleme spezialisiert ist, zu schicken. Akne kann heute in den meisten Fällen erfolgreich behandelt werden.

Ich bin 13 und komme mit mir nicht zurecht. Gibt es irgend etwas, was ich tun kann?

Erstens mußt Du sehen, daß Du nicht allein bist. Fang an, die Menschen um Dich herum zu beobachten, und schau, ob Du versteckte Minderwertigkeitsgefühle entdecken kannst. Wenn Du morgen zur Schule gehst, beobachte ruhig einmal die Schüler, die kommen und gehen. Ich versichere Dir, viele haben dieselben Sorgen, die auch Dich bewegen. Sie zeigen diesen Zweifel dadurch, daß sie sehr schüchtern und ruhig sind, oder sehr zornig und gemein, oder albern, oder Angst haben, an einem Wettkampf oder Spiel teilzunehmen, oder machmal erröten oder stolz tun. Du wirst bald lernen, die Anzeichen von Minderwertigkeit zu erkennen, und dann weißt Du, daß es ein weitverbreitetes Problem ist!

Wenn Du einmal verstanden hast, daß andere genauso fühlen wie Du, dann solltest Du Dich niemals wieder alleine fühlen. Es wird Dir mehr Selbstvertrauen geben, zu wissen, daß jeder Angst vor Peinlichkeit und Spott hat — daß wir alle in demselben löchrigen Boot sitzen und die Lecks zu stopfen versuchen. Und glaubst Du mir, daß ich in demselben leckgeschlagenen Boot fast untergegangen wäre, als ich 14 Jahre alt war?

Zweitens rate ich Dir, einen genauen Blick auf die Sorgen zu werfen, die immer noch an Dir nagen und wie eine schwarze Wolke Tag und Nacht über Dir hängen. Zieh Dich einige Zeit zurück, so daß Dich keiner stört. Dann schreibe eine Liste mit all den Dingen auf, die Dir am meisten an Dir mißfallen. Niemand wird das Blatt sehen, außer die Menschen, denen Du es auch zeigen willst, daher kannst Du völlig ehrlich sein. Schreibe alles auf, was Dich stört. Beschreibe Deine größten Probleme so gut wie möglich. Wirst Du frustriert und zornig im Umgang mit Menschen, und fühlst Dich deswegen später schlecht? Oder macht Dich Deine Schüchternheit ängstlich, wenn Du mit anderen Menschen zusammen bist? Ist es Deine Unfähigkeit, Deine Gedanken auszudrücken — Deine Ideen in Worte zu fassen? Ist es Deine Faulheit, Deine Unfreundlichkeit zu anderen Menschen, oder die Art, wie Du aussiehst? Was immer Dich auch bewegt, schreibe es so gut es geht auf. Wenn Du damit fertig bist, gehe die Liste durch und streiche die Punkte an, die Dir am meisten Sorgen bereiten — die Probleme, mit denen Du in Gedanken die meiste Zeit verbringst und vor denen Du am meisten zitterst.

Drittens: Denke über jeden Punkt auf der Liste nach. Setze Deine kreativsten Gedanken ein und überlege, was Du tun kannst, um die unerwünschten Dinge zu ändern. Wenn Du möchtest, kannst Du Dein Blatt Deinem Pastor, einem Berater, den Eltern oder jemandem, dem Du vertraust, zeigen: Diese Person kann Dir dann helfen, einen Plan für Verbesserungen zu entwickeln. Du wirst Dich besser fühlen, wenn Du Deine Probleme erkannt hast, und Du wirst vielleicht sogar gute Lösungen für einige Punkte finden.

Jetzt kommen wir zu einem wichtigen Schritt. Der Schlüssel zu geistiger Gesundheit liegt in der Fähigkeit, das zu akzeptieren, was nicht geändert werden kann. Nachdem Du alles getan hast, was Du tun konntest, um mit den Problemen fertig zu werden, solltest Du das Blatt nehmen, auf dem die schmerzhaftesten Punkte stehen, und es in einer privaten Zeremonie vor Gott verbrennen. Übergebe ihm ein weiteres Mal Dein Leben — Deine Stärken und Schwächen — und bitte ihn, zu segnen, was Du hast und bist. Schließlich schuf er das Universum aus dem Nichts, und er kann etwas Wundervolles aus Deinem Leben machen.

Ich bin ein Teenager, und ich habe große Schwierigkeiten, Freunde zu finden. Können Sie mir helfen zu lernen, wie man Menschen beeinflußt, um sie dazu zu bringen, mich zu mögen?

»Der beste Weg, einen Freund zu gewinnen, ist, ein guter Freund zu sein.« Das ist ein sehr alter Spruch, aber er ist immer noch wahr. Jetzt möchte ich Dir einen kleinen Hinweis geben, der Dir im Umgang mit Menschen jeden Alters helfen wird. Die meisten Menschen erleben Minderwertigkeitsgefühle und Selbstzweifel. Wenn Du das verstehst und bedenkst, wird es Dir helfen, das Geheimnis des sozialen Erfolges kennenzulernen. Mache Dich niemals über andere lustig und verspotte sie nicht. Laß sie wissen, daß Du sie respektierst und akzeptierst und daß sie Dir wichtig sind. Mache einen bewußten Versuch, Dich für ihre Gefühle zu interessieren. Ich glaube, Du wirst schnell feststellen, daß viele im Gegenzug sich für Dich interessieren werden.

Ich bin zwölf Jahre alt, und mein Daddy sagt mir, daß sich mein Körper bald stark verändern wird. Das ist schon bei einigen Jungen, die ich kenne, geschehen. Aber ich verstehe nicht, was mit mir geschehen wird und warum. Würden Sie mich darüber aufklären?

Sehr gerne. Der Wachstumsprozeß ist ein wunderbares und interessantes Ereignis. Alles wird von einem winzigen Organ in der Nähe des Gehirnzentrums gesteuert, das sich Hirnanhangdrüse oder Hypophyse nennt. Dieses Organ hat lediglich die Größe einer kleinen Bohne, dennoch wird es die

Meisterdrüse genannt, weil es den anderen Drüsen sagt, was diese zu tun haben. Irgendwo in Deiner eigenen Hypophyse ist ein Plan für Deinen Körper. Zur genau richtigen Zeit wird sie chemische Boten aussenden, die den restlichen Drüsen in Deinem Körper sagen werden: »Bewegt euch, es wird Zeit, erwachsen zu werden.« Diese Hormone werden während der nächsten Jahre Deines Lebens große Auswirkungen auf Deinen Körper haben.

Ich freue mich, daß Dein Papa Dir gesagt hat, daß bald Veränderungen auftreten werden. Es gibt einige Gründe, weshalb Du diesen Aspekt der körperlichen Entwicklung verstehen solltest. Erstens: Wenn Du nicht weißt, was mit Deinem Körper geschehen wird, kann es ziemlich erschreckend sein, wenn Du auf einmal merkst, daß alles verrückt spielt. Es ist für einen Teenager nicht ungewöhnlich, daß er zu dieser Zeit beginnt, sich über sich selbst Sorgen zu machen. Er fragt sich: »Was passiert da? Bin ich krank? Könnte das Krebs sein? Ist etwas falsch mit meinem Körper? Kann ich mit anderen darüber reden?« Dies sind unnötige Ängste, die aus Unwissenheit und Fehlinformationen über den Körper entstehen. Wenn junge Menschen den Prozeß verstehen, wissen sie, daß diese Veränderungen normale, natürliche Ereignisse sind, die sie durchlaufen müssen. Daher sage ich Dir genau, was Du in der Phase der frühen Jugend zu erwarten hast. Es gibt einfach keinen Grund für Dich, über diese raschen körperlichen Veränderungen besorgt zu sein.

Die wichtigste Veränderung, die Dir auffallen wird, ist, daß Dein Körper beginnt, sich auf die Elternschaft vorzubereiten. Damit habe ich nicht gesagt, daß Du dabei bist, Vater zu werden (das sollte noch Jahre dauern). Aber Dein Körper ist dabei, sich selbst mit der Fähigkeit auszustatten, Kinder zu zeugen. Das ist eine der Hauptveränderungen, die während dieser Phase auftritt. Der richtige Name für diese Zeit des sexuellen Erwachens ist Pubertät.

Während der Pubertät wirst Du anfangen, sehr schnell zu wachsen, schneller als jemals zuvor in Deinem Leben. Deine Muskeln werden denen eines Mannes viel ähnlicher, und Du wirst stärker und besser koordiniert. Darum ist ein Junge in der Mittelstufe normalerweise ein viel besserer Sportler als ein Fünft- oder Sechstkläßler, und ein Oberstufenschüler besser als ein Mittelstufenschüler. In dieser Phase tritt eine dramatische Veränderung in der Gesamtgröße des Körpers, in der Stärke und der Gelenkigkeit ein.

Zweitens wird Dein Haar anfangen, mehr wie das Haar eines Mannes auszusehen. Du wirst den Ansatz eines Bartes in Deinem Gesicht erkennen und wirst anfangen müssen, Dich ab und zu zu rasieren. Auch unter Deinen Armen werden zum ersten Mal Haare wachsen; ebenso um Deine Geschlechtsorgane herum. Die Geschlechtsorgane selber werden größer und mehr wie die eines erwachsenen Mannes aussehen.

Dies sind Anzeichen, daß der kleine Junge für immer verschwindet, und an seinen Platz wird ein Mann treten, der fähig ist, ein Vater zu werden und für seine Frau und die Kinder zu sorgen. Diese phantastische Transformation erinnert mich in manchen Dingen an eine Raupe, die einen Kokon um sich selbst spinnt, und dann nach einer Weile als eine völlig andere Kreatur ausschlüpft — als ein Schmetterling.

Diese raschen Veränderungen warten wahrscheinlich schon hinter der nächsten Ecke auf Dich. Das Erschreckende für einige Kinder ist, daß sie sehr plötzlich, fast über Nacht auftreten.

Die Hypophyse beginnt schnell, alles in Aktion zu bringen. Sie gibt ihre Befehle nach links und rechts, und Dein gesamter Körper scheint innerlich umeinanderzurennen, um die Befehle auszuführen.

Alles ist betroffen — selbst Deine Stimme wird anders. Ich bin sicher, daß Dir aufgefallen ist, daß die Stimme Deines Papas viel tiefer ist als Deine eigene. Hast Du Dich jemals gefragt, wie das kommt? War sie immer schon tief und rauh? Hörte sie sich immer wie ein Nebelhorn an? Kannst Du Dir Deinen Papa in einem Kinderbettchen vorstellen, der als Baby mit seiner tiefen Stimme spricht? Natürlich nicht. Er wurde nicht so geboren. Seine Stimme veränderte sich während der Pubertät, und das wird auch mit Deiner geschehen. Die Stimme eines Jungen in der Pubertät ist jedoch manchmal peinlich für ihn, bis der Vertiefungsprozeß abgeschlossen ist, weil sie sich nicht sehr beständig anhört. Sie quietscht und kreischt und wackelt und kracht einige Monate lang. Auch das ist nichts, worüber man sich Sorgen machen müßte, weil die Stimme bald beständig tief bleiben wird. Einige Zeit wird benötigt, um die Entwicklung der Stimmbänder abzuschließen.

Ein weiteres körperliches Problem, das bei Jungen als auch bei Mädchen auftritt, ist die Müdigkeit und die fehlende Energie während der Pubertät. Dein Körper wird soviel von seinen Kräften in den Wachstumsprozeß investieren, daß ihm eine Weile lang die Energie für andere Aktivitäten zu fehlen scheint. Diese Phase dauert in der Regel nicht sehr lang. Jedoch ist es nicht unwahrscheinlich, daß Du dieses Müdigkeitsgefühl erleben wirst. Es sollte Dein Verhalten in doppelter Hinsicht verändern.

Erstens brauchst Du während der Phase des schnellen Wachstums eine Menge Ruhe und Schlaf. Dieses Bedürfnis wird jedoch oft nicht befriedigt, weil Teenager glauben, sie seien zu alt, um so früh ins Bett zu gehen. So bleiben sie lange auf und sind am nächsten Tag völlig erschöpft. Glaube es mir, mit zwölf oder dreizehn Jahren brauchst Du mehr Schlaf als in den Jahren zuvor.

Zweitens wird Deine Ernährung von entscheidender Wichtigkeit sein. Dein Körper benötigt die Rohstoffe, die die neuen Muskeln, Knochen und Fasern aufbauen. Es wird nötig für Dich sein, in dieser Zeit eine ausgewogene Ernährung zu Dir zu nehmen. Es ist sogar wichtiger als zu der Zeit, als Du sechs oder acht warst. Wenn Du Dich während der Wachstumsphase nicht richtig ernährst, wirst Du dafür mit Krankheiten und verschiedenen körperlichen Problemen bezahlen. Dein Körper muß Vitamine, Mineralien und Proteine bekommen, um zu wachsen.

Das sind einige der grundlegenden Veränderungen, die Du in ein paar Jahren erwarten kannst. Und wenn sie auftreten, wirst Du auf dem Weg zum Erwachsenenalter sein.

Mein Name ist Kim. Ich bin elf, und ich bin ein Mädchen. Welche Veränderungen an meinem Körper kann ich

erwarten? Ich bin besonders daran interessiert, etwas über die Menstruation und die Entstehung von Babys zu erfahren.

Der Körper eines Mädchens vollzieht noch komplexere Veränderungen als der eines Jungen, weil er sich auf die sehr schwierige Aufgabe der Mutterschaft vorbereiten muß. Die Art, wie der weibliche Körper funktioniert, um menschliches Leben hervorzubringen, ist einer der wunderbarsten Vorgänge im ganzen Universum Gottes. Laß uns diesen Prozeß einmal betrachten. Jedes menschliche Wesen beginnt als eine winzige Zelle, so klein, daß Du sie ohne ein Mikroskop nicht erkennen würdest. Diese erste Zelle des Lebens heißt Zygote, und sie beginnt sich zu teilen und im Uterus der Mutter zu wachsen.

Der Uterus ist ein besonderer Platz innerhalb von Mutters Bauch. Er sieht aus wie ein kleiner Beutel, der als perfekte Umgebung für ein wachsendes und sich entwickelndes Embryo dient. (Embryo ist der Name für ein Baby in seiner frühesten Entwicklungsphase.) Alle Bedürfnisse des Babys nach Wärme, Ernährung und Sauerstoff werden während der neun Monate vor der Geburt durch den Körper der Mutter erfüllt. Jeder kleine Ausrutscher während der sehr frühen Tage (besonders in den ersten drei Monaten) kann für das Kind den Tod bedeuten. Der Embryo ist besonders empfindlich, und der Körper der Mutter muß in guter physischer Verfassung sein, um den Bedürfnissen des heranwachsenden Kindes gerecht zu werden.

Um diese Anforderungen zu erfüllen, müssen im Körper eines Mädchens während der Pubertät viele Veränderungen geschehen. Eine der wichtigsten Entwicklungen ist die Menstruation, nach der Du gefragt hast. Dies ist ein Thema, das Mädchen bereits vor ihrem Auftreten vollständig verstehen müssen. Die meisten Schulen bieten den Mädchen diese Information während der fünften oder sechsten Klasse, so daß das, was ich jetzt erzähle, für Dich vielleicht nur eine Wiederholung dessen ist, was Du schon anderswo gesehen oder gehört hast. Ich glaube aber, daß es auch für Jungen wichtig ist, diesen Vorgang zu verstehen, obwohl sie selten richtig darüber informiert werden.

Wenn eine Frau schwanger wird — das geschieht, wenn die einzellige Zygote nach dem Geschlechtsverkehr mit dem Mann in den Uterus gelangt —, beginnt der Körper, den Embryo zu beschützen und ihm wachsen zu helfen. Er muß Sauerstoff, Nahrung und viele andere Substanzen bekommen, die für ihn lebensnotwendig sind. Diese Substanzen werden automatisch durch den Uterus geliefert, durch das Blut der Mutter. Aber da der Uterus nicht wissen kann, wann ein neues Leben eingepflanzt wird, muß er sich jeden Monat darauf vorbereiten, ein Embryo zu empfangen — nur für den Fall, daß es wirklich passiert.

Daher sammelt sich jeden Monat Blut an den Wänden des Uterus, um den Embryo zu ernähren, falls die Frau schwanger wird. Aber wenn sie in dem Monat nicht schwanger wird, wird das Blut nicht benötigt. Es löst sich von den Wänden und fließt durch die Vagina hinaus — die Öffnung, durch die auch die Babys geboren werden.

Alle 28 Tage (diese Zahl variiert ein wenig von Person zu Person) wird der Körper einer Frau das unnötige Blut beseitigen, das für die Ernährung des Babys gebraucht worden wäre, wäre sie schwanger geworden. Es dauert normalerweise drei bis fünf Tage, bis der Fluß aufhört, und während dieser Zeit trägt sie eine Binde oder ein Tampon, der das Blut aufsaugt. Dieser Prozeß nennt sich Menstruation.

Es gibt einige sehr wichtige Dinge, die Dir im Zusammenhang mit dieser Entwicklung klar sein sollten. Erstens: Menstruation ist nicht etwas, wovor Mädchen erschrecken oder Angst haben müssen. Weil der Anblick von Blut uns schaudern läßt, werden einige Mädchen sehr besorgt, wenn das bei ihnen auftritt. Sie beginnen, sich Sorgen zu machen, und einige hoffen, daß es erst gar nicht geschieht. Aber in Wahrheit macht die Menstruation das phantastischste und aufregendste Ereignis möglich, das jemals geschehen kann — die Schöpfung eines neuen Menschen. Was für ein Wunder ist es, daß eine einzige Zelle, die Zygote, sich still in zwei teilt, dann in vier, in acht und 16 Zellen, und fortfährt sich zu teilen, bis Billiarden von neuen Zellen gebildet sind! Langsam entsteht ein kleines Herz aus dem Haufen von Zellen und beginnt, den

Rhythmus des Lebens zu schlagen. Dann kommen Finger und Zehen und Augen und Ohren und alle inneren Organe. Eine besondere Flüssigkeit umgibt das Baby, um es vor eventuellen Stößen zu schützen. Und dort bleibt es für neun Monate, bis es fähig ist, in der Welt draußen zu überleben. Dann beginnt der Körper der Mutter im richtigen Moment, das Baby in den Geburtskanal hinunterzuschieben, in die wartenden Hände des Arztes. Der schönste Aspekt dieses unglaublich komplizierten Systems ist, daß alles automatisch im Körper der Mutter geschieht. Es ist fast so, als ob der Schöpfer, Gott selbst, denebenstände und ihr sagen würde, was sie als nächstes zu tun hat.

Uns wird von König David in den Psalmen gesagt, daß Gott während der Schöpfung eines neuen Lebens anwesend ist. Laß uns die Beschreibung dieses Ereignisses lesen: »Denn du hast meine Nieren bereitet und hast mich gebildet im Mutterleibe. Ich danke dir dafür, daß ich wunderbar gemacht bin; wunderbar sind deine Werke; das erkennt meine Seele. Es war dir mein Gebein nicht verborgen, als ich im Verborgenen gemacht wurde, als ich gebildet wurde unten in der Erde« (Psalm 139,13-15).

Gott überwachte nicht nur Davids Entwicklung im Bauch seiner Mutter, sondern er tat dasselbe auch für Dich und mich! Er hat auch jeden Tag unseres Lebens geplant und in sein Buch geschrieben.

Du siehst also, die Menstruation ist kein schrecklicher Vorgang, den Mädchen fürchten müssen. Es ist ein Signal, daß Dein Körper sich vorbereitet, bei der Schaffung eines neuen Lebens mit Gott zusammenzuarbeiten, wenn es sich herausstellt, daß das für eine bestimmte Frau sein Wille ist. Menstruation ist die Art des Körpers, einem Mädchen zu sagen, daß es erwachsen wird . . . daß es kein Kind mehr ist . . . und daß etwas sehr Aufregendes in ihr geschieht.

Also, Kim, bitte sorge Dich nicht um die Menstruation. Du wirst Dich nicht zu Tode bluten, das verspreche ich Dir. Die Menstruation ist so natürlich wie Essen oder Schlafen oder jeder andere körperliche Vorgang. Wenn Du glaubst, Du wärst auf irgendeine Weise unnormal — wenn Du Dir über einen bestimmten Aspekt der Menstruation Gedanken machst, wenn Du denkst, daß etwas falsch gelaufen ist, wenn irgendwelche Schmerzen in Verbindung mit der Menstruation entstehen, oder wenn Du noch Fragen hast —, dann nimm Deinen Mut zusammen und sprich mit Deiner Mutter oder Deinem Arzt oder jemandem, dem Du vertraust. In etwa 98 von 100 Fällen werden sich die Ängste als unbegründet herausstellen. Du wirst feststellen, daß Du völlig normal bist und daß das Problem nur eine Lücke in Deinem Verständnis der Vorgänge war.

Nun, offensichtlich werden noch andere Dinge mit Deinem Körper geschehen, etwa zur gleichen Zeit wie die Menstruation. Du wirst vielleicht einen Wachstumsschub direkt vor Deiner ersten Menstruation haben (übrigens liegt das Durchschnittsalter bei der ersten Menstruation von amerikanischen Mädchen heute etwa bei zwölfeinhalb Jahren, aber es kann vorkommen, daß es bereits mit neun oder zehn oder erst mit 16 oder 17 auftritt. Das Alter variiert sehr von Mädchen zu Mädchen).

Während dieser Zeit wird Dein Körper mehr Kurven und Rundungen bekommen, wie der Deiner Mutter. Deine Brüste werden sich vergrößern, und sie werden manchmal wund (dieses Wundsein tritt auch manchmal bei Jungen auf). Das bedeutet nicht, daß Du Krebs oder eine andere Krankheit hast, sondern einfach, daß sich Deine Brüste verändern, wie alles andere in Deinem Körper. Unter den Armen, an den Beinen und im Intimbereich werden, wie bei den Jungen, Haare wachsen. Das sind die offensichtlichsten physischen Veränderungen, die stattfinden, und wenn Du sie eintreten siehst, kannst Du der Kindheit Ade sagen — es geht mit voller Fahrt auf das Erwachsensein zu.

Ich bin dreizehneinhalb, und ich habe noch nicht angefangen, mich zu verändern. Ich bin kleiner und nicht so stark wie die meisten meiner Freunde. Und ihre Stimmen sind tiefer als meine. Ich habe bis jetzt noch nicht einmal Haare unten! Ist mit mir etwas nicht in Ordnung?

Nein, mit Dir ist alles in Ordnung. Du entwickelst Dich bloß nach Deinem eigenen Zeitplan. Es ist genauso gut, später wie früher erwachsen zu werden, und es gibt keinen Grund, zu fürchten, daß Du nie reifen wirst. Warte nur ein, zwei Jahre ab, und dann wird das Feuerwerk für Dich beginnen, wie für jeden anderen auch! Ich kann Dir versprechen, daß es geschehen wird. Wenn Du mir nicht glaubst, wirf einen Blick auf die Erwachsenen um Dich herum. Siehst Du irgendeinen, der wie ein Kind aussieht? Natürlich nicht. Jeder wächst früher oder später heran. Sicher ist es nicht schön, von Freunden ausgelacht zu werden, aber wenn Du weißt, daß Du nur für eine kurze Zeit anders sein wirst, kannst Du es vielleicht ertragen. Am wichtigsten ist, daß Du nicht einem anderen ein schlechtes Gefühl vermittelst, falls Du heranwächst, bevor er es tut.

Kann ich Ihnen eine Frage über Sex stellen? Ich will mehr über das Entstehen von Babys und diese Sachen wissen, über die mein älterer Bruder spricht.

Das ist eine wichtige Frage, und ich freue mich, daß Du sie gestellt hast. Wenn Dein Körper sich zu verändern beginnt, wirst Du bemerken, daß Du anfängst, Dich für Menschen des anderen Geschlechts zu interessieren. Plötzlich beginnen Mädchen, eine Anziehungskraft auf Jungen auszuüben, und Jungen beginnen, den Mädchen zu gefallen. Woher weiß ich, daß das geschehen wird? Weil Sexualität bald ein »Appetit« in Dir werden wird. Wenn Du Dein Frühstück heute morgen versäumt hättest, kann ich vorhersagen, daß Du um zwei Uhr nachmittags sehr hungrig sein wirst. Dein Körper wird nach Nahrung verlangen. Er ist dazu gemacht. Es gibt Substanzen in Deinem Körper, die Dich hungrig machen, wenn Du nicht gegessen hast.

Auf dieselbe Weise beginnen einige neue Substanzen in Deinem Körper einen völlig neuen Appetit zu entwickeln, wenn Du zwischen 12 und 15 Jahre alt bist. Dieses neue Verlangen richtet sich auf das andere Geschlecht. Jedes Jahr, das Du älter wirst, wird dieser Appetit mehr und mehr ein Teil von Dir. Du wirst immer mehr Zeit mit jemandem vom anderen Geschlecht verbringen wollen. Schließlich kann Dich diese Sehnsucht zur Ehe führen. Die Ehe ist eine wunderbare Einheit für die, die den richtigen Partner gefunden haben. Laß mich jedoch einige Warnungen zu diesem Thema aussprechen.

Einer der größten Fehler, die Du in Deinem Leben machen kannst, ist es, zu früh zu heiraten. Das kann tragisch sein. Es kann für zwei Menschen ein Desaster bedeuten zu heiraten, bevor sie dazu wirklich bereit sind. Unglücklicherweise geschieht das allzu oft. Ich werde dazu später noch mehr sagen, aber ich rate Dir sehr, nicht zu heiraten, bevor Du nicht mindestens 20 bist. Die Hälfte aller Teenager-Ehen zerbrechen innerhalb der ersten fünf Jahre und verursachen viele Tränen und Probleme. Ich möchte nicht, daß Du diese Erfahrungen machst.

Ich möchte jetzt das Gefühl beschreiben, das die Sexualität in den nächsten Jahren bringen wird. Jungen gewinnen ein zunehmendes Interesse an den Körpern der Mädchen — die Art, wie sie gebaut sind, an ihren Kurven, ihrer Zartheit und an ihren schönen Haaren und Augen. Selbst ihre weiblichen Füße können während dieser Zeit eine Anziehung auf Jungen ausüben. Wenn Du ein Junge bist, ist es sehr wahrscheinlich, daß Du oft an diese faszinierenden Kreaturen namens Mädchen denken wirst, die Du früher so gehaßt hast! Tatsächlich ist der sexuelle Appetit bei Männern zwischen dem 16. und 18. Lebensjahr größer als in irgendeinem anderen Alter.

Mädchen werden nicht so sehr durch die Form und das Aussehen des Jungenkörpers begeistert sein (obwohl sie ihn interessant finden). Sie werden mehr von dem Jungen selbst fasziniert sein — die Art, wie er geht, wie er spricht und denkt. Wenn Du ein Mädchen bist, wirst Du Dich wahrscheinlich in einen Jungen nach dem anderen »verknallen«. (Das geschieht, wenn Du zu glauben beginnst, daß eine bestimmte Person absolut phantastisch ist, und Du über die Möglichkeit phantasierst, mit dieser Person verheiratet zu sein. Es ist nicht ungewöhnlich, sich in dieser Zeit in einen Lehrer oder einen Pastor oder einen älteren Mann zu verlieben. Normalerweise dauert dieses Verknalltsein nur ein paar Wochen oder Monate, bevor jemand anderes den Platz einnimmt.)

Jetzt möchte ich mit Dir sehr vereinfacht über das Thema des Geschlechtsverkehrs sprechen. Das ist der Name, der dem Akt gegeben wurde, der stattfindet, wenn Mann und Frau ihre Kleidung ausziehen (normalerweise im Bett) und das Sexualorgan des Mannes (Penis) sehr hart und gerade wird. Er steckt seinen Penis in die Vagina der Frau, während er zwischen ihren Beinen liegt. Sie bewegen sich, bis sie eine Art von prickelndem Gefühl empfinden, das eine Minute oder zwei anhält. Es ist eine sehr befriedigende Erfahrung, die Mann und Frau regelmäßig machen. Du weißt wahrscheinlich schon über den Geschlechtsverkehr Bescheid. Aber wußtest Du, daß Mann und Frau nicht nur Verkehr haben, um Babys zu bekommen? Sie tun es auch, um ihre Liebe füreinander auszudrücken und weil sie Freude daran haben. Auf diese Weise befriedigen sie sich gegenseitig. Sie können vielleicht zwei- oder dreimal in der Woche Geschlechtsverkehr haben, oder vielleicht nur einmal im Monat; jedes Paar ist verschieden. Aber dies ist ein sehr erfreulicher Teil der Ehe und etwas, was Mann und Frau sehr speziell füreinander macht.

Der Appetit nach Sex ist etwas, was Gott in Dir schuf. Ich möchte das sehr betonen. Sex ist nicht schmutzig und nicht sündig. Nichts, was Gott je geschaffen hat, könnte schmutzig sein. Das Verlangen nach Sex war Gottes Idee — nicht unsere. Er pflanzte es in uns; er schuf diese Substanzen (Hormone), die das andere Geschlecht für uns attraktiv machen. Er tat das, damit wir uns eine eigene Familie wünschen. Ohne diese Leidenschaft würde es keine Ehe und keine Kinder und keine Liebe zwischen Mann und Frau geben. Sex ist also überhaupt keine schmutzige Sache; es ist ein wunderbarer Vorgang, ganz gleich, was Du bisher darüber gehört hast.

Ich muß Dir jedoch sagen, daß Gott von uns erwartet, daß wir den Drang nach Geschlechtsverkehr kontrollieren. Er hat in der Bibel wiederholt gesagt, daß wir unseren Körper für die Person aufbewahren sollen, die wir schließlich heiraten werden, und daß es falsch ist, den Appetit auf Sex mit einem

Jungen oder einem Mädchen vor der Ehe zu befriedigen. Es gibt keinen anderen Weg, die biblische Botschaft zu deuten. Einige Deiner Freunde mögen Dir in Zukunft vielleicht etwas anderes erzählen. Du hörst vielleicht Jack oder Susie oder Paul oder Jane erzählen, wie sie ihre Körper gegenseitig entdecken. Sie werden Dir erzählen, wie aufregend es war, und versuchen, Dich dazu zu bewegen, dasselbe zu tun.

Laß es mich persönlich ausdrücken. Es ist sehr wahrscheinlich, daß Du, bevor Du 20 wirst, die Gelegenheit haben wirst, Geschlechtsverkehr zu haben. Früher oder später wird sich Dir diese Gelegenheit bieten. Du wirst mit einer Person des anderen Geschlechts zusammensein, die Dich wissen läßt, daß er oder sie Dir gestatten, dieses Erlebnis zu haben. Du wirst Dich zwischen jetzt und jenem Moment entscheiden müssen, was Du dann tun wirst, wenn es soweit ist. Du wirst wahrscheinlich keine Zeit zum Denken haben, wenn es plötzlich geschieht. Mein dringlicher Rat an Dich ist, Dich bereits jetzt zu entscheiden, Deinen Körper für denjenigen aufzubewahren, der schließlich Dein Ehepartner sein wird. Wenn Du diesen Drang nicht kontrollierst, wirst Du Dir später wünschen, Du hättest es getan.

Gottes Gebot, daß wir Geschlechtsverkehr vor der Ehe unterlassen sollen, wurde nicht gegeben, um uns von der Freude fernzuhalten. Im Gegenteil, es war seine Liebe, die ihn veranlaßte, vorehelichen Geschlechtsverkehr zu verbieten, weil so viele schädliche Konsequenzen auftreten, wenn Du Dich weigerst, ihm zu gehorchen.

Du hast vielleicht von Geschlechtskrankheiten gehört, die durch Geschlechtsverkehr mit jemandem entstehen, der sich bei einem anderen Träger angesteckt hat. Syphilis, Tripper und andere Krankheiten sind heute weitverbreitet. Wir erleben eine Epidemie dieser Krankheiten, und sie schaden dem Körper, wenn sie nicht behandelt werden. Aber es gibt noch andere negative Konsequenzen für die, die vorehelichen Geschlechtsverkehr haben.

Für sie besteht das Risiko, ein uneheliches Kind in die Welt zu setzen. Wenn das geschieht, haben sie die Verantwortung, ein menschliches Wesen großzuziehen — ein kleines

Wesen mit all seinen Bedürfnissen nach Liebe, Erziehung und der Stabilität einer Familie —, aber sie haben nicht die Möglichkeiten, für das Kind zu sorgen oder seinen Nöten zu begegnen. Das ist tragisch.

Aber genauso ernst sind die Veränderungen, die im Kopf eines Menschen stattfinden, wenn er Verkehr außerhalb des Ehebundes hat. Erstens wird seine Beziehung zu Gott zerstört. Voreheliche Sex ist Sünde, und ein Mensch kann einfach nicht mit Gott befreundet sein, wenn er fortfährt, bewußt und aus Absicht zu sündigen. In 1. Johannes 1,6 heißt es: »Wenn wir sagen, daß wir Gemeinschaft mit ihm haben, und wandeln in der Finsternis, so lügen wir und tun nicht die Wahrheit.« So einfach ist das. Vor Gott kann nichts verheimlicht werden, wie Du weißt, weil er alles sieht. Sünde hat immer einen zerstörenden Effekt auf eine junge Person. Aber ich glaube, die Sünde des vorehelichen Verkehrs ist besonders schädlich für junge Menschen. Sie verlieren die Unschuld der Jugend und werden manchmal als Person hart und kalt. Vorehelicher Geschlechtsverkehr betrifft wahrscheinlich auch die spätere Ehe, weil das besondere Erlebnis, das nur mit einer Person geteilt werden sollte, nicht mehr so besonders ist.

Du siehst also, es gibt viele offensichtliche Gründe, wieso Gott uns befohlen hat, unser sexuelles Verlangen zu kontrollieren. Gott hat uns befohlen, keinen Sex vor der Ehe zu haben, um uns vor den Folgen dieser Sünde zu schützen. Tatsächlich habe ich die schlimmste Konsequenz noch nicht erwähnt. Sie bezieht sich auf das Urteil Gottes im kommenden Leben. Uns wird in der Bibel sehr deutlich gesagt, daß unser Leben vor Gott offengelegt wird und er jedes Geheimnis wissen wird. Unser Lebenssinn hängt von unserem Glauben an Gott und unserem Gehorsam ihm gegenüber ab. Ich hoffe, das hat Deine Frage beantwortet. Es gäbe noch so viel, was ich sagen könnte, wenn die Zeit es zuließe. Warum machst Du keine Liste mit zusätzlichen Fragen, die Du mit Deinem Vater oder dem Jugendleiter Deiner Gemeinde besprichst?

Was sind feuchte Träume, über die ich andere Jungen reden höre?

Viele Jungen haben »feuchte Träume« oder das, was Ärzte nächtliche Ergüsse nennen. Dies bezieht sich auf die Flüssigkeit, die gelegentlich nachts aus dem Penis des Jungen kommt.

Diese Flüssigkeit enthält Millionen von Zellen, die so klein sind, daß Du sie nicht einmal sehen kannst. Eine dieser Zellen könnte ein Kind werden, wenn sie in eine Frau gelangt und sich mit ihrer Eizelle vereinigt. (Das würde die Zygote bilden, die ich vorher erwähnte.) Dieser Samen wird manchmal während eines nächtlichen Traumes abgegeben, dann findet ein Junge am nächsten Morgen einen Flecken auf der Hose und fragt sich, was los ist. Dieser Vorgang ist jedoch völlig normal. Er passiert bei fast allen Jungen, und es ist nichts, worüber man sich Sorgen machen müßte.

Welche Fragen stellen Ihnen Teenager im Blick auf das Erwachsenwerden besonders häufig?

Sie werden häufig von folgenden Fragen gequält:

1. Werden alle diese Veränderungen wirklich geschehen?
2. Ist mit mir etwas nicht in Ordnung?
3. Habe ich eine Krankheit?
4. Werde ich anders als andere Menschen sein?
5. Bedeutet dieser Schmerz in meiner Brust, daß ich Krebs habe? (Denke daran, daß ich gesagt habe, daß die Brüste während der Jugend manchmal schmerzen.)
6. Werde ich fähig sein, Geschlechtsverkehr zu haben, oder wird bei mir etwas verkehrt sein?
7. Werden die Jungen mich auslachen? Werden die Mädchen mich ablehnen? (Es ist ganz normal für Menschen, zu glauben, sie seien für das andere Geschlecht nicht attraktiv genug, und daß sie niemand mögen wird, weil sie nicht so hübsch und nett sind, wie sie es sich wünschen.)
8. Wird Gott mich für die sexuellen Gedanken strafen, die ich habe? (Ich sagte Dir, daß Du in diesen Jahren wahrscheinlich oft an das andere Geschlecht denken wirst. Wenn das geschieht, fühlst Du Dich vielleicht für diese Gedanken schuldig.)

9. Wäre es nicht furchtbar, wenn ich homosexuell wäre? (Ein Homosexueller ist jemand, der nicht vom anderen Geschlecht, sondern von seinem eigenen angezogen wird. Homosexualität ist ein abnormer Drang, der tiefe Probleme reflektiert, aber es kommt nicht häufig vor.)
10. Könnte ich ohne Geschlechtsverkehr schwanger werden? (Das ist eine weitere Möglichkeit, die junge Mädchen befürchten — daß sie schwanger werden könnten, obwohl sie keine sexuelle Beziehung hatten. Ich möchte Dich wissen lassen, daß dies nie geschehen kann: Es ist unmöglich. Nur einmal in der ganzen Menschheitsgeschichte geschah dies; und das war, als die Jungfrau Maria, Jesu Mutter, schwanger wurde, obwohl sie nie Geschlechtsverkehr hatte.)
11. Gelingt es einigen Menschen nicht, sexuell zu reifen? (Jedes System des Körpers kann eine Fehlfunktion haben, aber dieses versagt so gut wie nie.)

Laß es mich noch einmal sagen: Diese Ängste sind während der frühen Jugend fast überall vorhanden. Fast jeder Heranwachsende in unserer Kultur sorgt sich und zittert bei dem Thema Sex. Ich will Dir helfen, diese Ängste abzubauen. Deine sexuelle Entwicklung ist ein normaler Vorgang, der von Deinem Körper kontrolliert wird. Es wird alles nach Plan verlaufen, deshalb kannst Du Dich entspannen und es einfach geschehen lassen.

Du wirst jedoch in den nächsten Jahren Deine sexuellen Bedürfnisse kontrollieren müssen, und das wird den bewußten Einsatz von Willenskraft erfordern. Aber wenn Du lernen kannst, Deine sexuellen Impulse so zu kanalisieren, wie Gott es erwartet, kann dieser Teil Deiner Natur einer der faszinierendsten und wunderbarsten Aspekte Deines Lebens sein, der wahrscheinlich zu einem glücklichen Eheleben in den vor Dir liegenden Jahren beiträgt.

Teil 17

Selbstachtung im Erwachsenenalter

Wenn ich das, was Sie schreiben, richtig verstehe, glauben Sie, daß die Mehrheit der Menschen unter mangelnder Selbstachtung leidet. Angenommen, das stimmt, welche Auswirkungen hat dieses negative Selbstbild auf unsere Gesellschaft?

Es hat ernste Auswirkungen auf die Stabilität unserer gesamten Kultur, weil die Gesundheit einer ganzen Nation davon abhängt, auf welche Weise ihre einzelnen Mitglieder persönliche Akzeptanz erlangen können. Wann immer daher die Schlüssel zur Selbstachtung für einen großen Prozentsatz von Menschen außer Reichweite zu sein scheinen, wie es heute der Fall ist, werden psychische Krankheiten, Neurosen, Haß, Alkoholismus, Drogenmißbrauch, Gewalt und soziales Chaos auftreten.

Der persönliche Wert ist nicht etwas, auf das irgend jemand verzichten könnte. Wir müssen ihn haben, und wenn er unerreichbar ist, leidet jeder Mensch darunter.

Warum, glauben Sie, ist die mangelnde Selbstachtung heute unter Frauen so weit verbreitet? Warum taucht dieses Problem heute stärker als in der Vergangenheit auf?

Bei dieser Epidemie des Selbstzweifels unter heutigen Frauen scheinen drei Faktoren eine Rolle zu spielen. Erstens sind die traditionellen Pflichten von Frauen und Müttern zu Zielen von Respektlosigkeit und Spott geworden. Kindererziehung und die Erhaltung des Zuhauses haben in unserer Gesellschaft einen sehr geringen Status, und Frauen, die in diese Rollen geraten, sehen sich häufig selbst mit unverhülltem Mitleid.

Die Kräfte, die diese Anschauung vorangetrieben haben, tauchen überall auf — im Fernsehen, im Radio, in Zeitungen, in Anzeigen, in Büchern und Romanen. Jeder hackt ständig darauf ein, daß eine Frau zu Hause Befriedigung finden kann. Es überrascht daher nicht, daß viele Hausfrauen sich diskriminiert fühlen — nicht respektiert von der sie umgebenden Gesellschaft. Sie wären taub oder blind, wenn sie diese Botschaft nicht verstanden hätten.

Aber der Rückgang von Selbstachtung bei Frauen hat noch andere Gründe. Ein weiterer Faktor ist die Rolle der Schönheit in unserer Gesellschaft. Physische Attraktivität (oder ihr Fehlen) hat starken Einfluß auf die weibliche Selbstachtung. Daher wird eine Frau, die sich häßlich findet, starke Minderwertigkeitsgefühle gegenüber ihren gleichaltrigen Geschlechtsgenossinnen empfinden. Dieser Druck wird durch eine stark auf Erotik fixierte Gesellschaft wie die unsere noch verstärkt. Je mehr eine Gesellschaft sich an der Sexualität erhitzt (und unsere hat den Siedepunkt erreicht), desto wahrscheinlicher ist es, daß Schönheit belohnt und Häßlichkeit bestraft wird. Wenn Sex übermäßig wichtig wird, wie es heute der Fall ist, dann müssen diejenigen mit dem geringsten Sexappeal verständlicherweise anfangen, sich Sorgen zu machen. Millionen von Menschen sind schon in diese Falle gegangen.

Eine dritte Quelle mangelnder Selbstachtung unter Frauen bezieht sich auf die Intelligenz. Einfach ausgedrückt: Viele Frauen empfinden sich als »zu dumm«. Psychologen wissen seit Jahrzehnten, daß es im Blick auf die Intelligenz zwischen Mann und Frau keinen fundamentalen Unterschied gibt, obwohl jedes Geschlecht spezielle Stärken hat, die das andere Geschlecht so nicht aufweist. Männer neigen dazu, in Tests über Mathematik und abstrakte Denkweisen besser abzuschneiden, während Frauen in allen sprachlichen Bereichen im Durchschnitt die Männer übertreffen. Wenn man jedoch die individuellen Fähigkeiten zusammennimmt, hat kein Geschlecht dem anderen etwas voraus. Trotzdem neigen Frauen dazu, ihre eigenen geistigen Fähigkeiten anzuzweifeln.

Damit sagen Sie, daß mangelnde Selbstachtung unter Frauen durch dieselben körperlichen Faktoren beeinflußt wird, um die sie sich bereits in ihrer Jugend sorgten.

Das ist richtig. Die Bedeutung von körperlicher Attraktivität endet nicht mit der Jugend. Bis ins späte Leben fährt sie fort, den menschlichen Wert in einem gewissen Maß zu bestimmen. Lassen Sie mich ein Beispiel dafür nennen. Ich beriet eine junge Frau, die ein paar Jahre zuvor eine bildschöne Stewardess gewesen war. Sie war glücklich verheiratet mit einem Mann, der stolz auf ihre Schönheit war. Dann passierte das für sie denkbar unglücklichste Ereignis. Sie wurde in einen tragischen Autounfall verwickelt, durch den ihr Gesicht vernarbt und ihr Körper zerschmettert wurde. Ihr Rücken war gebrochen, und sie mußte sich darauf einstellen, den Rest ihres Lebens am Stock zu gehen. Sie war nicht mehr attraktiv, und ihr Mann verlor schnell sein sexuelles Interesse an ihr. Bald folgte die Scheidung. Als Krüppel konnte die Frau natürlich nicht länger als Stewardess arbeiten, und sie hatte Schwierigkeiten, überhaupt einen neuen Beruf zu finden. Sie fiel dadurch innerhalb eines Augenblicks von einer sehr angesehenen Stellung in eine Position mit geringem sozialen Status. Ihr wahrer Wert als Mensch hätte durch den Unfall nicht betroffen sein sollen, aber in den Augen ihres unreifen Mannes war das der Fall.

Sind die Faktoren »Schönheit« und »Intelligenz« für männliche und weibliche Erwachsene gleich wichtig? Wie unterscheidet sich die Selbstachtung von Männern und Frauen in dieser Beziehung?

Bei Männern entsteht die körperliche Attraktivität als Wert in der späten Jugend und der frühen Erwachsenenphase und steht bei ihnen in der Rangfolge hinter der Intelligenz. Für Frauen jedoch behält die Schönheit während des ganzen Lebens ihre Spitzenposition. Der Grund, warum die durchschnittliche Frau eher Wert auf Schönheit als auf Intelligenz legt, liegt darin, weil sie weiß, daß der durchschnittliche Mann besser sehen als denken kann. Ihr Wertesystem basiert auf seinem. Ebenso wurzeln die persönlichen Präferenzen des Mannes darauf, wie er sich aus den Augen des anderen Geschlechts sieht, und die meisten Frauen schätzen bei Männern Intelligenz mehr als Schönheit.

Mein Ehemann macht sich oft über meinen Körper lustig. Er reizt mich nur aus Spaß, aber seine Bemerkungen sind mir peinlich und lassen mich mein Interesse am Sex verlieren. Warum kann ich seine Scherze nicht einfach ignorieren, obwohl ich weiß, daß er nicht beabsichtigt, mich zu verletzen?

Sex ist, besonders bei Frauen, untrennbar mit unserer psychologischen Natur verbunden. Eine Frau zum Beispiel, die sich häßlich findet, ist oft von ihrem unvollkommenen Körper viel zu beschämt, als daß sie ohne Scham Sex haben könnte. Eine Frau, die sich schüchtern und ängstlich fühlt, wird normalerweise ihre Sexualität in ähnlicher Art ausdrücken, genauso wie eine Frau, die emotional gesund und voller Selbstvertrauen ist, auch ein spontanes Sexleben haben wird. Sie müssen diesen Sachverhalt Ihrem Mann nahebringen und ihm damit helfen, zu erkennen, daß alles, was Ihre Selbstachtung verringert, negative Auswirkungen auf Ihre Sexualität hat. Jede Respektlosigkeit, die er bewußt oder unbewußt Ihnen gegenüber äußert, wird sich auf Ihre körperliche Beziehung auswirken. In dieser Hinsicht unterscheidet sich unser Sexualverhalten radikal von den mechanischen Reaktionen niederer Tiere. Die emotionalen Begleiterscheinungen können bei menschlichen Wesen nicht einfach verdrängt werden.

Ich habe mich nie attraktiv oder schön gegenüber dem anderenGeschlecht gefühlt. Erklärt das, wieso ich mich sogar schäme, in einem Badeanzug gesehen zu werden?

Scham hat drei Ursprünge. Erstens ist sie in unsere gefallene Natur eingebaut. Nach der Sünde im Garten Eden wurden Adam und Eva die »Augen aufgetan, und sie wurden gewahr, daß sie nackt waren, und sie flochten Feigenblätter zusammen und machten sich Schurze« (1. Mose 3,7). In unterschiedlichem Maße haben alle Erben Adams dieselbe Empfindsamkeit für ihre Körper geerbt.

Zweitens ist Scham ein Produkt unseres frühen Familienlebens. Menschen, denen beigebracht wurde, sich vor anderen Familienmitgliedern zu bedecken, tragen diese übertriebene Schamhaftigkeit selbst in ihre ehelichen Beziehungen hinein.

Somit können legitime sexuelle Erfahrungen zu komplexbeladenen Verpflichtungen werden.

Die dritte Quelle extremer Scham ist die, die Sie bereits erwähnt haben, und sie hat wahrscheinlich die stärksten Auswirkungen. Diejenigen, die sich ihres Körpers schämen, setzen alles daran, ihn zu verbergen.

Eine der größten Ängste unter Schülern zwischen 10 und 13 Jahren ist, daß sie sich ausziehen und mit ihren Kameraden zusammen duschen müssen. Jungen und Mädchen sind gleichermaßen erschreckt von der Möglichkeit des Spotts über ihre fehlende Entwicklung oder ihre Frühreife. Diese Scham hält oft bis in das Erwachsenenalter an und ist in vielen Fällen mit starken Minderwertigkeitsgefühlen gepaart.

Meine Schwester hat stark mit ihrer mangelnden Selbstachtung zu kämpfen. Ich habe Schwierigkeiten zu verstehen, was sie durchmacht. Können Sie in Worte fassen, was eine Person erlebt, die sich minderwertig und unzulänglich fühlt?

Ich werde versuchen, die sorgenvollen Gedanken und Ängste auszudrücken, die durch die Hinterhöfe eines unsicheren Geistes hallen.

Man sitzt während ruhiger Nachmittagsstunden allein in einem Haus und fragt sich, wieso das Telefon nicht klingelt ... und man fragt sich, wieso man keine wirklichen Freunde hat. Man verlangt nach jemandem, mit dem man sprechen kann, von Seele zu Seele, aber man weiß, daß es keine Person gibt, die dieses Vertrauen verdient. Man fühlt, daß »sie mich nicht mögen würde, wenn sie mich richtig kennenlernte«. Man ist verängstigt, wenn man zu einer Gruppe Gleichaltriger sprechen muß, und fühlt sich wie ein Dummkopf, wenn man nach Hause kommt. Man fragt sich, wieso andere Menschen soviel mehr Talent und Fähigkeiten haben als man selbst. Man fühlt sich unglaublich häßlich und unattraktiv. Man gibt zu, daß man ein Versager als Ehefrau und Mutter ist. Man mag nichts an sich selbst und wünscht sich andauernd, jemand anders zu sein. Man fühlt sich ungeliebt, einsam und traurig. Wenn die Familie schläft, liegt man im Bett und grübelt über die große

Leere in einem selbst und verlangt nach bedingungsloser Liebe. Man ist von intensivem Selbstmitleid befallen. Und mehr als alle anderen Faktoren ist dieses Selbstmitleid die Hauptursache von Depression.

Ich habe eine Freundin, die neun Jahre lang verheiratet war, bevor ihr Mann sie wegen einer anderen Frau verließ. Ich glaube, sie war eine liebende und sorgende Ehefrau, aber sie scheint davon auszugehen, es habe an ihr gelegen, daß die Ehe auseinanderging. Als Folge davon verlor sie ihre Selbstachtung und hat sich nie wieder erholt. Wie kann sie sich schuldig fühlen, wenn ihr Mann sie betrogen und belogen hat und mit einem jüngeren Mädchen davongelaufen ist?

Es hat mich immer überrascht, festzustellen, wie oft der verletzte Ehepartner — die Person, die klar das Opfer der Verantwortungslosigkeit des anderen ist — diejenige ist, die sich die meisten Vorwürfe macht. Wie seltsam, daß derjenige, der versuchte, die Dinge zusammenzuhalten, sich angesichts der offenen Ablehnung fragt: »Habe ich bei ihm versagt? . . . Ich war nicht weiblich genug, um meinen Mann zu halten . . . ich bin ein Nichts, sonst wäre er nicht gegangen . . . wenn ich nur als Sexualpartner aufregender gewesen wäre . . . ich habe ihn dazu gebracht . . . ich war nicht schön genug . . . ich habe ihn von Anfang an nicht verdient.«

Die Schuld für den Zerbruch einer Ehe liegt selten bei dem Mann oder der Frau allein. Wenn jedoch einer der Ehepartner eine Beziehung außerhalb der Ehe beginnt, sucht er normalerweise eine Rechtfertigung seines Verhaltens, indem er die Fehler seines Partners heraufspielt. »Du hast meine Bedürfnisse nicht gesehen, also mußte ich sie woanders befriedigen«, ist eine bekannte Anklage. Indem er auf diese Weise die Schuld des Partners vergrößert, reduziert er seine eigenen Schuldgefühle. Von einem Ehemann oder einer Ehefrau mit einer geringen Selbstachtung werden diese Anklagen und Schuldzuweisungen als Tatsachen akzeptiert. »Ja, es war mein Fehler. Ich habe dich dazu gebracht!« Somit nimmt das Opfer die volle Verantwortung für die Verantwortungslosigkeit seines Partners auf sich, und die Selbstachtung zerbricht völlig. Ich würde Ihrer Freundin nicht empfehlen, weiterhin der Bitterkeit freien Lauf zu lassen. Bitterkeit ist ein emotionales Krebsgeschwür, das uns von innen verrotten läßt. In einer Beratung würde ich sie ermutigen, ihre Selbstvorwürfe noch einmal sorgfältig zu prüfen. Ich würde mich bemühen, mit ihr gemeinsam Antworten auf folgende Fragen zu finden: »Versuchte ich — trotz meiner menschlichen Schwäche, die Ehe zu bewahren? Entschied mein Ehemann, sie zu zerstören, und versuchte er anschließend, Rechtfertigungen für seine Taten zu finden? Hätte ich ihn halten können, wenn ich alle von ihm erwünschten Änderungen vollzogen hätte? Ist es sinnvoll, daß ich mich für das, was geschehen ist, selber hasse?«

Ihre Freundin sollte wissen, daß soziale Ablehnung Minderwertigkeitsgefühle und Selbstmitleid hervorbringt. Und nichts vermag die Selbstachtung so sehr zu zerstören wie die Ablehnung durch den, den wir lieben. Vielleicht hilft es Ihrer Freundin, sich als Opfer dieses Prozesses zu sehen, anstatt sich als wertloser Versager im Spiel der Liebe zu empfinden.

Ich kenne eine Frau, die dringend Menschen braucht, aber sie schreckt sie unfreiwillig ab. Sie redet zuviel, klagt andauernd und bringt es fertig, daß alle vor ihr davonlaufen. Ich weiß, daß sie einen fürchterlichen Minderwertigkeitskomplex hat. Wie kann ich ihr diese störenden Fehler zeigen, ohne daß sie noch schlechter über sich denkt?

Lassen Sie mich ein Prinzip nennen, das im Umgang mit Menschen 1000 Anwendungsmöglichkeiten hat und auch in der von Ihnen beschriebenen Situation hilfreich sein wird. Das Recht zu kritisieren muß man sich verdienen — auch dann, wenn der Rat konstruktiver Natur ist. Bevor Ihnen erlaubt ist, an der Selbstachtung einer anderen Person herumzubasteln, sind Sie verpflichtet, dieser Person Ihren Respekt zu zeigen. Dies können Sie durch eine Atmosphäre der Liebe, Freundlichkeit und menschlichen Wärme erreichen. Wenn dann eine Beziehung des Vertrauens aufgebaut worden ist, werden Sie sich das Recht verdient haben, ein potentiell bedrohliches Thema anzusprechen. Ihre Motive sind geklärt.

Als Antwort auf Ihre spezielle Frage würde ich vorschlagen, daß Sie einige Mühe investieren, um eine gute Beziehung zu Ihrer wortreichen Freundin aufzubauen, und ihr dann Ihre Vorschläge in sehr kleinen Dosierungen nahebringen. Und denken Sie immer daran, daß irgend jemand irgendwo gerne auch Ihre Fehler korrigieren würde. Wir alle haben sie.

Ich habe jahrelang unter mangelnder Selbstachtung gelitten und suchte während einer besonders depressiven Phase meines Lebens bei einem Psychiater Hilfe. Aber anstatt daß er meinen Selbstwert aufbaute, war er mir gegenüber kalt und desinteressiert. Ich hatte das Gefühl, daß er sich nicht wirklich um mich kümmerte. Ich frage mich, wie Sie zu einem Patienten mit einem Problem wie meinem eingestellt wären?

Es ist oft entmutigend für mich zu beobachten, daß viele meiner Berufskollegen (Psychiater, Psychologen und Berater) dazu neigen, die Gefühle, die Sie beschrieben haben, als Ursache für emotionale Störungen zu übersehen. Fehlende Selbstachtung ist die Ursache für die meisten psychischen Störungen. Als Psychologe sitze ich immer wieder mit Menschen zusammen, die tiefe Sehnsüchte nach Respekt und Annahme haben. Wie dringend brauchen sie menschliche Zuwendung und Freundlichkeit, emotionale Unterstützung und konkrete Vorschläge für Veränderungen! Aber wenn einer dieser Patienten zu Dr. Sigmund Freud gegangen wäre, hätte der unsterbliche Großvater der Psychoanalyse sich in distanziertem Professionalismus zurückgelehnt und die sexuellen Komplexe des Patienten analysiert. Wenn der Patient bei Dr. Arthur Janov, dem Schöpfer der Urschreitherapie, Rat gesucht hätte, wäre er ermutigt worden, über den Boden zu rollen und wie ein Baby zu brüllen. Andere moderne Therapeuten hätten von derselben Person verlangt, sich innerhalb einer »Selbsterfahrungsgruppe« angreifen zu lassen und selbst andere anzugreifen, oder die Kleidung auszuziehen, oder die Mutter mit einem Gürtel zu schlagen. Ob Sie es glauben oder nicht, eines der Hauptgebiete für Kontroversen bei psychiatrischen Konferenzen war die Frage, ob weibliche Patienten mit ihrem Therapeuten Geschlechtsverkehr haben sollten oder nicht! Sind wir eigentlich völlig verrückt geworden? Wann immer Menschen ihre Ethik vergessen, werden sie gefährlich, ganz gleich, welchen beruflichen Rang oder akademischen Grad sie haben.

Ich glaube fest, daß der erfolgreichste Ansatz zur Therapie gebrochener Patienten in folgender Botschaft liegt: »Das Leben ist hart gewesen, und du hast viel Leid erlebt. Du hast dich deinen Problemen ohne viel menschliche Unterstützung stellen müssen, und es gab Zeiten, wo dich deine Verzweiflung übermannt hat. Ich will jetzt diese Last mittragen. Von diesem Augenblick an bin ich an dir als Person interessiert; du verdienst meinen Respekt und sollst ihn auch bekommen. Ich will, daß du aufhörst, über deine Schwierigkeiten zu grübeln. Gib sie an mich weiter. Wir sollten uns auf die Gegenwart und die Zukunft konzentrieren; zusammen werden wir Lösungen suchen.«

Plötzlich fühlt sich die geplagte Person nicht mehr allein — die deprimierendste aller menschlichen Erfahrungen. »Jemand sorgt sich um mich! Jemand versteht mich! Jemand versichert mir, daß ich überleben werde. Ich werde nicht in diesem Meer der Mutlosigkeit ertrinken, wie ich es befürchtet habe. Mir ist von einem Freund ein Rettungsring zugeworfen worden.« Das ist wahre Therapie, und sie ist ein Beispiel für das biblische Gebot: »Einer trage die Last des anderen.«

Ich bin von starken Selbstzweifeln geplagt. Ich finde mich häßlich und deshalb auch ungeliebt. Welche Ermutigungen können Sie mir geben?

Wird es nicht Zeit, daß Sie sich mit sich selbst anfreunden? Wenn ich eine Karikatur zeichnen müßte, die Millionen von Erwachsenen mit mangelnder Selbstachtung wie Sie symbolisieren sollte, würde ich einen müden, gebeugten Reisenden zeichnen. Über seine Schulter hat er eine kilometerlange Kette hängen, an der Tonnen von Alteisen, alter Reifen und Müll aller Art befestigt ist. Jedes Stück Müll trägt eine Inschrift mit den Details einiger Demütigungen — eines Versagens — einer Peinlichkeit — einer Ablehnung der Vergangenheit. Er könnte die Kette fallenlassen und sich von der schweren Last befreien, die ihn hemmt und erschöpft, aber er ist irgendwie davon überzeugt, daß sie durch das ganze Leben getragen werden muß. So schleppt er sich weiter und zieht, während er geht, eine Furche in die Erde. Sie können sich von dem Gewicht der Ketten befreien, wenn Sie wollen, aber Sie müssen sie loslassen.

Ihre Minderwertigkeitsgefühle entspringen einer Verdrehung der Realität. Die Standards, an denen Sie Maß nehmen, sind etwas sehr Wandelbares. Der berühmte Plastischen Chirurg Dr. Maxwell Maltz sagte, daß Frauen in den zwanziger Jahren zu ihm kamen und ihn baten, ihre Brustgröße zu verringern. Heute wollen sie, daß ihre Brüste mit Silikon ausgestopft werden. Falsche Werte! König Salomo bat in seinem biblischen Liebeslied seine Braut, doch seine braungebrannte Haut, die ständig der Sonne ausgesetzt war, zu übersehen. Damals bedeutete weiße Haut schöne Haut. Aber heute wäre der braune Bruder Salomo der Stolz des Strandes. Falsche Werte! Moderne Frauen schämen sich zuzugeben, daß sie zehn Pfund zuviel wiegen, während Rembrandt es geliebt hätte, ihre runden Körper zu malen. Falsche Werte! Merken Sie nicht, daß Ihr persönlicher Wert nicht von der Meinung anderer und ihren sich ständig wandelnden Wertvorstellungen abhängt?

Ich komme mit meinen Unzulänglichkeiten ganz gut zurecht. Jetzt möchte ich weitere Schritte unternehmen, um zu einem gesunden Selbstvertrauen zu gelangen. Was empfehlen Sie?

Ich habe wiederholt beobachtet, daß die eigenen Probleme weniger bedrohlich erscheinen, wenn ein Mensch damit beschäftigt ist, einem anderen bei der Bewältigung seiner Probleme zu helfen! Es ist schwierig, sich auf die eigenen Probleme zu konzentrieren, wenn man sich aktiv die Last einer anderen Person aufbürdet und Lösungen für ihre Probleme sucht. Daher würde ich empfehlen, daß Sie bewußt einüben, anderen zu helfen. Backen Sie etwas für Ihre Nachbarn. Setzen Sie Ihren Wagen für diejenigen ein, die auf ein solches

Transportmittel angewiesen sind. Und — das ist vielleicht das wichtigste — lernen Sie, ein guter Zuhörer zu sein. Die Welt ist voll von einsamen, entmutigten Menschen, wie Sie es waren, und Sie sind in einer hervorragenden Position, um Mitgefühl für sie zu empfinden. Während Sie das tun — das kann ich Ihnen garantieren —, werden die letzten Anflüge von Minderwertigkeitsgefühlen bei Ihnen verschwinden.

Sie setzen sich sehr für den Aufbau von Selbstachtung bei Kindern ein, aber ich habe einige theologische Probleme mit dieser Ansicht. Die Bibel mißbilligt — von der Schöpfungsgeschichte bis zur Offenbarung — menschlichen »Stolz« und spricht von Menschen als nichts Besserem als Würmer.

Es gibt unter Christen eine große Verwirrung bei der Unterscheidung zwischen Stolz und Selbstachtung. Sie gehören anscheinend zu den Leuten, die tatsächlich glauben, daß Christen ein Gefühl der Minderwertigkeit haben sollten, um der Gefahr von Selbstzufriedenheit und Hochmut zu entgehen. Ich glaube nicht daran.

Nachdem ich vor einigen Jahren in Boston vor einer größeren Zuhörerschaft geredet hatte, kam eine ältere Dame auf mich zu, die meine Ansichten in Frage stellte. Ich hatte über die Wichtigkeit des Selbstbewußtseins bei Kindern gesprochen, und meine Anmerkungen hatten ihrem theologischen Verständnis widersprochen. Sie bezog sich auf die gleiche Schriftstelle, die auch Sie erwähnten: Psalm 22, Vers 6. Sie sagte: »Gott will, daß ich von mir nicht besser als von einem Wurm denke.«

»Ich würde mich gern selbst respektieren«, fuhr sie fort, »aber Gott würde dieser Art von Stolz niemals zustimmen.«

Ich war tief bewegt, als diese ernsthafte kleine Dame sprach. Sie erzählte mir, daß sie 40 Jahre lang Missionarin gewesen war und sich sogar geweigert hatte zu heiraten, um Gott ganzheitlicher dienen zu können. Während ihrer Zeit im Ausland war sie an einer exotischen Krankheit erkrankt, die das Gewicht ihres zerbrechlichen Körpers auf 95 Pfund reduziert hatte. Als sie sprach, konnte ich die große Liebe unseres himmlischen Vaters für diese treue Dienerin spüren. Sie hatte buchstäblich ihr Leben für sein Reich gegeben, aber sie glaubte, es sei ihr noch nicht einmal gestattet, auf eine gut geleistete Arbeit während ihrer letzten Jahre auf Erden zurückzublicken.

Unglücklicherweise war diese Missionarin gelehrt worden, daß sie wertlos sei. Aber diese Lehre stammt nicht aus der Bibel. Jesus hat nicht seinen Thron im Himmel verlassen, um für die »Würmer« dieser Erde zu sterben. Sein Opfer geschah für die kleine Frau, für mich und für alle seine Nachfolger, die er seine Brüder nennt. Was für eine Aussicht! Wenn Jesus mein Bruder ist, dann hebt mich das in die Familie Gottes. Und das ist, was ich echte Selbstachtung nenne!

Es ist richtig, daß die Bibel menschlichen Stolz verdammt. Gott hat eine besondere Abneigung gegen diese Art von Sünde. Ich habe 112 Verweise in der Bibel gefunden, die besonders vor dem Stolz warnen. In Sprüche 6,16-19 heißt es: »Diese sechs Dinge haßt der Herr, diese sieben sind ihm ein Greuel: stolze Augen, falsche Zunge, Hände, die unschuldiges Blut vergießen, ein Herz, das arge Ränke schmiedet, Füße, die behende sind, Schaden zu tun, ein falscher Zeuge, der frech Lügen redet, und wer Hader zwischen Brüdern anrichtet.«

Ist es nicht interessant, daß »stolze Augen« (oder Hochmut, wie es in modernen Übersetzungen heißt) als erste unter Gottes sieben am meisten verachteten Sünden geführt wird und offensichtlich Ehebruch, Gottlosigkeit und andere Akte des Ungehorsams übertrifft? Wer Gott gefallen möchte, sollte jede Form von Stolz peinlichst zu vermeiden versuchen.

Aber zunächst sollten wir die Bedeutung des Wortes »Stolz« untersuchen. Die Sprache ist dynamisch, und die Bedeutung der Wörter verändert sich mit der Zeit. Heute hat das Wort »Stolz« viele Bedeutungen, die sich von dem biblischen Gebrauch des Wortes unterscheiden. Zum Beispiel empfindet ein Vater »Stolz«, wenn sein Sohn in der Schule Erfolg hat oder einen Wettkampf gewinnt. Aber ich kann nicht glauben, daß dem Herrn ein Vater mißfällt, der vor Zuneigung glüht, wenn er an seinen Sohn denkt!

Wir sprechen zum Beispiel vom Stolz eines südländischen Kochs. Dies ist ein sehr positives Gefühl, das darauf hindeutet, daß die entsprechende Person sich seinem Handwerk mit Hingabe widmet, daß sie Selbstbewußtsein hat, und daß sie das liefern wird, was sie verspricht. Sicher wird diese Haltung nicht von der Bibel verdammt.

In der Bibel wird überhaupt nicht eine Haltung von Selbstachtung und Würde verdammt. Jesus befahl uns, unseren Nächsten *wie uns selbst* zu lieben. Damit sagte er nicht nur, daß es uns erlaubt ist, eine vernünftige Selbstliebe zu zeigen, sondern daß Liebe zu anderen auch so lange unmöglich ist, bis wir ein gewisses Maß an Selbstachtung haben. Was ist dann aber die biblische Bedeutung von Stolz? Sündiger Stolz tritt auf, wenn unsere arrogante Selbstzufriedenheit uns dazu führt, die zwei grundlegenden Gebote Jesu zu verletzen: Erstens, Gott mit all unserem Herzen, Geist und unserer Kraft zu lieben; und zweitens, unseren Nächsten wie uns selbst zu lieben. Ein stolzer Mensch ist zu wichtigtuerisch und hochmütig, um seine Sünden zu bekennen und sich einem Leben im Dienst Gottes zu widmen; oder er haßt seinen Nächsten und mißachtet die Gefühle und Nöte anderer. Und als solcher ist er für die meisten Mißstände der Welt, wie Krieg und Verbrechen, verantwortlich. Darum stellt der Schreiber der Sprüche »stolze Augen« über alle Sünden!

Ich möchte betonen, daß die Suche nach Selbstachtung durchaus eine falsche Richtung einschlagen und zu nicht akzeptablem Stolz führen kann. Während des letzten Jahrzehnts haben wir zum Beispiel den Aufstieg der »Ich«-Generation erlebt, sorgfältig genährt von humanistischen Psychologen, die keine »Diktate der Bibel« akzeptieren. Bestimmte Mottos reflektieren dieselbe eigennützige Orientierung, zum Beispiel: »Wenn es dir Spaß macht, tu es!« oder: »Kümmer dich zuerst um dich selbst!« Diese Philosophie des »Ich zuerst« ist die Kraft, die unsere Welt in Stücke reißen kann, ob man sie nun auf die Ehe, das Geschäft oder die Politik anwendet.

Ich möchte deshalb betonen, daß ich mit meinen Ausführungen zur Selbstachtung keine Philosophie des Egoismus propagiere. Ich habe nicht empfohlen, daß Kinder Arroganz,

Selbstzufriedenheit und Selbstsucht beigebracht bekommen sollen (das wird auch ohne die Unterstützung der Eltern geschehen). Mein Ziel ist es, Müttern und Vätern zu helfen, physische, geistige und geistliche Gesundheit zu bewahren. Ich bin davon überzeugt, daß dieses Ziel im Einklang mit dem steht, was die Bibel lehrt.

Romantische Liebe

Glauben Sie, daß Liebe auf den ersten Blick bei einigen Menschen vorkommen kann?

Obwohl einige Leser mir nicht zustimmen werden: Liebe auf den ersten Blick ist eine physische und emotionale Unmöglichkeit. Warum? Weil Liebe nicht einfach ein Gefühl romantischer Begeisterung ist. Sie ist mehr als die Sehnsucht, einen potentiellen Partner zu heiraten, sie geht über starke sexuelle Anziehung hinaus. Dies alles sind Gefühle, die beim ersten Blick ausgelöst werden können, aber sie stellen keine Liebe dar.

Wahre Liebe ist, im Gegensatz zur landläufigen Meinung, ein Ausdruck der tiefsten Zuneigung für einen Menschen; es ist ein intensives Bewußtsein für seine tiefsten Bedürfnisse — in Vergangenheit, Gegenwart und Zukunft. Sie ist uneigennützig und gebend. Und glauben Sie mir, dies sind nicht die Einstellungen, denen man beim ersten Blick »verfällt«, als ob wir in einen Graben stolpern würden.

Ich habe eine lebenslange Liebe zu meiner Frau entwikkelt, aber diese Liebe war nicht etwas, in was ich hineingestolpert bin. Ich wuchs in sie hinein, und dieser Prozeß brauchte seine Zeit. Ich mußte meine Frau gründlich kennenlernen, bevor ich die Tiefe und Stabilität ihres Charakters schätzen konnte. Die Vertrautheit, aus der schließlich echte Liebe entstanden ist, kann nicht an einem wunderbaren Abend entstehen. Man kann nicht ein unbekanntes Objekt lieben, ganz gleich, wie attraktiv oder sexy es auch sein mag.

Glauben Sie, wahre Liebe läßt sich leicht vom Gefühl des Verliebtseins unterscheiden?

Nein, das glaube ich nicht. Ich muß diese Tatsache stark betonen: Die Unbeschwertheit des Verliebtseins wird von den

Beteiligten wie die größte Liebe empfunden, aber sie ist nie ein bleibender Zustand. Punkt! Wenn Sie erwarten, Jahr für Jahr auf dem Gipfel des Berges zu leben, können Sie es vergessen! Gefühle pendeln in einem zyklischen Rythmus, und weil romantische Begeisterung ein Gefühl ist, wird es sich ganz sicher ebenso verändern.

Wie kann dann wahre Liebe von dem Gefühl des Verliebtseins unterschieden werden? Es gibt nur eine Antwort auf diese Frage: Es braucht Zeit. Der beste Rat, den ich einem Paar geben kann, das über eine Heirat nachdenkt (oder eine andere wichtige Entscheidung), ist dieser: Treffen Sie eine wichtige, das ganze Leben betreffende Entscheidung niemals aus dem Augenblick heraus. Und wenn Sie Zweifel haben, nehmen Sie sich noch mehr Zeit.

Glauben Sie, daß Gott für jeden Christen eine bestimmte Person als Ehepartner auserwählt hat und dann beide Partner zusammenführt?

Nein. Ich halte diese Anschauung sogar für gefährlich. Ein junger Mann, den ich einmal beriet, sagte mir, daß er einmal mitten in der Nacht mit dem starken Eindruck erwachte, Gott wolle, daß er eine junge Frau heirate, die er nur ein paarmal beiläufig getroffen hatte. Sie waren zu diesem Zeitpunkt nicht einmal eng befreundet und kannten sich kaum. Am nächsten Morgen rief er sie an und teilte ihr die Botschaft mit, die Gott ihm angeblich während der Nacht geschickt hatte. Das Mädchen überlegte sich, daß sie nicht mit Gott streiten sollte — und nahm den Vorschlag an. Sie sind jetzt seit sieben Jahren verheiratet — und haben seit ihrer Hochzeit ums Überleben gekämpft!

Jeder, der glaubt, daß Gott die Auswahl des richtigen Ehepartners besorgt und somit jedem Christen eine erfolgreiche Ehe garantiert, wird einen Schock erleben. Das heißt nicht, daß Gott nicht an der Wahl des Partners interessiert ist oder daß er eine ernsthafte Bitte um Führung in dieser überaus wichtigen Entscheidung nicht beantwortet. Sicherlich sollte sein Wille in solch einer entscheidenden Frage ergründet werden, und ich betete immer wieder über diese Frage, bevor ich meiner Frau den Heiratsantrag machte. Ich glaube aber nicht, daß Gott ein Ehevermittlungsinstitut leitet, das jeder, der an ihn glaubt, beanspruchen kann. Er hat uns Urteilsvermögen, Vernunft und Handlungsfreiheit gegeben und erwartet von uns, diese Fähigkeiten auch in dieser Frage einzusetzen. Diejenigen, die etwas anderes glauben, neigen nach meiner Erfahrung dazu, ihre Ehe sehr oberflächlich zu beginnen, weil sie sich sagen: »Gott hätte uns schon aufgehalten, wenn er dem nicht zustimmen würde.« Das kann bei einer so entscheidenden Frage eine gefährliche Falle sein!

Glauben Sie, daß wahre Liebe zwischen Ehemann und Ehefrau ein Leben lang andauert?

Sie kann es, und sie sollte es auch. Aber Liebe ist eine zarte Blume. Sie muß erhalten und geschützt werden, wenn sie überleben soll. Liebe kann vergehen, wenn ein Ehemann sieben Tage in der Woche arbeitet . . . wenn es keine Zeit für romantische Aktivitäten gibt . . . wenn er und seine Frau vergessen, wie man miteinander spricht. Wo steht Ihre Ehe in Ihrer Rangliste der Werte? Bekommt sie die Überreste und Fetzen des geschäftigen Tages zugewiesen, oder ist sie etwas von großem Wert, das bewacht und beschützt wird? Sie kann sterben, wenn sie vernachlässigt wird.

Ich bin ein neunzehnjähriges Mädchen und immer noch allein. Ich habe einige schlimme Ehen vor Augen. Wieso sollte ich überhaupt an das Heiraten denken?

Es kann eine fürchterliche Erfahrung sein, mit einer unglücklichen Ehe fertig werden zu müssen, aber eine gute Ehe ist ein lebenslanger Schatz. Ich kann Ihnen aus eigener Erfahrung sagen, daß meine Ehe mit Shirley das Beste ist, was mir jemals passieren konnte, und es gibt Millionen, die ein ähnliches Zeugnis geben würden. Sehen Sie, das Leben beinhaltet Probleme, ganz gleich, wie unsere Wahl ausfällt; wenn Sie allein bleiben, werden Ihre Frustrationen anderer Natur sein, aber sie werden dennoch auftauchen.

Auf die Frage, ob Sie nun heiraten sollen oder nicht, würde ich Ihnen denselben Rat erteilen, der mir als Achtjähriger von unserem Sonntagsschullehrer gegeben wurde, dessen Namen ich nicht einmal mehr weiß. Er sagte: »Heirate nicht die Person, von der du denkst, daß du mit ihr leben kannst; heirate die Person, von der du glaubst, daß du ohne sie nicht leben kannst . . . wenn dir jemals so eine Person begegnet.« Wie dem auch sei, ich glaube, Sie sind bereits einen Schritt weiter, weil Sie bereits wissen, daß die Ehe kein Allheilmittel darstellt. Sie erfordert einen vollständigen Einsatz sowohl des Mannes als auch der Frau.

Denken Sie, glücklich verheiratete Ehemänner und -frauen sollten fähig sein, zusammen zu leben, ohne miteinander zu streiten?

Nein. Die besten Ehen sind die, wo das Paar gelernt hat, wie man streitet — wie man seinen Zorn abbauen kann, ohne den anderen zu verletzen. Ich will damit sagen, daß es Unterschiede zwischen einem gesunden und einem ungesunden Zweikampf gibt. In einer unstabilen Ehe richtet sich die Feindseligkeit normalerweise direkt gegen die Persönlichkeit des Partners: »Du machst nie etwas richtig; wieso habe ich dich überhaupt geheiratet? Du bist unglaublich dumm, und du wirst deiner Mutter jeden Tag ähnlicher!« Derartige persönliche Bemerkungen zielen auf das Zentrum der Selbstachtung und erzeugen einen innerlichen Umbruch. Ein solcher boshafter Zweikampf ist zweifellos extrem schädlich für jede Ehe.

In einem gesunden Konflikt dagegen haben es die Ehepartner gelernt, bei dem Thema zu bleiben, um das sich der Streit ursprünglich drehte: »Du gibst das Geld schneller aus, als ich es verdienen kann!« »Es regt mich auf, wenn du mir nicht sagst, daß du nicht rechtzeitig zum Essen kommen kannst!« »Ich war empört, als du mich gestern abend auf der Party so bloßgestellt hast.« Obwohl auch solche Bemerkungen sehr emotional sind und angespannte Auseinandersetzungen hervorrufen können, sind sie für die gegenseitige Achtung der beiden Partner viel weniger schädlich. Ein vernünftiges Paar kann solche Konflikte durchaus durchstehen, ohne daß die Ehe daran Schaden nimmt.

Teil 18

Romantische Liebe

Die Fähigkeit, vernünftig zu streiten, könnte das wichtigste sein, was Jungverheiratete lernen sollten. Diejenigen, die dem aus dem Weg gehen wollen, haben nur zwei Alternativen: (1) Den Ärger und den Groll in Stille nach innen zu richten, wo er sich festsetzen und sich im Laufe der Jahre anhäufen kann, oder (2) die Persönlichkeit des Partners zu zerstören. Die Scheidungsgerichte sind voll von Paaren, die sich in diese beiden Kategorien einteilen lassen.

Teil 19

Konflikte in der Ehe

Was ist das am weitesten verbreitete Eheproblem, von dem Sie in Ihrer Praxis zu hören bekommen?

Angenommen, ich habe morgen nachmittag um 16.00 Uhr einen Termin für eine Beratung mit einer Person, die ich nie vorher getroffen habe. Wer ist diese Person und was werden höchstwahrscheinlich die Sorgen sein, die sie vorbringt? Erstens, die Person wird wahrscheinlich Frau Jones sein, nicht ihr Mann. Ein Mann ist selten der erste, der die Eheberatung aufsucht, und wenn er es tut, dann aus einem anderen Motiv als seine Frau. Sie kommt, weil *ihre Ehe* sie wahnsinnig macht. Er kommt, weil *seine Frau* ihn wahnsinnig macht.

Frau Jones wird vielleicht zwischen 28 und 42 Jahren alt sein, und das Problem, das sie mir schildert, wird mir wahrscheinlich nur allzu gut bekannt sein. Obwohl die Einzelheiten variieren, wird die Frustration, die sie an diesem Nachmittag zeigt, einem bekannten Muster folgen. Es wird sich etwa so anhören:

John und ich waren sehr verliebt, als wir heirateten. Wir hatten während der ersten zwei oder drei Jahre zu kämpfen, vor allem mit finanziellen Problemen, aber ich wußte, er liebt mich, und er wußte, daß ich ihn liebe. Aber dann begann sich etwas zu verändern. Ich bin nicht sicher, wie ich es beschreiben soll. Er wurde vor etwa fünf Jahren befördert, und das erforderte, daß er Überstunden machen mußte. Wir brauchten das Geld, deshalb machten wir uns nichts daraus, daß er so viel zusätzliche Zeit opfern mußte. Aber es hörte nie wieder auf. Jetzt kommt er jeden Abend spät nach Hause. Er ist so müde, daß ich tatsächlich hören kann, wie er seine Füße hinter sich herzieht, wenn er über die Veranda kommt. Ich freue mich den ganzen Tag darauf, daß er heimkommt, weil ich ihm soviel zu erzählen habe, aber ihm ist nicht nach Reden zumute. Also mache ich sein Essen, und er ißt allein. (Ich esse normalerweise früher am Abend mit den Kindern.) Nach dem Essen macht John noch ein paar Anrufe und arbeitet dann an seinem Schreibtisch. Ehrlich gesagt, ich mag es, wenn er telefoniert, einfach weil ich auf diese Weise seine Stimme hören kann. Dann schaut er einige Stunden lang Fernsehen und geht schließlich ins Bett — außer Dienstag abends, wenn er Basketball spielt, und manchmal hat er Termine im Büro. Jeden Samstag spielt er mit drei seiner Freunde Golf. Am Sonntag sind wir dann die meiste Zeit des Tages in der Gemeinde. Glauben Sie mir, es vergehen manchmal ein, zwei Monate, in denen wir kein echtes, tiefgehendes Gespräch geführt haben. Verstehen Sie, was ich meine? Zuhause bin ich so einsam mit den drei Kindern, die die ganze Zeit herumtoben. Es gibt noch nicht einmal irgendwelche Frauen in der Nachbarschaft, mit denen ich reden könnte, weil die meisten von ihnen wieder zu arbeiten begonnen haben.

Aber es gibt noch andere Dinge, die mich an John stören. Er lädt mich kaum zum Essen ein, und letzten Monat hat er unseren Hochzeitstag vergessen. Ich glaube ernsthaft, daß er niemals einen romantischen Gedanken hatte. Er würde eine Rose nicht von einer Nelke unterscheiden, und seine Weihnachtskarten sind bloß mit »John« unterschrieben. Es gibt keine Nähe und Wärme zwischen uns, aber er will trotzdem am Ende des Tages Sex mit mir haben. Da sind wir dann, liegen im Bett, ohne daß seit Wochen irgendeine Form von ernsthafter Kommunikation zwischen uns gelaufen wäre. Er versucht nicht, nett oder verständnisvoll oder zärtlich zu sein, aber er erwartet von mir, daß ich leidenschaftlich bin und auf ihn reagiere. Ich sage Ihnen, ich kann es nicht. Sicher, ich erfülle meine Pflichten als Ehefrau, aber ich empfinde dabei überhaupt nichts.

Und wenn der Zwei-Minuten-Ausflug vorbei und John eingeschlafen ist, liege ich da, ärgere mich über ihn und fühle mich wie eine billige Prostituierte. Glauben Sie mir das? Ich fühle mich ausgenutzt, weil ich Sex mit meinem eigenen Ehemann habe! Meine Güte, das macht mich fertig! Ich bin in letzter Zeit sehr depressiv. Meine Selbstachtung ist auf dem Nullpunkt angelangt. Ich glaube, niemand liebt mich. Ich bin eine schlechte Mutter und eine fürchterliche Ehefrau. Manchmal denke ich, daß Gott mich vielleicht auch nicht liebt.

Nun, jetzt erzähle ich lieber, was zwischen mir und John in letzter Zeit los war. Wir haben uns oft gestritten. Ich meine, wirklich gekämpft. Das ist der einzige Weg, wie ich seine Aufmerksamkeit erlangen kann. Wir hatten letzte Woche vor unseren Kindern eine unglaubliche Auseinandersetzung. Es war furchtbar. Tränen. Schreien. Beschimpfungen. Jetzt kann ich an nichts anderes mehr denken als an Scheidung, um dem Ganzen endlich zu entfliehen. John liebt mich ohnehin nicht mehr. Ich glaube, deshalb bin ich zu Ihnen gekommen. Ich möchte wissen, ob ich das Richtige tue, wenn ich jetzt einen Schlußstrich ziehe.

Frau Jones spricht, als sei sie die einzige Frau auf der Welt, die dieses Problem hat. Aber sie ist nicht allein. Ich schätze, daß 90 Prozent aller Scheidungen, die jedes Jahr geschehen, zumindest einige der Elemente beinhalten, die sie beschrieben hat — einen extrem beschäftigten Ehemann, der seine Arbeit liebt und etwas unsensibel, unromantisch und unkommunikativ zu sein scheint, verheiratet mit einer einsamen, verletzlichen, romantischen Frau, die stark an ihrem menschlichen Wert zweifelt.

Mein Ehemann ist meinen Bedürfnissen gegenüber etwas unsensibel, aber ich glaube, er würde es freiwillig besser machen, wenn ich ihm klarmachen könnte, wie sehr ich mich von ihm unterscheide. Können Sie mir sagen, wie ich meine Gefühle ihm auf effektive Weise mitteilen kann?

Lassen Sie mich Ihnen als erstes sagen, wie man *nicht* mit diesem Problem umgehen sollte. Greifen Sie nicht auf das zurück, was man die »Knüppelmethode« nennen könnte — eine endlose Reihe von Bitten, Nörgeln, Schelten, Beschwerden und Beschuldigungen. Bei dieser Methode bekommt der erschöpfte Mann, der erst vor wenigen Minuten nach Hause gekommen ist, zu hören: »Lege doch bitte für einen Moment die Zeitung weg, George, und hör mir zu. Fünf Minuten — ist das zuviel verlangt? Du scheinst dir nie Gedanken über meine Gefühle zu machen. Wie lange ist es her, daß wir das letzte Mal zum Essen ausgegangen sind? Selbst wenn wir es gemacht haben, hast du immer die Zeitung dabei gehabt. Ich sage dir, George, manchmal habe ich das Gefühl, daß du dich nicht mehr um mich und die Kinder kümmerst. Wenn du nur einmal . . . einmal etwas Verständnis und Liebe zeigen würdest, würde ich durch den plötzlichen Schock tot umfallen . . .« und so weiter und so fort.

Dies ist ganz offensichtlich nicht der richtige Weg, um Georges Aufmerksamkeit zu erlangen. Es ist, als ob man ihm mit einem Schraubschlüssel einen Schlag hinter das Ohr versetzen würde. Auf diese Weise erzielt man kaum mehr als ein Knurren, wenn er sich wieder vom Boden aufrafft. Sie sollten darauf achten, Ihr Anliegen Ihrem Ehemann in Zeiten der Nähe und des Verstehens mitzuteilen. Das erfordert die richtige Zeit, den richtigen Ort und die richtige Art.

1. Die Zeit. Suchen Sie einen Moment, in dem Ihr Ehemann normalerweise zufriedener und sensibler als sonst ist; vielleicht bietet sich diese Gelegenheit nach dem Abendessen, oder wenn Sie schlafen gehen, oder nach einer ausgeruhten Nacht. Die verkehrteste Zeit sind die ersten 60 Minuten, nachdem er von der Arbeit nach Hause gekommen ist, aber trotzdem ist es in den meisten Familien die übliche Streitzeit. Stürmen Sie nicht in solch eine schwierige Debatte, ohne sie genau geplant und durchdacht zu haben.
2. Der Ort. Die ideale Situation ergibt sich, wenn Sie Ihren Mann überreden können, mit Ihnen einen eintägigen Ausflug oder einen Wochenendurlaub in einer schönen Gegend zu machen. Wenn er dies aus finanziellen Gründen ablehnt, sparen Sie aus dem Haushaltsgeld und anderen Quellen dafür. Falls es unmöglich ist, wegzufahren, bestellen Sie als nächstbeste Alternative einen Babysitter, damit sie zum Abendessen oder Frühstück allein ausgehen können. Wenn auch das nicht möglich ist, dann suchen Sie eine Zeit zu Hause aus, wenn die Kinder beschäftigt sind und der Telefonhörer daneben gelegt

werden kann. Allgemein gilt aber: Je weiter Sie von zu Hause entfernt sein können (und damit auch von den häuslichen Problemen), desto besser sind die Chancen, eine ernsthafte Kommunikation zu erzielen.

3. Die Art und Weise. Es ist extrem wichtig, daß Ihr Ehemann Ihr Gespräch nicht als einen persönlichen Angriff empfindet. Wir alle sind mit emotionalen Verteidigungsmechanismen ausgestattet, die uns zur Hilfe kommen, wenn wir beschimpft werden. Lösen Sie diese Verteidigungsmechanismen nicht aus. Sie sollten sich vielmehr bemühen, Wärme, Liebe und Unterstützung auszustrahlen, soweit das unter den gegebenen Umständen möglich ist. Lassen Sie ihn wissen, daß Sie versuchen, ihm Ihre Bedürfnisse und Sehnsüchte mitzuteilen, nicht seine Unzulänglichkeiten und Mängel. Außerdem müssen Sie auch seinen emotionalen Zustand in Betracht ziehen. Verschieben Sie das Gespräch, wenn er gerade unter extremem Streß bei seiner Arbeit leidet, oder wenn er sich nicht wohlfühlt, oder wenn er kurz zuvor von entscheidenden Ereignissen und Umständen betroffen wurde.

Plädieren Sie also dafür, daß die Frau wie ein unterwürfiger Hund auf dem Bauch kriechen und ihren Herrn um einen Klaps auf den Kopf bitten soll?

Ganz sicher nicht. Es ist absolut wichtig, in jeder Phase der Beziehung zwischen Mann und Frau die Würde zu bewahren. Damit kommen wir zu einem Punkt, der besonders betont werden muß. Ich habe festgestellt, daß viele (wenn nicht sogar die meisten) Ehen darunter leiden, daß eine universelle Eigenschaft der menschlichen Natur nicht erkannt wird. Wir empfinden Wertschätzung für das, was wir haben möchten; aber wir schätzen gering, was wir bereits besitzen!

Lassen Sie uns den Extremfall eines Don Juan betrachten, der ständige Liebhaber, der von einer weiblichen Blüte zur nächsten schwirrt. Sein Herz giert und stöhnt nach der Prinzessin, die ihren gläsernen Schuh verliert, als sie flieht. Jedes Gramm Energie wird darauf verwendet, sie einzufangen. Die Intensität seiner Sehnsucht hängt jedoch von ihrer Unerreichbarkeit ab. In dem Moment, in dem seine leidenschaftlichen

Träume sich zu erfüllen beginnen, fängt er an, sich zu fragen: »Ist das wirklich das, was ich wollte?« Wenn sich diese Beziehung etwas später zu einem alltäglichen Routinezustand entwickelt, wird er von einer neuen Prinzessin angezogen und beginnt zu überlegen, wie er dem älteren Modell entkommen kann.

Damit will ich nun nicht sagen, daß alle Männer — auch nicht die Mehrheit von ihnen — so unbeständig sind wie die Person, die ich eben beschrieben habe. Aber in einem gewissen Grad werden die meisten Frauen und Männer von derartigen Gefühlen bestimmt. Wie viele Male habe ich schon eine langweilige, müde Beziehung erlebt, die in dem Moment zu einem reißenden Strom von Leidenschaft und Verlangen wurde, als ein Partner den anderen ablehnte und davonging. Nach Jahren der Apathie entbrennt der im Stich Gelassene wieder in romantischer Sehnsucht und verzweifelter Hoffnung.

Um es noch einmal zu wiederholen: Wir flehen um das, was wir nicht erreichen können, aber wir zeigen Respektlosigkeit für das, wovor wir nicht fliehen können. Dieser Lehrsatz ist besonders im Blick auf romantische Beziehungen relevant und hat vielleicht auch Ihr Liebesleben geprägt. Dieser Lehrsatz behält auch in der Ehe seine Bedeutung. Wenn ein Partner durch sein Verhalten zum Ausdruck bringt: »Ganz gleich, wie schlecht du mich behandelt hast, ich werde zu deinen Füßen liegen, weil ich ohne dich nicht überleben kann«, so ist das der beste mir bekannte Weg, um eine wunderbare Freundschaft zu töten.

Was empfehle ich also? Daß Ehemann und Ehefrau ein Katz-und-Maus-Spiel betreiben, um einander herauszufordern? Auf keinen Fall! Ich schlage bloß vor, daß Selbstachtung und Würde in der Beziehung erhalten bleiben sollten.

Ich bin sicher, daß ich meinen Ehemann verliere. Er zeigt deutliche Anzeichen von Langeweile und Desinteresse an mir. Er behandelt mich in der Öffentlichkeit grob und sagt zu Hause kein Wort. Und unser Sexualleben existiert natürlich auch nicht mehr. Ich habe darum gebeten und

gebettelt, daß er mich lieben soll, aber ich verliere jeden Tag mehr Boden. Was kann ich tun, um meine Ehe zu retten?

Ihre Beschreibung enthält Symptome eines Zustands, der relativ häufig ist. Vielen Männern gehen irgendwann folgende Gedanken durch den Kopf: »Ich bin jetzt 35 Jahre alt (oder wie alt auch immer), und ich werde nicht jünger. Will ich wirklich den Rest meines Lebens mit dieser einen Frau verbringen? Ich langweile mich mit ihr, und es gibt andere, die mich mehr interessieren. Aber es gibt keinen Ausweg, weil ich hier feststecke.« Das sind die Gefühle, die in der Regel der äußeren Untreue vorausgehen, und sie werden ganz sicher in der Beziehung zwischen Mann und Frau spürbar. Wie sollte eine Frau reagieren, wenn sie diese Zeichen erkennt und sich darüber klar wird, daß ihr Mann sich in der Falle fühlt? Das Schlimmste, was sie tun könnte, wäre, den Käfig um ihn herum zu verstärken, aber dies wird wahrscheinlich ihre erste Reaktion sein. Während sie darüber nachdenkt, wie wichtig er ihr ist und was sie ohne ihn tun würde und ob er mit einer anderen Frau eine Beziehung hat, kann ihre Angst sie dazu treiben, ihn zu umklammern und festzuhalten. Ihr Bitten und Betteln bringt ihn nur noch mehr dazu, sie nicht zu achten, und die Beziehung zerbricht immer mehr. Es gibt einen besseren Weg, der sich in meiner Tätigkeit als Berater als sehr produktiv herausgestellt hat.

Die erfolgreichste Lösung, um den Partner zum Zentrum einer Beziehung zurückzubringen, ist, ihm nicht zu folgen, wenn er sich von ihr fortbewegt. Anstatt zu sagen: »Warum tust du mir so etwas an?« oder: »Warum willst du nicht mit mir reden?« oder: »Warum interessierst du dich nicht mehr für mich?«, sollte sich eine Frau etwas zurückziehen. Wenn sie zum Beispiel an ihrem Mann im Flur vorbeigeht und ihn normalerweise berühren oder seine Aufmerksamkeit suchen würde, sollte sie vorbeigehen, ohne ihn zu beachten. Sein Schweigen sollte im Gegenzug ebenfalls mit Schweigen beantwortet werden. Sie sollte nicht feindselig oder aggressiv sein, wenn er sie schließlich fragt, was mit ihr los ist. Statt dessen antwortet sie freundlich und ist dabei auf eine ruhige Art selbstbewußt, unabhängig und geheimnisvoll. Mit diesem Verhalten öffnet sie die Tür seiner Falle. Anstatt sich wie ein Blutegel an seinen Hals zu klammern, löst sie ihren Griff und erzeugt damit auch eine gewisse Herausforderung für ihn. Er beginnt sich vielleicht zu fragen, ob er zu weit gegangen ist und etwas Wertvolles verlieren könnte. Wenn ihn das nicht umzustimmen vermag, dann ist die Beziehung bereits kalt und tot.

Was ich Ihnen empfehle, läßt sich in Worten schwer mitteilen, und ich bin sicher, daß ich von einigen Lesern bezüglich dieses Themas mißverstanden werde. Ich habe nicht empfohlen, daß Sie sich im Zorn erheben oder daß Sie still vor sich hin schmollen. Bitte bringen Sie meinen Rat nicht mit den derzeit populären Stimmen in Verbindung, die weibliche Truppen für das entscheidende Gefecht der Geschlechter zu mobilisieren versuchen. Nein, die Antwort liegt nicht in feindseliger Aggression, sondern in stiller Selbstachtung!

Die persönliche Würde bleibt in der Ehe auf dieselbe Art erhalten, wie sie in der Phase des Kennenlernens entstanden ist. Die Einstellung sollte folgendermaßen aussehen: »Ich liebe dich, und ich gebe mich dir ganz hin, aber ich kontrolliere nur eine Hälfte unserer Beziehung, ich kann im Gegenzug nicht deine Liebe verlangen. Du bist freiwillig zu mir gekommen, als wir beschlossen zu heiraten. Niemand hat uns gezwungen, zusammenzusein. Derselbe freie Wille ist notwendig, um unsere Liebe ein Leben lang zu erhalten. Wenn du beschließt, von mir fortzugehen, werde ich unbeschreiblich verletzt sein. Dennoch werde ich dich gehen lassen, und ich werde es schließlich überleben. Ich konnte am Anfang deine Zuneigung nicht erzwingen, und ich kann sie auch jetzt nur erbitten.« Aus einer solchen Öffnung der Falle, in die viele Männer geraten sind, resultiert häufig eine geradezu revolutionäre Veränderung in der Partnerschaft.

So sehr ich meine Frau auch liebe (und ich bin sicher, daß sie mich liebt), hat unsere Beziehung in den letzten Jahren doch nachgelassen. Es scheint so, als ob alles, was wir tun, arbeiten ist — ein sauberes Haus, auf die Kinder

aufpassen, das Loch im Dach ausbessern, das Auto reparieren lassen, usw. Wie können wir diesem abstumpfenden Lebensstil entkommen? Wie können wir unsere Ehe wieder beleben?

Sie haben eine Situation beschrieben, die ich das »ordentliche Leben« nenne: die schier unendlichen Verantwortungen des Erwachsenenalltags, die extrem abstumpfend auf eine Ehe wirken können. Wenn Sie die Dinge unverändert laufen lassen, bedeutet das, etwas sehr Wertvolles zu opfern. Ich schlage vor, Sie machen einen bewußten Versuch, vier Elemente zurück in Ihr Leben zu bringen, wovon das erste die Zufriedenheit ist. Sie und Ihre Frau sollten zumindest einmal in der Woche ausgehen und die Kinder zu Hause lassen. Auch sollte die Familie einer ihr angenehmen Sportart oder einer anderen Freizeitbeschäftigung nachgehen, ob es nun Tennis, Golf, Schwimmen, Skifahren oder etwas anderes ist.

Zweitens sollten Sie versuchen, das romantische Feuer Ihrer Partnerschaft glühend zu erhalten, indem Sie sich Liebesbriefe schreiben, Überraschungen machen, Abendessen bei Kerzenlicht arrangieren, unerwartete Wochenendausflüge machen, etc.

Drittens müssen Sie einen Teil Ihrer Zeit und Energie für Ihre sexuelle Beziehung aufbewahren. Müde Körper sind nur zu müdem Sex fähig. Der physische Aspekt der Beziehung kann kreativ gelöst werden, und tatsächlich muß er das auch.

Viertens sind die erfolgreichsten Ehen die, in denen sowohl Mann als auch Frau versuchen, die Selbstachtung des anderen aufzubauen. Diesem Bedürfnis kann im Rahmen einer Ehe begegnet werden, und nichts dient mehr der Nähe und Stabilität, als Respekt für die Persönlichkeit des Partners zu zeigen.

Ich bin zu dem Schluß gekommen, daß mein Mann meine emotionalen Bedürfnisse nicht verstehen kann. Er liest keine Bücher, die ich ihm gebe, noch will er Seminare besuchen, sich Cassetten anhören oder mit mir über meine Frustrationen sprechen. Dennoch ist er ein guter

Mann, der mir treu ist, und ein guter Vater. Was schlagen Sie vor, wie ich mit dieser Situation umgehen kann?

Die Antwort, die ich jetzt geben werde, wird Sie nicht zufriedenstellen. Aber ich weiß, daß Sie mit Gottes Willen übereinstimmt. Mein Rat an Sie ist: Schaffen Sie die bestmögliche Ehe aus den bestehenden Grundlagen, die von zwei unvollkommenen Menschen mit zwei völlig verschiedenen Persönlichkeiten zusammengetragen worden sind. Aber was die scharfen Kanten angeht, die nie geglättet werden können, und die Fehler, die nie beseitigt werden können — versuchen Sie die Realität genau so zu akzeptieren, wie sie ist.

Der erste Grundsatz für geistige Gesundheit ist, das zu akzeptieren, was nicht geändert werden kann. Sie können leicht an den widrigen Umständen, die außerhalb Ihres Einflußbereiches liegen, zerbrechen, aber Sie können auch beschließen, ihnen zu widerstehen.

Können Sie die Tatsache akzeptieren, daß Ihr Mann nie fähig sein wird, allen Ihren Bedürfnissen und Erwartungen zu begegnen? Selten kann ein Mensch jede Sehnsucht und Hoffnung in der Brust eines anderen stillen. Diese Münze hat offensichtlich zwei Seiten: Sie können genausowenig die perfekte Frau für ihn sein. Er ist ebensowenig dafür gerüstet, Ihr ganzes Paket emotionaler Bedürfnisse zu befriedigen wie Sie. Beide Partner müssen sich mit menschlichen Schwächen, Fehlern, Gereiztheit, Müdigkeit und gelegentlichen abendlichen Kopfschmerzen abfinden. Eine gute Ehe ist nicht die, in der Perfektion herrscht; es ist eine Beziehung, in der eine gesunde Sichtweise die Vielzahl von »Unlösbarkeiten« übersieht. Glücklicherweise hat meine Frau Shirley diese Einstellung mir gegenüber eingenommen!

Sie erwähnten eben den Begriff »Sichtweise«. Erklären Sie bitte, was Sie damit meinen.

Lassen Sie mich es anders ausdrücken. Eine kleine Veränderung in Ihrer Wahrnehmung Ihres Gatten kann ihn viel edler erscheinen lassen. Die begnadete Autorin Joyce Landorf hat dieses Prinzip hervorragend erklärt. Während der frühen Jahre ihrer Ehe ärgerte sie sich aus einem Dutzend Gründen über ihren Mann. Dick beleidigte sie ungewollt durch seine Art und seine Persönlichkeit. Zum Beispiel sagte er jeden Abend vor dem Zubettgehen: »Joyce, hast du die Hintertür abgeschlossen?« Sie bejahte das immer, woraufhin Dick zur Tür ging, um sicherzustellen, daß sie auch wirklich verriegelt war. Es gab für Joyce nur zwei Möglichkeiten, dieses Verhalten zu interpretieren. Entweder dachte er, sie würde lügen, oder aber er traute ihr nicht genügend Verstand zu, um sich an das Abschließen zu erinnern. Beide Alternativen machten sie wild. Diese Szene symbolisierte viele andere Konfliktquellen zwischen ihnen. Als eines Nachts Dick wieder fortging, um das Schloß zu überprüfen, sprach der Herr zu Joyce.

»Schau ihn dir genau an, Joyce«, sagte er.

»Was meinst du, Herr?« fragte sie.

»Ich habe deinen Mann als Türkontrolleur geschaffen. Er ist ein pedantischer Mann. Deshalb ist er so ein guter Bankier. Er kann eine Rechnung durchgehen und sofort einen Fehler entdecken, den andere übersehen haben. Ich gab ihm diese Fähigkeit. Ja, Joyce, ich habe aus Dick einen ›Türprüfer‹ gemacht, und ich möchte, daß du ihn so akzeptierst.«

Was für ein phantastischer Einblick. Oft sind die störendsten Eigenschaften eines Mannes Nebenprodukte der Charakteristiken, die seine Frau am meisten an ihm schätzt. Vielleicht hat seine Sparsamkeit, die sie haßt, ihn im Geschäft so erfolgreich werden lassen, was sie so bewundert. Oder vielleicht ist seine Aufmerksamkeit für die Nöte seiner Mutter, die seine Frau ablehnt, eine weitere Dimension seiner Hingabe für die eigene Familie. Oder vielleicht steht seine kühle Standhaftigkeit angesichts von Krisensituationen, die seine Frau so anziehend findet, in Verbindung mit seiner fehlenden Spontanität in ruhigen Zeiten. Gott gab Ihrem Mann das Temperament, das Sie an ihm erleben, und Sie müssen diese Eigenschaften akzeptieren. Schließlich muß er dasselbe auch Ihnen gegenüber tun.

Gott will, daß wir stark sind — daß wir das Leben als etwas Vorübergehendes und nicht ganz so Wichtiges ansehen. Der Apostel Paulus drückte diese geistige Stärke am besten aus, als er im Gefängnis saß und an seine christlichen Freunde schrieb: »Ich sage das nicht, weil ich Mangel leide; denn ich habe gelernt, mir genügen zu lassen, wie's mir auch geht. Ich kann niedrig sein und kann hoch sein; mir ist alles und jedes vertraut: beides, satt sein und hungern, beides, Überfluß haben und Mangel leiden; ich vermag alles durch den, der mich mächtig macht« (Phil. 4,11-13).

Ich muß zugeben, daß mein Mann nicht fähig ist, meinen Bedürfnissen zu begegnen. Er ist unromantisch und wortkarg — und wird wahrscheinlich immer so bleiben. Anstatt durchzuhalten, wie Sie es vorgeschlagen haben, denke ich über eine Scheidung nach. Aber ich sträube mich innerlich, diesen Schritt zu vollziehen, und kämpfe andauernd mit mir, ob ich mich befreien soll oder nicht. Sagen Sie mir, ist die Scheidung eine Lösung für Leute wie mich?

Wie oft habe ich schon die Ungewißheit, die Sie beschreiben, bei Frauen erlebt. Eine solche Person überdenkt die Möglichkeit einer Scheidung Tag und Nacht, wägt die vielen Nachteile gegen die eine Hauptabsicht ab: Flucht. Sie sorgt sich darum, welche Folgen die Trennung für die Kinder haben könnte, fragt sich, wie sie fähig sein wird, sie zu versorgen, und wünscht sich, sie müßte es nicht ihren Eltern erzählen. Die positiven und negativen Seiten drehen sich vor ihr im Kreis. Soll ich oder soll ich nicht? Sie ist von dem Gedanken einer Trennung sowohl angezogen als auch abgestoßen.

Diese nachdenkliche Phase erinnert mich an einen klassischen Dokumentarfilm, der in den frühesten Tagen des Films gedreht wurde. Der Kameramann fing ein dramatisches Ereignis ein, das sich auf dem Eiffelturm abspielte. Dort oben, nahe der Spitze, befand sich ein naiver »Erfinder«, der ein Paar vogelgleicher Flügel konstruiert hatte. Er hatte sie an seinen Armen festgebunden, um mit ihnen zu fliegen, aber er war nicht völlig überzeugt davon, daß sie funktionieren würden. Der Film zeigt, wie er auf das Geländer zugeht und nach unten blickt, sich dann vor und zurück bewegt. Dann steht er auf dem Geländer und versucht seinen Mut für den Sprung zu sammeln, bevor er doch wieder auf die Plattform zurückkehrt. Selbst mit der primitiven Kamera der damaligen Zeit fing der Film den inneren Kampf des Möchtegern-Fliegers ein. »Soll ich oder soll ich nicht? Wenn die Flügel funktionieren, werde ich berühmt sein. Wenn sie versagen, stürze ich in den Tod.« Was für ein Lotteriespiel!

Der Mann kletterte schließlich auf das Geländer, ließ den Träger, an dem er sich festgehalten hatte, los — und schwankte für einen atemlosen Schicksalsmoment vor und zurück. Dann sprang er. Die letzte Szene wurde von der Kamera aus einer gerade nach unten gerichteten Position aufgenommen, als der Mann wie ein Stein hinabstürzte. Er versuchte nicht einmal, mit den Flügeln zu schlagen, als er dem Erdboden entgegenstürzte.

In mancherlei Hinsicht ist die depressive Ehefrau wie dieser Mann auf der Brüstung. Sie weiß, daß die Scheidung ein gefährlicher und unvorhersehbarer Sprung ist, aber vielleicht wird sie auch mit der Freiheit eines Vogels schweben. Hat sie den Mut zu springen? Nein, sie sollte lieber auf der sicheren Plattform bleiben. Auf der anderen Seite könnte dies die langgesuchte Befreiung sein. Schließlich tun es ja alle. So schwankt sie in ihrer Verwirrung hin und her . . . und wählt häufig den Sprung.

Aber was geschieht dann mit ihr? Ich habe festgestellt, daß die »Flügel« ihr nicht die versprochene Unterstützung bieten. Nach dem Scheidungsgericht, dem Sorgerechtsstreit und der Klärung der Eigentumsrechte kehrt die monotone Routine zurück. Aber was für eine Routine! Sie muß eine Arbeit finden, aber ihre berufliche Qualifikation ist oft gering. Es reicht gerade zur Bedienung oder zur Verkäuferin. Sobald sie einen Babysitter bezahlen muß (wenn sie einen findet), bleibt ihr nur noch wenig Geld. Ihre Kraft wird sogar noch mehr aufgebraucht. Sie kommt erschöpft nach Hause, um mit den belastenden Bedürfnissen ihrer Kinder konfrontiert zu werden, die sie reizen. Das ist eine krasse Erfahrung.

Dann schaut sie sich ihren Mann an, dem es viel besser geht. Er verdient mehr Geld als sie, und die Abwesenheit der Kinder schenkt ihm größere Freiheit. Darüber hinaus (und das ist ein wichtiger Punkt) hat er in unserer Gesellschaft als geschiedener Mann einen unvergleichbar höheren Status als eine geschiedene Frau. Er findet oft eine neue Liebhaberin, die viel jünger und attraktiver ist als seine erste Frau. Eifersucht entflammt in dem Kopf der Geschiedenen, die einsam und — was nicht überrascht — wieder deprimiert ist.

Das ist keine aufgebauschte Geschichte, sondern ein typisches Muster. Ich habe festgestellt, daß viele Frauen, die die Scheidung aus den eben genannten Gründen (nicht aus Untreue) gesucht haben, ihre Entscheidung ihr ganzes weiteres Leben lang bedauerten. Ihre Ehemänner, deren positive Qualitäten sich erst jetzt wieder zeigen, beginnen, in ihren Augen wieder attraktiv zu werden. Aber diese Frauen sind über den Rand hinausgegangen . . . und müssen sich den Gesetzen der Natur beugen.

Scheidung ist keine Antwort auf das Problem von beschäftigten Ehemännern und einsamen Ehefrauen. Nur weil die säkulare Welt ihre Einstellung zur Unauflösbarkeit der Ehe gelockert hat, haben sich die biblischen Maßstäbe nicht verändert. Wollen Sie genau wissen, was Gott über Scheidung denkt? Er hat seine Ansicht in Maleachi 2,13-17 klar zum Ausdruck gebracht, besonders im Blick auf Ehemänner, die ein neues sexuelles Spielzeug suchen: »Weiter tut ihr auch das: Ihr bedeckt den Altar des Herrn mit Tränen und Weinen und Seufzen; aber er mag das Opfer nicht mehr ansehen noch etwas Angenehmes von euren Händen empfangen. Ihr aber sprecht: ›Warum das?‹ Weil der Herr Zeuge war zwischen dir und dem Weib deiner Jugend, dem du treulos geworden bist, obwohl sie doch deine Gefährtin und die Frau ist, mit der du einen Bund geschlossen hast. Nicht einer hat das getan, in dem nicht ein Rest von Geist war. Denn er sucht Nachkommen, die Gott geheiligt sind. Darum so seht euch vor in eurem Geist, und werde keiner treulos dem Weib seiner Jugend. Wer ihr aber gram ist und sie verstößt, spricht der Herr, der Gott Israels, der bedeckt mit Frevel sein Kleid, spricht der Herr Zebaoth. Darum so seht euch vor in eurem Geist und brecht nicht die Treue! Ihr macht den Herrn unwillig durch euer Reden! Ihr aber sprecht: ›Womit machen wir ihn unwillig?‹ Dadurch daß ihr sprecht: ›Wer Böses tut, der gefällt dem Herrn, und an solchen hat er Freude‹ oder ›Wo ist der Gott, der da straft?‹«

Warum sind Männer heute so unsensibel gegenüber den Bedürfnissen von Frauen? Sie scheinen das Verlangen ihrer Frauen zu vergessen, obwohl jeder Versuch unternommen wird, es ihnen beizubringen.

Ich bezweifle, daß Männer sich während all der Jahre wirklich so sehr verändert haben. Eher frage ich mich, ob Männer jemals so reagiert haben, wie es sich Frauen wünschten. Kam etwa der Farmer aus dem letzten Jahrhundert von den Feldern nach Hause und sagte: »Erzähle mir, wie es dir heute mit den Kindern ergangen ist«? Nein, er vergaß genauso häufig die Bedürfnisse seiner Frau, wie es für die Ehemänner heute typisch ist!

Vor einem Jahrhundert kochten Frauen zusammen, wuschen am Fluß gemeinsam die Wäsche, beteten zusammen, durchlebten zusammen die Wechseljahre und wurden gemeinsam alt. Wenn ein Baby geboren wurde, zeigten Tanten, Großmütter und Nachbarn der neuen Mutter, wie man das Kind wickeln und füttern und erziehen mußte. Dieser weibliche Kontakt war eine große emotionale Unterstützung. Eine Frau war nie wirklich allein.

Heute sieht die Situation jedoch völlig anders aus. Die Großfamilie ist verschwunden, und das raubt der Frau die Quelle der Sicherheit und der Gemeinschaft. Ihre Mutter lebt in New Jersey und ihre Schwester in Texas. Darüber hinaus ziehen amerikanische Familien alle drei oder vier Jahre um, was die langfristige Entwicklung von Freundschaften unter Nachbarn verhindert.

Ich fange an, einen »blinden Punkt« in meiner Einstellung zu meiner Frau zu entdecken. Ich habe immer gedacht, daß ich meine Pflicht als Ehemann erfüllt hätte, wenn ich mich um die finanzielle Versorgung der Familie kümmere und meiner Frau Anita treu bleiben würde. Aber Sie sagten, daß ich auch dafür verantwortlich bin, ihren emotionalen Bedürfnissen zu begegnen?

Das stimmt, besonders heute, wo Hausfrauen derartig unter Beschuß stehen. Alles, was ihnen von der frühesten Kindheit an beigebracht wurde, wird jetzt lächerlich gemacht. Kaum ein Tag vergeht, an dem die traditionellen Werte des jüdisch-christlichen Erbes nicht lauthals ausgelacht oder unterwandert werden:

— Die Meinung, daß die Mutterschaft eine wertvolle Investition der Zeit einer Frau ist, erleidet ein unbarmherziges Bombardement.
— Die Anschauung, daß Mann und Frau ein Fleisch werden und folglich ihre Identität ineinander anstatt als losgelöste und streitende einzelne finden sollten, ist angeblich eine unakzeptable Verletzung der Frau.
— Der Glaube, daß Scheidung keine akzeptable Alternative ist, ist von fast jedem aufgegeben worden. (Schauen Sie sich mal in Ihrem Bekanntenkreis um!)
— Die Beschreibung der idealen Frau und Mutter, wie sie in Sprüche 31,10-31 dargestellt wird, ist heute für eine moderne Frau undenkbar.

Alle diese tiefverwurzelten Werte, die viele der heutigen Hausfrauen verzweifelt zu erhalten suchen, sind der Hölle selbst ausgesetzt. Die Medien der westlichen Welt — Radio, Fernsehen und Presse — arbeiten gnadenlos daran, die letzten Reste der christlichen Tradition zu zerreißen. Und die Frauen, die an dieses spirituelle Erbe glauben, sind buchstäblich der Folter ausgesetzt! Ihnen wird gesagt, sie seien dumm, unselbständig und altmodisch. In vielen Fällen erleidet ihre Selbstachtung einen irreparablen Schaden. Sie bekämpfen einen destruktiven gesellschaftlichen Trend, ohne von irgendeiner Seite echte Unterstützung zu bekommen.

Angesichts dieser Situation ist es wichtiger denn je, daß der Ehemann seiner Frau mehr Hilfe zukommen läßt. Ich meine damit nicht bloß, daß er gelegentlich die Teller spült oder den Boden wischt. Ich meine die emotionale Unterstützung ... Gespräche ... ihr zu helfen, sich wieder wie eine Dame zu fühlen ... Bemühungen, ihr beim Aufbau ihres Egos zu helfen ... ihr einen freien Tag in der Woche zu gestatten ... sie zum Essen einzuladen ... ihr zu sagen, daß er sie liebt. Ohne diese Unterstützung ist sie wehrlos den Feinden der Familie ausgeliefert, den Feinden auch *seiner* Familie!

Welche Auswirkung hat es auf die Ehe, daß die Beziehungen zwischen Frauen nicht mehr wie früher funktionieren?

Es übt einen starken Druck auf die Beziehung zwischen Mann und Frau aus, daß den heutigen Frauen oft jede bedeutungsvolle Unterstützung von außerhalb ihres Heims fehlt. Der Mann wird damit zur Hauptquelle ihrer Gespräche, ihres Abbaus von Aggressionen, der Gemeinschaft und der Liebe. Aber das ist nicht seine einzige Pflicht. Er erfährt einen sowohl innerlich als auch äußerlich enormen Druck in seinem Beruf. Seine Selbstachtung hängt davon ab, wie er seine Geschäfte erledigt, und der Status seiner ganzen Familie ist von seinem Erfolg abhängig. Wenn er abends nach Hause kommt, hat er wenig übrig, womit er ihr einsames Leben wieder aufbauen kann, selbst wenn er ihre Situation versteht.

Ich möchte der Hausfrau mit einem beschäftigten, kommunikationsarmen Mann sagen: Sie können sich nicht ausschließlich auf diesen Mann stützen, um alle ihre Bedürfnisse befriedigt zu bekommen. Auf diese Weise planen Sie nur eine Frustration nach der anderen. Statt dessen sollten Sie ein Kontaktnetz zu befreundeten Frauen aufbauen, mit denen Sie sprechen, leiden, nörgeln, träumen und sich erholen können. Es gibt Tausende von Ehefrauen und Müttern um Sie herum, die dieselben Nöte und Erfahrungen durchleben. Sie werden Sie finden, wenn Sie anfangen, nach ihnen Ausschau zu halten. Gehen Sie in Fortbildungskurse, Hobbygruppen, Bibelkreise, kirchliche Gruppen, Fahrradvereine — was auch immer. Aber widerstehen Sie unter allen Umständen der Versuchung, sich in die eigenen vier Wände zurückzuziehen, sich auf das Mitleidstöpfchen zu setzen und darauf zu warten, daß Ihr Mann auf einem weißen Pferd heimgeritten kommt.

Die Hausfrau

Ich bedaure die Tatsache, daß meine Rolle als Frau und Mutter nicht mehr so geachtet ist, wie es zu der Zeit meiner Mutter war. Was hat diesen Anschauungswechsel in der westlichen Kultur ausgelöst?

Diejenigen, die die Beziehung zwischen Mann und Frau revolutionieren wollen, wenden viel Energie auf, die weibliche Geschlechtsrollen-Identität zu verändern. Die Frauenbewegung und die Medien sind bemerkenswert erfolgreich in ihrem Bemühen gewesen, die Art und Weise zu verändern, wie Frauen sich zu Hause und in der Gesellschaft »sehen«. In diesem Prozeß ist jedes Element der traditionellen Vorstellung von Weiblichkeit in Mißkredit gebracht worden, besonders die Pflichten, die im Zusammenhang mit dem Hausfrauendasein und der Mutterschaft stehen. Auf diese Weise ist der Begriff »Hausfrau« innerhalb eines einzigen Jahrzehnts zu einem emotionsgeladenen Symbol für Ausbeutung, Unterdrückung und — verzeihen Sie die Beleidigung — Dummheit geworden, zumindest aus der Sicht der radikalen Feministinnen. Wir könnten als Nation keinen größeren Fehler begehen, als mit dieser vorherrschenden Respektlosigkeit, die gegenüber Frauen, die ihr Leben dem Wohlergehen ihrer Familie gewidmet haben, an den Tag gelegt wird, fortzufahren.

Sie erwähnten die Rolle der Medien in diesem Prozeß. Deuten Sie damit an, daß das Fernsehen und die Filmproduzenten bewußt versucht haben, die traditionelle Rolle der Frau zu zerstören oder zu verändern?

Für mich besteht daran kein Zweifel. Die Unterhaltungsindustrie hat unermüdlich daran gearbeitet, eine völlig neue Frau mit erstaunlichen Fähigkeiten zu entwickeln. In meinem Buch *What Wives Wish their Husbands Knew About Women* habe ich diese neue gesellschaftlich vorgeschriebene Rolle folgendermaßen beschrieben:

Dieses Bild von Frauen, das jetzt gezeigt wird, ist eine seltsame Kombination von weither geholter Phantasie und feministischer Propaganda. Die Frau von heute ist immer hübsch, das ist klar, aber sie ist mehr — viel mehr. Sie fährt in schnellen Sportwagen durch das Land, während der männliche Begleiter auf dem Beifahrersitz sich ängstlich die Fingernägel kaut. Sie strotzt nur so vor Selbstvertrauen, und das aus gutem Grund: Sie könnte jeden existierenden Mann mit ihren Karateschlägen und ihren Tritten entwaffnen. Sie ist von tödlicher Präzision im Umgang mit Waffen, und sie spielt Tennis (oder Football) wie ein Profi. Sie spricht in perfekt aufgebauten Sätzen, als seien ihre spontanen Bemerkungen von einem Team winziger Englischprofessoren geschrieben, die hinten in ihrem hübschen Kopf sitzen. Sie ist ein sexueller Gourmet, aber sie würde niemals heiraten. Sie hat das große Glück, ewig jung zu sein, und sie wird nie krank, noch macht sie jemals einen Fehler oder blamiert sich. Kurz gesagt, sie ist allwissend, abgesehen von ihrer Unfähigkeit, etwas traditionell Weibliches zu tun wie kochen, nähen oder Kinder großziehen. Die heutige Leinwandheldin ist ein erstaunliches Geschöpf, das stolz und kompromißlos dasteht, die Beine gespreizt und die Hände in die Hüften gestemmt. Aber sie ist irreal — genauso irreal wie die männlichen Superhelden, die von Burt Reynolds und Roger Moore gespielt werden.

Was hat diese Revolution der weiblichen Geschlechtsrolle bewirkt, und wohin wird diese Entwicklung wahrscheinlich führen?

Sie hat ein Jahrzehnt der Depression und des Selbstzweifels eingeleitet. Gott schuf uns als geschlechtliche Wesen, und jede Verdrehung dieses Ansatzes wirkt sich vernichtend auf unser Selbstbild aus. Am meisten sind davon die Frauen betroffen, die unauflösbar mit der traditionellen Rolle identifiziert werden; diejenigen, die sich selbst in den Haushaltspflichten »gestrandet« sehen. Frauen und Mütter fragen sich selbstquälerisch: »Wer bin ich?«, um dann nervös fortzufahren: »Und wer sollte ich sein?« Es scheint so, als hätten wir das alte Wertesystem vernichtet, bevor das neue fertig war. Dadurch ist Verwirrung und Unsicherheit entstanden.

Jetzt taucht ein neues und überraschendes Phänomen auf. Der Selbstzweifel hat sich auch auf das männliche Geschlecht ausgebreitet. Ich glaube, diese Entwicklung war unausweichlich. Jede gesellschaftliche Entwicklung, die die eine Hälfte der Bevölkerung verwirrt, wird früher oder später mit Sicherheit auch die andere Hälfte treffen. Als Folge dieser Entwicklung durchleben jetzt die Männer den Winter ihrer Unzufriedenheit. *Psychology Today* veröffentlichte einen Artikel von James Levine, in dem er drei neue Bücher zum Thema »Mann« besprach. Seine Einleitung sagt viel über deren Inhalt aus: »Nach zahllosen Büchern über den Zustand der Frauen, die im letzten Jahrzehnt veröffentlicht wurden, erleben wir jetzt eine Flut von Untersuchungen über Männer. Ein Thema kommt besonders deutlich zum Ausdruck: Der Mann steckt in einer Krise. Aufgerüttelt durch die Frauenbewegung, verlegen gemacht durch eine traditionelle und verinnerlichte Definition von Männlichkeit, wissen Männer buchstäblich nicht mehr, wer sie sind, was Frauen von ihnen wollen, oder was sie selbst von sich halten sollen. Diese Beschreibung ist richtig. Männer befinden sich im Blick auf ihre Geschlechtsrolle in einem Zustand der Verwirrung. Wir wissen, daß es unakzeptabel ist, ein »Macho« zu sein (was immer das auch ist), aber wir sind etwas unsicher, wie sich richtige Männer benehmen sollten. Ist ein Mann der Ernährer und Beschützer der Familie? Nun, nicht ganz. Sollte er zu Hause eine Position der Führung und der Autorität einnehmen? Nicht, wenn er mit einer Frau verheiratet ist, die ihr Selbstbewußtsein gesteigert hat. Sollte er seiner Frau die Tür aufhalten, einer Dame im Zug den Platz überlassen oder aufstehen, wenn sie den Raum betritt? Wer weiß? Sollte er Schmuck, Satinschuhe und eine Handtasche tragen? Gibt es also noch irgend etwas, was ihn von seinem weiblichen Gegenstück unterscheidet? Nichts, was den Medien zu Ohren kommen sollte!

Ich muß noch einmal betonen, daß diese verwirrte Geschlechtsrollenidentität nicht das Resultat einer zufälligen gesellschaftlichen Entwicklung ist. Sie ist das Produkt bewußter Bemühungen, die traditionelle Rolle des Mannes zu diskreditieren; geplant von denen, die die Revolution in der Familie suchen.

Wollen Sie damit sagen, daß für uns alle die traditionellen Geschlechtsrollen gelten sollten, ob wir sie nun mögen oder nicht? Raten Sie zum Beispiel jeder Frau, daß sie Kinder bekommen muß, selbst wenn sie sie nicht will?

Natürlich nicht. Es liegt in der Entscheidung der Frau, kein Baby zu bekommen. Es ist jedoch etwas Zwiespältiges daran, auf ein »Recht« zu bestehen, das das Ende der menschlichen Rasse bedeuten würde, wenn jede es anwendete!

Seit einigen Jahren ist es fast unmöglich, in liberalen und linksorientierten Publikationen etwas Positives über Babys geschrieben zu finden. Kinder werden als Last angesehen. Sie werden als Teil der »Bevölkerungsbombe« beschrieben, die die Erde bedroht. Ich bin davon überzeugt, daß dieses negative Bild eine der Ursachen für die Epidemie der Kindesmißhandlungen ist. Diese Negativ-Propaganda steht mit Sicherheit in Verbindung mit den ungeheuer hohen Abtreibungszahlen. Mehr als eine Million amerikanischer Babys werden jährlich abgetrieben (55 Millionen weltweit), Neugeborene, die niemals ihren Platz in unserer Gesellschaft einnehmen werden. Was bleibt, ist eine zunehmend alternde Bevölkerung mit immer weniger Kindern, die in ihre Fußstapfen treten können.

Ich möchte mit diesen Anmerkungen darauf hinweisen, daß die Geschlechtsrolleneinstellung eng mit dem Überleben der Gesellschaft verbunden ist. Was wird zum Beispiel geschehen, wenn die heute Erwerbstätigen das Rentenalter erreichen und dann immer noch die Zahl der jungen Amerikaner übertreffen? Wer wird das Sozialsystem unterstützen, wenn die Erwachsenen von heute zu alt sind, um ihren Lebensunterhalt zu verdienen?

Was sagen Sie denjenigen, die behaupten, Mutter und Hausfrau zu sein sei langweilig und monoton?

Sie haben recht — aber wir sollten bedenken, daß das praktisch alle anderen Beschäftigungen auch sind. Wie aufregend ist die Arbeit einer Telefonvermittlerin, die den ganzen Tag am Schaltpult Stecker hineinsteckt und herauszieht — oder einer medizinischen Assistentin, die von morgens bis abends mikroskopische Präparate und Bakterienkulturen untersucht — oder einer Zahnärztin, die ihr Leben lang bohrt und füllt und bohrt und füllt — oder einer Anwältin, die in einer abgeschlossenen Bücherei staubige Bücher liest — oder einer Autorin, die Seite für Seite für Seite schreibt?

Vor einigen Jahren hatte ich in Washington ein Hotelzimmer direkt neben dem Zimmer eines berühmten Cellisten, der an jenem Abend in der Stadt ein klassisches Konzert geben sollte. Ich konnte ihn durch die Wände hindurch hören, wie er Stunde für Stunde übte. Er spielte nicht etwa wunderschöne Symphonien; er wiederholte Skalen und Läufe und Etüden, immer und immer wieder. Diese Übungen begannen früh am Morgen (glauben Sie mir!) und wurden bis kurz vor seinem Konzert fortgesetzt. Als er an diesem Abend die Bühne betrat, waren sicherlich viele unter den Zuhörern, die sich dachten: »Was für ein glamouröses Leben!« Ich habe das Glück zu wissen, daß er den ganzen Tag in seinem Hotelzimmer in der einsamen Begleitung seines Cellos verbrachte. Musikinstrumente sind, wie wir wissen, fürchterliche Gesprächspartner. Nein, ich bezweifle, daß der Beruf der Hausfrau und Mutter langweiliger als die meisten anderen Berufe ist, besonders wenn die Frau sich weigert, vom Kontakt mit anderen Erwachsenen isoliert zu werden. Und was die Bedeutung ihrer Aufgabe betrifft, kann wohl kein Beruf mit der Verantwortung für das Prägen und Erziehen eines neuen menschlichen Wesens mithalten!

Ich möchte die Mütter an etwas Wichtiges erinnern: Sie werden nicht immer mit der Verantwortung belastet sein, die Sie jetzt haben. Ihre Kinder werden nur für kurze Zeit mit Ihnen zusammen leben. Kosten Sie jeden Augenblick dieses relativ kurzen Zeitabschnittes aus — auch in schwierigen Zeiten — und freuen Sie sich an der Befriedigung, eine für die ganze Gesellschaft wesentliche Aufgabe zu erfüllen!

Die Hausfrau

Wie denken Sie über Mütter, die außer Haus arbeiten, obwohl es für sie finanziell nicht notwendig wäre?

Amerika erlebt derzeit eine noch nie dagewesene Bewegung von Frauen in die Berufswelt hinein. Mehr als die Hälfte der 84 Millionen erwachsenen Frauen in den USA sind heute formell angestellt; eine von drei Müttern mit Kindern unter sechs Jahren geht arbeiten, und die Zahl steigt zunehmend. Ob dieser Trend als gesund oder pathologisch einzustufen ist, ist eine der entscheidendsten Fragen unserer Zeit — eine Frage, die hitzige Debatten und erhebliche Konflikte auslöst. Jeder hat eine andere Meinung zu dem Thema. Sie werden jetzt meine hören. Es wäre für einen Familienberater vermessen, den Frauen zu sagen, wie sie ihr Leben zu leben haben — insbesondere, wenn er selbst ein Mann ist. Ihre Entscheidung, außer Haus zu arbeiten oder Hausfrau zu werden, ist eine sehr persönliche Wahl, die nur von der Frau selbst und ihrem Ehemann getroffen werden kann.

Tatsächlich macht die Entwicklung der heutigen Ökonomie die Suche nach einer Anstellung teilweise notwendig. Wenn daher eine christliche Ehefrau und Mutter beschließt, daß sie eine Arbeit annehmen muß, sollten ihre Freunde und Verwandte mit Toleranz und Verständnis reagieren.

Allerdings bedrückt mich, mit welchen Argumenten heute oft für die Berufstätigkeit der Frau geworben wird. Es gibt insbesondere drei falsche Vorstellungen, die den Müttern durch die feministische Propaganda vermittelt werden. Ich möchte sie im einzelnen betrachten:

1. Jede Frau, die nicht »arbeitet«, wird von der Männer-Gesellschaft ausgebeutet. Wenn sie auch nur etwas Schneid und Intelligenz besitzt, wird sie Erfüllung in einer Karriere suchen.

Seit Beginn der menschlichen Existenz haben sich Frauen in den meisten Kulturen mit dem Aufziehen von Kindern beschäftigt. Das war eine ehrenwerte Beschäftigung, die keine Rechtfertigung verlangte. Heute erfahren Frauen, die sich um den Haushalt und die Kinder kümmern, keine Achtung mehr.

Um mit der Mißachtung fertig zu werden, die sie als Vollzeitmütter erleben mußten, entscheiden sich viele Frauen für eine Berufstätigkeit.

Um diesen Prozeß verständlich zu machen, lassen Sie uns ein konstruiertes Beispiel betrachten. Angenommen, es wäre auf einmal extrem unpopulär, Zahnarzt zu sein. Jedes Magazin enthielte plötzlich ein oder zwei Artikel über die Dummheit dieser »Zahn-Prockler«. Fernsehen, Rundfunk und Theater würden sich in gleicher Weise über diesen Beruf lustig machen. Nehmen wir weiter an, der Humor über das Zahnarztwesen würde nach einiger Zeit in Verachtung und Respektlosigkeit umschlagen. Die Männer in Weiß würden auf gesellschaftlichen Versammlungen ignoriert und ihre Frauen aus Gruppenaktivitäten ausgeschlossen. Dentisten bekämen Schwierigkeiten, Assistenten und Mitarbeiter zu bekommen, weil niemand möchte, daß seine Freunde wissen, daß er für einen »Zahn-Prockler« arbeitet. Was würde geschehen, wenn dem Beruf des Zahnarztes plötzlich der ganze soziale Status entzogen wäre? Ich nehme an, daß es bald schwierig werden würde, ein Loch gebohrt und gefüllt zu bekommen!

Das Beispiel ist zugegebenermaßen extrem, aber die Analogie zur Rolle der Hausfrau kann kaum übersehen werden. Hausfrauen sind verspottet und mißachtet worden. Sie sind die Zielscheibe von Witzen und schäbigem Humor geworden. Wenn ich mit Frauen spreche, spüre ich bei vielen eine große Frustration, weil sie sich als Hausfrauen einfach dumm vorkommen. Sie haben die vorherrschende Meinung der Medien übernommen: »Mit diesen seltsamen Kreaturen muß etwas nicht in Ordnung sein.«

2. *Kleine Kinder brauchen nicht wirklich die dauernde Versorgung durch ihre Mütter. Sie werden sich sogar besser entwickeln, wenn sie in wechselnden Umgebungen mit unterschiedlichen Kontaktpersonen aufwachsen.*

Diese Aussage, die eine starke Verbreitung gefunden hat, deckt sich einfach nicht mit den wissenschaftlichen Erkenntnissen. Vor einigen Jahren besuchte ich eine nationale Konferenz zu Fragen der Entwicklung von Kindern. Nahezu jeder Untersuchungsbericht, der während des dreitägigen Treffens präsentiert wurde, endete mit derselben Schlußfolgerung: Die Mutter-Kind-Beziehung ist für die gesunde Entwicklung von Kindern absolut entscheidend. Nichtsdestoweniger reden sich moderne Frauen ein, daß staatlich geförderte Kindertagesstätten ein angemessener Ersatz für die traditionelle Familie seien. Es wird nicht funktionieren! Dieses Konzept ist in allen Ländern, in denen es versucht wurde, gescheitert.

Mein persönlicher Standpunkt in dieser Frage basiert allerdings nicht nur auf wissenschaftlichen Untersuchungen und meiner beruflichen Erfahrung. Meine Ansichten wurden auch stark von meiner eigenen Familie beeinflußt. Lassen Sie mich eine Aussage zitieren, die ich vor einigen Jahren in meinem Buch *What Wives Wish their Husbands Knew About Women* schrieb:

»Unsere beiden Kinder sind unendlich komplex — wie alle Kinder —, und meine Frau und ich wollen die prägenden Jahre selbst überwachen. Danae ist neun Jahre alt. Sie wird in vier Jahren eine Jugendliche sein, und ich bin zugegebenermaßen eifersüchtig auf alles, was mir diese wenigen noch verbleibenden Tage ihrer Kindheit raubt. Jeder Moment ist mir wertvoll. Ryan ist jetzt vier. Er ist nicht nur ständig in Bewegung, sondern befindet sich auch in einem Zustand rapider physischer und emotionaler Veränderungen. Manchmal ist es fast schon beängstigend zu sehen, wie dynamisch die Entwicklung meines Sohnes voranschreitet. Wenn ich die Familie für eine vier- oder fünftägige Vortragsreise verlasse, ist Ryan bei meiner Rückkehr ein auffallend anderes Kind. Die Grundsteine für seine zukünftige emotionale und physische Stabilität werden derzeit bei ihm gelegt. Jetzt frage ich Sie, die dem, was ich geschrieben habe, nicht zustimmen: An wen soll ich diesen wichtigen Prozeß delegieren? Wer könnte sich genügend um meine Kinder kümmern, daß er die notwendigen Entsagungen aufbringt, wenn meine Frau und ich für diese Aufgabe zu beschäftigt sind? Welcher Babysitter könnte unseren Platz einnehmen? Welche Institution könnte die individuelle Liebe und Anleitung bieten, die Ryan und Danae brauchen und verdienen? Wer könnte meinem Sohn und meiner Tochter grundlegende Werte und Anschauungen vermitteln? Der Rest der Welt kann seine eigene Wahl treffen, aber ich und meine Familie, wir begrüßen die Möglichkeit, das Leben dieser beiden kleinen Menschen prägen zu können. Und ich mache mir Sorgen um eine Nation, die diese Aufgabe unerfüllend und langweilig findet.«

Dies bringt uns zu dem dritten und letzten Mythos, der betrachtet werden soll.

3. Die meisten Mütter von kleinen Kindern können den ganzen Tag arbeiten und haben anschließend immer noch die Kraft, ihren familiären Verpflichtungen nachzukommen ... vielleicht sogar besser, als wenn sie zu Hause blieben.

Der Körper hat nur ein bestimmtes Maß an Energie zur Verfügung, die er innerhalb eines Tages verbrauchen kann. Es ist höchst unwahrscheinlich, daß die durchschnittliche Mutter früh am Morgen aufstehen kann, ihre Kinder auf den Tag vorbereitet, dann von neun bis fünf außer Haus arbeitet, von 17.01 Uhr bis 17.30 Uhr nach Hause fährt — und anschließend immer noch die Energie besitzt, von 17.31 Uhr bis Mitternacht ihre Hausarbeit in Angriff zu nehmen. Sie kocht vielleicht das Abendessen und schafft die wichtigsten Haushaltspflichten, aber nur wenige Frauen sind mit der Superstärke ausgestattet, am Ende eines Arbeitstages den emotionalen Bedürfnissen ihrer Kinder zu begegnen, sie zu führen und zu erziehen, ihre Selbstachtung aufzubauen, ihnen die wahren Werte des Lebens beizubringen — und über all das hinaus noch eine gesunde eheliche Partnerschaft aufrechtzuerhalten. Vielleicht können diese Aufgaben eine Woche oder einen Monat lang, vielleicht sogar ein Jahr lang erfüllt werden. Aber über Jahre hinweg? Ich glaube es nicht. Ich habe allzu oft beobachtet, daß berufstätige Mütter erschöpft, mürrisch und frustriert sind, was den idealen Nährboden für häusliche Konflikte schafft.

Zusammenfassend: Gewisse Umstände können es verlangen, daß Ehefrauen und Mütter eine Vollzeitanstellung außerhalb der Familie annehmen. In diesen Fällen sollten Christen

Verständnis für die Nöte und Pflichten der entsprechenden Person aufbringen. Die Entscheidung der Mutter, zu arbeiten, hat jedoch grundlegende Auswirkungen auf die Familie und insbesondere auf die kleinen Kinder. Diese Entscheidung muß unter realistischen Voraussetzungen getroffen werden, unbeeinflußt durch die modischen gesellschaftlichen Vorurteile gegenüber dem Hausfrauendasein. Wir dürfen nicht die Würde der edelsten Beschäftigung zerstören, die es im Universum gibt: die des Prägens kleiner Kinder während der Periode der größten Empfindsamkeit.

Teil 21

Depressionen bei Frauen

Sind Depressionen stärker unter Frauen oder Männern verbreitet?

Depressionen treten bei Männern etwas seltener als bei Frauen auf und sind bei ihnen offensichtlich stärker krisenorientiert. Mit anderen Worten, Männer werden wegen spezifischer Probleme — wie zum Beispiel Schwierigkeiten im Geschäft oder einer Krankheit — depressiv. Bei ihnen ist es weniger wahrscheinlich, daß sie das vage, fast undefinierbare Gefühl der Entmutigung erleben, das viele Frauen regelmäßig überkommt. Selbst ein regnerischer Tag kann ausreichen, um bei Frauen, die besonders empfänglich für Depressionen sind, eine physische und emotionale Verschlechterung ihres Zustandes auszulösen.

Welche Beschwerden sind bei Frauen am häufigsten mit Depressionen verbunden?

Ich habe diese Frage mehr als 10 000 Frauen gestellt, die einen Fragebogen zu diesem Thema ausfüllten. Ganz oben auf der Liste stand das Problem der mangelnden Selbstachtung. Dieses Ergebnis deckt sich mit meinen eigenen Beobachtungen: Dieses Problem zeigt sich normalerweise bereits innerhalb der ersten fünf Minuten eines Beratungsgespräches; Gefühle von Unzulänglichkeit und fehlendem Selbstvertrauen sind für Millionen von Frauen zu einer Lebenseinstellung geworden.

Meine Frau ist seit fast drei Monaten stark depressiv. Welche Art von Behandlung und Therapie würden Sie ihr empfehlen?

Sie sollte, sobald wie möglich, einen Arzt aufsuchen. Eine derartig lang andauernde Depression kann ernsthafte Folgen haben, aber sie kann normalerweise durch eine gezielte Behandlung relativ schnell gelindert werden. Antidepressiv wirkende Medikamente sind in Fällen schwerer Depression in der Regel äußerst wirksam. Natürlich werden Medikamente nicht die Umstände korrigieren, die die Depression ausgelöst haben. Ursachen wie zum Beispiel mangelnde Selbstachtung müssen erkannt und — gegebenenfalls mit Hilfe eines Psychologen oder Psychiaters — behandelt werden.

Ich neige dazu, mich nach jedem Feiertag depressiv zu fühlen, aber ich weiß nicht, woran das liegt. Diese besonderen Tage sind eine sehr glückliche Zeit für meine Familie. Warum bin ich nach so erfreulichen Tagen derartig niedergeschlagen?

Für Sie ist es hilfreich, etwas über den emotionalen Rhythmus im Menschen zu erfahren. Alles, was ein extremes Hoch verursacht, schafft die Grundvoraussetzung für ein späteres Tief — und umgekehrt. Zum Beispiel kauften meine Frau und ich uns vor einigen Jahren ein neues Haus. Wir hatten mehrere Jahre gewartet, um das richtige Haus zu finden, und wir waren sehr aufgeregt, als der Vertrag abgeschlossen wurde und das Haus schließlich unser Eigentum war. Diese Hochstimmung hielt mehrere Tage an. In dieser Zeit sprach ich mit meiner Frau über die Erfahrungen, die wir machten. Wir machten uns klar, daß unsere Begeisterung nicht unbegrenzt andauern würde. Wir rechneten also bewußt damit, daß unser Gemütszustand innerhalb kurzer Zeit unter den Meeresspiegel absinken würde. Wie erwartet, erfuhren wir etwa drei Tage nach diesem Gespräch eine deutliche Trübung unserer Stimmung. Das Haus schien nicht mehr so wunderbar, und es gab nichts, was unsere Begeisterung hätte entflammen können. Dadurch jedoch, daß wir das Tief erwartet hatten, konnten wir es in dem Moment, als es auftrat, akzeptieren.

Wir sollten deshalb eine Depression als ein relativ klar vorhersehbares Ereignis betrachten. Sie tritt mit erhöhter Wahrscheinlichkeit nach einem Feiertag, der Geburt eines Kindes, einer Beförderung oder selbst nach einem ruhigen

Urlaub auf. Der Grund für dieses Phänomen ist teilweise physischer Natur. Ein Hochgefühl verbraucht größere Mengen an Körperenergie, weil alle Organe beschleunigt arbeiten. Die vorhersehbare Konsequenz ist Müdigkeit und Erschöpfung, die einen depressiven Zustand mit sich bringen.

Ich habe drei Kinder unter sechs Jahren, und ich werde nie mit meiner Arbeit fertig. Wie kann ich ruhiger werden, wenn jede Minute des Tages (oder der Nacht) für meine Kinder benötigt wird?

Sie sollten darüber nachdenken, ob Sie nicht Geld für eine Haushaltshilfe aufbringen können, auch wenn das bedeutet, in anderen Bereichen kürzer zu treten. Ich bin davon überzeugt, daß eine Haushaltshilfe auf der Prioritätenliste einer Mutter von kleinen Kindern ganz oben stehen sollte. Ohne solche Hilfe ist sie tagein tagaus zu denselben Routineaufgaben verurteilt, an sieben Tagen in der Woche. Einige Jahre lang ist es ihr unmöglich, dieser unendlichen Last von schmutzigen Windeln, laufenden Nasen und ungespültem Geschirr zu entkommen. Sie wird eine effizientere Arbeit leisten und eine bessere Mutter sein, wenn sie die Last gelegentlich mit jemand anderem teilen kann. Das scheint mir für die Zufriedenheit der Familie wichtiger zu sein als neue Vorhänge oder Papas neue Motorsäge.

Hier sind einige weitere Vorschläge, die Ihnen helfen können, besser mit Ihrer Situation klarzukommen:

1. Sparen Sie sich etwas Zeit für sich selbst auf. Gehen Sie mindestens einmal in der Woche Kegeln oder machen Sie einen Schaufensterbummel, oder »verschwenden« Sie einfach einmal einen Nachmittag. Außerdem sollten ein Ehepaar zumindest alle ein, zwei Wochen ausgehen, die Kinder zu Hause lassen und sie einen Abend lang einmal vergessen können.
2. Kämpfen Sie nicht um Dinge, die Sie nicht ändern können. Konzentrieren Sie sich auf die guten Seiten Ihres Lebens. Männer und Frauen sollten erkennen, daß Unzufriedenheit zu einer schlechten Angewohnheit werden kann. Es ist eine Haltung, die Ihnen die Freude am Leben nehmen kann.

3. Beschäftigen Sie sich spät abends nicht mehr mit irgendwelchen großen Problemen. Alle Probleme erscheinen abends viel schwieriger zu lösen, und die dann getroffenen Entscheidungen sind oft mehr emotional als rational motiviert.
4. Erstellen Sie eine Liste mit allen Ihren Tätigkeiten. Es hat drei Vorteile, sich seine Aufgaben aufzuschreiben: 1) Sie wissen, daß Sie nichts vergessen werden. 2) Sie können garantieren, daß die wichtigsten Arbeiten zuerst verrichtet werden. Sie werden also am Ende des Tages, falls Sie nicht mit allen Dingen fertig geworden sind, zumindest die Dinge getan haben, die am entscheidensten waren. 3) Die Aufgaben werden nach ihrer Erledigung von der Liste gestrichen, was Ihnen einen Nachweis darüber gibt, was Sie erreicht haben.
5. Suchen Sie die Hilfe Gottes. Ehe und Elternschaft sind keine menschlichen Erfindungen. Gott schuf in seiner unendlichen Weisheit die Familie als die grundlegende Zelle der menschlichen Gemeinschaft. Im Gebet können Lösungen für die vielfältigen Probleme der modernen Elternschaft gefunden werden.

Meine Frau ist eine Vollzeit-Hausfrau, und wir haben drei Kinder, die unter sechs Jahre alt sind. Sie wird oft depressiv, besonders wenn sie nicht all das erfüllen kann, was von ihr erwartet wird. Aber ich habe ebenfalls alle Hände voll zu tun und bin gezwungen, viele Überstunden zu machen. Wie kann ich Marge helfen, mit diesen geschäftigen Jahren fertig zu werden?

Ich möchte Ihnen zwei Vorschläge machen:

1. Aus irgendwelchen Gründen sind Menschen (und speziell Frauen) wesentlich leichter in der Lage, außerordentliche Belastungen zu ertragen, wenn zumindest eine Person weiß, was sie durchstehen. Die Frustrationen beim Aufziehen kleiner Kinder und die Haushaltspflichten werden für Ihre Frau erträglicher sein, wenn Sie ihr mitteilen, daß Sie ihre Situation gut verstehen können.

Statt dessen geschieht aber in der Regel das Gegenteil. Mindestens acht Millionen amerikanische Ehemänner werden heute abend dieselbe unverzeihliche Frage stellen: »Was hast du den ganzen Tag gemacht, Schatz?« Allein die Art der Frage impliziert, daß die Frau den ganzen Tag über auf ihrem Hinterteil gesessen, Fernsehen geguckt und Kaffee getrunken hat! Jeder Mensch ist darauf angewiesen, zu wissen, daß er für die Art, wie er seine Pflicht erfüllt, geachtet wird. Ehemänner erhalten diese emotionale Nahrung durch Beförderungen, Lohnerhöhungen, berufliches Feedback und spontanes Lob während der Arbeitszeit. Hausfrauen erhalten sie von ihren Ehemännern — wenn überhaupt.

2. Ehemänner und -frauen sollten beständig gegen jede Art von Überengagement angehen. Selbst wertvolle und Freude bereitende Aktivitäten können schädlich werden, wenn sie das letzte bißchen Energie oder die wenigen noch verbleibenden freien Momente des Tages in Anspruch nehmen. Jeder Mensch braucht etwas Zeit, die er einfach verschwenden kann — indem er spazieren geht, Steine vor sich her tritt und an angenehme Dinge denkt.

Wir müssen in unseren Familien bewußt beschließen, ruhiger zu werden. Wir müssen lernen, freundlich »Nein« zu sagen. Wir müssen der Versuchung widerstehen, nach immer mehr Vergnügungen, Hobbys und gesellschaftlichen Verpflichtungen zu jagen. Bei jeder neuen Aktivität, die sich ergibt, sollten Sie sich drei Fragen stellen: Ist sie unsere Zeit wert? An welcher Stelle muß gekürzt werden, um die Zeit für diese Aktivität zu gewinnen? Was werden die Auswirkungen auf unser Familienleben sein? Mein Verdacht ist, daß die meisten Dinge in unserem geschäftigen Tagesablauf bei diesem Drei-Fragen-Test ziemlich schlecht abschneiden würden.

Ich stelle fest, daß geistliche Entmutigung und Rückschläge viel häufiger auftreten, wenn ich müde bin, als zu Zeiten, wo ich ausgeruht bin. Erleben das andere Menschen auch so?

Wenn ein Mensch erschöpft ist, wird er von Gedanken geplagt, von denen er meinte, er hätte sie längst im Griff. Der große Footballtrainer Vince Lombardi erzählte seinem Team einmal, weshalb er sie so sehr zu einer ausgeglichenen Lebensführung dränge. Er sagte: »Müdigkeit macht aus uns allen Feiglinge!« Er hat völlig recht. Wenn die Reserven der menschlichen Energie verbraucht sind, ist die Fähigkeit, angstmachende Gedanken abzuwehren, stark vermindert.

Ich bin oft depressiv und mache mir Gedanken, ob meine Kinder unter meiner Gemütsverfassung zu leiden haben. Sind Kinder in der Regel empfänglich für die Depressionen der Eltern?

Der Kinderpsychiater Dr. Norman Brandes sagt, Kinder seien außerordentlich empfindsam gegenüber den Depressionen der Erwachsenen. Sie werden oft selbst depressiv, obwohl die Erwachsenen glauben, sie hätten ihre Verzweiflung vor ihren Kindern versteckt. Außerdem werden sie genau von ihren Kindern beobachtet, und diese »lernen«, wie sie selbst mit Frustrationen umzugehen haben.

Wenn Ihre Depression chronisch bleibt, wie Sie andeuteten, würde ich empfehlen, daß Sie professionelle Hilfe in Anspruch nehmen. Gehen Sie zunächst zu Ihrem Hausarzt, der vielleicht einen körperlichen Grund für Ihren Zustand finden wird. Sollte das nicht der Fall sein, kann er Sie zu einem Psychologen oder Psychotherapeuten überweisen.

Können Sie mir erklären, warum so viele Amerikaner mit ihrem Leben unzufrieden sind? Es erscheint mir seltsam, daß das reichste Land der Erde zu einem so hohen Prozentsatz von depressiven und unglücklichen Menschen bewohnt wird.

Der menschliche Gefühlsapparat ist so gebaut, daß er die Dinge, die selbstverständlich erscheinen, nicht beachtet. Gesundheit, gutes Essen, friedliche Umstände und eine schöne Wohnung haben für all diejenigen kaum Bedeutung, die das von Geburt an hatten. Können Sie sich daran erinnern, jemals einen gesunden Teenager gesehen zu haben, der morgens aufstand und dankbar dafür war, daß seine Gelenke nicht schmerzten . . . und daß er gut sehen konnte . . . und daß er einfach tief durchatmen konnte und sich dabei gut fühlte?

Wahrscheinlich nicht. Er hat nie die Bedeutung von langem Leid oder Krankheit kennengelernt, und er hält seine gute Gesundheit für selbstverständlich. Aber in dem Maße, wie diese Segnungen des Lebens zu verschwinden beginnen, steigt unsere Achtung für sie. Für einen Mann, der einen stetigen körperlichen Verfall und einen frühen Tod zu erwarten hat, erhält die ganze Welt eine neue Bedeutung: Die Schönheit eines Baumes, das Privileg, einen Sonnenuntergang beobachten zu können, die Gemeinschaft mit den geliebten Menschen — das alles bekommt eine neue Bedeutung.

Ich glaube, dieser Mechanismus erklärt viele der emotionalen Probleme, die unsere Gesellschaft prägen. Uns ist beigebracht worden, daß wir an dem Schönsten und Besten teilhaben können. Wir fühlen uns fast schon durch göttlichen Beschluß berufen, mindestens 72 Jahre der Glückseligkeit zu durchleben, und wenn es auch nur etwas weniger sein sollte, ist das für uns ein Grund für Protest. Aber das Leben löst selten diese Versprechen ein. Es bringt Schmerz, Enttäuschungen, Krankheit und Einsamkeit mit sich. Daher klafft eine enorme Lücke zwischen dem Leben, wie es wirklich ist, und dem Leben, wie wir es uns vorstellen. Das Ergebnis ist ein häufiges Auftreten von Depressionen und eine hohe Selbstmordrate.

Ich habe Männer erlebt, die wegen relativ unbedeutender Rückschläge im Geschäft Magengeschwüre bekamen. Ich habe gesehen, wie Frauen wegen der kleinsten Nebensächlichkeiten — wie eine unaufgeräumte Couch oder eine verschrobene Nachbarin — den ganzen Tag über litten, obwohl alle übrigen Bereiche ihres Lebens ohne Tadel waren.

Vergleichen Sie diese Haltung mit der von deutschen Familien gegen Ende des Zweiten Weltkriegs. Jeden Tag ließen Tausende von britischen Bombern ihre zerstörerische Fracht über Hamburg, Berlin und München ab. In der Nacht machten amerikanische Flugzeuge dasselbe. Geliebte Menschen starben. Ganze Stadtteile wurden zertrümmert und gingen in Flammen auf. Kleine Kinder wurden verstümmelt und getötet. Es gab nicht genug Nahrung, und das Wasser war vergiftet. Das Lebenswerk vieler Menschen war vernichtet. Aber dennoch erzählen uns Historiker, daß ihre Moral bis zum Ende des Krieges erhalten blieb. Sie zerbrachen nicht. Sie begannen mit der Arbeit am Wiederaufbau und machten das Beste aus dieser grauenvollen Situation.

Wie können wir uns den Mut dieser Menschen angesichts solch einer Katastrophe erklären, während viele wohlhabende Amerikaner, obwohl sie alles besitzen, verzweifelt die Sprechstunden von Psychiatern aufsuchen? Der Unterschied liegt in der Erwartungshaltung. Die Deutschen erwarteten ihr Ende und erlebten Leid. Sie waren deshalb auf das Schlimmste vorbereitet, als es kam. Die Welt vieler Amerikaner dagegen bricht zusammen, wenn wir die kleinste Unannehmlichkeit erleben, weil uns beigebracht wurde, daß alle Probleme vermieden werden können. Wir haben unseren Gefühlen erlaubt, uns zu bestimmen, und dadurch sind wir zu Sklaven unserer Gefühle geworden.

Teil 22

Prämenstruale Spannungen

Ist die Launenhaftigkeit, die ich jedesmal erlebe, bevor ich meine Tage bekomme, etwas, was alle Frauen erleiden? Ich fühle mich in dieser Zeit sehr depressiv und bin überaus empfindlich.

Was Sie erleben, erleiden jeden Monat mindestens 30 Prozent aller Frauen. Es gibt viele Symptome, die die prämenstruale Spannung anzeigen, unter anderem Trägheit, Reizbarkeit, fehlende Energie, Aggressionen, eine niedrige Toleranzgrenze für Lärm, mangelnde Selbstachtung, Depressionen, Unsicherheit, geringer Sexualtrieb und eine verschwommene Sicht der Zukunft.

Beschreiben Sie die Gefühlsschwankungen genauer, die mit dem monatlichen Menstruationszyklus in Verbindung stehen.

Man kann die vier Wochen des Menstruationszyklus mit den vier Jahreszeiten vergleichen. Die erste Woche nach einer Periode kann als Frühling des physiologischen Kalenders angesehen werden. Jeden Tag werden neue Östrogene (weibliche Hormone) freigesetzt, und der Frauenkörper beginnt, sich von dem zurückliegenden Winter zu erholen.

Die zweite Woche repräsentiert den Sommer des Zyklus, wo das Leben leicht fällt. Eine Frau hat in dieser Phase mehr Selbstvertrauen als während irgendeiner anderen Phase des Monats: Es ist die Zeit der größten Energie, Begeisterung, Liebenswürdigkeit und Selbstachtung. Die Östrogenmenge ist für diesen Optimismus verantwortlich und erreicht in der Mitte des Zyklus, wenn der Eisprung geschieht, seinen Höhepunkt. Die Beziehung zwischen Mann und Frau ist während dieser Sommertage normalerweise am besten, wenn der Sexualtrieb (und die Möglichkeit einer Schwangerschaft) ihren Höhepunkt erreichen.

Aber dem Sommer muß der Herbst folgen. Die Östrogenmenge verringert sich ständig, während sich der Frauenkörper auf eine weitere Phase der Menstruation vorbereitet. Ein zweites Hormon namens Progesteron wird freigesetzt, welches den Effekt des Östrogens verringert und die Symptome der prämenstrualen Spannung auslöst. Eine schwierige Phase wird eingeleitet. Die Selbstachtung nimmt mit jedem Tag ab, Depressionen und Pessimismus setzen ein, die Frau empfindet sich als häßlich. Die Reizbarkeit nimmt immer mehr zu und erreicht unmittelbar vor der Menstruation ihren Höhepunkt. Dann kommt der Winter und die Phase der Monatsblutung. Frauen unterscheiden sich in der Intensität dieser Symptome erheblich, aber die meisten erleben ein gewisses Unwohlsein. Die Empfindsamsten sehen sich sogar gezwungen, während der »Winterzeit« ein oder zwei Tage im Bett zu bleiben, weil sie in dieser Zeit unter Krämpfen und einem generell schlechten Zustand leiden. Allmählich geht diese Zermürbung jedoch wieder vorbei, und die Frische des Frühlings kehrt zurück.

Woher wissen wir, daß die Symptome prämenstrualer Spannung nicht bloß psychologischer Natur sind; vielleicht fühlen sich Frauen jeden Monat schlecht, weil sie erwarten (oder es ihnen antrainiert wurde), daß sie sich schlecht fühlen.

Zunächst einmal ist auffällig, daß sich menstruale Schwierigkeiten bei Frauen auf der ganzen Welt und in den unterschiedlichsten Kulturen feststellen lassen. Der Effekt der prämenstrualen Spannung ist zwar nicht klinisch untersuchbar, kann aber statistisch dokumentiert werden.

Das Auftreten von Suiziden, die von Frauen verübt werden, ist in der Phase der prämenstrualen Spannung bedeutend höher als in irgendeiner anderen Phase des Monats. Alec Coppens und Neil Kessel, die 465 Frauen untersuchten, stellten fest, daß die Frauen während der prämenstrualen Phase deutlich gereizter und deprimierter waren als in der Mitte des

Zyklus. Dies traf auf neurotische, psychotische und normale Frauen gleichermaßen zu. Natalie Sharness fand heraus, daß die prämenstruale Phase mit Gefühlen von Hilflosigkeit, Erregung, Feindseligkeit und starkem Verlangen nach Liebe verbunden ist. Bei der Menstruation ließ diese Anspannung und Reizbarkeit nach, aber diese Erleichterung wurde oft von Depressionen begleitet, die so lange anhielten, bis das Östrogen wieder zunahm. Tausende von Untersuchungen haben diese Schlußfolgerung untermauert.

Obwohl ich weiß, daß meine monatliche Depression auf physiologische Bedingungen zurückgeht, leide ich in dieser Zeit unter mangelnder Selbstachtung. Wie kann ich mich darauf vorbereiten, besser mit meinem Menstruationszyklus umzugehen?

Es ist unmöglich, sich auf den Menstruationszyklus einzustellen, bevor Sie nicht genau wissen, was Sie erwartet. Deshalb müssen Sie Ihren Körper genau kennenlernen. Ich schlage vor, daß Sie ein Tagebuch führen, in dem Sie zumindest drei Bereiche beschreiben:

1. Die Stärke Ihrer Energie,
2. Ihre generelle Stimmung, und
3. Ihre Leistungen.

Notieren Sie diese drei Indikatoren jeden Tag mindestens vier Monate lang. Die meisten Frauen berichten, daß jeden Monat ein überraschend unverändertes Muster auftritt. Ist es einmal entdeckt und verstanden, können weitere Schritte unternommen werden, um sich vor den vorhersehbaren Tiefpunkten zu schützen.

Ist die Phase der prämenstrualen Spannung erreicht, sollten Sie Ihre Gefühle mit Vorsicht und Skepsis betrachten. Wenn Sie sich daran erinnern, daß die Verzweiflung und das Gefühl der Wertlosigkeit hormonell bedingt sind und nichts mit der Realität zu tun haben, können Sie dieses psychologische Tief leichter durchstehen. Sie sollten immer wieder folgende Worte sagen: »Obwohl ich mich unzulänglich und minderwertig fühle, weigere ich mich, es zu glauben. Ich weiß, daß ich mich in ein paar Tagen wieder anders fühlen werde, und es ist verrückt, mich dadurch herunterziehen zu lassen. Mein wahres Problem ist physisch, nicht emotional, und es wird bald besser werden!«

Was kann ich als Mann tun, um meiner Frau in den Phasen der prämenstrualen Spannung zu helfen?

Als Mann, der nie eine Periode hatte, ist es schwierig, die Gefühle zu verstehen, die während der prämenstrualen Phase eine solche Reizbarkeit bei seiner Frau auslösen. Ich erinnere mich an ein Ereignis, das mir von meinem verstorbenen Freund Dr. David Hernandez erzählt wurde. Diese wahre Geschichte handelt von lateinamerikanischen Männern, deren Frauen die Pille von einer pharmazeutischen Firma erhalten hatten. Da die US-Regierung solche hormonellen Versuche nicht erlaubt hätte, suchte sich die Firma ein kleines Fischerdorf in Südamerika aus, das der Mitwirkung zustimmte. Allen Frauen des Dorfes wurde zur gleichen Zeit die Pille gegeben, und nach drei Wochen wurde die Dosis ausgesetzt, um die Menstruation zuzulassen. Das bedeutete natürlich, daß jede erwachsene Frau des Dorfes zur selben Zeit prämenstruale Spannungen erlebte. Die Männer konnten das nicht ertragen. Jeden Monat machten sie sich auf den Weg zu ihren Booten und blieben so lange auf See, bis die Krise zu Hause vorbeigezogen war.

Fischen zu gehen ist natürlich nicht die Antwort auf monatliche physiologische Beschwerden. Es ist extrem wichtig für einen Mann, zu lernen, an der Menstruationsphase seiner Frau teilzuhaben und die emotionalen Veränderungen zu erkennen, die häufig diese Phase begleiten. Von besonderer Bedeutung ist es, in dieser Zeit das Bedürfnis der Frau nach Zuneigung und Zärtlichkeit zu erkennen. Der Mann sollte Gespräche über finanzielle Probleme oder andere bedrohliche Dinge vermeiden, bis der innere Sturm vorübergezogen ist, und versuchen, die Atmosphäre zu Hause so ruhig wie möglich zu halten.

Weil Streß ein äußerst einflußreicher Faktor bei der prämenstrualen Spannung ist, ist alles, was Sie tun können, um den umfeldbedingten Druck zu vermindern, eine Hilfe für Ihre Frau, sich besser zu fühlen. Wenn Sie merken, daß Ihre Frau prämenstruale Spannung empfindet, sollten Sie sich bemühen, das Maß ihrer Verpflichtungen zu reduzieren. Auswärts essen gehen kann eine Hilfe sein. Tun Sie, was Sie nur können, um die Kinder von ihr fernzuhalten, besonders die lärmenden Jüngeren. Nehmen Sie die Kinder einen Nachmittag in den Park mit, lesen Sie ihnen etwas vor oder beschäftigen Sie sie mit einem ruhigen Spiel, womit sie ihrer Mutter Freiheit geben, sich so gut es geht zu entspannen.

Denken Sie daran, daß der Sexualtrieb Ihrer Frau in dieser Woche auf einem Tiefpunkt ist — aber fahren Sie fort, voll Zuneigung, beruhigend und liebend zu ihr zu sein. Denken Sie daran, daß Frauen sich oft »häßlich« fühlen, wenn sie die prämenstruale Spannung durchlaufen, lassen Sie sie daher wissen, daß Sie sie attraktiv wie immer finden.

Warum sind manche Frauen anfälliger als andere, im Zusammenhang mit ihrem Monatszyklus unangenehme Symptome zu haben?

Dr. Guy Abraham betont sechs Faktoren, die eine Frau besonders anfällig für prämenstruale Spannungen machen können:

1. Ehe. Verheiratete Frauen sind anfälliger als alleinstehende Frauen. Tatsächlich sind prämenstruale Spannungen als ein Hauptgrund für Scheidungen identifiziert worden.
2. Geburt. Je mehr Schwangerschaften eine Frau gehabt hat, desto wahrscheinlicher wird sie die störenden Symptome erleben, die mit den Tagen vor der Menstruation in Verbindung stehen.
3. Alter. Das prämenstruale Syndrom scheint während der Jahre, in der die Frau Kinder zur Welt bringt, immer stärker zu werden, bis in die späten 30er.
4. Streß. Zeitdruck und psychologische Anspannung tragen bedeutend zu dem Problem bei.
5. Ernährung. Falsche Ernährung ist ebenfalls ein negativer Einfluß, insbesondere der übermäßige Genuß von Zucker und Salz.

6. Sport. Frauen, die unter prämenstrualen Spannungen leiden, sind normalerweise diejenigen, die sich nicht mit regelmäßigen Freiluftübungen wie Laufen, Radfahren, Schwimmen, Tennis oder ähnlichen Aktivitäten beschäftigen.

Sie erwähnten die Rolle der Ernährung bei der prämenstrualen Spannung. Kann es mir wirklich helfen, mich vernünftig zu ernähren? Und wenn es so ist, woraus sollte meine Ernährung bestehen?

Eins der unangenehmsten Symptome der prämenstrualen Spannung ist das träge Gefühl, das eine Frau durch überschüssige Flüssigkeit im Körper bekommt. Hier kann eine salzarme Diät helfen, durch die das Zurückhalten von Flüssigkeit vermieden wird. Hilfreich ist auch die Einschränkung von Kohlenhydraten, besonders Zucker, und eine Nahrung, die reich an Proteinen ist. Das setzt eine starke Disziplin voraus, weil der Drang nach Süßigkeiten in dieser Zeit oft ungewöhnlich stark ist — besonders nach Schokolade. Wichtig ist in dieser Zeit die Aufnahme von Vitamin C und allen B-Vitaminen.

Ist die prämenstruale Spannung in den emotionalen Auswirkungen den Wechseljahren vergleichbar?

In dem Sinne, daß während beider Phasen die Östrogenanteile vermindert werden, ja. Da zum Beispiel die Selbstachtung der Frau etwas mit den Östrogenen zu tun hat, ist sowohl vor der Menstruation als auch während der Wechseljahre eine verminderte Selbstachtung erkennbar. Es wird auch vermutet, daß Frauen, die während ihrer Periode schwere emotionale Schwankungen erleben, auch während der Wechseljahre mit größerer Wahrscheinlichkeit Schwierigkeiten haben werden.

Wenn meine Frau Ihre prämenstruale Spannung erlebt, wird sie nicht nur gereizt und ungeduldig, sondern sie scheint sogar noch zorniger zu werden, wenn ich ihr zu sagen versuche, daß alles wieder gut wird und es nicht so schlimm ist, wie es scheint. Wie erklären Sie sich das?

Sie erleben das gleiche, was ich in meiner frühen Beratertätigkeit lernen mußte. Ich erinnere mich besonders an eine Patientin, die mich alle 28 Tage ohne Ausnahme anzurufen oder zu besuchen pflegte. Sie war immer unglaublich deprimiert und erregt, aber sie schien nie zu bemerken, daß ihre Verzweiflung mit ihrem hormonellen Kalender zusammenhing. Ich erklärte, daß es ihr nicht wirklich so schlecht ginge und die Dinge in ein paar Tagen schon viel besser aussehen würden. Zu meiner Überraschung verursachten meine Versuche, sie zu beruhigen, jedoch nur noch größere Frustration und veranlaßten sie, mir beweisen zu wollen, wie furchtbar die Dinge tatsächlich waren. Nachdem ich eine Weile über ihre Lage nachgedacht hatte, erkannte ich, daß sie nicht zu mir gekommen war, um Antworten zu erhalten, sondern um sicherzustellen, daß wenigstens *ein* menschliches Wesen auf Erden verstand, was sie durchzumachen hatte.

Wenn nun diese Frau zu mir kam, zeigte ich Mitleid und Verständnis und half ihr, ihre Frustrationen, die innerlich aufgestaut waren, auszudrücken. Sie weinte 40 oder 50 Minuten und sagte mir, daß es keine Hoffnung gäbe, dann putzte sie sich die Nase, atmete tief durch und sagte: »Danke für Ihre Hilfe. Ich fühle mich jetzt so viel besser, und ich weiß nicht, was ich ohne Ihre Hilfe heute gemacht hätte.« Alles, was ich getan hatte, war, sie wissen zu lassen, daß ich sie verstand. Das reichte aus.

Ich nehme an, daß Ihre Frau dieselbe Beruhigung braucht. Es gibt Zeiten, wo wir alle eine Dosis dieser Medizin gebrauchen könnten.

Teil 23

Die Wechseljahre

Unsere Kinder sind jetzt alle aus dem Haus, und mein Mann und ich haben die Möglichkeit, die Reisen zu unternehmen, die wir immer geplant hatten. Aber in letzter Zeit fühle ich mich zu müde, das Haus in Ordnung zu halten, und zu depressiv, um mich um irgendwelche besonderen Planungen zu kümmern. An manchen Tagen komme ich morgens kaum aus dem Bett. Ich würde am liebsten meinen Kopf nur unter das Kissen stecken und weinen — völlig ohne Grund. Warum fühle ich mich so furchtbar? Mein Mann versucht geduldig zu sein, aber heute morgen beklagte er sich: »Du hast alles, was eine Frau sich wünschen kann . . . was hast du nur, worüber du traurig sein könntest?« Glauben Sie, daß ich den Verstand verliere?

Ich denke, es ist ziemlich unwahrscheinlich, daß irgend etwas mit Ihrem Verstand nicht stimmt. Die Symptome, die Sie beschrieben haben, klingen eher danach, als würden Sie in die physiologische Phase eintreten, die sich Wechseljahre nennt. Ihr Unbehagen kann vom fehlenden hormonellen Gleichgewicht herrühren, das diesen Umbruch begleitet. Ich schlage vor, daß Sie einen Termin mit Ihrem Gynäkologen ausmachen.

Können Sie mir eine einfache Definition der Wechseljahre geben?

Es ist eine Phase der Umstellung im Leben einer Frau, in der ihre Fortpflanzungsfähigkeit zu Ende geht und ihr Körper viele chemische und psychologische Veränderungen durchläuft. Die Menstruation, die vielleicht seit dem elften oder zwölften Lebensjahr monatlich aufgetreten ist, endet jetzt allmählich, und hormonelle Umstellungen finden statt. Die

Eierstöcke produzieren zum Beispiel nur noch ein Achtel des Östrogens, das sie sonst produzierten.

Fühlen sich alle Frauen so schlecht wie ich, wenn die Wechseljahre kommen?

Es wird geschätzt, daß etwa 85 Prozent der Frauen die Wechseljahre durchlaufen, ohne größere Spannungen in ihrem täglichen Leben zu empfinden. Sie können zwar eine Zeitlang störende Symptome haben, aber sie sind gut in der Lage, mit ihren täglichen Aufgaben klarzukommen. Die restlichen 15 Prozent jedoch haben in dieser Phase ernste Schwierigkeiten. Manche sind durch die chemischen Veränderungen, die in ihnen stattfinden, völlig außer Gefecht gesetzt.

Was sind die wichtigsten Konsequenzen des fehlenden hormonellen Gleichgewichts während der Wechseljahre?

Ich werde sie auflisten, obwohl ich Sie darauf aufmerksam machen muß, daß andere physische und emotionale Probleme ebenfalls diese oder ähnliche Symptome erzeugen können. Darüber hinaus ist diese Liste nicht vollständig. Die Physiologie der Wechseljahre hat verschiedene Ausdrucksformen, die sich in ihrer Intensität unterscheiden.

Emotionale Symptome

1. Extreme Depression, die gegebenenfalls monatelang ohne Besserung anhält.
2. Extrem geringe Selbstachtung, die Gefühle von völliger Wertlosigkeit und Desinteresse am Leben mit sich bringt.
3. Extrem niedrige Frustrationstoleranz, die starke Gefühlsausbrüche ermöglicht.
4. Unangemessene emotionale Reaktionen wie zum Beispiel Depressionen während relativ glücklicher Zeiten.
5. Niedrige Toleranz gegenüber Lärm. Selbst das Radio oder die normalen Geräusche von Kindern können als extrem störend empfunden werden. Weit verbreitet ist auch ein dauerndes Klingeln im Ohr.
6. Übergroßes Verlangen nach Liebesbeweisen.
7. Schlafstörungen.

8. Unfähigkeit, sich zu konzentrieren, und Schwierigkeiten mit dem Erinnerungsvermögen.

Physische Symptome

1. Störungen im Magen-Darm-Bereich, die sich auf die Verdauung und den Appetit auswirken.
2. Hitzewellen, die für einige Sekunden in verschiedenen Teilen des Körpers auftreten.
3. Schwindelgefühl.
4. Verstopfung.
5. Zittern.
6. Hände und Füße kribbeln und »schlafen ein«.
7. Trockenheit der Haut und Verlust der Elastizität.
8. Trockenheit der Schleimhäute, besonders in der Vagina, was den Geschlechtsverkehr schmerzhaft oder unmöglich machen kann.
9. Stark verminderter Sexualtrieb.
10. Schmerzen in verschiedenen Gelenken des Körpers, die von Ort zu Ort wandern.
11. Beschleunigter oder rasender Herzschlag.
12. Kopfschmerzen.
13. Dunkle Ringe um die Augen.
14. Gewichtsverlust.

Frauen, die mit den meisten dieser Symptome in die Praxis ihres Arztes kommen, sagen bisweilen: »Oh! Mein Kopf platzt, und meine Ohren klingeln so komisch, und meine Brüste schmerzen und, oh, mein Magen bringt mich um, und ich habe Schmerzen in meinem unteren Rücken, und mein Gesäß tut weh, und meine Knie zittern.« Ein Arzt erzählte mir kürzlich, daß seine Assistentin versuchte, die Krankengeschichte einer solchen Frau zu ergründen, die jede mögliche Störung auf sich zu vereinigen schien. Vor lauter Verzweiflung fragte die Krankenschwester sie schließlich, ob ihre Zähne juckten, nur um zu sehen, was die Patientin antworten würde. Die Frau runzelte einen Moment lang die Stirn, ließ dann ihre Zunge über die Vorderzähne gleiten und sagte: »Jetzt, wo Sie mich darauf aufmerksam machen, sicher, sie jucken!« Eine

Frau in den Wechseljahren wie diese denkt sehr wahrscheinlich, daß ausnahmslos alles falsch läuft.

Als ich jung war, sagte mir meine Mutter, die Wechseljahre treten bei einer Frau etwa mit 45 auf. Ich habe einige der Symptome, die Sie beschrieben haben, bin aber erst 37. Ich bin sicherlich zu jung, um schon in den Wechseljahren zu sein, oder?

Das Alter, in dem die Wechseljahre einsetzen, variiert von Frau zu Frau sehr stark. Sie können in jedem Erwachsenenalter auftreten: bereits in den 20ern oder auch erst in den 50ern. Wie Ihre Mutter andeutete, bilden die frühen 40er einen Mittelwert.

Ich befinde mich momentan in den Wechseljahren. Die Dinge, die Sie über die Gründe für meinen unangenehmen Zustand gesagt haben, sind sehr hilfreich, und ich verstehe mich jetzt wirklich besser. Aber was ich wissen will, ist dies: Wird dies jemals aufhören? Werde ich mich eines Tages wieder wie ich selber fühlen?

Diese Erfahrung ist kein Dauerzustand, sondern Teil einer Reise, die manche Frauen machen müssen. Es kann mehrere Jahre anhalten, aber es wird vergehen. Ebenso wie bei Männern nach der Midlife-Crisis kann auch bei Frauen die Phase nach den Wechseljahren heller, fröhlicher, stabiler und gesünder sein als jede andere Phase des Lebens.

Gibt es »männliche Wechseljahre«, die vergleichbar mit den Erfahrungen der Frau sind?

Das ist eine Frage mit starken kulturellen Untertönen, die die Wahrheit verschleiert haben. Einige Frauen befürchten anscheinend, daß die weiblichen Wechseljahre als eine Entschuldigung dafür gebraucht werden könnten, Frauen im mittleren Alter leitende Positionen vorzuenthalten. Daher betonen sie die Existenz von vergleichbaren »männlichen Wechseljahren«. Tatsächlich erleben Männer ein Klimakterium, das den Wechseljahren ähnlich erscheint, es ist aber im Ursprung und in den Auswirkungen grundsätzlich von dem, was

Frauen erleben, zu unterscheiden. Bei Männern sind die Veränderungen weniger hormonell als vielmehr psychologisch bedingt. Es ist für einen Mann schwierig, der Tatsache ins Auge zu sehen, daß er nie die beruflichen Ziele erreichen wird, die er sich gesetzt hat ... daß seine Jugendlichkeit rapide abnimmt ... daß seine früheren Träume von Ruhm und Macht nie wahr werden. Einige Männer, die weniger erreicht haben, als sie erhofft hatten, sind durch die Erkenntnis zerstört, daß das Leben ihnen durch die Finger rinnt. Dies sind die »männlichen Wechseljahre«. Einige reagieren darauf, indem sie eine Affäre mit einem jungen Mädchen suchen, um ihre bleibende Männlichkeit zu beweisen; andere greifen zum Alkohol; wieder andere erleben dramatische Phasen der Depression. Dieselben Gedanken können auch eine Frau bestimmen, aber sie erfährt einen zusätzlichen Hormontumult, der ihre Sicherheit von innen untergräbt. Deshalb ist die weibliche Variante der Wechseljahre sehr viel schwerer zu ertragen, vor allem, wenn sie unbehandelt bleibt.

Männliche und weibliche Eigenheiten

In welchen Eigenschaften sehen Sie die hauptsächlichen Unterschiede zwischen Männern und Frauen?

Die medizinische Wissenschaft hat noch längst nicht alle Nuancen der geschlechtsspezifischen Eigenarten entdeckt. Diese Verflechtungen sind extrem subtil. Als zum Beispiel Forscher unbemerkt Schüler und Studenten beobachteten, um das Verhalten der Geschlechter zu erforschen, stellten sie fest, daß Männer und Frauen sogar ihre Bücher auf verschiedene Weise trugen. Die jungen Männer neigten dazu, die Bücher an der Seite unter den Arm geklemmt zu tragen. Frauen und Mädchen dagegen drückten ihre Bücher normalerweise vor ihre Brust, ähnlich wie sie ein Baby halten würden.

Zugegeben, einige der beobachteten Unterschiede zwischen den Geschlechtern sind kulturell bedingt. Ich weiß nicht, wie man unterscheiden will, welche Eigenschaften ausschließlich genetisch bedingt sind, und welche Eigenschaften angelernte Reaktionen darstellen. Sicher ist nur, daß die Unterschiede bestehen, und die momentane kulturelle Revolution wird nicht viel daran ändern können.

Auch auf die Gefahr hin, als Sexist oder Chauvinist bezeichnet zu werden, lassen Sie mich einige der emotionalen Verhaltensmuster, die für Frauen im Gegensatz zu Männern typisch sind, darstellen. Die Gebärfähigkeit von Frauen führt dazu, daß sie eine größere Wertschätzung von Eigenschaften wie Stabilität, Sicherheit und bleibenden menschlichen Beziehungen haben. Damit ist auch verbunden, daß sich die Frau in der Regel stärker in ihr Heim investiert als der Mann. Sie kümmert sich typischerweise mehr als er um die kleinen Details des Haushalts.

Außerdem unterscheiden sich die Geschlechter in ihrem Konkurrenztrieb. Jeder, der diese Tatsache bezweifelt, sollte beobachten, wie Männer und Frauen sich bei Spielen wie Tischtennis, Monopoly, Domino, Volleyball oder Tennis verhalten. Frauen benutzen solche Aktivitäten oft als Gelegenheit zur Entspannung und Unterhaltung. Für Männer ist das Schlüsselwort »Eroberung«. Selbst wenn der Schauplatz eine freundliche gesellige Zusammenkunft im Garten des Gastgebers ist, enthüllen die Schweißperlen auf der Stirn jedes Mannes seinen Ehrgeiz zu gewinnen. Dieser aggressive Wettbewerb ist den kulturellen Einflüssen zugeschrieben worden. Ich bezweifle das. Dr. Richard Restek schreibt in seinem Buch *The Brain! The Last Frontier*: »Bei einer Geburtstagsparty von Fünfjährigen sind es normalerweise nicht die Mädchen, die an den Haaren ziehen, Schläge verteilen und sich gegenseitig Essen ins Gesicht schmieren.« Darüber hinaus bestimmt ein mütterlicher Trieb die meisten Frauen, obwohl seine Kraft unterschiedlich stark ausgeprägt sein kann. Die Sehnsucht, Kinder zu kriegen, ist auch bei denen deutlich, die selber unfruchtbar sind. Ich erhalte ständig Briefe von Frauen, die verzweifelt sind, weil sie keine Kinder kriegen. Obwohl die Kultur bei diesem Vorgang eine entscheidende Rolle spielt, glaube ich, daß diese Sehnsucht letztlich in der weiblichen Anatomie und Physiologie wurzelt.

Die von mir genannten Punkte sind bloße Beispiele und beabsichtigen nicht, eine wissenschaftliche Abgrenzung der Unterschiede zwischen Mann und Frau darzustellen. Die Beispiele, die ich genannt habe, kratzen lediglich die Oberfläche, und Sie sind eingeladen, Ihre eigenen Beobachtungen hinzuzufügen und Ihre eigenen Schlüsse daraus zu ziehen.

Sie haben in Ihren Büchern gesagt, daß Männer und Frauen auf unterschiedliche Art Selbstachtung entwikkeln. Würden Sie diesen Unterschied erklären?

Männer und Frauen haben dasselbe Bedürfnis nach Selbstwert, aber sie nähern sich diesem Ziel von unterschiedlichen Ausgangspunkten, besonders wenn die Frau eine Vollzeit-Hausfrau ist. Ein Mann leitet sein Selbstwertgefühl primär von seiner Reputation ab, die er sich in seinem Beruf verdient. Er zieht seine emotionale Befriedigung aus Geschäftserfolgen, der finanziellen Unabhängigkeit, der Entwicklung einer bestimmten Fähigkeit, der »Chef«-Rolle, oder aus der Tatsache, von seinen Patienten, Klienten oder Geschäftspartnern geliebt und geachtet zu werden. Ein Mann, der auf diesen Gebieten erfolgreich ist, ist nicht von seiner Frau als primärem Schutzschild gegen Gefühle der Minderwertigkeit abhängig. Natürlich spielt sie als Begleiterin und Geliebte eine wichtige Rolle, aber sie ist für sein Selbstwertgefühl nicht so entscheidend.

Eine Hausfrau dagegen sieht ihre Ehe aus einer völlig anderen Perspektive. Sie hat keinen Zugriff auf andere Quellen der Selbstachtung, die für ihren Mann gewöhnlich zugänglich sind. Sie kann ein gutes Essen zubereiten, aber wenn es einmal gegessen worden ist, kann es sein, daß die Familie nicht einmal daran denkt, ihr dafür zu danken. Die Erledigung ihrer Haushaltspflichten bringt ihr keine gesellschaftliche Achtung. Je isolierter sie ist, desto wichtiger wird die Funktion, die ihr Mann im Blick auf ihre Selbstachtung einnimmt. Lassen Sie mich das Ganze auf eine vereinfachte Formel reduzieren: Männer ziehen ihre Selbstachtung aus dem Respekt anderer, Frauen erfahren Wertschätzung, wenn sie geliebt werden. Dies scheint mir einer der wichtigsten Persönlichkeitsunterschiede zwischen den Geschlechtern zu sein.

Ist das Bedürfnis nach Sexualität bei Männern und Frauen gleich?

Männer und Frauen unterscheiden sich erheblich in ihrem sexuellen Verlangen. Neuere Untersuchungen deuten darauf hin, daß die Intensität der Erregung zum Zeitpunkt des Orgasmus bei Frauen und der Ejakulation bei Männern in etwa gleich ist, obwohl der Weg zu diesem Höhepunkt unterschiedlich ist. Die meisten Männer können schneller als Frauen erregt werden. Sie erreichen wahrscheinlich einen Höhepunkt, bevor ihre Partnerin überhaupt aufgehört hat, an das Abendessen zu denken, und an das, was die Kinder morgen früh anziehen sollen. Ein Mann sollte so weise sein, diese weibliche Trägheit zu erkennen, und sich auf die Geschwindigkeit seiner Frau einstellen.

Die Medaille hat jedoch zwei Seiten. Frauen sollten genauso verstehen, wie sich die Bedürfnisse der Männer von ihren eigenen unterscheiden. Wenn Männer längere Zeit sexuell abstinent sind, erfahren diese einen zunehmenden Druck, der Befreiung verlangt. So kann ein Mann in diesem Zustand allein dadurch erotisiert werden, daß er in der Nähe einer Frau ist, die ansonsten von geringem Interesse für ihn wäre. Eine Frau findet es wahrscheinlich schwierig, diesen Aspekt des sexuellen Appetits des Mannes zu verstehen, weil ihre Bedürfnisse weniger dringend und zwingend sind. Daher sollte sie erkennen, daß sein Verlangen von biochemischen Kräften in seinem Körper bestimmt wird, und wenn sie ihn liebt, wird sie versuchen, diese Bedürfnisse so regelmäßig und kreativ wie möglich zu befriedigen. Ich leugne nicht, daß auch Frauen starke sexuelle Bedürfnisse haben, die Befriedigung suchen; ich versuche nur zu erklären, daß Abstinenz für Männer normalerweise viel schwieriger zu ertragen ist.

Könnten Sie genauer auf die Unterschiede im sexuellen Verlangen von Mann und Frau eingehen? Weil ich im nächsten Juli heirate, wüßte ich gerne, wie sich die Bedürfnisse meines Ehemannes von meinen unterscheiden werden.

Sie sind klug, diese Frage zu stellen, weil das Unverständnis für männliche und weibliche Eigenheiten häufig zu einer Quelle ehelicher Frustration wird.

Erstens werden Männer primär durch *visuelle* Stimulation angeregt. Sie werden durch weibliche Nacktheit angesprochen. Frauen sind dagegen viel weniger visuell orientiert als Männer. Sie sind zwar an attraktiven männlichen Körpern interessiert, aber der physiologische Mechanismus des Sex wird nicht durch das, was sie sehen, ausgelöst; Frauen werden primär durch Berührungen stimuliert. Hier begegnen wir der ersten Quelle der Uneinigkeit im Schlafzimmer: Er will, daß sie unbekleidet in einem beleuchteten Raum erscheint, und sie will, daß er in der Dunkelheit zärtlich zu ihr ist.

Zweitens, und das ist wesentlich wichtiger: Männern kommt es nicht so sehr auf die Person an, die einen attraktiven Körper hat. Ein Mann kann die Straße entlanggehen und von einer unzureichend bekleideten Dame stimuliert werden, die an ihm vorübergeht, obwohl er nichts über die Persönlichkeit oder ihre geistigen Fähigkeiten weiß. Er wird ausschließlich von ihrem Körper angezogen. Genauso kann er durch ein Foto eines unbekannten Nacktmodells in ähnlicher Weise erregt werden wie durch die direkte Begegnung mit einer Frau, die er liebt. Daher steckt einige Wahrheit in den Beschwerden von Frauen, daß sie von Männern als »Sexualobjekte« benutzt werden.

Dies erklärt, weshalb weibliche Prostituierte männliche zahlenmäßig weit übertreffen und wieso nur wenige Frauen versuchen, Männer zu »vergewaltigen«. Es spiegelt die Tatsache wider, daß die männliche Selbstachtung mehr durch das Verlangen motiviert ist, eine Frau zu erobern, als durch das Verlangen, ein Objekt ihrer romantischen Liebe zu werden. Das sind keine sehr schmeichelhaften Eigenschaften der männlichen Sexualität, aber sie sind in der einschlägigen Literatur gut dokumentiert.

Frauen hingegen werden weniger durch den Anblick eines gutaussehenden Charmeurs oder durch das Foto eines behaarten Modells erregt; ihr Verlangen richtet sich normalerweise eher auf ein bestimmtes Individuum, das sie respektieren oder bewundern. Eine Frau wird durch die romantische Aura, die den Mann umgibt, stimuliert, oder durch seinen Charakter und seine Persönlichkeit. Sie beugt sich dem Mann, der sie sowohl emotional als auch physisch anspricht. Offensichtlich gibt es Ausnahmen zu dieser Regel, aber Tatsache ist: Sex ist für Männer ein eher physisches Phänomen; für Frauen ist es dagegen eine tief emotionale Erfahrung.

Sie haben über physische Unterschiede zwischen den Geschlechtern im Blick auf die Sexualität gesprochen. Können Sie andere körperliche Charakteristiken nennen, in denen sich Männer und Frauen unterscheiden?

Dr. Paul Popenoe, der verstorbene Gründer des American Institute for Familiy Relations in Los Angeles, schrieb einen kurzen Artikel über das Thema, das Sie angesprochen haben.

Männliche und weibliche Eigenheiten

Ich werde ihn die Frage, ob Frauen wirklich anders sind, beantworten lassen.

1. Männer und Frauen unterscheiden sich mit jeder Körperzelle voneinander. Dieser Unterschied in der Chromosomenkombination ist der Hauptgrund für die Entwicklung von männlichen und weiblichen Eigenschaften.
2. Die Frau hat eine größere konstitutionelle Vitalität, vielleicht aufgrund dieses Chromosomenunterschiedes. Normalerweise überlebt eine amerikanische Frau einen Mann um drei oder vier Jahre.
3. Die Geschlechter unterscheiden sich in ihrem Stoffwechsel — der von Frauen liegt normalerweise niedriger als der von Männern.
4. Sie unterscheiden sich im Knochenaufbau: Frauen haben einen kürzeren Kopf, ein breiteres Gesicht, ein weniger vorstehendes Kinn, kürzere Beine und einen längeren Leib. Der erste Finger der Hand einer Frau ist normalerweise länger als der dritte; bei Männern ist das Gegenteil der Fall. Die Zähne von Jungen bleiben länger als die von Mädchen.
5. Die Frau hat einen größeren Magen, größere Nieren, eine größere Leber und einen größeren Blinddarm, und kleinere Lungen.
6. Die Frau besitzt einige wichtige Funktionen, die dem Mann fehlen — Menstruation, Schwangerschaft, Stillen. Alle diese beeinflussen das Verhalten und die Gefühle. Sie hat mehr verschiedene Hormone als der Mann. Dieselbe Drüse verhält sich bei den beiden Geschlechtern unterschiedlich — die Schilddrüse der Frau ist größer und aktiver; sie vergrößert sich während der Schwangerschaft, aber auch während der Menstruation; sie macht sie stärker anfällig für einen Kropf, bietet Schutz bei Erkältungen, sorgt für die glatte Haut, den relativ haarlosen Körper und die dünnen Lagen von subkutanem Fett. Sie trägt auch zur emotionalen Instabilität bei — eine Frau lacht und weint dadurch schneller.
7. Das Blut der Frau enthält mehr Wasser (20 Prozent weniger rote Blutkörperchen). Weil diese dem Körper Sauerstoff zuführen, wird die Frau schneller müde und ist anfälliger für

eine Ohnmacht. Als der Arbeitstag in britischen Fabriken während des Krieges von zehn auf zwölf Stunden verlängert wurde, nahm die Zahl der Unfälle bei Frauen um 150 Prozent zu, während sie bei den Männern nicht anstieg.

8. An körperlicher Stärke sind die Männer den Frauen um 50 Prozent überlegen.
9. Das Herz einer Frau schlägt schneller (80 gegenüber 72 bei Männern); der Blutdruck (zehn Punkte niedriger als beim Mann) verändert sich von Minute zu Minute, aber sie neigt deutlich weniger zu Bluthochdruck — zumindest bis nach den Wechseljahren.
10. Ihre Lungenkraft ist im Verhältnis 7:10 geringer.
11. Sie erträgt hohe Temperaturen besser als der Mann.

Der Mann — seine Rolle und seine Probleme

Sie betonen, daß in der Familie der Mann die Führungsrolle einnehmen soll. Welche Antwort geben Sie Frauen, die diese Sicht als chauvinistisch und archaisch bezeichnen würden?

Es ist wichtig zu verstehen, was ich mit männlicher Führungsrolle meine. Ich versuche nicht, Männer zu verteidigen, die ihre Kinder unterdrücken oder die Bedürfnisse und Wünsche ihrer Frau mißachten. Diese Art des Patriarchats ist tot und möge in Frieden ruhen. Ich glaube jedoch, daß die Bibel (die der Maßstab ist, an dem ich alles messe) deutlich macht, daß Männer dazu verpflichtet sind, innerhalb der Familie eine Führungsrolle einzunehmen. In Epheser 5,22-28 heißt es:

»Ihr Frauen, ordnet euch euren Männern unter wie dem Herrn. Denn der Mann ist das Haupt der Frau, wie auch Christus das Haupt der Gemeinde ist, die er als seinen Leib erlöst hat. Aber wie nun die Gemeinde sich Christus unterordnet, so sollen sich auch die Frauen ihren Männern unterordnen in allen Dingen. Ihr Männer, liebt eure Frauen, wie auch Christus die Gemeinde geliebt hat und hat sich selbst für sie dahingegeben, um sie zu heiligen. Er hat sie gereinigt durch das Wasserbad im Wort, damit er sie vor sich stelle als eine Gemeinde, die herrlich sei und keinen Flecken oder Runzel oder etwas dergleichen habe, sondern die heilig und untadelig sei. So sollen auch die Männer ihre Frauen lieben wie ihren eigenen Leib. Wer seine Frau liebt, der liebt sich selbst.«

Diese Schriftstelle macht mir — ebenso wie etliche andere — deutlich, daß ein christlicher Mann verpflichtet ist, seine Familie nach seinen besten Fähigkeiten zu leiten. Gott erwartet offensichtlich von einem Mann, daß dieser die letzte Entscheidungsgewalt in der Familie hat. Damit trägt der Mann eine schwere Verantwortung für die Konsequenzen seiner Entscheidungen. Wenn seine Familie zu viele Dinge auf Kredit gekauft hat, dann ist der finanzielle Zusammenbruch letztlich sein Fehler. Wenn die Familie nicht die Bibel liest oder sonntags nicht in den Gottesdienst geht, macht Gott den Mann dafür verantwortlich. Wenn die Kinder respektlos und ungehorsam sind, liegt die primäre Verantwortung bei dem Vater, nicht bei seiner Frau. (Ich kann mich nicht erinnern, daß Elis Frau kritisiert wurde, weil sie zwei böse Söhne großgezogen hat; es war ihr Ehemann, der den Zorn Gottes zu spüren bekam. Siehe 1. Samuel 3,13.)

Können Sie genauer auf die Beziehung zwischen den Geschlechtern eingehen?

Zwei Punkte sind mir an dieser Stelle besonders wichtig. Erstens: Da das Ego des Mannes äußerst zerbrechlich ist und er ein starkes Bedürfnis hat, respektiert zu werden, da auf der anderen Seite die Frau äußerst verletzlich ist und das starke Bedürfnis hat, geliebt zu werden, halte ich es für einen Fehler, mit der traditionellen Stellung des Mannes als liebender Beschützer und der Frau als Empfängerin dieses Schutzes zu brechen.

Zweitens: Weil zwei Kapitäne das Schiff sinken lassen und viele Köche den Brei verderben, glaube ich, daß die Familie einen Führer haben muß, dessen Entscheidungen in Zeiten kontroverser Meinungen maßgebend sind. So wie ich die Bibel verstehe, ist diese Rolle dem Mann übertragen worden. Er sollte dabei die Interessen seiner Familie über seine eigenen stellen, auch dann, wenn es seinen Tod fordert. Nirgendwo in der Bibel wird er autorisiert, ein Diktator oder Sklavenhalter zu sein.

In einzelnen Fällen haben Familien andere Formen einer Teamarbeit zwischen Mann und Frau erfolgreich ausprobiert, aber in den meisten Fällen habe ich bei anderen Konzepten enorme Komplikationen auftreten sehen, vor allem dort, wo der Mann passiv, schwach und bar aller Führungsqualitäten war.

Der Mann — seine Rolle und seine Probleme

Es ist in letzter Zeit viel über den »Macho«-Mann geschrieben und gesagt worden, der unfähig ist, seine wahren Gefühle und Emotionen zu zeigen. Glauben Sie auch, daß amerikanische Männer zu starke Zügel um ihre Emotionen gelegt haben und es lernen sollten, diese zu lockern?

Vielleicht. Es ist wichtig für Männer, willens und fähig zu sein, zu weinen und zu lieben und zu hoffen. Mein Vater, in meinen Augen ein Prototyp von Männlichkeit, war ein sehr feinfühliger Mann, der sich nicht schämte zu weinen. Auf der anderen Seite liegen Gefahren darin, wenn wir unseren Gefühlen gestatten, über den Verstand zu regieren. Das Gefühl darf nicht das rationale Urteilsvermögen regieren, besonders nicht in Krisensituationen. Sowohl Männer als auch Frauen müssen lernen, »echte« Menschen zu sein, ohne sich der Tyrannei der schwankenden Gefühlen zu beugen.

Was, glauben Sie, ist die Priorität Nummer eins für einen Vater?

Ich glaube, seine wichtigste Verpflichtung ist, seinen Kindern die Bedeutung des christlichen Glaubens zu vermitteln. Natürlich möchte ich, daß so viele Menschen wie möglich Christen werden; dennoch besteht meine primäre Verantwortung darin, meine eigenen Kinder zu evangelisieren. Ich hoffe, daß Millionen von Vätern die Prioritäten ebenso setzen.

Ich stimme Ihrer Überzeugung zu, daß der Vater der geistliche Führer in der Familie sein sollte, aber so ist es bei uns zu Hause einfach nicht. Wenn die Kinder sonntags in die Kirche gehen, dann nur deshalb, weil ich sie wecke und dafür sorge, daß sie sich fertig machen. Wenn wir irgendwelche Familienandachten haben, dann geschieht dies nur, weil ich darauf bestehe, und ich bin diejenige, die abends mit den Kindern betet. Wenn ich diese Dinge nicht täte, würden unsere Kinder überhaupt keine geistliche Erziehung erhalten. Dennoch sagen mir Bekannte, daß ich darauf warten soll, daß mein Ehemann die geistige Führungsrolle in der Familie übernimmt. Was raten Sie mir in meiner Situation?

Dies ist eine extrem wichtige Frage. Wie Sie andeuteten, vertreten einige christliche Leiter die Auffassung, Frauen sollten passiv darauf warten, daß ihre Männer die geistliche Verantwortung übernehmen. Bis diese Leiterrolle angenommen ist — so wird den Ehefrauen geraten —, sollten sie Gott alleine Druck auf den Mann ausüben lassen, damit dieser eines Tages die von Gott vorgesehene Rolle annimmt. Ich widerspreche dieser Ansicht mit Vehemenz, wenn es sich um eine Familie mit kleinen Kindern handelt. Wenn sich das Problem nur auf das geistliche Wohlergehen von Mann und Frau beschränken würde, könnte eine Frau es sich leisten, eine Zeitlang zu warten.

Die Anwesenheit von Kindern aber ändert die Situation dramatisch. Jeder Tag, der ohne geistliche Erziehung vergeht, ist ein verlorener Tag. Daher glaube ich, daß Sie die geistliche Führung in der Familie übernehmen müssen, solange Ihr Mann diese Rolle nicht akzeptiert. Sie haben keine Zeit zu verlieren. Sie sollten damit fortfahren, die Familie zum Gottesdienst mitzunehmen. Sie sollten mit den Kindern beten und sie lehren, die Bibel zu lesen. Darüber hinaus müssen Sie Ihre persönliche Beziehung zu Gott aufrechterhalten. Ich glaube, daß das geistliche Leben von Kindern (und Erwachsenen) einfach zu wichtig ist, als daß eine Frau es sich leisten könnte, diesen Aspekt zwei oder sechs Jahre aufzuschieben, in der Hoffnung, daß ihr Ehemann am Ende doch noch aufwacht. Jesus hat deutlich gesagt, daß Mitglieder unserer eigenen Familie die größten Barrieren für den Glauben errichten können, aber daß wir ihnen das nicht erlauben dürfen. Er sagt:

»Ihr sollt nicht meinen, daß ich gekommen bin, Frieden zu bringen auf die Erde. Ich bin nicht gekommen, Frieden zu bringen, sondern das Schwert. Denn ich bin gekommen, den Menschen zu entzweien mit seinem Vater und die Tochter mit ihrer Mutter und die Schwiegertochter mit ihrer Schwiegermutter. Und des Menschen Feinde werden seine eigenen Hausgenossen sein. Wer Vater oder Mutter mehr liebt als mich, der ist meiner nicht wert; und wer Sohn oder Tochter mehr liebt als mich, der ist meiner nicht wert« (Mt. 10,34-37).

Diesen Konflikt erlebte meine eigene Familie. Mein Großvater, R. L. Dobson, war ein moralischer Mann, der keine Notwendigkeit für den christlichen Glauben sah. Sein geistliches Desinteresse setzte meine Großmutter, Juanita Dobson, unter starken Druck, weil sie eine fromme Christin war, die fühlte, daß sie Gott an erste Stelle setzten mußte. Daher nahm sie die Verantwortung auf sich, ihren sechs Kindern Jesus Christus nahezubringen. Es gab Zeiten, in denen mein Großvater starken Druck auf sie ausübte — nicht, damit sie ihren Glauben aufgab, sondern damit sie ihn aus dem Spiel ließ!

Er sagte: »Ich bin ein guter Vater, der seine Familie gut versorgt, ich bezahle meine Rechnungen, und ich bin ehrlich im Umgang mit meinem Nächsten. Das reicht.«

Seine Frau antwortete: »Du bist ein guter Mann, aber das ist nicht genug. Du solltest dein Herz Gott geben.« Aber das konnte er nicht verstehen.

Meine Großmutter unternahm keinen Versuch, ihrem Mann den Glauben aufzuzwingen, noch behandelte sie ihn respektlos. Aber sie hörte nicht auf, für den Mann, den sie liebte, zu beten und zu fasten. Mehr als 40 Jahre lang brachte sie auf den Knien dieselbe Bitte vor Gott.

Dann erlitt mein Großvater mit 69 Jahren einen Herzanfall, und zum ersten Mal in seinem Leben war er ernsthaft krank. Eines Tages kam seine jüngste Tochter in sein Zimmer, um es zu reinigen und aufzuräumen. Als sie an sein Bett trat, sah sie Tränen in seinen Augen. Niemand hatte ihn jemals vorher weinen gesehen.

»Papa, was ist los?« fragte sie.

Er antwortete: »Schatz, geh bitte zur Treppe und rufe deine Mutter.«

Meine Großmutter eilte an die Seite meines Großvaters und hörte ihn sagen: »Ich weiß, daß ich sterben muß, und ich fürchte mich nicht vor dem Tod, aber er ist so dunkel. Es gibt keinen Ausweg. Ich habe ein gutes Leben gelebt — aber die eine Sache, die wirklich zählt, verpaßt. Wirst du für mich beten?« »Natürlich werde ich beten«, rief meine Großmutter aus. Sie hatte ihr ganzes Erwachsenenleben lang auf diese Bitte gehofft. Sie fiel auf die Knie, und es war so, als wenn die

Fürbitten von 40 Jahren sich nun in diesem einen Gebet bündelten. R. L. Dobson gab an diesem Tag auf wunderbare Weise sein Herz Gott.

Während der nächsten zwei Wochen bat er, einige Leute aus der Gemeinde zu sehen, die er angegriffen hatte, und er bat sie um Vergebung. Er kam mit seinen persönlichen Dingen ins reine und starb dann mit einem Bekenntnis auf den Lippen. Bevor er in ein Koma fiel, aus dem er nie wieder erwachte, sagte mein Großvater: »Jetzt gibt es einen Weg durch die Dunkelheit.« Die unbeirrbaren Gebete meiner Großmutter waren erhört worden.

Um auf die Frage zurückzukommen: Ich würde Frauen davor warnen, gegenüber ihren Ehemännern selbstgerecht und kritiksüchtig zu werden. Laßt alles im Geist der Liebe geschehen. Es mag allerdings einige einsame Jahre geben, in denen die Bürde der geistlichen Führung der Kinder von der Frau allein getragen werden muß. Wenn das der Fall ist, hat der Herr versprochen, mit ihnen durch diese Jahre zu gehen.

Väter sind traditionell relativ wenig in die Erziehung von Vorschulkindern eingebunden gewesen. Wie beurteilen Sie das?

Es ist extrem wichtig, daß sich Väter bei der Erziehung möglichst stark beteiligen. Kinder brauchen ihre Väter und sprechen auf ihre männliche Art an, aber auch die Ehefrauen benötigen die Unterstützung ihrer Ehemänner. Das trifft insbesondere auf Hausfrauen zu, die den ganzen Tag über zu kämpfen haben und abends kampfmüde sind. Ehemänner werden natürlich auch müde, aber sie können sich lange genug zusammenreißen, um zu helfen, die kleinen Tiger ins Bett zu bekommen; nichts könnte mehr zur Stabilität Ihrer Familie beitragen.

Unsere beiden Kinder gehorchen meinem Mann aufs Wort und reagieren sogar auf ein leichtes Stirnrunzeln, wenn wir uns in Gesellschaft befinden. Aber ich muß schreien und drohen, damit sie auf mich hören. Warum, glauben Sie, ist das so?

Dieser Unterschied in den Reaktionen kann auf einen der beiden folgenden Faktoren zurückgehen: (1) Der Vater wird seine Befehle eher durch Aktionen unterstützen, wenn die Kinder nicht gehorchen, und sie wissen das; (2) Die Mutter verbringt mehr Zeit mit den Kindern, und ein Sprichwort sagt: »Vertrautheit schafft Verachtung« — das heißt, ihre Autorität verschleißt langsam unter dem dauernden Druck.

Es ist noch ein anderes Phänomen im Spiel, das ich gerne ausführlicher betrachten möchte. Ich beziehe mich auf die Tatsache, daß Kinder auf natürliche Weise bei ihrem Vater nach Autorität suchen. Als unser Sohn Ryan vier Jahre alt war, hörte er ein Gespräch über meine Kindheit mit an.

»Papa, warst du jemals ein kleiner Junge?« fragte er.

»Ja, Ryan, ich war kleiner als du«, antwortete ich.

»Warst du jemals ein Baby?« wollte er ungläubig wissen.

»Ja. Jeder Mensch ist bei der Geburt ein winziges Baby.«

Ryan guckte erstaunt. Er konnte sich seinen 1,89 Meter großen und 95 Kilo schweren Vater einfach nicht als Neugeborenen vorstellen. Er dachte einen Augenblick nach und fragte dann: »Warst du ein Papa-Baby?«

Es war Ryan nicht möglich, sich mich ohne die Aura der Autorität vorzustellen, selbst als ich ein winziges Neugeborenes war. Seine neunjährige Schwester reagierte ähnlich, als ihr das erste Mal Filme von mir gezeigt wurden, in denen ich erst vier Jahre alt war. Dort auf der Leinwand war ein milchgesichtiger, unschuldiger Bursche auf einem Pferd zu sehen. Danae mußte versichert werden, daß ich es war, worauf sie ausrief: »Dieses Kind schlägt mich?«

Danae und Ryan enthüllten in ihren Reaktionen ihre Sicht von mir . . . nicht als ein Mann, dem Autorität gegeben worden war . . . sondern als ein Mann, der in ihren Augen die Autorität personifizierte. Jungen und Mädchen sehen in dieser Weise ihre Väter, deren Größe und Kraft und tiefe Stimme für sie untrennbar mit der Führungsrolle verbunden ist. Das ist auch der Grund, warum — trotz zahlloser Ausnahmen — männliche Lehrer in den Klassen eher Disziplin durchsetzen können als weiche Damen mit femininen Stimmen.

Daher ist es auch für die Mütter wichtig, daß sich die Männer an der Erziehung beteiligen. Damit will ich nicht sagen, daß sich der Mann um jeden Akt des Ungehorsams kümmern muß, aber er sollte als Gerüst dienen, auf das die elterliche Autorität aufgebaut wird. Darüber hinaus muß den Kindern klar sein, daß der Vater mit den Einstellungen der Mutter übereinstimmt und sie in Situationen des Aufstands verteidigen wird. Das ist es, was in 1. Timotheus 3,4 mit einem Vater gemeint ist, der »seinem eigenen Haus gut vorsteht und gehorsame Kinder hat in aller Ehrbarkeit«.

Was ist die »Midlife Crisis«, die viele Männer erleben?

Es ist eine Zeit intensiver persönlicher Auswertung des Lebens, in der einem Mann erschreckende und verunsichernde Gedanken durch den Kopf gehen. Es ist eine Phase des Selbstzweifels und der Skepsis gegenüber allem Vertrauten und Unverrückbaren. Die »Midlife Crisis« führt zu erschreckenden Gedanken, die der Mann nicht einmal gegenüber den Menschen, die ihm am nächsten stehen, enthüllen würde. Diese Ängste erzeugen häufig eine unangenehme Distanz zwischen den Liebenden, und das genau zu einer Zeit, wo Unterstützung und Verständnis dringend gebraucht würden.

Wann tritt die »Midlife Crisis« normalerweise auf, und wie verbreitet ist sie unter Männern?

Diese Zeit des Selbstzweifels tritt normalerweise während des dritten und vierten Lebensjahrzehnts auf, kann aber auch während des fünften zum Ausbruch kommen. Im Blick auf die Häufigkeit dieser Krise berichtet Lee Stockford von den Ergebnissen dreier Untersuchungen an mehr als 2100 Personen und schloß daraus, daß 80 Prozent der Männer zwischen 34 und 42 Jahren ein Midlife-Trauma unterschiedlicher Art erleben. Diese Schätzung stimmt mit meinen eigenen Beobachtungen überein, besonders unter hochmotivierten Geschäfts- und Fachleuten.

Was erlebt ein Mann während einer richtigen »Midlife Crisis«?

Teil 25

Der Mann — seine Rolle und seine Probleme

Es gibt hauptsächlich vier »Feinde«, die einen Mann plagen, der in diese Periode eintritt. Der erste ist sein eigener Körper. Er wird älter. Sein Haar fällt aus, trotz der verzweifelten Versuche, jede übriggebliebene Locke zu pflegen und zu schützen. Dann stellt er fest, daß er nicht mehr die Lebenskraft besitzt, die er einmal hatte. Ein Mann, der auf die 40 zugeht, ist gezwungen, einzusehen: (1) er wird älter; (2) die Veränderungen, die durch das Altern entstehen, sind weder anziehend noch angenehm; (3) in einer Welt, die menschlichen Wert mit Jugend und Schönheit gleichsetzt, wird er unter einem persönlichen Wertverlust leiden; und (4) das hohe Alter ist weniger als zwei Jahrzehnte entfernt und bringt schließlich Krankheit und Tod. Wenn ein Mann sich das erste Mal selbst mit diesen Punkten auseinandersetzt, bleibt das ganz gewiß nicht ohne Auswirkung auf seine Emotionen.

Der zweite Feind, der einem Mann in seinen mittleren Jahren begegnet, ist seine Arbeit. Er lehnt sie in dieser Phase häufig ab und fühlt sich in dem Gebiet, das er gewählt hat, gefangen. Viele Arbeiter wünschen sich, sie hätten die Möglichkeit gehabt, Medizin oder Jura oder Dentistik zu studieren. Selten merken sie, daß Ärzte, Anwälte und Kieferorthopäden gleichzeitig wünschten, sie hätten weniger fordernde Berufe gewählt . . . Berufe, die am Abend oder am Wochenende vergessen werden können . . . Berufe, die nicht dauernde Bedrohungen durch Fahrlässigkeitsklagen mit sich brächten . . . Berufe, die Zeit für Erholung und Hobbys ließen.

Diese berufliche Unruhe, die in allen sozioökonomischen Schichten anzutreffen ist, erreicht ihren Höhepunkt in den mittleren Jahren, wenn sich Männer durch das neue Bewußtsein der Kürze ihres Lebens weigern, auch nur einen einzigen verbleibenden Tag zu verschwenden. Aber auf der anderen Seite haben sie kaum eine Wahl. Die finanziellen Bedürfnisse ihrer Familie verlangen von ihnen, daß sie weitermachen . . . damit die Kinder auf die Universität gehen können . . . damit das Haus abbezahlt werden kann . . . damit das Leben weitergehen kann. Daher sind ihre Gefühle in einem immer enger werdenden Schraubstock gefangen.

Der dritte Feind, so erleben es Männer in dieser Phase, ist

die eigene Familie. Diese stürmischen Jahre des Selbstzweifels und der Innenschau können für die Ehe verheerend sein. Solch ein Mann wird oft zornig und rebellisch gegenüber denen, die ihm am nächsten stehen. Er ärgert sich über die Tatsache, daß seine Frau und seine Kinder ihn brauchen. Ganz gleich, wie hart er arbeitet, sie verlangen immer mehr Geld, als er verdienen kann, und das macht ihn noch zorniger. In Zeiten, in denen er in einer selbstsüchtigen Stimmung ist und seine eigenen Bedürfnisse befriedigen will, scheint es, daß jedes Mitglied der Familie etwas von ihm will. Selbst seine Eltern unterstehen jetzt seiner finanziellen und emotionalen Verantwortung. Er wird von dem Verlangen ergriffen, davonzulaufen.

Der vierte und letzte Feind des Mannes in der »Midlife Crisis« scheint Gott selbst zu sein. Durch eine seltsame Manipulation der Logik macht der Mann den Schöpfer für alle Probleme verantwortlich und stellt sich ihm in Zorn und Rebellion entgegen. Im Gegenzug fühlt er sich von Gott verdammt, verlassen und ungeliebt. Die Folge ist ein geschwächter Glaube und eine zusammenbrechende geistliche Basis. Das erklärt mehr als jeder andere Faktor die radikalen Verhaltensänderungen, die oft die Kämpfe des mittleren Lebensabschnittes begleiten.

Lassen Sie mich diesen letzten Punkt am stärksten betonen. Beobachtungen, die von Freunden und Verwandten eines Mannes in der »Midlife Crisis« gemacht werden, reflektieren häufig diesen plötzlichen Persönlichkeits- und Verhaltenswandel.

»Ich verstehe nicht, was mit John geschehen ist«, wird seine Frau sagen. »Er scheint sich über Nacht von einem standhaften, liebenden Ehemann und Vater zu einem verantwortungslosen Lumpen verwandelt zu haben. Er hat aufgehört, in den Gottesdienst zu gehen. Er begann, offen mit Frauen zu flirten. Er verlor das Interesse an unseren Söhnen. Selbst seine Kleidung wurde immer extravaganter. Er begann, seine Haare nach vorne zu kämmen, um seine kahlen Stellen zu verdecken, und er kaufte ein neues Sportauto, das wir uns nicht leisten konnten. Ich kann mir einfach nicht vorstellen, was auf einmal über meinen verläßlichen Mann gekommen ist.«

Dieser Mann hat offensichtlich die beschriebenen Veränderungen erlebt, aber sein Hauptproblem ist geistlicher Natur. Als sich seine geistliche Basis auflöste, wurde auch seine Verpflichtung zu biblischen Anschauungen geschwächt. Monogamie, Treue, Verantwortung, Leben nach dem Tod, Selbstaufopferung, christliches Zeugnis, Ehrlichkeit und viele andere Aspekte seines früheren Glaubens wurden auf einmal wertlos und zweifelhaft. Das Resultat ist eine rapide und katastrophale Veränderung des Lebensstils, die seine Freunde und seine Familie in einen Zustand der Verwirrung und des Schocks führen. Dieses Verhaltensmuster ist bei Tausenden von Männern in den letzten Jahren aufgetreten.

Ich bin 29 Jahre alt und will, wenn es irgendwie möglich ist, eine »Midlife Crisis« vermeiden. Wie kann ich es verhindern?

Es ist meine feste Überzeugung, daß die »Midlife Crisis« aus einem Lebenskonzept resultiert, das die Bibel als »das Haus auf Sand bauen« bezeichnet. Es ist durchaus möglich, daß ein Nachfolger Jesu Christi, der seine Vergebung angenommen hat, sich dennoch von den Werten und Anschauungen der ihn umgebenden Kultur bestimmen läßt. Auf diese Weise kann ein junger christlicher Ehemann und Vater ein »Workaholic« werden (oder ein Geldscheffler, ein Karrierist, ein Anbeter der Jugend, ein Liebhaber des Vergnügens). Diese Neigungen reflektieren vielleicht nicht seine bewußten Entscheidungen und Wünsche; sie repräsentieren bloß den Stempel der gottlosen Werte, die die Gesellschaft seinem Leben aufgedrückt hat.

Trotz seiner unchristlichen Einstellungen kann der Mann in seinen ersten 15 Jahren als Erwachsener nach außen so wirken, als habe er alles im Griff, besonders wenn er in seiner frühen Berufslaufbahn erfolgreich ist. Aber er befindet sich in großer Gefahr. Wann immer wir unser Leben auf Werte und Anschauungen aufbauen, die der Weisheit von Gottes Wort widersprechen, bauen wir das Fundament auf Sand. Früher oder später werden die Stürme kommen, und das ganze Haus, das wir in mühevoller Arbeit errichtet haben, wird mit einem gewaltigen Lärm zusammenstürzen.

Ich erlebe, daß diejenigen, deren Werte die zeitlichen Anschauungen der Welt widerspiegeln, auch härter von der »Midlife Crisis« getroffen werden. Ein Mann hat zum Beispiel keinen Grund, den Verlust seiner Jugend zu beweinen, wenn er glaubt, daß sein Leben nur eine Vorbereitung auf ein besseres Leben ist, das noch kommen wird. Und Gott wird nicht zum Feind eines Mannes, der in täglicher Gemeinschaft und Liebe den Umgang mit Gott gepflegt hat. Und die Beziehung zwischen einem Mann und seiner Frau ist während der mittleren Jahre weniger gespannt, wenn sie ihre Freundschaft seit ihrer Heirat geschützt und aufrechterhalten haben. Kurz gesagt: Die »Midlife Crisis« steht für einen Tag der Erkenntnis eines Lebens voller falscher Werte, wertloser Ziele und gottloser Anschauungen.

Vielleicht erklärt das meine Beobachtung, daß die meisten Männer, die die Schmerzen einer »Midlife Crisis« erleben, Langzeit-»Workaholics« sind. Sie haben ihre mächtigen Schlösser auf den sandigen Grund des Materialismus gebaut. Sie sind abhängig von Geld, Status, Aufstieg und Erfolg, um ihre Bedürfnisse zu befriedigen. Sie behielten keine Zeit für die Frau, die Kinder, Freunde und für Gott zurück. 14-Stunden-Tage wurden von Wochenenden im Büro, abgesagtem Urlaub und Nachtschichten gefolgt. Nach 20 Jahren ihrer gestörten Existenz haben sie plötzlich Grund, den Wert von allem in Frage zu stellen. »Ist das wirklich das, was ich aus meinem Leben machen will?« fragen sie. Sie erkennen zu spät, daß sie rasend die Leiter des Erfolges erklommen haben, nur um festzustellen, daß diese an der falschen Wand lehnte.

Sie beschreiben mit diesen Worten buchstäblich mein eigenes Leben. Werde ich immer deprimiert sein und mich schlecht fühlen?

Nein. Die »Midlife Crisis« hat einen vorhersehbaren Anfang und ein Ende. Ein Vergleich mit der Jugend ist dabei hilfreich: Beide Phasen sind relativ kurze, altersbedingte Abschnitte, die starke Befürchtungen, Selbstzweifel, Innenschau und Aufregung verursachen. Glücklicherweise jedoch stellen weder die Jugend noch die »Midlife Crisis« bleibende Zustände dar. Eher kann man sie mit Türen vergleichen, durch die alle hindurch müssen und aus denen wir alle wieder herauskommen.

Ich möchte vorschlagen, daß wir eine Pause einlegen, die Kürze unserer Jahre hier auf Erden bedenken und vielleicht neue Motivation finden, die Werte zu bewahren, die Bestand haben. Wieso sollten wir uns in ein frühes Grab hineinarbeiten und dabei die Momente mit von uns geliebten Menschen versäumen, die sich nach unserer Zuneigung und Aufmerksamkeit sehnen? Das ist eine Frage, die sich jeder Mann und jede Frau stellen sollte.

Ich möchte ein letztes Wort der Ermutigung für die aussprechen, die ihr Lebenstempo reduzieren müssen: Sind Sie erst einmal dem ständigen Druck entkommen, werden Sie sich fragen, was Sie eigentlich all die Jahre so bedrängt hat.

Teil 26

Sexualität bei Erwachsenen

Warum sind einige Männer und Frauen weniger an Sex interessiert als andere?

Die Einstellung von Erwachsenen zur Sexualität ist zum größten Teil während der Kindheit oder Jugend konditioniert worden. Es überrascht zu sehen, wie viele ansonsten aufgeschlossene Menschen immer noch Sex in der Ehe als etwas Schmutziges, Animalisches oder Verwerfliches ansehen. Einer Person, der während ihrer prägenden Jahre eine negative Einstellung zur Sexualität anerzogen wurde, mag es unmöglich sein, diese sorgfältig aufgebauten Hemmungen in der Hochzeitsnacht zu lösen. Die Heiratszeremonie reicht einfach nicht aus, um die Einstellung von »Du sollst nicht . . .« in »Du sollst — regelmäßig und mit großer Leidenschaft . . .« umzuwandeln.

Aber ich sollte einen weiteren Faktor betonen: Nicht alle Unterschiede in der Intensität des Sexualtriebes können auf Fehler in der Kindheitsentwicklung zurückgeführt werden. Menschen unterscheiden sich praktisch in jeder Eigenschaft voneinander. Unsere Füße sind verschieden groß; unsere Zähne sind unterschiedlich geformt; einige Leute essen mehr als andere; einige sind größer als andere ihres Alters. Wir sind ungleiche Kreaturen. Ebenso unterscheiden wir uns in unserem sexuellen Appetit. Unsere intellektuellen »Computer« sind durch den Prozeß der genetischen Veranlagung deutlich unterschiedlich programmiert. Manche von uns »hungern und dürsten« nach der Sexualität, während es für andere lediglich ein Thema unter vielen anderen ist.

Deshalb müssen wir lernen, diese Unterschiede im Blick auf die Sexualität zu akzeptieren. Das bedeutet nicht, daß wir nicht versuchen sollten, die Qualität unseres Sexuallebens zu verbessern, aber es bedeutet, daß wir aufhören sollten zu versuchen, krampfhaft das Unmögliche zu erreichen. Solange Mann und Frau miteinander zufrieden sind, ist es egal, was das Kosmopolitan-Magazin ihnen im Blick auf ihre sexuellen Unzulänglichkeiten sagt. Sex ist ein statistisches Untier geworden. »Das durchschnittliche Paar hat dreimal wöchentlich Geschlechtsverkehr! Oh nein! Was stimmt mit uns nicht? Haben wir zu wenig Sex?« Ein Ehemann sorgt sich, ob seine Genitalien von »durchschnittlicher« Größe sind, während seine Frau über ihre ungenügende Büste nachdenkt. So werden wir von der neuen »sexuellen Freiheit«, die uns befallen hat, tyrannisiert. Ich mache daher folgenden Vorschlag: Lassen Sie uns Sex nicht überbewerten; sicher ist er wichtig, aber er sollte uns dienen und nicht wir ihm!

Meine Frau hat sehr wenig sexuelles Verlangen, obwohl wir uns lieben und uns viel Zeit füreinander nehmen. Sie sagt, daß dieser fehlende Sexualtrieb sie sehr deprimiert, und sie befindet sich jetzt in einer Therapie, die ihr helfen soll, damit umzugehen. Ich möchte besser verstehen, was sie eigentlich fühlt. Können Sie mir helfen?

Sie wird sich der erotischen Explosion, die unsere ganze Gesellschaft prägt, deutlich bewußt sein. Während ihre Großmutter ihre Hemmungen unter dem Schutz des verbalen Tabus hatte verstecken können, wird eine Frau wie Ihre heute fast stündlich an ihre Unzulänglichkeit erinnert. Radio, Fernsehen, Bücher, Zeitschriften und Filme lassen sie denken, daß die gesamte Menschheit sich Nacht für Nacht in Orgien sexueller Ekstase stürzt. Diese Betonung der Genitalgymnastik schafft einen enormen emotionalen Druck.

Sexuelles Versagen — diese eisigen Schlafzimmererlebnisse, die beide Partner unbefriedigt und frustriert lassen — entwickelt eine Eigendynamik. Jede enttäuschende Erfahrung wird wahrscheinlich die Fähigkeit beeinträchtigen, sich zu entspannen und das nächste Mal zu genießen, was einen doppelten Druck auf die folgenden Male ausübt. Es ist leicht einzusehen, wie die Kettenreaktion der Ängste jede Lust, die vielleicht am Anfang noch existierte, vernichten kann.

Eine Frau, die kein Vergnügen am Geschlechtsverkehr empfindet, fühlt sich als Ehefrau normalerweise als Versagerin; sie fürchtet, daß sie vielleicht nicht fähig ist, ihren Ehemann zu halten. Ihre Selbstachtung erleidet großen Schaden. Diese Einsicht sollte Ihnen deutlich machen, was Sie als Ehemann tun können, um ihr ihre Ängste zu nehmen und ihre Zuversicht wieder aufzubauen.

Sie sagten, daß das fehlende Verständnis für die sexuellen Eigenheiten von Mann und Frau einen Dauerzustand von ehelicher Frustration erzeugen können. Können Sie das näher ausführen?

Solange eine Frau nicht eine gewisse Nähe zu ihrem Mann spürt, solange sie nicht glaubt, daß er sie als Person respektiert, kann sie unfähig sein, die sexuelle Begegnung mit ihm zu genießen. Im Gegensatz dazu kann ein Mann schlecht gelaunt von der Arbeit kommen, den Abend schuftend hinter seinem Schreibtisch oder in der Garage verbringen, sich in aller Ruhe die 23-Uhr-Nachrichten anschauen, um schließlich für eine kurze nächtliche Tollerei ins Bett zu hüpfen. Die Tatsache, daß er und seine Frau den ganzen Abend keine zärtlichen Momente hatten, hemmt sein sexuelles Verlangen nicht wesentlich. Er sieht sie auf dem Weg zum Bett in ihrem enganliegenden Nachthemd, und das reicht. Aber seine Frau wird nicht so leicht erregt. Sie wartete den ganzen Abend auf ihn, und als er nach Hause kam und sie kaum grüßte, empfand sie Enttäuschung und Ablehnung. Seine fortwährende Kühle und Beschäftigung mit sich selbst schob einen Riegel vor ihre Sehnsüchte.

Lassen Sie mich einen Schritt weitergehen: Wenn eine Frau eine Liebesnacht ohne romantische Nähe erlebt, fühlt sie sich wie eine Prostituierte. Anstatt an dem gegenseitigen aufregenden Austausch zwischen Liebenden teilzuhaben, kommt sie sich benutzt vor. Ihr Ehemann hat ihren Körper ausgenutzt, um sich selbst zu befriedigen. Daher mag sie sich entweder weigern, sich seiner Bitte zu unterwerfen, oder sie wird sich voller Ablehnung und Zorn beugen. Die Unfähigkeit, diese Frustration auszudrücken, ist meiner Erfahrung nach eine fortwährende Quelle der Unzufriedenheit bei Frauen.

Wenn ich die Möglichkeit hätte, jeder Familie in Amerika nur eine einzige Botschaft mitzuteilen, würde ich die Wichtigkeit romantischer Liebe für jeden Aspekt der weiblichen Existenz hervorheben. Sie sorgt für Selbstbewußtsein, Lebensfreude und sexuelle Ansprechbarkeit der Frau. Daher sollten die Männer, die langweilige, müde Ehen führen — und sich selbst aus dem Schlafzimmer ausgeschlossen fühlen —, wissen, wo das Problem möglicherweise herrührt. Wahre Liebe kann einen Eisberg schmelzen.

Ich merke, daß ich während intimer Momente leicht zu stören bin, vor allem durch die Angst, daß die Kinder es hören könnten. Das scheint meinem Mann gar keine Sorge zu bereiten. Bin ich albern, mir über solche Dinge Gedanken zu machen?

Ihr Problem ist weitverbreitet unter Frauen, die typischerweise leichter zu stören sind als Männer: Sie sind sich auch der Techniken des Liebesaktes und der Geräusche und Gerüche stärker bewußt als ihre Ehemänner. Frauen ist oft auch die Abgeschiedenheit wichtiger.

Ein weiterer Faktor, den Frauen als äußerst störend empfinden, ist die fehlende Sauberkeit ihrer Männer. Ein Tankwart oder ein Bauarbeiter kann vielleicht durch etwas sexuell erregt worden sein, was er während des Tages gesehen oder gelesen hat, was ihn dazu veranlaßt, sofort bei der Rückkehr nach Hause Geschlechtsverkehr mit seiner Frau haben zu wollen. Dieser Mann mag verschwitzt und schmutzig von der Arbeit sein, Körpergeruch haben und etwas Zahnpasta vertragen können. Nicht nur seine Fingernägel sind dreckig, sondern seine rauhen, schwieligen Hände reizen auch die zarte Haut seiner Frau. Eine Situation wie diese kann die Frau sexuell lähmen — worauf sich ihr Ehemann abgelehnt fühlt, was ihn zornig macht.

Spontanität hat im Ehebett ihren Platz, aber »plötzlicher Sex« endet für eine weniger leidenschaftliche Frau oft in »plötzlichem Versagen«. Generell glaube ich, daß Sex geplant, vorbereitet und mit Anteilnahme vollzogen werden sollte. Dem Mann, der mit seinem bisherigen Sexualleben unzufrieden ist, schlage ich vor, daß er ein örtliches Hotel anruft und für eine bestimmte Nacht ein Zimmer bucht, wobei er aber niemandem von seinen Plänen erzählt. Er kann vielleicht heimlich dafür sorgen, daß die Kinder bis zum nächsten Morgen beaufsichtigt werden, und dann seine Frau bitten, mit ihm zum Essen auszugehen. Nach einem guten Essen sollte er sie ohne Umschweife und ohne etwas zu verraten zum Hotel fahren. Die Überraschung sollte bis zum letzten Moment aufgehoben werden.

Ich will damit sagen, daß sexuelle Stimulierung etwas Kreativität erfordert, besonders in einer »müden« Beziehung. Zum Beispiel ist die weitverbreitete Ansicht, daß Männer durch Vererbung aktiv und Frauen angeboren passiv sind, Unsinn; die Freiheit, Leidenschaft spontan auszudrücken, ist wichtig für das Vergnügen. Wenn jemand Liebe in demselben alten Schlafzimmer, in derselben Stellung und immer umgeben von denselben vier Wänden betreibt, wird es nach vielen Jahren zu einer Routine, und routinierter Sex ist normalerweise langweiliger Sex.

Mein Mann und ich gehen abends nicht vor Mitternacht ins Bett, und ich bin dann zu müde, um wirklich für die Liebe bereit zu sein. Ist etwas mit mir falsch?

Ihre Situation ist nicht ungewöhnlich. Physische Erschöpfung ist ein wesentlicher Grund für die Unfähigkeit vieler Frauen, sexuell zu reagieren. Nachdem eine Mutter bereits einen 18-Stunden-Tag hinter sich hatte — vor allem, wenn sie ständig hinter einem oder zwei ehrgeizigen Kleinkindern herrennen mußte — und sie schließlich ins Bett fällt, stellt Sex für sie eher eine Pflicht als ein Vergnügen dar. Es ist der letzte Punkt auf der Liste der zu erledigenden Aufgaben für diesen Tag. Bedeutungsvolle sexuelle Beziehungen verbrauchen große Mengen an Körperenergie und sind ernsthaft gefährdet, wenn diese Reserven bereits verbraucht sind. Dennoch steht der Geschlechtsverkehr normalerweise als letztes Ereignis des Abends auf dem Plan.

Wenn Sexualität in einer Ehe wichtig ist — und wir wissen alle, daß sie es ist —, dann sollte Zeit für diese Begegnung aufgespart werden. Die Arbeiten des Tages sollten am frühen Abend beendet werden, damit die Eheleute die Möglichkeit haben, sich zu erholen, anstatt daß sie sich in endlosen Verpflichtungen und Verantwortungen aufbrauchen. Denken Sie daran: Was immer am Ende Ihrer Prioritätenliste steht, wird wahrscheinlich unzulänglich ausgeführt. Bei zu vielen Familien steht die Sexualität auf diesem letzten Platz.

Mein Mann und ich sprechen nie über Sexualität, und das frustriert mich. Ist das in Ehen ein weitverbreitetes Problem?

Das ist es, besonders bei denen, die sexuelle Schwierigkeiten haben. Dabei ist es in Ehen, in denen Sex ein Problem ist, sogar noch wichtiger, daß die Türen der Kommunikation offen bleiben. Wenn der Geschlechtsverkehr begeisterungslos verläuft und sich immer mehr Ängste anhäufen, neigt man dazu, jeden Bezug zu diesem Thema aus der täglichen Konversation zu streichen. Keiner der Partner weiß, was er gegen das Problem unternehmen kann, und man vereinbart stillschweigend, es zu ignorieren.

Eine Frau schrieb mir kürzlich, daß ihr Sexualleben mit ihrem Mann einem Stummfilm gliche. Nicht ein Wort wurde je gesagt. Wie unglaublich erscheint es, daß sich ein gehemmtes Paar über mehrere Jahre einige Male pro Woche lieben kann, ohne jemals ihre Gefühle oder Frustrationen über diesen wichtigen Aspekt ihres Lebens zu äußern. Es ist dasselbe, wie wenn man eine Colaflasche nimmt und sie schüttelt, bis der Inhalt kurz vor der Explosion steht. Jeder angsterregende Gedanke, der nicht geäußert werden kann, wird mit ziemlicher Sicherheit inneren Druck erzeugen. Je unaussprechlicher das Thema, desto größer der Druck. Und ängstliche Stille führt, wie ich es bereits beschrieben habe, zu einer Zerstörung des sexuellen Verlangens.

Wenn das Gespräch über sexuelle Fragen nicht möglich ist, bekommt der Geschlechtsakt leicht die Atmosphäre einer »Vorführung« — bei der jeder Partner glaubt, daß er vom anderen kritisch beurteilt wird. Um diese Kommunikationssperren zu beseitigen, sollte der Ehemann die Führung übernehmen und seiner Frau helfen, ihre Ängste und Hoffnungen in Worte zu fassen. Sie sollten über die Arten und Techniken sprechen, die sie stimulieren. Sie sollten ihren Problemen wie reife Erwachsene begegnen . . . ruhig und bestimmt. Es steckt etwas Magisches in einem solchen Gespräch: Spannungen und Ängste werden abgebaut, wenn sie verbale Ausdrucksmöglichkeiten finden. Den Männern kann ich nur sagen: Versuchen Sie es!

Würden Sie sagen, daß die meisten Eheprobleme durch sexuelle Schwierigkeiten entstehen?

Nein, vielmehr trifft das Gegenteil zu. Die meisten sexuellen Probleme entstehen durch eheliche Schwierigkeiten. Oder anders ausgedrückt: Eheliche Konflikte im Bett sind meist verursacht durch eheliche Konflikte außerhalb des Betts.

Meine Frau erlebt kaum einen Orgasmus, und trotzdem sagt sie, daß sie unsere sexuelle Beziehung genießt. Ist das möglich?

Viele Frauen können sexuelle Beziehungen haben und sich befriedigt fühlen, ohne einen ekstatischen Höhepunkt zu erreichen. (Andere Frauen erleben dagegen eine unglaubliche Frustration, wenn die Spannung nicht gelöst wird.) Wichtig ist, daß ein Mann von seiner Frau nicht verlangt, Orgasmen zu erleben, und er sollte schon gar nicht darauf bestehen, daß sie gemeinsam mit seinen auftreten. Wenn der Ehemann darauf besteht, daß die Orgasmen seiner Frau Teil seines Vergnügens sind, bleiben ihr nur drei Möglichkeiten: (1) Sie kann ihr Interesse am Sex ganz verlieren; (2) Sie kann es versuchen und versuchen und versuchen — und weinen; oder (3) sie kann einen Orgasmus »vortäuschen«. Wenn eine Frau einmal damit begonnen hat, im Bett zu bluffen, gibt es kein Zurück mehr. Für alle Zeiten muß sie ihren Mann glauben machen, daß sie auf einer verlängerten Vergnügungsreise ist, während in Wirklichkeit ihr Wagen noch in der Garage steht.

Ein wichtiger Schlüssel zu einem befriedigenden Sexualleben ist, es so zu nehmen, wie es kommt — und sich daran zu erfreuen. Jeder Versuch, sich an irgendwelche zweifelhaften Maßstäbe anzupassen, ist ein sicherer Weg zur Frustration.

Sie sagten in einer Ihrer Fernsehsendungen, daß die sexuelle Revolution bestimmte körperliche Probleme verstärkt habe. Was meinen Sie damit?

In der Sendung, die Sie ansprechen, diskutierte ich diese Beobachtung mit meinem Gast, dem verstorbenen Dr. David Hernandez, einem Geburtshelfer und Gynäkologen an der Universität von Südkalifornien. Er hatte eine deutliche Zunahme von Symptomen wie Verdauungsstörungen, Migräne, Bluthochdruck, Darmentzündungen und genereller Müdigkeit bemerkt. Dr. Hernandez ging davon aus — und ich stimme dem zu —, daß diese medizinischen Probleme besonders unter denjenigen Menschen vorherrschen, die sich krampfhaft bemühen, ihre sexuelle Mittelmäßigkeit zu überwinden. Der Streß und die Angst, die sie wegen ihrer angeblichen Unzulänglichkeiten empfinden, wirkt sich nachteilig auf ihre physische Gesundheit aus.

Dr. Hernandez sagte weiter, daß viele Männer und Frauen Geschlechtsverkehr aus Gründen betreiben, die Gott nie vorgesehen hat. Er listete einige dieser krankhaften Motive auf:

1. Sex wird oft als eine eheliche Pflicht angesehen.
2. Er wird als Gegenleistung oder Wiedergutmachung angeboten.
3. Er repräsentiert Eroberung oder Sieg.
4. Er dient als Ersatz für verbale Kommunikation.
5. Er wird zur Überwindung von Minderwertigkeitsgefühlen gebraucht (besonders von Männern, die den Beweis ihrer Männlichkeit suchen).
6. Er ist eine Verführung zu emotionaler Liebe (besonders von Frauen, die ihren Körper einsetzen, um männliche Aufmerksamkeit zu erregen).
7. Er ist eine Abwehr gegen Angst und Spannungen.
8. Er wird angeboten und zurückgehalten, um den Partner zu manipulieren.

9. Er wird eingesetzt, um damit später vor anderen prahlen zu können.

Diese »lieblosen« Gründe für die Teilnahme am Geschlechtsakt berauben ihn seiner wahren Bedeutung und reduzieren ihn auf ein leeres, frustrierendes Gesellschaftsspiel.

Sie haben gesagt, daß die sexuelle Revolution die Kraft hat, uns als Volk zu vernichten. Auf welchen Beweisen basiert Ihre These?

Die Menschheit hat zumindest während der letzten 50 Jahrhunderte intuitiv gewußt, daß wahllose sexuelle Aktivität sowohl für das Individuum als auch für die Gesellschaft eine ernste Bedrohung darstellt. Der Anthropologe J. D. Unwin führte eine ausführliche Studie über die 88 Zivilisationen durch, die in der Geschichte existiert haben. Jede Kultur durchlief einen ähnlichen Lebenszyklus: Es fing mit einer relativ strengen Sexualmoral an und endete mit dem Verlangen nach der völligen »Freiheit«, die individuelle Lust auszuleben. Unwin berichtet, daß jede Gesellschaft, die die sexuelle Freizügigkeit predigte, bald dem Untergang geweiht war. Es hat keine Ausnahmen gegeben.

Warum, glauben Sie, hängt das Sexualverhalten eines Volkes mit der Stärke und der Stabilität einer Nation zusammen? Ich kann da keine Verbindung erkennen.

Sexualität und das Überleben haben etwas miteinander zu tun, weil die Energie, die ein Volk zusammenhält, sexueller Natur ist! Die physische Anziehungskraft zwischen Männern und Frauen veranlaßt sie, eine Familie zu gründen. Dies ist die Kraft, die sie ermutigt, zu arbeiten und zu sparen und sich zu plagen, um das Überleben der Familie zu sichern. Die sexuelle Energie liefert die Triebkraft für das Aufziehen gesunder Kinder und die Vermittlung von Wertvorstellungen von einer Generation zur nächsten. Sie drängt einen Mann, zu arbeiten, wenn er lieber spielen würde. Sie veranlaßt eine Frau, zu sparen, wenn sie lieber Geld ausgeben würde. Kurz, der sexuelle Aspekt unserer Natur erzeugt — sofern er in der Familie ausgelebt wird — Stabilität und Verantwortungsbereitschaft.

Wenn eine Nation sich aus Millionen verantwortungsvoller Familieneinheiten zusammensetzt, ist die gesamte Gesellschaft stabil. Im Gegensatz dazu ist die unbegrenzte Freisetzung sexueller Energie außerhalb der Ehe eine potentielle Katastrophe. Dieselbe Kraft, die ein Volk zusammenhält, wird dann zum Auslöser seiner eigenen Zerstörung. Diese Gesetzmäßigkeit läßt sich mit der physischen Energie im Kern eines Atoms vergleichen. Innerhalb eines Atoms werden Elektronen, Neutronen und Protonen durch eine elektrische Kraft in einer feinen Balance gehalten. Wenn aber Atome gespalten werden (wie in einer Atombombe), wird die gleiche Energie, die die innere Stabilität erzeugt hat, mit einer unglaublichen Macht und Zerstörungskraft freigesetzt. Es besteht guter Grund zu der Annahme, daß dieser Vergleich zwischen dem Kern eines Atoms und der Kernfamilie mehr als nur zufällig ist.

Wer könnte leugnen, daß eine Gesellschaft ernsthaft geschwächt wird, wenn der sexuelle Drang zwischen Männern und Frauen Grund für Verdächtigungen und Intrigen unter Millionen von Familien wird ... wenn eine Frau nie weiß, was ihr Mann tut, wenn er von zu Hause fort ist ... wenn ein Ehemann seiner Frau nicht trauen kann ... wenn die Hälfte aller Bräute schwanger vor den Traualtar tritt ... wenn jeder Jungverheiratete mit einer Vielzahl von anderen Partnern geschlafen hat und das exklusive Ereignis des Geschlechtsverkehrs seine Bedeutung verliert ... wenn jeder nur an der Befriedigung seiner eigenen Interessen interessiert ist?

Unglücklicherweise ist das am meisten geschädigte Opfer einer unmoralischen Gesellschaft das empfindsame kleine Kind, das seine Eltern schreien und streiten hört; ihre Spannungen und Frustrationen dringen in seine Welt ein, und die Instabilität seines Zuhauses hinterläßt häßliche Narben in seinem jungen Geist. Dann sieht es seine Eltern sich im Zorn trennen, und es sagt »Lebewohl« zu dem Vater, den es braucht und liebt. Oder wir könnten von den Tausenden von Babys sprechen, die jedes Jahr von unverheirateten Teenagern zur Welt gebracht werden, von denen viele nie die Bedeutung eines warmen, sorgenden Heims erfahren werden. Oder wir könnten die überhandnehmende Geißel der Geschlechtskrankheiten erwähnen, die unter der amerikanischen Jugend ein epidemisches Ausmaß erreicht hat.

Das sind die wahren Ergebnisse der sexuellen Revolution, und ich bin es leid, sie romantisiert und glorifiziert zu sehen. Gott hat unverantwortliches Sexualverhalten eindeutig verboten, nicht, um uns den Spaß zu verderben, sondern um uns vor den katastrophalen Folgen dieser kranken Lebenseinstellung zu bewahren. Die Individuen und die Nationen, die beschließen, seine Gebote zu mißachten, werden einen hohen Preis für ihre Verrücktheiten bezahlen.

Wie stark ist bei Männern das Verlangen nach außerehelichen sexuellen Beziehungen verbreitet?

Dem Soziologen Dr. Robert Whitehurst wurde einmal die Frage gestellt: »Haben die meisten Männer zu irgendeinem Zeitpunkt einmal ein außereheliches Verlangen?« Seine Antwort, die in einem Journal veröffentlicht wurde, enthielt folgende Sätze: »Alle Männer denken vom ersten Tag der Heirat an an diese Möglichkeit . . . Obwohl sich diese Neigung zu außerehelichem Geschlechtsverkehr in den späteren Jahren verringert, verschwindet sie in der Regel nie ganz.«

Ich neige dazu, dieser Aussage zuzustimmen. Die Versuchung der Untreue hat eine unglaubliche Kraft, das menschliche Verhalten zu beeinflussen. Auch christliche Männer, die Gott und ihrer Ehe verpflichtet sind, müssen sich mit sexuellen Versuchungen auseinandersetzen. Der Apostel Petrus schrieb in unmißverständlichen Worten über Menschen, die diesen Versuchungen nachgeben: Sie »haben Augen voll Ehebruch, nimmer satt der Sünde, locken an sich leichtfertige Menschen, haben ein Herz getrieben von Habsucht — verfluchte Leute! Sie verlassen den richtigen Weg und gehen in die Irre und folgen dem Weg Bileams, des Sohnes Beors, der den Lohn der Ungerechtigkeit liebte« (1. Petr. 2,14-15). Wenn wir den heutigen Statistiken glauben können, ist Untreue in der westlichen Kultur extrem stark verbreitet. Was ist das primäre Motiv, das einen Ehemann oder eine Ehefrau veranlaßt, den Partner zu betrügen? Jede Situation ist natürlich anders, aber ich habe festgestellt, daß der stärkste Einfluß von Egobedürfnissen ausgeht. Sowohl Männer als auch Frauen scheinen gleichermaßen für die Versuchung empfänglich zu sein, von Angehörigen des anderen Geschlechts bewundert zu werden. So lassen sich Menschen in solche Affären verwickeln, weil sie beweisen wollen, daß sie immer noch attraktiv für Frauen (oder Männer) sind.

Spielt bei Männern und Frauen in gleicher Weise das Verlangen nach Sex eine Rolle, wenn sie untreu werden?

Es ist gefährlich, das zu verallgemeinern, weil die Menschen im Blick auf die Sexualität sehr unterschiedlich sind. Ich glaube aber, daß untreue Männer im Durchschnitt stärker an der Erregung durch den Geschlechtsverkehr interessiert sind, während Frauen mehr durch das emotionale Umfeld motiviert werden. Darum wird eine Frau oft durch solch eine Begegnung verletzt, weil ihr Freund sein Interesse an der Beziehung verliert, wenn es seiner Geliebten nicht mehr gelingt, ihn wie früher zu stimulieren. Jemand schrieb: »Männer lieben Frauen im Verhältnis ihrer Fremdartigkeit zu ihnen.« Obwohl das Wort »lieben« in diesem Zusammenhang unangemessen ist, steckt ein Körnchen Wahrheit in diesem Satz.

Sie haben die Möglichkeit, diejenigen zu beobachten, die sich auf außereheliche Affären eingelassen haben, um ihre Bedürfnisse zu befriedigen. Was geschieht mit ihnen nach dieser Affäre?

Ich habe festgestellt: Früher oder später ist das Vergnügen an einer unerlaubten Affäre zu Ende. Das Gras mag auf der anderen Seite des Zauns zwar grüner sein, aber es muß immer noch gemäht werden. Das anfangs so faszinierende romantische Gefühl kann nicht für immer bleiben. Tatsächlich wird der neue Liebhaber bald so gewöhnlich wie die vorherige Ehefrau oder der Ehemann. Seine oder ihre Schwächen werden deutlich, und das Paar hat seinen ersten Streit. Das beendet die Begeisterung. Und die sexuelle Beziehung verliert allmählich ihre faszinierende Qualität, weil sie nicht mehr neu ist. Nachdem also die Gefühle auf einer Mondfahrt waren, sind sie vorherbestimmt, auch wieder auf den Boden der Tatsachen zurückzukehren. Was aber tut dann unser »Liebespaar«, wenn es zum zweiten Mal feststellt, daß das ordentliche Leben unerträglich geworden ist? Ich kenne Männer und Frauen — und Sie wahrscheinlich auch —, die sich auf der Suche nach Sex- und Egobefriedigung von einer Beziehung in die nächste stürzen. Sie lassen ihre früheren Partner zurück, die sich abgelehnt, bitter und ungeliebt fühlen. Sie setzen Kinder in die Welt, die nach der Zuneigung eines Vaters oder einer Mutter dürsten . . . aber sie niemals finden. Alles, was auf dem Marsch ins hohe Alter übrigbleibt, ist eine Reihe zerbrochener Beziehungen, zerstörter Leben und feindseliger Kinder.

Die Bibel sieht den unausweichlichen Ausgang voraus: »Und wenn ihr auch eure Hände ausbreitet, verberge ich doch meine Augen vor euch; und wenn ihr auch viel betet, höre ich euch doch nicht; denn eure Hände sind voll Blut« (Jes. 1,15).

Haben Sie in Ihrer Beratungsarbeit festgestellt, daß auch bekennende Christen in die Falle ehelicher Untreue geraten?

Ich halte es für sehr naiv zu glauben, daß diejenigen, die sich Christen nennen, nicht von dem moralischen Verfall unserer Zeit beeinflußt werden. Abgesehen vom Hunger ist der sexuelle Appetit der stärkste aller menschlichen Triebe. Christen werden von denselben biochemischen Kräften in ihrem Körper beeinflußt wie Nichtchristen. Ich stelle fest, daß Satan dies manchmal — wenn andere Versuchungen nicht funktionieren — als ein Mittel gegen uns einsetzen kann, weil das sexuelle Verlangen sich mit unserem natürlichen Bedürfnis nach Liebe, Akzeptanz, Zuneigung und Zärtlichkeit verflechtet. In diese Falle sind schon unzählige Christen getreten.

Ich habe gehört, daß einige Frauen keine Freude am Sex haben, weil sie eine Art Muskelschwäche in der Becken-

region haben. Stimmt das, und was kann dagegen getan werden?

Der verstorbene Dr. Arnold Kegel, Professor für Geburtshilfe und Gynäkologie an der Universität von Südkalifornien, sammelte Indizien für die Annahme, daß die sexuelle Reaktion von Frauen gestört war, deren »musculus pubococcygeus« (auch PC-Muskel genannt) schlaff war. Er bot einfache Übungen an, um den Muskel zu stärken, und berichtete von bemerkenswerten Ergebnissen bei Frauen, die zuvor keine Orgasmen erleben konnten. Ausführlich werden solche Übungen in dem Buch »Wie schön ist es mit dir« von Tim und Beverly La Haye beschrieben.

Wie stehen Sie zum Thema Abtreibung?

Ich habe die Abtreibungsfrage von verschiedenen Punkten aus betrachtet und bin ein radikaler Gegner einer »Abtreibung auf Verlangen«. Es gab viele Überlegungen, die zu dieser Position führten.

Es ist interessant festzustellen, daß eine Frau, die einen Schwangerschaftsabbruch plant, normalerweise das Leben in ihr »Fötus« nennt. Wenn sie aber vorhat, das Kind zur Welt zu bringen, zu lieben und zu umsorgen, spricht sie zuneigungsvoll von »meinem Baby«. Der Grund für diese Unterscheidung ist offensichtlich: Wenn wir ein menschliches Wesen töten wollen, ohne Schuld dabei zu empfinden, müssen wir es von jeglichem Wert und jeglicher Würde befreien. Wir müssen ihm einen klinischen Namen geben, der seine Persönlichkeit verleugnet. Das ist in unserer Gesellschaft so erfolgreich geschehen, daß heute in den USA ein ungeborenes Kind während der ersten sechs Entwicklungsmonate geopfert werden kann, ohne daß jemand Schuldgefühle haben müßte. Es würde einen viel größeren öffentlichen Aufschrei geben, wenn wir kleine Hunde und Katzen töten würden, als es angesichts von einer Million Abtreibungen, die jedes Jahr in Amerika vorgenommen werden, geschieht. Der Psychiater Dr. Thomas Szass schreibt: »Abtreibungen sollten eines Tages so zugänglich sein wie — sagen wir einmal — Schönheitskorrekturen an der Nase.«

Ich stimme mit Francis Schaeffer überein, daß die sich verändernde gesetzliche Haltung gegenüber Abtreibungen katastrophale Auswirkungen auf das Verständnis des menschlichen Lebens überhaupt hat. Wenn aufgrund eines höchstrichterlichen Beschlusses die Rechte eines ungeborenen Kindes geopfert werden können, warum sollten dann nicht auch andere Menschen beseitigt werden? Die Unannehmlichkeiten bei der Betreuung von Schwerbehinderten könnte leicht zu derselben gesellschaftlichen Rechtfertigung führen, die uns ermutigt hat, die Ungeborenen zu töten (z. B. werden sie eine finanzielle Belastung sein, wenn ihnen erlaubt ist zu leben). Und wie wäre es, die ganz alten Mitbürger loszuwerden, die der Gesellschaft nichts einbringen? Und warum sollten wir deformierten Neugeborenen erlauben zu leben? Vielleicht glaubt der Leser, diese erschreckenden Möglichkeiten könnten niemals Wahrheit werden, aber dessen bin ich nicht so sicher. Wir leben in einer Gesellschaft, wo einige bereits deshalb ein ungeborenes Kind töten, weil es nicht das gewünschte Geschlecht hat!

Es gibt noch viele andere Aspekte der Abtreibungsfrage, die deutlich machen, daß es sich hier um eine schwere Sünde handelt, aber das wichtigste Argument kommt für mich aus der Bibel. Natürlich spricht die Bibel die Abtreibungsproblematik nicht direkt an. Ich war aber erstaunt, festzustellen, wie viele Verweise es sowohl im Alten als auch im Neuen Testament auf Gottes Bekanntschaft mit Kindern bereits vor der Geburt gibt. Bereits zu diesem Zeitpunkt sieht er sie als einzigartige Individuen und Persönlichkeiten.

Das dramatischste Beispiel findet sich im 139. Psalm. König David beschreibt seine eigene Beziehung zu Gott vor der Geburt: »Denn du hast meine Nieren bereitet und hast mich gebildet im Mutterleibe. Ich danke dir dafür, daß ich wunderbar gemacht bin; wunderbar sind deine Werke; das erkennt meine Seele. Es war dir mein Gebein nicht verborgen, als ich im Verborgenen gemacht wurde, als ich gebildet wurde unten in der Erde. Deine Augen sahen mich, als ich noch nicht bereitet war, und alle Tage waren in dein Buch geschrieben, die noch werden sollten und von denen keiner da war« (Psalm 139,13-16).

Diesen Abschnitt finde ich faszinierend, weil er zeigt, daß Gott nicht nur jeden Tag in Davids Leben geplant hat, sondern daß das gleiche auch für mich gilt. Er war dabei, als ich in völliger Abgeschlossenheit entstand, und er persönlich schuf all die feinen inneren Teile meines Körpers. Stellen Sie sich das vor! Der große Schöpfer des Universums überwachte liebevoll meine Entwicklung im Uterus, so wie er es bei jedem Menschen auf Erden tat!

Die Bibel widerspricht eindeutig der populären Auffassung, daß ungeborene Kinder keine Seele oder Persönlichkeit haben. Nichts rechtfertigt, daß ein gesunder kleiner Mensch aus seinem Platz der Sicherheit gerissen wird und auf einem Porzellantablett erstickt. Keine sozialen oder finanziellen Überlegungen können unsere kollektive Schuld aufwiegen, diese Menschen zerstört zu haben, die nach dem Bild Gottes geschaffen wurden.

Ich frage mich: Warum sind Pastoren und Kirchenführer in dieser wichtigen Frage so vorsichtig und stumm? Es ist Zeit, daß die christliche Kirche ihre Sprache wiederfindet und zur Verteidigung der ungeborenen Kinder spricht, die unfähig sind, um ihr eigenes Leben zu bitten.

Teil 27

Homosexualität

Was verursacht Homosexualität?

Homosexualität hat viele Ursachen, ebenso wie Fieber unterschiedliche Ursachen haben kann. Allgemein läßt sich jedoch beobachten, daß sich Homosexualität häufig aus einem unglücklichen Elternhaus entwickelt, das zu einer Verwirrung der sexuellen Identität beiträgt.

Was ist das verbreitetste häusliche Umfeld eines zukünftigen Homosexuellen?

Hier gibt es die unterschiedlichsten Bedingungen, und jede Verallgemeinerung kann durch eine Vielzahl von Ausnahmen widerlegt werden. Wenn man jedoch eine allgemeine Tendenz ausfindig machen will, dann scheint es eine Familie zu sein, in der die Mutter dominant und besitzergreifend ist, während der Vater das Kind ablehnt und es lächerlich macht. Die gegenteilige Situation kommt ebenfalls vor: Eine Mutter, die ihren Sohn ablehnt, weil er männlich ist.

Es gibt andere Fälle, wo Homosexualität in einem Zuhause auftritt, in dem sich keinerlei Störungen in den Elternrollen beobachten lassen. Ich muß betonen, daß es viele Hypothesen über die Ursprünge der Homosexualität gibt, aber absolute Sicherheit gibt es an dieser Stelle noch nicht.

Was können Eltern tun, um Homosexualität bei ihren Kindern zu verhindern?

Der beste Schutz ist die Stärkung des Familienlebens. Homosexualität kann, wie angedeutet, auch in einer liebenden Familie auftreten, obwohl es weitaus weniger wahrscheinlich ist. Wenn Eltern ihren Kindern ein gesundes und stabiles häusliches Umfeld bieten und nicht die angemessene

Geschlechtsrolle des Kindes zerstören, dann ist es sehr unwahrscheinlich, daß Homosexualität auftreten wird.

Wie sollte die Haltung eines Christen zur Homosexualität sein?

Ich glaube, unsere Pflicht ist es, die Sünde zu verdammen, aber den Sünder zu lieben. Viele Männer und Frauen mit homosexuellen Neigungen haben sich diesen Lebensweg nicht ausgesucht; es geschah aus Gründen, die sie sich nicht erklären können. Einige waren Opfer traumatischer sexueller Mißhandlungen. Ich erinnnere mich an einen homosexuellen Teenager, der von seinem betrunkenen Vater gezwungen wurde, nach einer wilden Neujahrsparty mit seiner Mutter zu schlafen. Sein Ekel vor heterosexuellem Sex rührte von diesem traumatischen Erlebnis her. Solche Menschen brauchen Annahme und Liebe durch die christliche Gemeinschaft, während sie versuchen, ihre sexuellen Impulse wieder umzuschalten.

Auf der anderen Seite kann ich nicht die Sicht teilen, daß Homosexualität nur ein »anderer Lebensstil« sei, der den Christen offenstehe. Die göttlich inspirierten Bibelschreiber hätten sich nicht mit solch einer Abscheu über die Homosexualität geäußert, wenn sie in den Augen Gottes nicht eine Sünde wäre. Wann immer diese Perversion im Neuen Testament erwähnt wird, wird sie als Sünde bezeichnet. Zum Beispiel schrieb Paulus in 1. Korinther 6,9-10: »Oder wißt ihr nicht, daß die Ungerechten das Reich Gottes nicht ererben werden? Laßt euch nicht irreführen! Weder Unzüchtige noch Götzendiener, Ehebrecher, Lustknaben, Knabenschänder, Diebe, Geizige, Trunkenbolde, Lästerer oder Räuber werden das Reich Gottes ererben.« Römer 1,26-27 beschreibt Gottes Haltung zur Homosexualität unmißverständlich: »Darum hat sie Gott dahingegeben in schändliche Leidenschaften; denn ihre Frauen haben den natürlichen Verkehr vertauscht mit dem widernatürlichen; desgleichen haben die Männer auch den natürlichen Verkehr mit der Frau verlassen und sind in Begierde zueinander entbrannt und haben Mann mit Mann Schande getrieben und den Lohn ihrer Verwirrung, wie es ja sein mußte, an sich selbst empfangen.«

Wie sollte sich dann ein Mensch verhalten, der Christ ist, aber bei sich eine tief verinnerlichte Anziehungskraft durch das eigene Geschlecht verspürt?

Wenn ich die Bibel richtig auslege, ist diese Person zu demselben Maß an Selbstdisziplin verpflichtet, die auch unverheiratete heterosexuelle Erwachsene üben müssen. Mit anderen Worten: Sie muß von der Auslebung ihrer Triebe Abstand nehmen. Ich weiß, daß es leichter ist, über diese Selbstdisziplin zu schreiben als sie auszuüben, aber uns wird in der Bibel versprochen: »Gott ist treu, der euch nicht versuchen läßt über eure Kraft, sondern macht, daß die Versuchung so ein Ende nimmt, daß ihr's ertragen könnt« (1. Kor. 10,13).

Zweitens würde ich empfehlen, daß der Homosexuelle eine therapeutische Beratung bei einem *christlichen* Psychologen oder Psychiater sucht. Homosexualität *kann* erfolgreich behandelt werden, wenn das Individuum Hilfe will, und wenn ein kompetenter Fachmann sich demselben Ziel widmet. Einige meiner Kollegen berichten bei solch einer Therapie von einer »Heilungs«-Rate von über 70 Prozent (»Heilung« wurde in diesem Fall definiert als ein Zustand, in dem der einzelne sich in einer heterosexuellen Beziehung wohlfühlt und eine zumindest halbwegs erfolgreiche Anpassung an einen nicht homosexuellen Lebensstil vollzieht.)

Was ist Bisexualität, und wieso hören wir heute soviel darüber?

Ein Bisexueller ist jemand, der sowohl an heterosexuellen als auch an homosexuellen Akten teilnimmt. Seit den Mittsiebzigern ist Bisexualität enorm in Mode gekommen und hat in der amerikanischen Presse ein enormes Maß an Publizität erhalten. Alex Comfort schreibt in seinem Buch *More Joy*, daß die Bisexualität voraussichtlich innerhalb von zehn Jahren der allgemein akzeptierten Moral entsprechen wird. Diese unmoralischen »Propheten« erinnern mich an die ewigen Worte eines anderen Propheten namens Jesaja, der im Alten Testament folgendes schrieb: »Weh denen, die Böses gut und Gutes böse nennen, die aus Finsternis Licht und aus Licht Finsternis machen, die aus sauer süß und aus süß sauer machen! Darum wie des Feuers Flamme Stroh verzehrt und Stoppeln vergehen in der Flamme, so wird ihre Wurzel verfaulen und ihre Blüte auffliegen wie Staub. Denn sie verachten die Weisung des Herrn Zebaoth und lästern die Rede des heiligen Israels« (Jes. 5,20-24).

Moral und Unmoral werden nicht durch die veränderlichen Einstellungen und gesellschaftlichen Gewohnheiten der Menschen definiert. Sie sind festgelegt durch den Gott des Universums, dessen zeitlose Maßstäbe nicht straflos ignoriert werden können.

Teil 28

Fernsehen in der Familie

Was ist Ihre generelle Einstellung zum Fernsehen? Sollten Eltern versuchen zu kontrollieren, was ihre Kinder sehen?

Die meisten Fernsehsendungen sind furchtbar! Nach Dr. Gerald Looney von der Universitiy of Arizona hat ein Kind bis zu seinem 14. Lebensjahr bereits 18 000 Morde im Fernsehen und unzählige Stunden mit ähnlicher Brutalität gesehen! Dr. Saul Kapel sagt, daß die Aktivität, die im Leben eines Kindes am meisten Zeit in Anspruch nimmt, weder die Schule noch familiäre Interaktion ist. Es ist das Fernsehen, das während der Kindheit 14 000 wertvolle Stunden absorbiert! Das Fernsehen ist ein Feind der Kommunikation in der Familie. Wie können wir miteinander reden, wenn eine mit Millionenaufwand produzierte Fernsehsendung in lebensechten Farben immerzu unsere Aufmerksamkeit fordert?

Ich bin auch besorgt über den Trend, daß in den Medien die Grundlagen der Familie und all dessen, was die christliche Ethik repräsentiert, untergraben wird. In den letzten Jahren wurden uns zum Beispiel sehr populäre Serien mit Abtreibungen, Scheidungen, außerehelichen Beziehungen, Vergewaltigungen, und natürlich dem allseits beliebten Thema »Vater ist ein Volltrottel« angeboten.

Andererseits gibt es viele gute Sendungen, die auch für Kinder lehrreich sind. Ich würde daher nicht empfehlen, das Fernsehgerät aus Verzweiflung zu zerschlagen. Vielmehr sollten wir lernen, es zu kontrollieren, anstatt seine Sklaven zu werden. Als unsere Kinder klein waren, erlaubten wir ihnen, eine Stunde Trickfilme am Samstagmorgen, und eine halbe Stunde Programm an jedem Nachmittag; ausgesucht aus einer Liste, die unsere Zustimmung hatte. Einen solchen Fernsehplan für Grundschulkinder halte ich für vernünftig.

Wenn das Fernsehen so viele Probleme verursacht, wäre es da nicht besser, den Fernsehapparat einfach abzuschaffen, bis unsere Kinder aufgewachsen sind?

Einige Familien haben genau das getan, und ich bewundere ihren Mut. Aber ich denke, daß es möglich ist, das Fernsehen zu behalten, ohne von ihm bestimmt zu werden. Ich würde vorschlagen, daß die ganze Familie sich zusammensetzt, um speziell über das Fernsehen zu sprechen — was daran falsch ist, wie man damit umgehen kann, und wie Kinder lernen können, wählerisch zu werden. Darüber hinaus ist es für Eltern wichtig, zusammen mit ihren Kindern Fernsehen zu gucken. Das hilft ihnen einerseits zu verstehen, was ihre Kinder erleben, und ist andererseits eine vergnügliche Familienaktivität. Sich gemeinsam Fernsehsendungen anzuschauen, kann ein wunderbarer Ausgangspunkt für ernsthafte Gespräche in der Familie sein.

Ich mache mir über den Einfluß des Fernsehens bei uns zu Hause Sorgen. Wie können wir das Ganze kontrollieren, ohne auf diktatorische Regeln und Ordnungen zurückgreifen zu müssen?

Wir haben als Eltern im Blick auf das Fernsehen drei Aufgaben. Erstens sollten wir die *Qualität* der Sendungen, die unsere Kinder sehen, beachten. Zweitens sollten wir die *Menge* des Fernsehkonsums regulieren. Selbst gute Programme können einen negativen Einfluß auf das Leben der Kinder haben, wenn sie zu viel Zeit vor der Mattscheibe verbringen. Drittens sollten wir, wenn möglich, die *ganze Familie* mit einbeziehen, wenn wir Richtlinien für unseren Umgang mit dem Fernsehen erarbeiten.

Ich habe kürzlich von einem interessanten System gelesen. Erstens setzen sich die Eltern mit den Kindern zusammen und wählen eine Liste von Sendungen aus, die der jeweiligen Altersstufe angemessen sind. Dann schreiben sie diese Liste deutlich für die Kinder ab und stecken das Blatt in eine Plastikhülle, so daß es die ganze Woche über eingesetzt werden kann.

Zweitens kaufen oder basteln Sie eine Rolle mit Billetts.

Geben Sie jedem Kind 10 Karten pro Woche und lassen Sie sie diese dafür einsetzen, Fernsehsendungen von der Liste zu gucken. Wenn die Karten aufgebraucht sind, ist das Fernsehen für diese Woche beendet. Das lehrt das Kind, sorgfältig auszusuchen, womit es seine Zeit verbringen will.

Dieses System kann modifiziert werden, um sich an individuelle Situationen oder Umstände anzupassen. Wenn es ein spezielles Programm gibt, das alle Kinder sehen wollen, können Sie mehr Karten verteilen. Eigentlich interessant wird es, wenn es darum geht, ob auch die Eltern den Mut haben, sich diesem System zu unterwerfen!

Teil 29

Probleme des Alters

Die meisten Ihrer Bücher richten sich an jüngere Frauen und Mütter. Aber wir Frauen mittleren Alters haben ebenfalls Probleme. Ich habe die meisten Phasen des Lebens, die Sie beschrieben haben, durchlebt, einschließlich der Wechseljahre, aber jetzt benötige ich Hilfe, um zu wissen, wie ich in Würde alt werden kann. Ich möchte keine langweilige, bittere alte Frau werden. Könnten Sie einige Vorschläge machen, die mir helfen, einige der Probleme zu vermeiden, die charakteristisch für das Rentenalter sind?

Es gibt mindestens vier Gefahren, die vermieden werden sollten. Lassen Sie mich diese kurz ansprechen.

Erstens: Vermeiden sie die Falle der *Isolation*. Isolation ruiniert den Geist. Erlauben Sie sich nicht, sich in die vier Wände Ihres Hauses zurückzuziehen und Begegnungen mit anderen Menschen aus dem Wege zu gehen. Begeben Sie sich unter Menschen. Und denken Sie daran: Einsamkeit ist nicht etwas, was andere Ihnen zufügen; es hat normalerweise mit Ihnen selbst zu tun.

Zweitens: Vermeiden Sie die Falle der *Passivität*. Backen Sie etwas, verschicken Sie Blumen, schreiben Sie Karten. Begeben Sie sich in die Welt anderer Menschen und errichten Sie einen Gebetsdienst für die Menschen um Sie herum.

Drittens: Vermeiden Sie die Falle des *Selbstmitleides* — eine Einstellung, die einen Menschen buchstäblich töten kann. Wer sich vom Selbstmitleid infizieren läßt, hört auf eine der hinterlistigsten Lügen Satans.

Viertens: Vermeiden Sie die Falle der *Verzweiflung*. Viele ältere Menschen denken: »Ich werde alt. Es liegt nichts als der Tod vor mir . . . mein Leben ist vorüber.« Diese Hoffnungslosigkeit ist besonders für Christen unnötig, die immer *zukunftsorientiert* sein sollten. Das wahre Wunder des Christseins liegt in der Sicherheit, daß es nach diesem Leben eine Welt ohne Leid und Einsamkeit geben wird.

Können Sie die körperlichen Veränderungen beschreiben, die in dem Alterungsprozeß auftreten?

Falls keine bestimmte Krankheit vorliegt, verläuft der normale Alterungsprozeß in etwa folgendermaßen: Als erstes verringert sich die Sehkraft. Die Linse des Auges verliert ihre Fähigkeit, sich zusammenzuziehen und sich auf etwas einzustellen, daher tragen alte Menschen Brillen, die sowohl die Nah- als auch die Weitsicht ermöglichen. Manchmal schädigt der graue Star die Sehfähigkeit zusätzlich. Durch die Abnutzung der drei kleinen Knochen im Ohr verringert sich unser Hörvermögen. Hohe Frequenzen verschwinden als erstes, dann verlieren wir das Hörvermögen für tiefere Töne. Die Geschmacksknospen im Mund und auf der Zunge verlieren ihre Sensibilität, so daß nichts mehr so gut schmeckt, wie es einmal der Fall war. Der Geruchssinn vermindert sich, was ebenfalls das Essen weniger attraktiv macht, weil viel von der Befriedigung des Essens durch den angenehmen Geruch entsteht. Die Haut trocknet aus und verhärtet sich, wodurch der Tastsinn reduziert wird. Auf diese Weise werden alle fünf Sinne geschwächt, so daß es immer schwieriger wird, Informationen aus der Umwelt aufzunehmen und an das Gehirn weiterzuleiten.

Später erleben wir eine Verminderung unserer Bewegungsfähigkeit. Zunächst läßt die Kontrolle über die Fingerspitzen nach, gefolgt von einer abnehmenden Kontrolle der Hand, des Handgelenkes, des Ellenbogens und der Schulter. Das Nachlassen der Koordinationsfähigkeit schreitet von den Extremitäten zum Zentrum des Körpers fort.

Als nächstes treten Veränderungen im Herz-Kreislauf-System auf. Das Fett in und um das Herz herum zwingt es, für dasselbe Ziel härter arbeiten zu müssen. Wenn ein älterer Mensch sich überanstrengt, benötigt der Kreislauf längere Zeit, um wieder zur normalen Zirkulation zurückzukehren. Eine zunehmende Verhärtung der Arterien trägt ebenso zu den Herzproblemen bei. Cholesterin sammelt sich in den Arterien an und behindert den Blutfluß, was zu Herzinfarkten und anderen Kreislaufkrankheiten führen kann.

Die Fortpflanzungsfähigkeit läßt nach — bei der Frau im Alter von etwa 45 Jahren und beim Mann mit 50 oder 60 Jahren.

Zusammenfassend: Zuerst erleben wir eine Verringerung in unserer Wahrnehmungsfähigkeit, dann der Körperfunktionen, dann der Bewegungsfähigkeit. Wenn das Leben sich über diesen Punkt hinaus fortsetzt, kann zusätzlich ein Nachlassen der geistigen Fähigkeiten einsetzen.

Ist es unausweichlich, daß sich das sexuelle Verlangen im fünften, sechsten und siebten Lebensjahrzehnt verringert?

Es gibt keinen organischen Grund, im Alter ein geringeres sexuelles Verlangen zu empfinden. Der sexuelle Appetit hängt mehr von der geistigen Einstellung und den Gefühlen als vom Alter ab. Wenn sich Menschen selbst alt und unattraktiv finden, verlieren sie ihr Interesse am Sex aus Gründen, die nur sekundär mit ihrem Alter zu tun haben. Von einem physischen Standpunkt aus ist es ein Gerücht, daß ältere Männer und Frauen zu sexueller Apathie verurteilt sind.

Was verlangt eine Frau am meisten von ihrem Mann während ihres fünften, sechsten und siebten Lebensjahrzehnts?

Sie benötigt dieselbe Versicherung der Liebe und des Respekts, auf die sie bereits in jüngeren Jahren angewiesen ist. Das ist das Wunderbare an Menschen, die sich in der Ehe lebenslange Treue geschworen haben. Ein Mann und eine Frau können die guten und schlechten Zeiten gemeinsam als Freunde und Verbündete durchstehen. Die Fürsprecher der »sexuellen Freiheit« und der Bindungslosigkeit werden in ihren späteren Jahren diese Erfahrung nicht machen können. Ihre kurzsichtige Philosophie, die heute so viel Publizität erhält, führt in eine unvermeidliche Sackgasse. Echte Liebe ist kostspielig, das gebe ich gerne zu, aber sie erzielt in der Reife des Lebens die höchsten Gegenwerte.

Teil 30

Ein Interview mit Dr. Dobson

Im folgenden Abschnitt ist ein Interview mit James Dobson abgedruckt, das die Herausgeber des *Christian Herald-Magazins* mit ihm führten.

Dr. Dobson, gibt es eine einfache christliche Formel für die Lösung von Familienproblemen?

Albert Einstein verbrachte die letzten dreißig Jahre seines Lebens mit dem Versuch, eine Theorie zu entwickeln, die alle Dimensionen der Physik erklären würde, aber er hatte keinen Erfolg. Genauso bezweifle ich, daß sich die menschliche Persönlichkeit in irgendeinem Konzept einfangen läßt. Menschen sind einfach zu komplex. Andererseits gibt es so etwas wie eine »Formel«, die sich auf alle menschlichen Beziehungen anwenden läßt — ich meine den Begriff *Liebe*. Konflikte scheinen sich von selbst zu lösen, wenn Menschen nach den Anweisungen in 1. Korinther 13 leben.

Was bedeutet das in der Praxis? Wie läßt sich diese Formel zum Beispiel auf Kinder anwenden, die sich andauernd streiten und bekämpfen?

Ich bin sicher, daß sich viele emotionale Probleme, die Erwachsene haben, auf die Brutalität zurückführen lassen, mit der sich Geschwister und Gleichaltrige während ihrer frühen Jahre einander begegnet sind. Selbstachtung ist eine zarte Blume und kann leicht durch Spott und Verachtung zerstört werden. Aber es muß nicht so sein. Eine der primären Verantwortungen von Eltern und Lehrern (besonders von jenen, die Christen sind) ist es, den Kindern Liebe zueinander zu lehren. Das ist durchaus möglich. Die meisten Kinder haben unter der harten Schale einen zarten Geist. Erwachsene, die sich die Zeit nehmen, diese Sensibilität zu fördern, können beim Kind ein ehrliches Mitgefühl für behinderte, übergewichtige, häßliche oder zurückgebliebene Kinder entwickeln. Wenn aber diese frühe Erziehung fehlt, ensteht oft ein feindliches Konkurrenzdenken, das in späteren Jahren zu einer gefährlichen Blockade für den Dienst als Christ werden kann.

Mit anderen Worten, Sie sehen die Vermittlung dieses Mitgefühls als ein wichtiges Element der frühen christlichen Erziehung?

Ja. Jesus räumte dem Ausdruck der Liebe gegenüber Gott und unserem Nächsten die höchste Priorität ein. Trotzdem fehlt in der christlichen Erziehung oft die Betonung dieses Prinzips. In manchen Sonntagsschulen wird zum Beispiel peinlich genau von Mose und Daniel und Josef gelehrt, aber gleichzeitig wird eine chaotische Situation zugelassen, in der die herumtollenden Schüler sich gegenseitig ihre Egos zerstören.

Es gibt Kritiker, die befürchten, daß Sie zu autoritär sind. Sie glauben, daß Ihre Prinzipien einen zu starken Dogmatismus erzeugen, wo es doch schon genug kleine Diktatoren gibt. Wie antworten Sie auf solche Vorwürfe?

Natürlich glaube ich nicht, daß diese Kritik gerechtfertigt ist. Ich habe mich in meinen Büchern sehr bemüht, Eltern davor zu warnen, zu hart und unterdrückend zu ihren Kindern zu sein. Nirgendwo in meinen Schriften werden Sie eine Empfehlung finden, daß Mütter und Väter die Gefühle ihrer Kinder mißachten sollen, oder daß sie ein Fehlverhalten der Kinder mit exzessiver Strafe beantworten sollen. Ich betone lediglich, daß ich an die elterliche Führungsrolle glaube — daß Kinder lernen sollten, die wohlmeinende Autorität ihrer Eltern und Lehrer zu akzeptieren. Wenn mich das autoritär erscheinen läßt, dann soll es ruhig so sein. Alles, was ich darauf antworten kann, ist, daß meine eigenen Kinder in einer Atmosphäre der Freiheit leben, die erst durch den *gegenseitigen* Respekt zwischen den Generationen möglich wird. Dieses Konzept wird durch die Bibel eindeutig unterstützt, welche die Kinder auffordert, ihren Eltern zu gehorchen, und dann die Eltern warnt, nicht den Zorn ihrer Kinder zu provozieren. Ich schätze diese Kombination.

Was für eine Rolle spielt die Körperchemie in den Gefühlszyklen, die wir durchleben? Werden dadurch unsere Moralvorstellungen beeinflußt? Gibt es nicht Tage, an denen es uns leichter fällt, uns richtig zu verhalten, als an anderen?

Diese Frage beschäftigt mich sehr. Ein hyperaktives Kind ist zum Beispiel rebellischer und eigensinniger als seine Altersgenossen. Wie wird diese trotzige Natur seine zukünftige Beziehung zu Gott beeinflussen? Was ist mit dem sexuell Verirrten, der in seinen prägenden Jahren eine emotionale Katastrophe erlitten hat? Welche Ausnahmen macht Gott für denjenigen, dessen Eltern ihm zu Hause ausschließlich unmoralische und atheistische Denkweisen vermittelt haben? Was ist mit der Frau, die ihr Kind während ihrer prämenstrualen Anspannungen mißhandelt?

Diese Themen entziehen sich der menschlichen Interpretation, obwohl sie mir aus theologischer Sicht keine Sorgen mehr bereiten. Ich habe den Schluß gezogen, daß ein ewiger Gott, der das ganze Universum lenkt, in der Lage ist, diese Ausnahmefälle in einer Weise zu richten, die unendlich gerecht ist. Seine Wege sind höher als meine, und seine Gedanken sind es ebenfalls. Ist das nicht der Grund dafür, daß uns die Bibel ermahnt, uns nicht gegenseitig zu richten? Wir sind offensichtlich nicht genügend ausgestattet, um mit dieser Verantwortung umzugehen. Alles, was ich weiß, ist, daß der Herr Vertrauen und Gehorsam von *mir* gefordert hat; was meinen Nächsten angeht, höre ich ihn sagen: »Was geht dich das an? Folge du mir nach!«

Schenken Sie Theorien über den Bio-Rhythmus irgendwelchen Glauben?

Wir sind biochemische Wesen, und unsere Körper arbeiten definitiv nach bestimmten Mustern und Rhythmen. Das Fortpflanzungssystem einer Frau arbeitet zum Beispiel in einem 28-Tage-Kreislauf, und es gibt auch beim Mann einige —

allerdings weniger auffällige — Muster. Männer *und* Frauen erleben auch im Laufe des Tages bestimmte Schwankungen, woraus sich erklärt, daß dort, wo zum Beispiel bei einer Reise in diese innere Uhr eingegriffen wird, das Phänomen des »Jet-Lag« auftritt. Unglücklicherweise haben diese Einsichten in derartige Zyklen eine weitere unsinnige Theorie über den Körper und sein »Schicksal« hervorgebracht. Einige Bücher über den Bio-Rhythmus haben den Eindruck genährt, daß man aufgrund eines Geburtsdatums die guten und die schlechten Tage während des Erwachsenenlebens errechnen könnte. Es gibt nicht einen Hauch von Beweisen, der diese Theorie unterstützt.

Sie zitieren in Ihren Büchern nicht viel aus der Bibel. Gibt es dafür einen Grund?

Die meisten meiner Bücher und Kassetten wurden vorbereitet, als ich in dem Children's Hospital in Los Angeles und der Universitiy of Southern California beschäftigt war. Das setzte voraus, daß ich für meine Veröffentlichungen die Zustimmung eines kritischen Veröffentlichungskomitees erhalten mußte, das alles bewertete, was geschrieben wurde. Um ihre Zustimmung zu erhalten, wurde ich verpflichtet, mich in meinen Büchern nur gelegentlich auf eine christliche Einstellung zu beziehen. Ich glaube heute, daß der Herr diesen »Weg des geringsten Widerstandes« benutzt hat, da auf diese Weise meine Bücher ein großes Maß an Akzeptanz bei Menschen erlangt haben, die ein traditionell christliches Buch nie in die Hand nehmen würden. Lassen Sie mich aber noch einmal deutlich betonen, daß für alle Aussagen, die ich mache, die Bibel der Maßstab ist, ob ich nun explizit Bezug darauf nehme oder nicht.

Es wird oft gesagt, daß viele Leute deshalb Psychologie studieren, weil sie sich selbst besser erkennen möchten. Glauben Sie, sich selbst gut zu kennen? Was sind die Punkte, an denen Sie noch arbeiten müssen?

Ich lerne mich stets besser kennen, und ich werde an dieser Sache wahrscheinlich bis zu meinem Tod arbeiten. Und ich erlebe an mir ziemlich viele Fehler und Unzulänglichkeiten, die ich gerne korrigieren würde. Zum Beispiel gibt es eine adoleszente Eigenschaft, die sich »Egobedürfnis« nennt, die dann und wann bei mir auftaucht. Ich habe auch wie jeder andere mit meiner Selbstdisziplin zu kämpfen. Dennoch akzeptiert Gott meine Unvollkommenheit und hilft mir, die Veränderungen vorzunehmen, die er von mir verlangt.

Glauben Sie, daß biblische und psychologische Prinzipien (die zum Beispiel aus der Erfahrung, empirischen Erhebungen usw. resultieren) miteinander vereinbar sind?

Dr. Gary Collins sagt, die moderne Psychologie basiere auf fünf Voraussetzungen, die in ihrer Substanz humanistisch und atheistisch sind: Empirismus, Reduktionismus, Relativismus, Determinismus und Naturalismus. Wenn diese Aussage zutrifft, dann muß ein christlicher Psychologe einiges von der Ausbildung, die er an der Universität erfährt, ablehnen. Ich mußte das auf jeden Fall tun. Aber an diese Stelle ist eine Menge an Informationen über die Natur des Menschen getreten, die von dem Schöpfer der Menschheit stammt. Aber um Ihre Frage direkter zu beantworten: Es gibt viele Fälle, in denen die traditionellen psychologischen Konzepte vollkommen mit der biblischen Lehre übereinstimmen.

An welchen Punkten unterscheiden sich christliche Psychologen heute?

Christliche Therapeuten unterscheiden sich in den Behandlungsmethoden, die sie empfehlen. Ich möchte jedoch hervorheben, daß *jeder* Beruf durch ähnliche Meinungsverschiedenheiten geprägt ist. Ärzte streiten sich über fast jeden Punkt der Medizin, obwohl dieser Konflikt ihren Patienten normalerweise nicht bewußt ist. Es ist daher logisch, daß auch Psychologen — selbst christliche Psychologen — unterschiedliche Schlußfolgerungen über das komplexe Gebiet menschlichen Verhaltens ziehen. Bis unser Wissen über diese Zusammenhänge vollständiger ist, wird es verschiedene Meinungen unter Psychologen geben.

Würden Sie junge Christen ermutigen, die Psychologie als eine mögliche Lebensberufung in Erwägung zu ziehen?

Die Psychologie bietet einem Christen eine einzigartige Möglichkeit, Jesus zu dienen. Menschen suchen normalerweise professionelle Hilfe in Zeiten, in denen sie große Probleme haben. In dieser Situation sind sie sehr offen für neue Lösungen und Alternativen. Ich habe es in meiner eigenen Arbeit immer als sehr lohnend empfunden, die christliche Anschauung über Ehe, Moral, Elternschaft und Ehrlichkeit zu vertreten, während ich gleichzeitig das Recht des Individuums respektiert habe, seine eigene Entscheidung zu treffen. Ich will damit sagen, daß die christliche Psychologie ein wertvoller Beruf für einen jungen Christen sein kann, *vorausgesetzt*, sein eigener Glaube ist stark genug, den humanistischen Lehren zu widerstehen, mit denen er in der Ausbildung konfrontiert wird. Wenn er jedoch beginnt, im Blick auf seine eigene geistliche Basis faule Kompromisse einzugehen, kann seine Arbeit für das Reich Gottes schädlich werden.

Weitere Bücher,
die im Projektion J Verlag erschienen sind:

Quin Scherrer
Gebet für unsere Kinder
Eine Anleitung für Paten, Eltern und Freunde
Paperback, 110 Seiten, DM/sfr 19,80 / öS 155,—, ISBN 3-925352-46-5

Walter Heidenreich
Help, I need somebody
Taschenbuch, 224 Seiten, DM/sfr 16,80 / öS 131,—, ISBN 3-925352-50-3

David Pawson
Wiedergeburt
Start in ein gesundes Leben als Christ
Paperback, 336 Seiten, DM/sfr 9,80 / öS 77,—, ISBN 3-925352-52-X

Immanuel Lobpreis-Werkstatt
Kommt, laßt uns singen
Liederbuch, DIN A5, DM/sfr 29,80 / öS 233,—, ISBN 3-925352-39-2
MC 1+2, je DM/sfr 14,90 / öS 130,— · CD 1+2, je DM/sfr 24,80 / öS 216,—

Frank E. Peretti
Tilly
Paperback, 125 Seiten, DM/sfr 14,80 / öS 116,—, ISBN 3-925352-53-8

Licht in der Finsternis
Paperback, 512 Seiten, DM/sfr 29,80 / öS 233,—, ISBN 3-925352-32-5

Cooper-Kinder-Abenteuer-Serie
Taschenbuch, Band 1—3 je DM/sfr 12,80 / öS 100,—
Band 4: „Die Falle auf dem Meeresgrund" DM/sfr 14,80 / öS 116,—

Gordon MacDonald
Zurück zur ersten Liebe
Paperback, 169 Seiten, DM/sfr 19,80 / öS 155,—, ISBN 3-925352-20-1

Wenn alles zerbricht
Paperback, 277 Seiten, DM/sfr 24,80 / öS 194,—, ISBN 3-925352-33-3

Projektion J Buch- und Musikverlag GmbH
Rheingaustraße 132, 65203 Wiesbaden
Bestell-Tel. 06 11 / 9 67 96 70, Bestell-Fax: 06 11 / 9 67 96 77
(oder in Ihrer Buchhandlung)

»DAS« TEENAGER-MAGAZIN!

FÜR ALLE DIE JUNG SIND!

CHAMP – **»DAS«** TEENAGER-MAGAZIN

CHAMP – Infos - Interviews - Stories - Berichterstattung - Frommes - Tips & Trends

CHAMP – Musik, Mode, Sport, Literatur, Kreativität

CHAMP – 4 x im Jahr und das zum Superpreis von nur **DM/sfr 24,00 / öS 187,–** inkl. Porto

CHAMP – **»DIE«** Geschenkidee zum Geburtstag, Konfirmation, Kommunion ... wann immer man anderen eine Freude machen will

Einfach Probeexemplar anfordern!

Projektion J Buch- und Musikverlag GmbH
Rheingaustraße 132, 65203 Wiesbaden
Bestell-Tel.: 06 11 / 9 67 96 70, Bestell-Fax: 06 11 / 9 67 96 77
(oder in Ihrer Buchhandlung)